"十三五"职业教育国家规划教

工程项目管理实务

新世纪高职高专教材编审委员会 组编
主　编　兰凤林
副主编　蔺吉秋　李月生　周良友

第四版

大连理工大学出版社

图书在版编目(CIP)数据

工程项目管理实务 / 兰凤林主编. -- 4 版. -- 大连：大连理工大学出版社，2022.1(2022.6 重印)
ISBN 978-7-5685-3709-4

Ⅰ.①工… Ⅱ.①兰… Ⅲ.①工程项目管理－高等职业教育－教材 Ⅳ.①F284

中国版本图书馆 CIP 数据核字(2022)第 021806 号

大连理工大学出版社出版
地址：大连市软件园路 80 号　邮政编码：116023
发行：0411-84708842　邮购：0411-84708943　传真：0411-84701466
E-mail：dutp@dutp.cn　URL：http://dutp.dlut.edu.cn
大连永盛印业有限公司印刷　　大连理工大学出版社发行

幅面尺寸：185mm×260mm　　印张：18.5　　字数：472 千字
2011 年 6 月第 1 版　　　　　　　　　　　2022 年 1 月第 4 版
2022 年 6 月第 2 次印刷

责任编辑：康云霞　　　　　　　　　　　　责任校对：吴媛媛
　　　　　　　　　封面设计：张　莹

ISBN 978-7-5685-3709-4　　　　　　　　　定　价：58.80 元

本书如有印装质量问题，请与我社发行部联系更换。

前言

《工程项目管理实务》(第四版)是"十三五"职业教育国家规划教材及"十二五"职业教育国家规划教材。

项目管理学科发展至今,国内外都出现了很多研究工程项目管理的文献、规范和教材。虽然我国工程项目管理的发展方向是与国际接轨的,而且介绍国外的项目管理理论和经验的书籍也不在少数,但是这些知识都不能全盘搬到中国的建筑市场。目前已出版的同类教材虽然各有优点,但是从中很难找到一本针对高职院校土建类学生,结合他们以后的就业岗位和工作环境,站在承包商的角度讲述施工项目管理这一过程的各个环节的教材。

本书在编写时考虑了目前全国高职教学改革的思路和方向,研究了承包商工程管理实践中的职责分工、管理任务和工作环节,并结合了最新的项目管理规范,经过几位编者反复讨论,在此基础上编写并审定了教材大纲,内容以建筑工程项目施工需要经历的生命期为主线,突出不同时间阶段承包商的工作内容和特点。教材中涉及的众多内容已经在编者多年的教学和实践过程中得到了反复研究、更新和锤炼,去掉晦涩难懂且实际中用处不大的理论,注重与实际运用相结合。

本次主要在以下几方面进行了修订:

1.增加重点、难点部分的微课

对教材中一些学生不易理解、教师不方便进行课堂呈现的重点、难点增加了微课,进行深入解析和拓展。

2.融入了课程思政元素,增加了课程思政教育资源

为了在专业课教学中融入思想政治教育,实现立德树人的目标,编者结合自己的教学经验,在教材中融入课程思政教育元素,以微课形式增加课程思政教育资源。

3.体现现行法律、法规

结合《民法典》(2021年1月1日起实施)《建设工程质量管理条例》(2019年修订版)等,对教材中涉及的相关知识进行了更新。

4. 加入思维导图

思维导图是已经被广泛认可的便于知识整理和记忆的手段。本次修订在教材每一章的末尾，以思维导图的方式进行小结，梳理知识脉络，方便学生记忆、掌握认识。

5. 优化数字资源

优化微课、移动在线自测、教案、课件、习题及答案等配套资源。

本书由四川建筑职业技术学院兰凤林担任主编；甘肃工业职业技术学院蔺吉秋、广州华立科技职业学院李月生、中建二局第三建筑工程有限公司周良有担任副主编。具体编写分工如下：兰凤林编写第1、3、6、9、13章；蔺吉秋编写2、4、5、10、11章；李月生编写第12章；周良有编写第7、8章。全书由兰凤林统稿。

在编写本书的过程中，我们参阅了国内外许多专家所著的文献资料，在此谨向其作者表示感谢！

尽管我们在探索《工程项目管理实务》教材特色的建设方面做出了许多努力，但由于编者水平有限，教材中仍可能存在一些疏漏和不妥之处，恳请读者批评指正，并将建议及时反馈给我们，以便及时修订完善。

编　者
2022 年 1 月

所有意见和建议请发往：dutpgz@163.com

欢迎访问职教数字化服务平台：http://sve.dutpbook.com

联系电话：0411-84708979　84707424

目 录

第一篇　知识准备

第1章　工程项目管理概述 ··· 3
 1.1　项目管理的发展历程 ··· 3
 1.2　建设工程项目 ··· 4
 1.3　建设工程项目管理 ··· 12
 1.4　建设工程项目管理模式 ··· 15

第二篇　项目启动阶段

第2章　工程项目招标投标 ··· 25
 2.1　工程项目招标投标概述 ··· 25
 2.2　工程项目招标 ··· 27
 2.3　工程项目投标 ··· 29

第3章　施工准备 ·· 34
 3.1　施工准备概述 ··· 34
 3.2　工程技术经济资料的准备 ··· 35
 3.3　资源的准备 ··· 37
 3.4　施工现场准备 ··· 38
 3.5　季节性施工准备 ··· 39

第4章　工程项目组织机构 ··· 45
 4.1　工程项目组织 ··· 45
 4.2　项目经理部与项目经理 ··· 50

第5章　施工组织设计 ··· 60
 5.1　施工组织总设计 ··· 60
 5.2　单位工程施工组织设计 ··· 63
 5.3　施工方案 ··· 80

第三篇　项目实施阶段

第 6 章　工程项目进度管理 ……………………………………………………… 101
6.1　工程项目进度管理概述 …………………………………………………… 101
6.2　流水施工 …………………………………………………………………… 104
6.3　网络计划技术及其应用 …………………………………………………… 119
6.4　工程项目进度控制 ………………………………………………………… 145

第 7 章　工程项目质量管理 ……………………………………………………… 156
7.1　工程项目质量管理概述 …………………………………………………… 156
7.2　工程项目施工阶段的质量控制 …………………………………………… 164
7.3　工程项目验收阶段的质量控制 …………………………………………… 169
7.4　工程质量事故处理 ………………………………………………………… 174

第 8 章　工程项目成本管理 ……………………………………………………… 184
8.1　施工成本管理概述 ………………………………………………………… 184
8.2　施工成本计划的编制 ……………………………………………………… 189
8.3　施工成本控制 ……………………………………………………………… 193
8.4　施工成本核算 ……………………………………………………………… 199
8.5　施工成本分析 ……………………………………………………………… 203

第 9 章　工程项目的安全生产管理、绿色建造与环境管理 …………………… 212
9.1　工程安全生产管理 ………………………………………………………… 212
9.2　绿色建造与环境管理 ……………………………………………………… 221

第 10 章　工程项目资源管理 …………………………………………………… 224
10.1　工程项目资源管理概述 ………………………………………………… 224
10.2　工程项目各类资源的管理 ……………………………………………… 225

第 11 章　工程项目合同管理 …………………………………………………… 241
11.1　建设工程合同管理概述 ………………………………………………… 241
11.2　施工合同策划 …………………………………………………………… 244
11.3　施工合同的订立 ………………………………………………………… 246
11.4　建设工程施工合同的实施控制 ………………………………………… 248
11.5　施工合同的终止与评价 ………………………………………………… 254

第 12 章　工程项目信息与知识管理 …………………………………………… 256
12.1　信息管理概述 …………………………………………………………… 256
12.2　工程项目信息系统 ……………………………………………………… 260
12.3　工程项目知识管理 ……………………………………………………… 261
12.4　项目管理应用软件 ……………………………………………………… 261

第四篇　项目终结阶段

第 13 章　工程收尾管理 ··· 267
- 13.1　项目竣工收尾 ··· 267
- 13.2　项目竣工验收 ··· 276
- 13.3　项目竣工结算 ··· 278
- 13.4　项目保修和回访 ·· 279
- 13.5　项目后评价 ·· 283

参考文献 ··· 285

本书数字资源列表

序号	微课名称	序号	微课名称
项目可行性研究			
1	编制可行性研究报告	4	项目评价
2	方案设计与优选	5	制订工作计划
3	调查研究收集资料	6	组建工作小组
招投标管理方案			
7	确定招标方式	13	现场踏勘答疑
8	招标资格审查	14	编制投标文件
9	发布招标公告	15	开标会议
10	发放资格预审文件	16	评标与定标
11	组织资格审查	17	发放中标通知
12	发放招标文件		
进度与项目管理			
18	现场道路与临建	25	混凝土工程
19	人材机进场	26	砌筑工程
20	土方开挖	27	屋面防水
21	基础施工	28	门窗工程
22	土方回填	29	抹灰工程
23	钢筋工程	30	涂饰工程
24	模板工程		
竣工质量验收			
31	混凝土结构表现质量验收	37	基础工程资料验收
32	混凝土强度验收	38	主体结构工程资料验收
33	钢筋保护层厚度验收	39	装饰装修工程资料验收
34	现浇楼板厚度检验	40	屋面工程资料验收
35	室外墙面、屋面观感质量验收	41	门窗安装质量验收
36	室内墙面、顶棚、地面及其他部分观感质量验收	42	防水工程质量验收

第一篇 知识准备

第1章 工程项目管理概述

项目可行性研究微课展示

项目可行性研究

编制可行性研究报告　　方案设计与优选　　调查研究收集资料

项目评价　　制订工作计划　　组建工作小组

第1章 工程项目管理概述

学习目标

通过对本章的学习,要求能够区别、判定项目与建筑工程项目;了解项目管理的概念、主体和分类以及项目管理规划;熟悉建筑产品的特点和施工生产的特点,以及几种常见的项目管理模式;掌握工程项目的建设程序和施工程序。

思政探析

项目管理水平的提升

1.1 项目管理的发展历程

从当今人们对项目特征的描述中可以看出,在人类社会的发展过程中,项目出现的时间很早,与人类文明的发展相依相伴。比如人们熟知的住房、长城、金字塔,它们的设计-建造过程就是一个项目。但是当时对这些工程的管理不能与现代意义上的项目管理相提并论。项目管理被人们当作一门学科,是起源于20世纪50年代的美国。当初最具有代表性的项目计划管理方法是关键线路法(Critical Path Method,CPM)和计划评审技术(Program Evaluation and Review Technique,PERT),它们是两种分别独立发展起来的技术。

CPM是由美国杜邦公司和兰德公司于1957年联合研究提出的,它假设每项活动的作业时间是确定值,重点在于对费用和成本的控制。PERT出现在1958年,由美国海军特种计划局和洛克希德航空公司在规划和研究在核潜艇上发射"北极星"导弹的计划中首先提出。与CPM不同的是,PERT中的作业时间是不确定的,是用概率的方法进行估计的估算值,另外PERT的重点不在于项目的费用和成本,而在于对时间的控制,主要应用于含有大量不确定因素的大规模开发研究项目。后来人们为了同时控制时间和费用,常常将二者结合使用,从而形成了项目管理的学科基础。

项目管理发展史研究专家以20世纪80年代为界把项目管理划分为两个阶段:

(1) 传统项目管理阶段

20世纪80年代之前为传统项目管理阶段。20世纪60年代,项目管理的应用范围还只局限于建筑、国防和航天等少数领域,后因项目管理在阿波罗登月项目中取得巨大成功,由此风靡全球。许多人对项目管理产生了浓厚的兴趣,并逐渐形成了两大项目管理的研究体系,其一是以欧洲为首的国际项目管理协会(IPMA);其二是以美国为首的美国项目管理协会(PMI)。他们的工作卓有成效,为推动国际项目管理现代化发挥了积极的作用。

(2) 现代项目管理阶段

20世纪80年代之后为现代项目管理阶段。进入20世纪90年代后,随着信息时代的来临和高新技术产业的飞速发展,项目的特点也发生了巨大变化。在原来的制造业经济环境下,强调的是预测能力和重复性活动,项目管理的重点很大程度上在于制造过程的合理性和标准化;而在信息经济环境下,事务的独特性取代了重复性过程,灵活性成了新秩序的代名词。人们发现实行项目管理恰恰是实现灵活性的关键手段,而且项目管理在运作方式上能最大限度地运用内外部资源。《项目管理指南》中就提到,项目管理就是把各种系统、方法和人员结合在一起,在规定的时间、预算和质量目标范围内完成项目的各项工作。

时至今日,项目管理早已成为一门独立学科。现代项目管理关注的目标也更加多元化,管理的工具和方法不再局限于关键线路法和计划评审技术,而是有了全方位的发展,如要素分层法、方案比较法、项目财务评价、国民经济评价法、不确定性分析、环境影响评价、项目融资、模拟技术、里程碑计划、工作分解结构、责任矩阵、网络计划技术、横道图表法、资源费用曲线、质量技术文件、数理统计、偏差分析法、决策树、鱼骨刺图、直方图、生命周期成本等。另外,随着计算机技术的不断发展,项目管理软件技术进步很快,项目管理工具和方法体系更直接地体现在具体的项目管理软件当中。

目前,项目管理不仅普遍运用于建筑、航天、国防等传统领域,而且在电子、通信、计算机、软件开发、制造业、金融业、保险业,甚至政府机关和国际组织中成为其运作的中心模式。

网络计划技术早在20世纪50年代就由数学家华罗庚引入(当时叫做统筹法或优选法),但是项目管理在我国建设工程领域的推广运用却是始于20世纪80年代的鲁布革水电站工程。经过几十年的变革与发展,我国的项目管理水平已经得到极大提高。

1.2 建设工程项目

1.2.1 项目

1. 项目的概念

关于"什么是项目",虽然不同文献中有不同的阐述,但都是围绕几个关键字进行的,如有目标、有起点和终点、有约束等。因此可以简明扼要地概括为:

项目是在一定的约束条件下(限定的时间、资源等),具有明确目标的一次性任务。

项目包括许多内容,可以是建设一项工程(如修一座大桥、一栋大厦、一条铁路),也可以是完成某项科研课题,或是筹备一次晚会,甚至是一次人口普查。这些都是一个项目,都有一定的时间、质量的约束,也都是一次性任务。

另外,项目是指一个过程,而不是指过程终结后所形成的成果,如某住宅小区的建设过程是一个项目,而建设完成后的住宅楼及其配套设施是这个项目完成后形成的产品,属于项目产品。

2. 项目的特征

从项目管理的角度来讲,项目作为一个专门术语,它具有如下几个基本特点:

(1)有明确的目标

任何项目都具有特定的目标,不存在没有目标的项目。项目所定目标的实现就意味着项目的终结。对于项目而言,项目总任务的完成,往往要通过实现一个目标系统来完成。

项目的目标可以分为约束性目标和成果性目标,约束性目标就是工期、质量、成本和职业健康安全与环境；而成果性目标通常就是产品应该达到的功能要求，如新建一栋教学楼可以容纳的学生人数、一栋宿舍楼的床位数等。项目管理中研究的目标主要指前者。

(2) 有一定的约束条件

任何项目都是在一定的限制条件下进行的，包括资源条件的约束（人力、财力和物力等）和人为的约束。例如，新建一栋写字楼，承包商会有自己的投资限制、时间限制（工期），以及施工机械和工种、工人数量等的限制。

(3) 是一次性的任务

由于目标、环境、条件、组织和过程等方面的特殊性，不存在两个完全相同的项目，即项目不可能重复，即使是两栋结构类型和外观完全一样的房子，仍然存在地质条件、建材品牌、投资额、时间、施工组织等方面的差异。

(4) 具有寿命周期

任何项目都有其明确的起点时间和终点时间，它是在一段有限的时间内存在的；项目的一次性决定了每一个项目均有生命周期，包括产生、发展和结束的时间，而且在不同阶段都具有特定的任务、程序和工作内容。

(5) 系统性和整体性

按照系统论的观点，一个项目就是一个系统。一个项目系统是由人、技术、资源、时间、空间和信息等多种要素组合到一起，为实现一个特定的系统目标而形成的一个有机整体。

另外，从项目的目标群方面来看，项目的三大基本目标（工期、质量、成本）之间就是相辅相成的关系。成功的项目管理不能过分关注其中的某个目标而忽略其他目标，比如只追求工期目标，可能就要牺牲质量和成本作为代价，反之亦然。

(6) 实施过程中不确定因素多

这是由项目的一次性决定的。一次性决定了世界上不可能有两个完全相同的项目，如地理位置不同，项目参与方不同，气候、社会环境和经济环境不同，有些可能是前所未见的，所以很多因素都充满了不确定性，这些不确定因素使得项目的实施过程存在很大的风险。

1.2.2 建设工程项目

1. 建设工程项目

在《建设工程项目管理规范》（GB/T 50326—2017）中，建设工程项目是指为完成依法立项的新建、扩建、改建工程而进行的、有起止日期的、达到规定要求的一组相互关联的受控活动，包括策划、勘察、设计、采购、施工、试运行、竣工验收和考核评价等阶段，简称为项目。其中，新建指从无到有、平地起家的项目；扩建指原有企业为扩大原有产品的生产能力或效益，以及为增加新品种的生产能力而增建主要生产车间或其他产出物的活动；改建指更新改造项目（改建、恢复、迁建）中的一类，指对现有产房、设备和工艺流程进行技术改造或固定资产更新的过程。

《建设工程分类标准》（GB/T 50841—2013）第1.0.3和第1.0.4条规定，建设工程可以按不同的属性分为不同的类型。

(1) 按自然属性分

建设工程可分为建筑工程、土木工程和机电工程三大类。

(2) 按使用功能分

建设工程可分为房屋建筑工程、公路工程、铁路工程、水利工程、市政工程、煤炭矿山工程、水运工程、海洋工程、民航工程、商业与物资工程、农业工程、林业工程、粮食工程、石油天然气工程、海洋石油工程、火电工程、水电工程、核工业工程、建材工程、冶金工程、有色金属工程、石化工程、化工工程、医药工程、机械工程、航天与航空工程、兵器与船舶工程、轻工工程、纺织工程、电子与通信工程和广播电影电视工程等。

（3）按范围大小分

建设工程可分为单项工程、单位工程、分部工程和分项工程。

①单项工程

工程项目有时也称为单项工程，是建设项目的组成部分，一般是指具有独立的设计文件，在竣工投产后可以独立发挥整体效益或设计生产能力的产品车间（联合企业的分厂）生产线或独立工程等。

一个建设项目可以包括若干个单项工程，如一个新建工厂的建设项目，其中的各个生产车间、辅助车间、仓库、住宅等工程都是单项工程。有些比较简单的建设项目本身就是一个单项工程，如只有一个车间的小型工厂，一条森林铁路等。一个建设项目在全部建成投产以前，往往陆续建成若干个单项工程，所以单项工程是考核投产计划完成情况和新增生产能力的基础。

一个单项工程由若干个单位工程组成。

②单位工程

单位工程是指具备独立施工条件，并能形成独立使用功能的建筑物或构筑物。民用建筑物或构筑物的土建工程连同安装工程一起称为一个单位工程；工业建筑物或构筑物的土建工程是一个单位工程，而安装工程又是一个单位工程。

③分部工程

分部工程是在单位工程的基础上，按专业性质、工程部位来确定的。如建筑工程中的地基与基础、主体结构、屋面、装饰装修等，都属于分部工程。一个单位工程包括若干分部工程。

④分项工程

分项工程是将分部工程按主要工种、材料、施工工艺、设备类别进一步划分而得的。如混凝土结构中的钢筋、模板、混凝土、预应力、现浇结构、装配式结构工程都是分项工程。

一个分部工程包括若干个分项工程。

2. 建筑工程项目

建筑工程是指通过对各类房屋建筑及其附属设施的建造和与其配套的线路、管道、设备的安装活动所形成的工程实体。其中"房屋建筑"指有顶盖、梁柱、墙壁、基础以及能够形成内部空间，满足人们生产、居住、学习、公共活动需要的工程。

建筑工程项目是指在特定的环境和约束条件（如限定资源、限定时间、限定质量）下，以完成一定建筑工程内容为目标，形成固定资产的一次性的任务。

建筑工程项目是工程项目中最常见、最典型的一种生产性的具体项目。它既有一般项目的特征，同时，由于自身的特殊性，造就了其独特的特点：

（1）产品是建筑物或构筑物

建筑产品的最终形式是建筑物或构筑物，不是小轿车、彩电、冰箱、塔吊等。

（2）项目地域的固定性

建筑工程项目必须在特定的地点进行建设，不能被转移到其他地方，只能就地组织实施，而且，在哪里建成就只能在哪里投入使用、发挥效应。

(3)实施过程的开放性

建筑工程项目是在开放的环境条件下进行的,不可能完全移植到像工厂那样的环境中进行,其作业条件常常是露天的。因此,容易受环境、天气等因素的干扰和影响,不确定的影响因素很多。

(4)外部的协作性

建筑工程项目的建设需要外部诸多方面的协作与配合,如勘察、设计、原材料和设备的供货商、政府监督机构等,否则就难以顺利进行。很多问题并不是施工企业内部就能够解决的,需要良好的沟通和协调。

建筑工程项目是以形成固定资产(建筑产品)为目标的一次性任务,由于建筑工程项目完成要经过一系列的过程,包括从项目建议书、可行性研究报告、初步设计、施工图设计、年度投资计划、开工报告、正式施工、竣工验收、交付使用、项目后评价等一系列复杂的过程,每一过程都涉及不同的管理部门和管理单位以及不同的管理内容,形成了不同的管理主体,所以存在不同阶段的项目管理。

3.建筑产品的特点及施工生产的特点

由于建筑产品本身是一种商品,而且是一种特殊的商品,它与一般的工业产品相比较,存在着一系列的技术经济特点。因此,了解和掌握建筑产品的特点和施工生产的特点,对于学习和掌握建筑施工组织的原理、方法都有很大帮助。

(1)建筑产品的特点

①固定性。固定性是指建筑产品的位置不能移动。虽然现在有些体量小的建筑物,由于种种原因,需要保存其完整性,可以进行短距离的平移,但是相当多的建筑物由于体量大,移动非常困难。所以从总体上讲,建筑产品是固定的。

②庞大性。与人们生活中接触的一般产品相比较,建筑产品无论从体积上,还是质量上看,都是相当庞大的。

③多样性。建筑产品在使用功能、建筑风格等方面差异比较大,体现其多样性。

④使用寿命长。建筑产品的使用寿命,短则几年、几十年,长则上百年。有些纪念性建筑、古代建筑距今已有几百年历史,却仍然保存完好。

(2)施工生产的特点

①流动性。建筑产品固定的特点决定了施工生产只能是流动的。项目地点在哪里,建设项目的人、材料、机械等就搬到哪里。

②长期性。建筑产品体量大的特点决定了生产一个建筑产品的时间很长,少则几个月,多则几年甚至十几年。

③复杂性。复杂性是指施工技术复杂,往往需要多家单位多个工种协作配合,另外,交叉作业、高空作业多。

④季节性。建筑产品生产周期长,往往要跨越几个季节,而且施工过程露天作业多,容易受天气条件的影响。因此,施工应考虑冬季施工、夏季施工、雨季施工等季节性施工措施。

1.2.3 建设工程项目的建设程序

建设工程项目的建设程序是指项目在建设过程中要经历的先后顺序,从项目构思、可行性研究、立项、设计、实施到竣工验收、后评价全过程,也可以称为项目的生命周期(此处是指项目的建设周期,不是指项目产品的生命周期)。在这个过程中,每个阶段都有其特定的工作环节、内容和资源投入水平。

1. 项目的前期阶段

(1) 项目构思

任何工程项目都从构思开始,项目构思通常由决策层提出,比如中央政府、地方政府、企业上层等,提出的原因可能多种多样,例如为了实现上层系统的发展战略、项目业务发展的需求或者通过市场调查发现新的投资机会等。

另外,因为项目构思是比较模糊的概念,所以即使针对同一环境状况,不同的人提出的项目构思可能是千差万别的。这就需要对项目构思进行选择,淘汰那些不现实或者没有使用价值的,选择一个或几个进行深入的研究和优化。

(2) 项目目标系统设计

在项目实施前必须确定明确的项目目标,包括总目标和各种子目标。其中,总目标又称为系统目标,是对项目在概念上做一个总体的确定。总目标通常包括:

①功能目标。功能目标指项目建成后应具有的使用功能,如建一个体育馆,可以提供多少种比赛场地,每个场馆可以容纳多少观众等。

②社会目标。如对国家或地区发展的影响等。

③生态目标。对周边环境的影响、对污染的治理等。

子目标通常由总目标分解或导出得到。子目标主要考虑时间、资源及各种边界条件对总目标的影响和制约。例如要实现功能目标,需要对项目的建设时间、资金投入、技术标准等方面提出要求,就构成了项目的工期目标、费用目标、质量目标和安全目标。

另外,进行目标设计时,要综合考虑各种目标之间的冲突和相互制约关系,优化目标系统。

(3) 项目建议书

在进行可行性研究之前,需要对项目进行定义和说明,提出项目建议书。项目建议书是要求建设某一具体项目的建议文件,是对拟建项目的轮廓设想。其作用是为相关部门选择并确定是否需要进行下一步工作提供参考,同时需要上报建设行政主管部门进行审批。

在项目建议书中要论述项目建设的必要性、条件的可行性和获得的可能性。

(4) 可行性研究

项目建议书审批通过后,还需要对项目进行可行性研究。可行性研究是对拟建项目进行全面的技术、经济分析论证并试图对其做出可行或不可行评价的一种科学方法,是项目管理工作的重要内容。它从项目建设和生产经营的全过程来考察、分析项目的可行性,其目的是解答项目是否有必要建设,是否可能建设和如何建设的问题,其结论将为投资者的最终决策提供依据。

可行性研究的成果要编制成可行性研究报告。一份完整的可行性研究报告一般包括如下内容:

①投资必要性。主要根据市场调查及预测的结果,以及有关的产业政策等因素,论证项目投资建设的必要性。

②技术的可行性。主要从项目实施的技术角度,合理设计技术方案,并进行比选和评价。

③财务可行性。主要从项目及投资者的角度,合理设计财务方案,从企业理财的角度进行资

本预算，评价项目的财务盈利能力，进行投资决策，并从融资主体（企业）的角度评价股东投资收益、现金流量计划及债务清偿能力。

④组织可行性。制订合理的项目实施进度计划，设计合理的组织机构，选择经验丰富的管理人员，建立良好的协作关系，制订合适的培训计划等，保证项目顺利执行。

⑤经济可行性。主要是从资源配置的角度衡量项目的价值，评价项目在实现区域经济发展目标、有效配置经济资源、增加供应、创造就业、改善环境、提高人民生活等方面的效益。

⑥社会可行性。主要分析项目对社会的影响，包括政治体制、方针政策、经济结构、法律道德、宗教民族、妇女儿童及社会稳定性等。

⑦风险因素及对策。主要是对项目的市场风险、技术风险、财务风险、组织风险、法律风险、经济及社会风险等因素进行评价，制定规避风险的对策，为项目全过程的风险管理提供依据。

(5)项目立项

项目，特别是大中型项目，要列入政府的社会和经济发展计划中。项目经过实施组织决策者和政府有关部门的批准，并列入项目实施组织或者政府计划的过程称为项目立项。

申请项目立项时，应将立项文件递交给有关审批部门。立项报告包括项目实施前所涉及的各种由文字、图纸、图片、表格、电子数据组成的材料。不同项目、不同的审批部门、不同的审批程序所要求的立项文件是不同的。

2.项目设计和计划阶段

项目立项批准后，设计和计划是平行进行的。项目设计往往要分几个阶段，如初步设计，扩大初步设计，施工图设计。计划随着技术设计不断细化、具体化。每一步设计之后就有一个相应的计划，它作为项目设计过程中阶段决策的依据。

(1)设计工作

一般项目的设计过程分为初步设计和施工图设计两个阶段，对于规模大、技术复杂或缺乏经验的项目，可以增加技术设计阶段。

①初步设计。由于项目的类型不同，初步设计的内容也不完全一样。一般来说，它是一种宏观的设计，即总体设计、布局设计，涉及主要的工艺流程、设备选型和安装设计等。初步设计文件应当满足编制施工招标文件、主要设备材料订货和编制施工图设计的需要，是下一设计阶段的基础。

②技术设计。技术设计又称扩大初步设计。它是针对大型项目或新型特殊项目，为了进一步解决一些技术问题而增加的设计阶段，是对初步设计中无法解决的问题而进行的设计，例如：特殊工艺流程方面的试验、研究及确定；大型建筑物、构筑物某些关键部位的结构形式及工程措施等的试验、研究及确定等。

③施工图设计。施工图设计又称详细设计。它要完整地表现建筑物的外形、内部空间分割、结构体系、构造状况以及建筑群的布局和周围环境的配合，具有详细的构造尺寸。施工图设计完成后要经过审核，才能用于指导施工。

(2)计划工作

由于项目是多目标的，同时要有许多项目要素的配合，造成项目计划的内容比较复杂；而且不同的项目由不同的项目参与者所负责的计划的内容和范围也不一样。它一般按照任务书或合同规定的工作范围、工作责任确定。常见的项目计划一般包括：

①工期计划。将项目的总工期目标分解，确定项目结构各层次单元的持续时间，以及确定各

个工程活动开始和结束时间的安排,进行时差分析。

②成本(投资)计划。包括:各层次项目单元计划成本;项目"时间-计划成本"曲线和项目的成本模型("时间-累计计划成本"曲线);项目现金流量,包括支付计划和收入计划;项目的资金筹集(贷款)计划等。

③资源计划。包括:劳动力的使用计划、招聘计划、培训计划等;机械的使用计划、采购计划、租赁计划、维修计划等;物资的供应计划、采购订货计划、运输计划等。

④质量计划。如质量保证计划、安全保障计划等。

⑤其他计划。如现场平面布置、后勤管理计划(临时设施、水电供应、道路和通信等)、项目的运营准备计划。

3.项目建设准备阶段

项目建设准备阶段的主要工作包括:

(1)征地、拆迁。

(2)完成三通一平工作,即接通水、电和路,进行场地平整。

(3)组织设备、材料订货。

(4)进行招标,选定施工、监理等承包人。

(5)办理开工手续。

4.项目建设实施阶段

项目建设实施阶段的工作包括:

(1)正式施工。

(2)竣工验收。

(3)结算、工程移交。

这个阶段是劳动要素配合最多、资源投入水平最高的时期。

5.项目试运行和后评价阶段

大型项目移交给业主以后,往往要经过一至两年的试运行。之后再对项目从立项决策、设计施工、竣工投产等过程进行系统评价,即项目后评价。通过项目后评价来达到肯定成绩、总结经验、吸取教训、提出建议、改进工作、不断提高项目决策水平和投资效果的目的。

项目后评价通常包括影响评价、效益评价、过程评价。

建设项目的全寿命周期如图1-1所示。

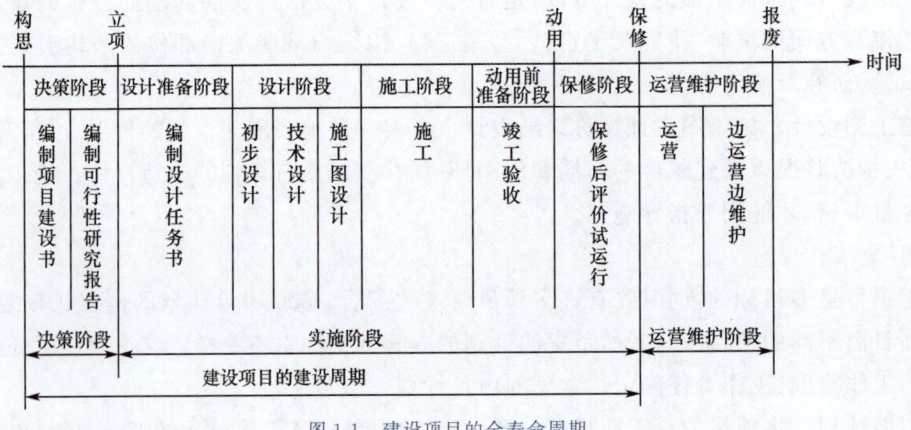

图1-1 建设项目的全寿命周期

1.2.4 建设工程项目的施工程序

施工程序是指项目承包人从承接业务到工程竣工、保修等一系列工作必须遵循的先后顺序，是工程项目建设程序中的一部分。这是大部分施工承包商要经历的从介入项目到退出项目的全过程。

1.承接业务、签订合同

这一阶段的主要工作包括：

(1)建筑企业应做出是否参与投标的决策。

(2)决定投标后，就应该收集各种信息，包括：企业自身、相关单位、市场、现场等信息。

(3)编制投标标书。

(4)如果中标，则应该谈判、签订建筑工程项目施工合同。

2.施工准备

施工单位与招标单位(或甲方)签订施工合同后，交易关系就正式确立了，接下来应该组建项目经理部，然后，以项目经理部为核心，与企业经营层和管理层、业主单位组合，进行施工准备工作，使工程具备开工和连续施工的基本条件。这一阶段的主要工作包括：

(1)成立项目经理部，配备相应的管理人员。

(2)编制完善的施工组织设计。

(3)制定项目管理实施规划或施工组织设计，以指导施工项目的管理活动。

(4)进行施工现场准备。

(5)填写开工申请报告。

3.正式施工

施工阶段是一个自开工到竣工的实施关键阶段，在这一过程中，项目经理部既是决策机构，又是责任机构。经营管理层、业主单位、监理单位的作用主要是支持、监督与协调，这一阶段的目标是完成合同规定的全部施工任务，达到竣工验收、交工的条件。这一阶段的主要工作包括：

(1)根据施工组织设计，安排施工。

(2)保证质量目标、进度目标、成本目标、安全目标的实现。

(3)管理施工现场，实行文明施工。

(4)处理好各种关系，管理好合同、变更等有关资料。

(5)做好记录、协调、检查、分析等工作。

4.竣工验收、交工与结算阶段

在实施阶段完成了各项工作内容后，就应该组织有关方面人员进行竣工验收、交工以及办理结算等收尾工作。其目的是对项目成果进行总结、评价，对外结清债权债务，结束交易关系。这一阶段的主要工作包括：

(1)工程收尾。

(2)进行试运转。

(3)在初验的基础上接受正式验收。

(4)整理、移交竣工文件，进行财务结算。

(5)办理工程交付手续。

(6)项目经理部解体。

5.用后服务阶段

这是施工项目管理的最后阶段,即在交工验收后,按合同规定的责任期,进行用后服务、回访与保修。其目的是保证建设单位的正常作用,发挥工程的效益。这一阶段的主要工作包括:

(1)工程回访,即听取使用单位的意见、总结经验、观察使用中存在的问题。

(2)进行必要的维护、维修和保修。

(3)进行沉降、抗震性能的观察。

1.3 建设工程项目管理

1.3.1 建设工程项目管理

《建设工程项目管理规范》(GB/T 50326—2017)中规定,建设工程项目管理是指运用系统的理论和方法,对建设工程项目进行的计划、组织、指挥、协调和控制等专业化活动,简称为项目管理。

1.建设工程项目管理的内容

建设工程项目管理的内容包括:项目策划、采购与投标、设计与技术、进度、质量、成本、安全、绿色建造与环境、资源、合同、信息与知识、沟通、风险、考核评价等内容。

在项目实施阶段的核心内容可以概括为:四控制(进度控制、质量控制、成本控制、安全控制)、五管理(合同管理、绿色建造与环境管理、资源管理、信息与知识管理、风险管理)、一协调(沟通协调)。

2.建设工程项目管理的主体及分类

在工程项目的建设周期中,会有许多单位参与进来,如建设单位、勘察单位、设计单位、施工单位、监理单位、供应商、检测机构、监督部门、金融机构等。这些单位站在不同的角度,有着各自的项目利益,对项目管理的侧重点也不同,就产生了不同的项目管理主体,进一步引出项目管理的分类。

(1)工程项目管理的主体

《建设工程项目管理规范》(GB/T 50326—2017)中明确了管理的主体分为项目发包人和项目承包人。项目发包人是按招标文件或合同中约定,具有项目发包主体资格和支付合同价款能力的当事人或者取得该当事人资格的合法继承人,简称发包人。项目承包人是指按合同中约定,被发包人接受的具有项目承包主体资格的当事人,以及取得该当事人资格的合法继承人,简称承包人。

①项目发包人

a.国家机关等行政部门。

b.国内外企业。

c.总包商,包括项目总包商和施工总包商。

②项目承包人

a.勘察设计单位。

b.监理单位。

c.施工单位。
d.材料、设备供应商。
e.加工、运输商。
(2)工程项目管理的分类

在建筑工程项目的实施过程中,每个参与单位都或多或少地进行了项目管理。因此,按管理的主体不同,建筑工程项目管理可以分为:

①工程项目总承包方的项目管理

首先,要分清楚两个概念,即项目总承包和施工总承包。项目总承包的承包范围至少包括设计和施工两类任务,而施工总承包只包括施工任务。

业主在进行项目决策之后,通过招标择优选定总承包商全面负责项目实施的全过程,直至最终交付使用功能和质量符合合同文件规定的工程项目。因此,总承包方的项目管理是贯穿于项目实施全过程的全面管理,既包括设计阶段,又包括施工安装阶段,以实现其承建工程项目的经营方针和项目管理目标来取得预期的经济效益。显然,总承包方必须在合同条件的约束之下,依靠自身的技术和管理优势,通过优化设计及施工方案,在规定的时间内,保质保量并且安全地完成工程项目的承建任务。从交易的角度看,业主是买方,总承包单位是卖方,总承包方追求的利润对业主来说就体现为成本。因此两者的地位和利益追求是不同的。

②施工方的项目管理

施工方进行项目管理首先是为了履行施工合同,完成施工合同规定的施工任务。项目是施工企业的生命线,没有项目,企业将无法生存下去。因此施工单位最终的目的是通过实施有效的项目管理,降低施工成本,追求利润最大化。当然在这个过程中,还希望业主能及时支付工程款,放宽工期。

③业主方的项目管理(建设监理)

业主方的项目管理是整个项目管理的核心,因为其他单位的项目管理目标都取决于业主对他们提出的要求。站在业主的角度,他希望通过项目管理能以最快的速度、最低廉的造价,得到达到预定质量目标和使用功能的项目。在我国,业主方的项目管理主要通过监理来实现。监理单位主要就是为业主提供项目管理服务的。

④设计方的项目管理

设计单位受业主委托承担工程项目的设计任务,以设计合同所界定的工作目标及其责任义务作为工程设计管理的对象、内容和条件。设计方的项目管理就是设计单位对履行设计合同和实现设计单位经营目标而进行的设计管理。其项目期望是业主给定的时间宽松,报酬丰厚,业主不要或尽可能少地提出设计变更。

⑤供货方的项目管理

进行工程建设需要的机械设备、原材料、构配件等物资的供应也是工程项目实施的一个子系统,它有明确的任务、目标和制约条件。因此,供应商同样要完成供应合同中规定的任务,对此进行管理并取得相应的价款。

⑥建设管理部门的项目管理

建设管理部门的项目管理就是对项目实施的可行性、合法性、规范性等进行监督、管理。在上述项目管理的分类中,施工方的项目管理(施工项目管理)是本书重点研究的对象。

1.3.2 项目管理规划

项目管理规划作为指导项目管理工作的纲领性文件,应对项目管理的目标、内容、组织、资源、方法、程序和控制措施进行确定。项目管理规划应包括项目管理规划大纲和项目管理实施规划两类文件。项目管理规划大纲应由组织的管理层或组织委托的项目管理单位编制。项目管理实施规划应由项目经理组织编制。大中型项目应单独编制项目管理实施规划;承包人的项目管理实施规划可以用施工组织设计或质量计划代替,但其内容应能够满足项目管理实施规划的要求。

1. 项目管理规划大纲

项目管理规划大纲是项目管理工作中具有战略性、全局性和宏观性的指导文件。施工承包商的项目管理规划大纲应由企业管理层依据下列资料编制:项目文件(如勘察设计文件、施工招投标文件、施工合同等)、相关法律、法规和标准;类似项目经验资料;实施条件调查资料等。

项目管理规划大纲可包括下列内容:项目概况、项目范围管理、项目管理目标、项目管理组织、项目采购与投标管理、项目进度管理、项目质量管理、项目成本管理、项目安全生产管理、绿色建造与环境管理、项目资源管理、项目信息管理、项目沟通与相关方管理、项目风险管理、项目收尾管理。

2. 项目管理实施规划

项目管理实施规划应对项目管理规划大纲进行细化,使其具有可操作性。项目管理实施规划应由项目经理在开工前依据下列资料完成:适用的法律、法规和标准、项目合同及相关要求、项目管理规划大纲、项目设计文件、工程情况与特点、项目资源和条件、有价值的历史数据、项目团队的能力和水平。

项目管理实施规划应包括下列内容:项目概况、项目总体工作安排、组织方案、设计与技术措施、进度计划、质量计划、成本计划、安全生产计划、绿色建造与环境管理计划、资源需求与采购计划、风险管理计划、信息管理计划、沟通管理计划、项目收尾计划、项目现场平面布置图、项目目标控制计划、技术经济指标。

案例1-1

某综合楼建设项目,框架结构,主体五层,建筑面积约为 5 587 m²。由于工期紧,刚确定施工单位的第二天,在施工单位还未来得及任命项目经理和组建项目经理部的情况下,业主就要求施工单位提供项目管理实施规划,施工单位在不情愿的情况下提供了一份针对该项目的施工组织设计,其内容深度满足管理实施规划要求,但业主不接受,还要求施工单位提供项目管理实施规划。

【问题】(1)项目经理未任命和项目经理部还未建立,就正式提交了施工组织设计,其程序是否正确?

(2)业主的要求是否合理?为什么?

【解析】(1)程序不正确。应先任命项目经理,成立项目经理部,然后由项目经理组织项目部的人员编写项目管理实施规划或施工组织设计。

(2)业主的要求不合理。该工程属于小型项目,承包人的项目管理实施规划可以用施工组织设计来代替。

1.4 建设工程项目管理模式

建设工程项目的管理模式是指业主与其他项目参与方之间的组织形式(合同关系)。

1. 平行发包

业主将勘察、设计、设备供应、土建、安装、装饰等工程任务分别委托给不同的承包商,各承包商分别与业主签订合同,向业主负责(图1-2)。

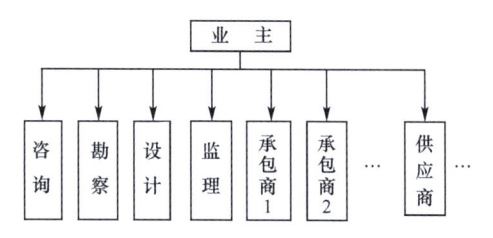

图 1-2 平行发包模式

这种模式的优点是:充分利用各承包商之间的竞争,有利于保证工程质量,降低工程造价,同时业主能够通过协调和项目管理加强对工程的干预。缺点是:合同多,业主的管理、协调工作量大,管理成本高,要求业主有较高的项目管理水平。这种模式适用于规模大、工作战线长、分期建设的工程。

平行发包对于承包商来说,就是阶段承包、专业承包。其中,施工承包又可以分为:包工包料、包工部分包料、包工不包料。

2. 工程总承包

工程总承包是指从事工程总承包的单位按照与建设单位签订的合同,对工程项目的设计、采购、施工和试运行实施全过程或若干阶段的承包,并对工程的质量、安全、工期、造价等全面负责的一种模式。

这种模式的优点是:首先,业主的管理、协调工作量少,不需要大量的专业管理人员,业主只需要用总包合同来约束总包商即可,大大降低了管理成本;其次,由于设计和施工都是由总包商负责,业主不需要承担设计错误和变更带来的损失。缺点是:业主不能按照自己的意愿干预工程建设;而且对总包商要求高,符合要求的企业数量少,降低了竞争的激烈程度,不利于降低报价;另外,对业主来说,总承包的资信风险大。

工程总承包模式对承包商的要求比较高,通常由"设计-施工"一体化的总包公司来做,也可以由设计单位、施工单位、设备制造厂商等组成的联合体来做。在我国的政府工程项目中,业主还必须聘请监理,对"设计-建造"承包商进行监管。

我国目前正大力倡导采用工程总承包模式(表1-1),并为此出台、修订了相应的规范和标准,如《建设项目工程总承包管理规范》(GB/T 50358—2017)。政府投资项目、国有资金占控股或者主导地位的项目应当优先采用工程总承包模式,装配式建筑原则上采用工程总承包模式。

表 1-1　　　　　　　　　　　　　　工程总承包的具体运作模式

运作模式	特点	适用范围
设计-施工 （Design-Build，简称 D-B 模式）	①是指总承包企业按照合同约定，承担工程项目的设计和施工，并对项目全面负责； ②设计、施工连续，并由同一家企业负责，减少索赔与变更； ③业主对项目的控制力减弱，承包商风险大	主要适用于设备采购量较少的房建、路桥等项目
设计-采购-施工 （Engineering-Procurement-Construction，简称 EPC 模式）	①是指总承包企业按照合同约定，承担工程项目的设计、采购、施工、试运行服务等工作，并对项目全面负责； ②便于设计、采购、施工协调，缩短工期； ③业主对项目的控制力更弱，承包商风险更大，但是主动性增强	主要适用于设备采购量较多的电力、化工、石化等项目
设计-采购-施工管理 （Engineering-Procurement-Construction Management，简称 EPCM 模式）	①是指总承包企业按照合同约定，对项目的设计、材料设备供应、施工管理全面负责； ②设计、采购分包商对 EPCM 承包商负责，而施工分包商则不与 EPCM 承包商签订合同，但其接受 EPCM 承包商的管理，施工分包商直接与业主有合同关系； ③EPCM 承包商承担的经济风险相对较小，获利较为稳定	适用范围与 EPC 类似
交钥匙工程 （Turnkey）	①交钥匙工程是 EPC 模式向两头扩展延伸而形成的业务和责任范围更广的总承包模式； ②总承包企业可能要提供项目从投资机会研究开始，到项目运营维修等工作在内的综合服务； ③Turnkey 与 EPC 的主要区别在于总承包的范围更大，工期更确定，合同总价更固定，承包商风险更大，合同价相对较高； ④业主只关心工程是否按期交付，以及交付的成果是否满意	适用范围更广泛

其中，D-B 模式如图 1-3 所示。

3.施工总承包

施工总承包是指业主将工程的施工任务委托一家施工单位进行承建的模式。在这种模式下，业主先与施工总承包单位签订施工合同，在征得业主同意的情况下，总承包单位还可以将部分专业性强或非重点工程分包出去，形成总分包关系。分包单位对总承包单位负责，总承包单位对业主负责（图 1-4）。

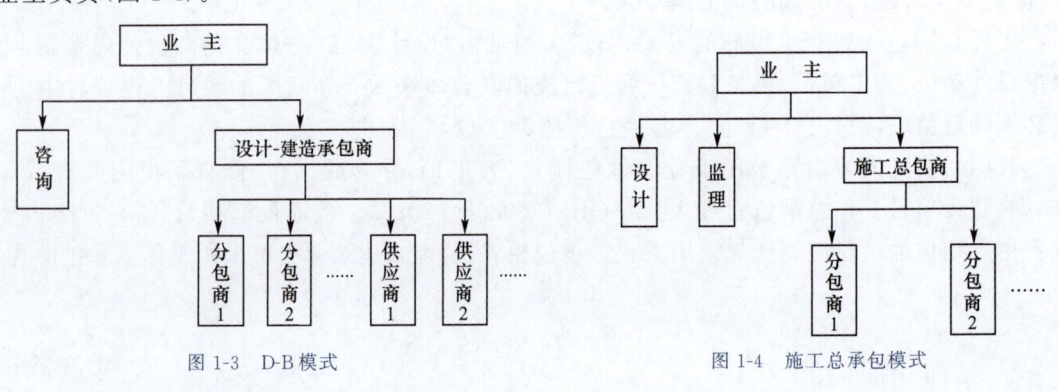

图 1-3　D-B 模式　　　　　　　　　　　图 1-4　施工总承包模式

这种模式的优点是：业主的协调、管理工作量相对较少,施工总承包的价格可以较早地确定。这种方式在我国用得较多。

4.CM 模式

CM 模式是国际上常用的一种承包模式,其实质是一种阶段发包方式。最大的特点是业主要委托一家咨询公司作为 CM 单位,并参与到工程实施过程中来。

CM 模式的优点是能缩短工程从规划、设计到竣工的周期,节约投资,减少投资风险;缺点是承发包费用较高。一般适用于工期紧张、不确定因素多、设计变更的可能性大的工程。

根据业主对 CM 单位的委托范围不同,CM 模式又可以分为风险型 CM 和咨询型 CM。

(1)风险型 CM

在这种模式下的 CM 公司同时也扮演施工总承包商的角色,它不但要进行施工过程管理,同时要承担工期、施工费用等方面的风险。在征得业主同意的情况下,它也可将工程进行合法分包。这种模式实质上就是一种施工总承包(图 1-5)。

(2)咨询型 CM

这种模式下的 CM 单位仅以业主代理人的身份参与工作,它可以帮助业主进行分项施工招标,但是最主要的工作是为业主提供施工过程的管理工作,不承担工期和施工费用方面的风险,业主另外委托施工承包商和供应商(图 1-6)。

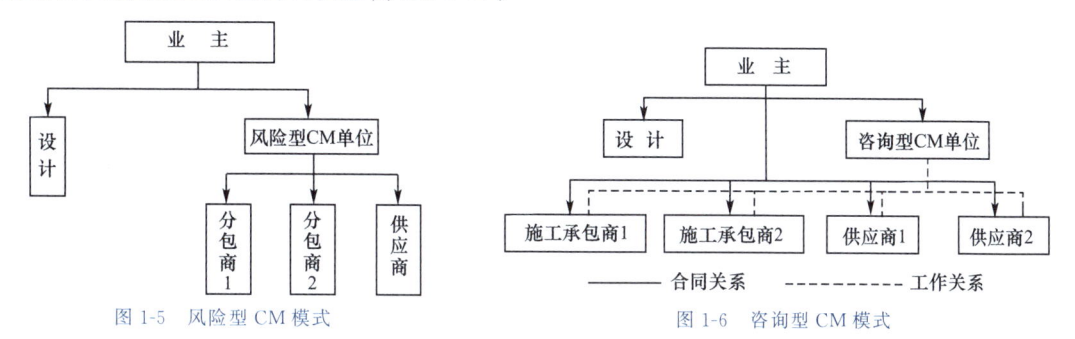

图 1-5 风险型 CM 模式

图 1-6 咨询型 CM 模式

5.项目管理模式

项目管理模式又称 PM 模式。业主将工程委托给项目管理公司,由其代表业主对工程项目进行全过程或若干阶段的管理。项目管理公司作为业主的代表,可以帮助业主做项目前期策划、可行性研究以及设计、计划、采购、施工等工作。

根据项目管理公司的工作范围、合同约定权限和承担责任的不同,项目管理模式又可以分为风险型项目管理模式(PMC)和咨询型项目管理模式(PM)。

(1)风险型项目管理模式(PMC)

业主与项目管理公司签订承包合同,此时的项目管理公司除了为业主提供全过程或某几个阶段的项目管理工作以外,自己往往还承担了设计、施工和采购工作,扮演的是工程总承包商的角色(图 1-7)。

(2)咨询型项目管理模式(PM)

这种模式下的项目管理公司在决策阶段为业主进行可行性研究、项目策划,在工程实施阶段为业主提供招标代理、设计管理、施工管理和采购管理工作。它与设计单位、施工承包商和供应商只有工作关系,没有合同关系(图 1-8)。

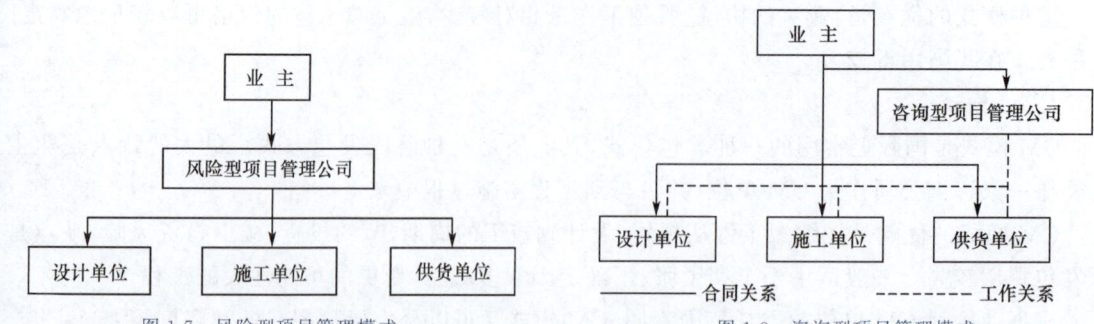

图 1-7 风险型项目管理模式

图 1-8 咨询型项目管理模式

CM 模式与 PM 模式的共同点是:必须由经验丰富的工程管理公司担当;业主与 PM 公司和 CM 公司之间的合同都是成本加酬金的合同形式。不同点是:CM 单位的工作重点是施工阶段的管理,而 PM 公司的工作任务可能涉及整个项目建设的全过程,从前期决策到项目竣工验收、试运行。

6. BOT 模式

BOT(Build-Operate-Transfer)即建造-经营-移交。这种方式最大的特点就是将基础设施的经营权有期限地抵押以获得项目融资,或者说是基础设施国有项目民营化。在这种模式下,首先由项目承包人(通常是财团)通过投标从委托人(通常是项目所在地政府或事业单位)手中获取对某个项目的特许权,随后组成项目公司并负责项目的融资、建造、运营管理,在特许期内通过对项目的经营,以及当地政府给予的其他优惠来回收投资以还贷,并取得合理的利润。特许期结束后,应将项目无偿地移交给委托人。由于 BOT 这种带融资、建造、经营服务的项目管理方式能大大减轻政府的财政负担,因此被许多国家用于本国的基础设施建设。我国的国家体育馆、国家会议中心、五棵松奥林匹克篮球馆等项目就采用了这种模式。

BOT 模式在使用过程中,由于双方的建造协议不同而衍生出一个庞大的家族,表 1-2 介绍了 BOT 几种常见的衍生模式。

表 1-2　　　　　　　　　　BOT 几种常见的衍生模式

名　称	特　点
BOO(Build-Own-Operate,建造-拥有-经营)	项目一旦建成,项目公司对所建项目同时拥有所有权和经营权,不再转让,当地政府或项目使用者只是购买项目服务
BOOT(Build-Own-Operate-Transfer,建造-拥有-经营-移交)	项目公司在经营期内,对所建项目设施同时拥有所有权和经营权,经过一定期限后,再将该项目(所有权和经营权)移交给委托人
BOS(Build-Own-Sell,建造-拥有-出售)	相比前两种模式来说,承包人的自由度更大,允许承包人将建成的项目出售
BT(Build-Transfer,建造-移交)	是指委托人与承包人签订 BT 投资建造协议,由承包人组建项目公司,负责项目融资、建造,验收合格后移交给委托人,委托人向承包人支付(通常是分期支付)费用的过程
BTO(Build-Transfer-Operate,建造-移交-经营)	有些项目的公共性很强,政府认为不宜让私营企业在运营期间享有所有权,须在项目完工后移交所有权,其后再由项目公司进行维护、经营,并收回投资
TOT(Transfer-Operate-Transfer,转让-经营-移交)	委托人将建成后的项目所有权有偿转让给社会资本或项目公司,并由其负责经营、维护和用户服务,合同期满后将所有权无偿移交给委托人
ROT(Renovate-Operate-Transfer,改建-经营-移交)	是指承包人在获得政府特许的基础上,对已建陈旧的、过时的项目或设备进行修复或更新改造、经营,特许期满后移交给委托人。其实质是在 TOT 的基础上,增加改建内容

(续表)

名　称	特　点
ROO(Renovate-Own-Operate, 改建-拥有-经营)	与 ROT 类似,只是不再有特许期限制,承包人在改造或修复设施后可以一直经营,不再无偿移交给委托人
BLT(Build-Lease-Transfer, 建造-租赁-移交)	项目公司在项目完工后,即在一定期限内将其出租给第三者,由第三者负责经营,并定向项目公司缴纳租金,项目公司借此收回工程投资和利润,期满后再将所有权移交给委托人
TBT(Transfer- Build-Transfer, 转让-建造-移交)	政府通过招标将已经运营一段时间的项目和未来若干年的经营权无偿转让给投资人;投资人负责组建项目公司去建设和经营待建项目;合同期满后陆续将项目经营权归还给政府。TBT 实质上是政府将一个已建项目和一个待建项目打包处理,最终收回待建项目所有权的方式

7.PPP 模式

(1)PPP 模式的概念

PPP 是 Public-Private-Partnership 的缩写,直译就是"公共与私人合作模式",具体是指政府与社会资本(私营企业)为提供公共产品或服务而建立的公私合作模式。PPP 是指在基础设施及公共服务领域建立的一种长期合作关系。通常模式是由社会资本承担设计、建设、运营、维护基础设施的大部分工作,并通过"使用者付费"及必要的"政府付费"获得合理投资回报;政府部门负责基础设施及公共服务价格和质量监管,以保证公共利益最大化。

(2)PPP 模式的基本运作过程

政府首先选择与之合作的社会资本,并成立项目公司(又称特殊目的公司——SPC 公司,或特殊目的机构——SPV 公司);政府授予其基础设施项目的"特许开发权",其中项目资金主要来源于政府出资、社会资本出资和项目公司的融资等,项目的一切开支(设计费、勘察费、建设费、咨询费等)均由项目公司负责;项目建成后,项目公司在一定期限内拥有项目经营权,并且享受公共产品服务的使用者付费收益;经营期满后,将项目经营权和资产等移交政府。在某些情况下,项目公司会同时拥有基础设施的产权。

(3)PPP 模式的典型结构(图 1-9)

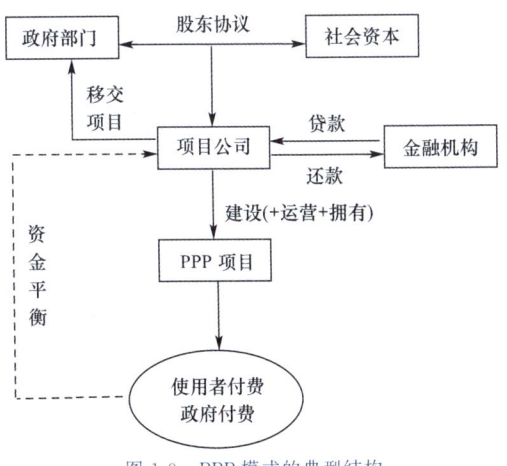

图 1-9 PPP 模式的典型结构

(4) PPP 项目的运作模式

PPP 项目具体运作模式的选择主要由收费定价机制、项目投资收益水平、风险分配基本框架、融资需求、改扩建需求和期满处置等因素决定。

实际工程中 PPP 常见的运作模式如表 1-3 所示。

表 1-3　　　　　　　　　　　　PPP 常见的运作模式

运作模式	说　明
委托经营 (Operations & Maintenance, O&M)	O&M 是指政府将存量公共资产(已建成的设施)的经营维护职责委托给社会资本或项目公司,社会资本或项目公司不负责用户服务的 PPP 运作方式。政府保留资产所有权,只向社会资本或项目公司支付委托经营费
管理合同 (Management Contract, MC)	MC 是指政府将存量公共资产的经营、维护及用户服务职责授权给社会资本或项目公司的项目运作方式;政府保留资产所有权,只向社会资本或项目公司支付管理费;通常作为 TOT 的过渡方式
租赁-经营-移交 (Lease-Operate-Transfer, LOT)	LOT 是指将存量及新建公共资产的经营管理、维护职责以及用户服务职责转移给社会资本的 PPP 运作模式,政府仍然承担公共资产投资的职责并保留公共资产的所有权;对于存量项目,LOT 模式属于 MC 模式范畴
转让-经营-移交 (Transfer-Operate-Transfer, TOT)	项目有偿转让后,政府暂无资产所有权;TOT 模式较 BOT 模式风险小,投资回报率适当
改建-经营-移交 (Renovate-Operate-Transfer, ROT)	指政府在 TOT 模式的基础上,增加改、扩建内容的项目运作方式
建造-经营-移交 (Build-Operate-Transfer, BOT)	这种模式的关键是特许权和特许经营期
建造-拥有-经营 (Build-Own-Operate, BOO)	这种模式必须在合同中注明保证公益性的约束条款,社会资本或项目公司长期拥有项目所有权的项目运作方式
建造-拥有-经营-移交 (Build-Own-Operate-Transfer, BOOT)	BOT 和 BOO 两种运作模式的结合,社会资本或项目公司承担设计、融资、建造、运营、维护、用户服务职责,同时拥有项目所有权,合同期满后进行移交

(5) PPP 项目的付费方式

PPP 项目的付费方式主要有政府付费、使用者付费和可行性缺口补助三种。

可行性缺口补助是指使用者付费不足以满足投资成本和利润,而由政府以财政补贴、股本投入、优惠贷款和其他优惠政策的形式,给予社会资本或项目公司的经济补助。

PPP 运作模式的选择可分为经营性项目、准经营性项目和非经营性项目。对于具有明确的收费基础,并且经营收费(使用者付费)能够完全覆盖投资成本的经营性项目,可通过政府授予特许经营权,采用 BOT、BOOT 等模式推进。对于经营收费不足以覆盖投资成本、需政府补贴部分资金或资源的准经营性项目,可通过政府授予特许经营权附加部分补贴或直接投资参股等措施,采用 BOT、BOO 等模式推进。对于缺乏"使用者付费"基础、主要依靠"政府付费"回收投资成本的非经营性项目,可通过政府购买服务,BOO、O&M 等市场化模式推进。

(6) PPP 模式的适用范围

PPP 模式主要适用于政府负有提供责任又适宜市场化运作的公共服务、基础设施类项目。燃气、供电、供水、供热、污水及垃圾处理等市政设施,公路、铁路、机场、城市轨道交通等交通设施,医疗、旅游、教育培训、健康养老等公共服务项目,以及水利、资源环境和生态保护等项目均可推行 PPP 模式。各地的新建市政工程以及新型城镇化试点项目,应优先考虑采用 PPP 模式建设。

> **案例1-2**
>
> **PPP 模式的运用案例——SY 市 SL 高架路 PPP 项目**
>
> SY 市 SL 高架路工程位于兰山区,周边有 SY 市汽车总站、SY 大学、物流园区等。本项目西起 JH 高速公路,东至 MS 大道 SL 路立交,全长约为 7.09 km。
>
> SY 市 SL 高架路工程项目拟采取 DBFO(设计-建设-融资-运营)的运作方式,政府将项目设计(该项目虽然已经完成设计,但允许项目公司进行设计优化)、投资、融资、建设、运营及维护等全部交给社会资本,政府通过向项目公司支付可用性服务费的方式购买项目可用性(符合验收标准的公共资产),以及支付运维绩效服务费的方式购买项目公司为维持项目可用性所需的运营维护服务(符合绩效要求的公共服务),即采用政府付费模式。
>
> 该市政府授权城投公司作为 PPP 项目中的政府方出资代表,与中选社会资本签订 PPP 项目合同并组建 SPV 公司。本项目的 PPP 运作模式如图 1-10 所示。
>
> 图 1-10　SY 市 SL 高架路项目的 PPP 运作模式

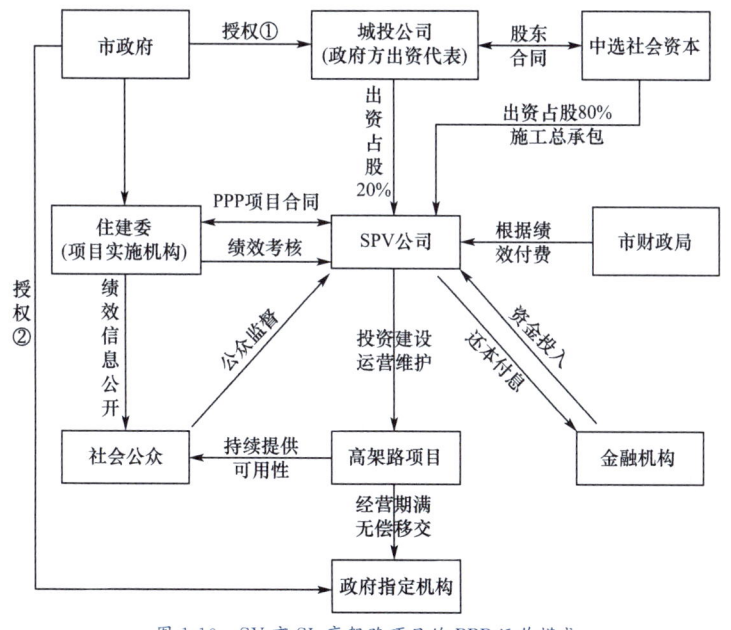

案例分析

某校的灾后重建项目,需要重新修建三栋教学楼、两栋学生公寓、一个足球场和一个篮球场、一个食堂、一个图书馆。学校委托某招标公司先后进行了设计招标、施工招标(施工招标又分成Ⅰ、Ⅱ、Ⅲ三个标段分别展开)和监理招标。最后这些项目的设计任务全部由一家设计院承包,施工任务分别由甲、乙、丙三家施工单位承包,监理任务全部由一家建设管理公司承包。试分析其项目管理模式属于哪一种。

思维导图

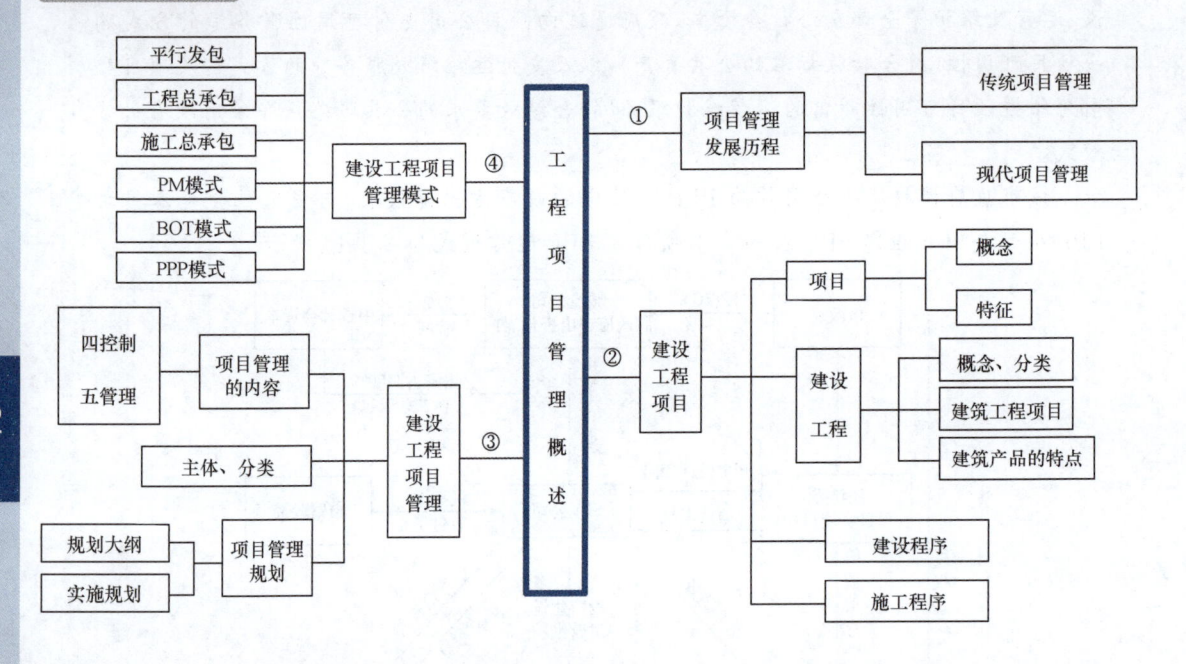

工程项目管理概述
① 项目管理发展历程 — 传统项目管理 / 现代项目管理
② 建设工程项目 — 项目(概念、特征) / 建设工程(概念、分类、建筑工程项目、建筑产品的特点) / 建设程序 / 施工程序
③ 建设工程项目管理 — 项目管理的内容 / 主体、分类 / 项目管理规划(规划大纲、实施规划) / 四控制、五管理
④ 建设工程项目管理模式 — 平行发包 / 工程总承包 / 施工总承包 / PM模式 / BOT模式 / PPP模式

第二篇 项目启动阶段

第 2 章　工程项目招投标
第 3 章　施工准备
第 4 章　工程项目组织机构
第 5 章　施工组织设计

招投标管理方案微课展示

招投标管理方案

| 确定招标方式 | 招标资格审查 | 发布招标公告 | 发放资格预审文件 |

| 组织资格审查 | 发放招标文件 | 现场踏勘答疑 | 编制投标文件 |

| 开标会议 | 评标与定标 | 发放中标通知 |

第 2 章 工程项目招标投标

学习目标

通过对本章的学习,掌握招投标的概念、招标范围以及招标方式;重点掌握招标程序、投标程序,编制招标文件;了解投标策略。

2.1 工程项目招标投标概述

2.1.1 工程建设项目招标投标的概念

工程建设项目招标投标是在市场经济条件下进行工程建设项目的发包与承包所采用的一种交易方式。在这种交易方式下,工程建设单位作为招标人,通过发布招标公告或者发出招标信息,并提出工程项目的性质、数量、质量、工期、技术要求以及对承包人的资格要求等招标条件,表明将选择最能够满足要求的承包人与之签订合同的意向;由各有意向提供服务的承包商作为投标人,向招标人书面提出自己对拟建工程项目的报价及其他招标要求的条件,参加投标竞争。经招标人对各投标者的报价及其他条件进行审查比较后,从中择优选定中标者,并与其签订合同。

工程招标是指建设单位(业主)就拟建的工程发布通告,用法定方式吸引工程项目的承包单位参加竞争,进而通过法定程序从中选择条件优越者来完成工程建筑任务的一种法律行为。

工程投标是指投标人利用报价的经济手段销售自己的商品或服务的过程。

2.1.2 工程建设项目招标投标的分类

工程建设项目招标投标可分为勘察招投标、设计招投标、施工招投标、监理招投标、重要设备和材料的采购招投标等。

2.1.3 工程建设项目招标投标的范围

《中华人民共和国招标投标法》(2017年修正)(以下简称《招标投标法》)中指出,凡在中华人民共和国境内进行下列工程建设项目,包括项目的勘察、设计、施工、监理以及与工程建设有关的重要设备、材料等的采购,必须进行招标。一般包括:

(1)大型基础设施、公用事业等关系社会公共利益、公共安全的项目。
(2)全部或者部分使用国有资金投资或国家融资的项目。

(3)使用国际组织或者外国政府贷款、援助资金的项目。

上述三种类型的工程建设项目,包括项目的勘察、设计、施工、监理以及与工程建设有关的重要设备、材料等的采购,达到下列标准之一的,必须进行招标:

(1)施工单项合同估算价在400万元人民币以上的。

(2)重要设备、材料等货物的采购,单项合同估算价在200万元人民币以上的。

(3)勘察、设计、监理等服务的采购,单项合同估算价在100万元人民币以上的。

《招标投标法》第66条规定,涉及国家安全、国家秘密、抢险救灾或者属于利用扶贫资金实行以工代赈、需要使用农民工等特殊情况,不适宜进行招标的项目,按照国家有关规定可以不进行招标。

《中华人民共和国招标投标法实施条例》(2019年修订版)(以下简称《招标投标法实施条例》)规定,有下列情形之一的,可以不进行招标:

(1)需要采用不可替代的专利或者专有技术。

(2)采购人依法能够自行建设、生产或者提供。

(3)已通过招标方式选定的特许经营项目投资人依法能够自行建设、生产或者提供。

(4)需要向原中标人采购工程、货物或者服务,否则将影响施工或者功能配套要求。

(5)国家规定的其他特殊情形。

2.1.4 招标方式

在我国的《招标投标法》中,工程建设项目的招标方式有公开招标和邀请招标两种。

1. 公开招标

公开招标是指招标人以招标公告的方式邀请不特定的法人或者其他组织投标。公开招标也称无限竞争性招标,是一种由招标人按照法定程序,在有形建筑市场或公开出版物上发布招标公告,所有符合条件的承包商都可以平等参与投标竞争,从中择优选择中标者的招标方式。根据这一条的规定,公开招标需符合如下条件:

(1)招标人需在公共媒介上发布招标信息。任何认为自己符合招标人要求的法人或者其他组织、个人都有权向招标人索取招标文件并届时投标。招标人不得以任何借口拒绝向符合条件的投标人出售招标文件,依法必须进行招标的项目,招标人不得以地区或者部门等借口违法限制任何潜在投标人参加投标。

(2)公开招标必须采取公告的方式,向社会公众明示其招标要求,使尽可能多的潜在投标人获取招标信息,参与投标,从而保证公开招标的公开性。

公开招标的优点是招标人有较大的选择范围,可在众多的投标人中选定报价合理、工期较短、信誉良好的承包商;有助于打破垄断,实行公平竞争;可以在较大程度上避免招标活动中的贿标行为。

《招标投标法实施条例》第8条规定,国有资金占控股或者主导地位的依法必须进行招标的项目,应当公开招标。

2. 邀请招标

邀请招标是指招标人以投标邀请书的方式邀请特定的法人或者其他组织投标。邀请招标也称有限竞争招标,是一种由招标人选择若干施工单位,向其发出投标邀请,由被邀请的承包商投标竞争,从中选定中标者的招标方式。

《招标投标法实施条例》第 8 条规定,有下列情形之一的,可以邀请招标:

(1)技术复杂、有特殊要求或者受自然环境限制,只有少量潜在投标人可供选择。

(2)采用公开招标方式的费用占项目合同金额的比例过大。

招标人采用邀请招标方式的,应当向三个以上具备承担招标项目能力、资信良好的特定法人或者其他组织发出投标邀请书,邀请其参加投标。

邀请招标虽然在潜在投标人的选择上和通知形式上与公开招标有所不同,但其所适用的程序和原则与公开招标是相同的,其在开标、评标标准等方面都是公开的,因此,邀请招标仍不失其公开性。

在工程实践中,有时会采用议标的方式发包工程。议标也被称为非竞争性招标或指定性招标,由建设单位邀请一家或者最多不超过两家知名的工程施工单位直接协商、谈判,签订工程施工合同的一种招标方式。

值得注意的是,议标在我国的《招标投标法》中已经被取缔了。但是如果公开招标或者邀请招标失败后,通常也可以依法选择议标方式,只是应当按照原招标文件或者评标定标办法中有关招标失败的条款选择议标投标人,而不能另行确定评标标准。另外,在抢险救灾等紧急情况下,也可以选择议标方式。

案例2-1

某大型工程,由于技术难度大,对施工单位的施工设备和同类工程施工经验要求比较高,而且对工期的要求比较紧迫。业主在对有关单位和在建工程考察的基础上,邀请了三家国有一级施工企业投标,通过正规的开标评标后,择优选择了其中一家作为中标单位,并与其签订了工程施工承包合同,承包工作范围包括土建、机电安装和装修工程。该工程共 15 层,采用框架结构,开工日期为 2019 年 4 月 1 日,合同工期为 18 个月。

【问题】 该工程采用邀请招标方式且仅邀请三家施工单位投标,是否违反有关规定?为什么?

【解析】 不违反有关规定。因为《招标投标法实施条例》中规定,对于技术复杂的工程,允许采用邀请招标方式,邀请参加投标的单位不得少于三家。

2.2 工程项目招标

2.2.1 工程建设项目招标的组织形式

工程建设项目招标的组织形式有自行组织招标和委托工程招标代理机构代理招标两种。

《工程建设项目自行招标试行办法》(2013 年修订版)第 4 条规定,招标人自行办理招标事宜的,应当具有编制招标文件和组织评标的能力。即招标人具有与招标项目规模和复杂程度相适应的工程技术、概算、财务和工程管理等方面专业技术力量。

不具备该述条件的,招标人应当委托工程招标代理机构代理施工招标。

2.2.2 工程招标的程序

工程招标程序如图2-1所示。

1. 成立项目招标工作组

招标工作组应由招标人组织，聘请工程、商务、外汇、法律等有关方面的专家，负责解决项目招标中所遇到的各种问题，并具体指导招标工作。

2. 发布招标公告

在进行招标前，应发布招标公告。招标公告的内容应包括：项目名称、项目地点、项目内容概况、工程范围、索取招标文件的日期、地址及截止日期、招标条件、价格以及有关事项的咨询单位等。

3. 投标人资格预审

资格预审是指对愿意承担招标项目的投标人进行的财务状况、技术能力、资信等方面的预先审查。目的是选择确有承包能力的投标人。

《房屋建筑和市政基础设施工程施工招标投标管理办法》(2018年修订版)指出，招标人可以根据招标工程的需要，对投标申请人进行资格预审，在资格预审合格的投标申请人过多时，可以由招标人从中选择不少于7家资格预审合格的投标申请人。

资格预审审查的内容：

(1) 投标单位的资质等级。

(2) 近三年完成工程情况。

(3) 目前正在履行的合同情况。

(4) 资源方面的情况(包括财务状况、技术水平、技术人员和施工人员的水平、设备情况、管理能力情况)。

(5) 获奖、处罚情况。

(6) 其他情况。

依法必须进行招标的项目的资格预审文件，应当使用国务院发展改革部门会同有关行政监督部门制定的标准文本。

4. 编制控制价或标底

标底是招标人对招标项目的预期价格，标底在开标前保密，并且只能作为评标的参考依据之一。

招标人设有最高投标限价(招标控制价)的，应当在招标文件中明确最高投标限价或者最高投标限价的计算方法。招标人不得规定最低投标限价。

5. 公开招标

公开招标是指招标人通知取得投标资格的投标人或刊登广告知悉投标人索取或购买招标文件，邀请其前来投标的招标环节。

6. 开标

开标是指招标人在规定的日期、时间和地点，将截止日期前收到的全部投标文件，在所有投

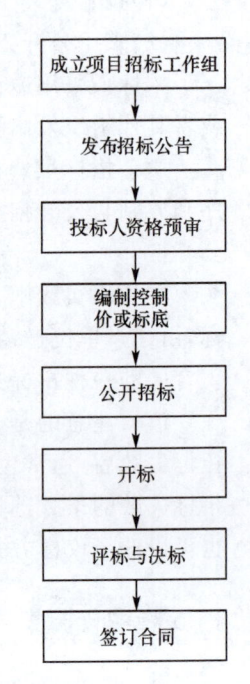

图 2-1 工程招标程序

标人或其代表在场的情况下,当场拆封投标文件,并公开宣读各投标人的投标条件,以使全体投标人了解各家的标价,这种程序即开标。

7. 评标与决标

开标以后即转入评标阶段。评标委员会将投标文件的标价及其他条件一一汇集列表,按照招标文件中确定的评标方法,对投标文件进行审查、鉴别、比较,直至决定中标单位,这一阶段,是在秘密条件下进行的。

决标是以评标报告及其推荐意见为依据,由招标委员会决定中标人,同时向中标人发出中标通知书的环节。

8. 签订合同

中标人在接到正式的"中标通知书"后,应在规定的时间内与工程业主签订工程承包合同。

2.3 工程项目投标

2.3.1 投标程序

工程投标程序如图 2-2 所示。

1. 获取招标信息

施工单位获取工程招标公告信息或接到投标邀请书后,认真研究招标信息,进行投标决策,是在了解建设单位的需求、工程概况、竞标对手的情况后,确定是否投标。

2. 参加资格预审

如确定投标,则应参加资格预审,编制资格预审文件,填写资格预审文件时要针对工程特点,反映出本公司的施工水平、施工质量、施工经验和施工组织能力。编制完成后报送资格预审文件。

3. 获取招标文件

资格预审通过后,即可获取招标文件,招标文件是投标的主要依据,其中重点研究设计图纸、工程量清单、投标须知和合同条件,为编制标书做准备。

4. 现场踏勘

现场踏勘是投标前重要的一步准备工作,是让投标者了解现场的一个重要环节,投标者在现场考察的基础上编制报价。

现场踏勘需了解的情况:

(1)施工现场的位置、地形、地貌情况。

(2)施工现场的地质水文情况。

(3)施工现场的气候条件。

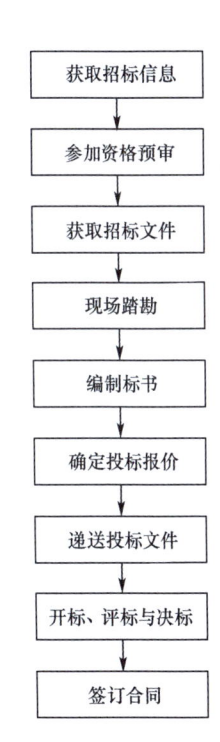

图 2-2 工程投标的程序

（4）施工现场的交通、供水、供电、排污情况。
（5）建设单位所提供的施工用地、施工用房情况。
现场踏勘结束后,编写现场踏勘报告,为投标报价、编制标书积累资料。

5.编制标书
（1）通过分析,有针对性地编制标书
通过认真分析、研究招标文件、施工图纸,了解工程概况,掌握建设单位的需求,有针对性地编制标书,标书必须突出建设单位的全部需求,以提高中标率。
（2）校核工程量
投标单位一定要校核工程量,工程量会影响投标报价,也为投标报价提供依据。
（3）编制施工组织设计
根据现场踏勘了解到的情况、施工图纸、校核后的工程量以及施工单位的实际情况编制施工组织设计,施工组织设计的内容包括工程概况、施工方案、施工进度计划、施工准备工作计划、资源需用量计划以及施工平面图设计。其中重点内容为:
①施工方案。根据施工图纸、现场情况确定合理的施工方案,施工方案中突出技术人员、施工人员技术水平,突出施工管理能力,宜选择较先进设备。
②施工进度计划。施工进度紧密结合施工方案,要求合理安排各项施工工作,既要保证施工进度要求,又要满足其他施工要求。

6.确定投标报价
投标报价是影响投标成败的关键因素之一,在施工招投标中,报价可以说是评标中最重要的因素。因此确定合理的投标报价十分关键,在校核工程量后,即可计算出工程造价,根据建设单位的需求、竞标对手的情况以及投标策略确定投标报价。

7.递送投标文件
投标人在规定的截止期限内,将投标文件密封递送到招标单位。招标单位收到后,应签收,并记录,准备开标。

8.开标、评标与决标、签订合同
到截止时间后,评标委员会根据投标单位的标书以及投标报价,综合考虑后,选择最优的投标单位,确定中标单位。建设单位和中标单位协商合同条款,签订承包合同。

2.3.2 投标报价策略

投标报价策略是指在竞标过程中,投标人针对招标人对工程的质量、工期、造价等方面的要求,以及竞争对手的优势、弱点制定投标报价策略,以最有利的条件中标。

1.前期准备
前期准备工作包括:
（1）首先要仔细研究招标文件,建设单位的招标文件是编制投标文件的重要依据。
（2）收集招标人的信息,分析招标人的资金情况以及对建设项目的要求。
（3）收集竞争对手的信息,分析竞争对手的优势和劣势。如职工队伍素质、技术水平、工作效率,施工机械性能、材料的供应渠道、质优价廉,施工方案是否先进合理、切实可行等方面,分析竞争对手的优势和劣势,并在投标竞争中突出我们的优势,弱化我们的劣势。

2. 报价技巧

(1)不平衡报价法

不平衡报价法是以不提高总标价的前提下,调整子项目的报价,达到尽早回收资金,获取经济效益的方法。具体做法如下:

①对先得到付款的项目(土方、基础等)的清单综合单价可以报得较高,以利资金周转。

②对以后可能增加工程量的项目,单价可适当提高。

③设计图纸不明确或有错误的,估计可能修改的项目,可以提高单价。

④暂定项目,对这类项目要具体分析,分析它会做的可能性,对以后一定要做的施工部分,其单价可高一些。估计可能不做的可低一些。

⑤对于能准确计量的项目,如土方工程,或没有工程量只报单价的项目,如土方中挖淤泥、岩石等单价,单价起点宜高一点。

(2)可选方案报价法

可选方案报价法是在报项目单价时,按原工程说明书及合同条款报一个价,并加以注解,如工程招标书或合同条款做某些改变时可降低多少费用,以吸引建设单位修改招标书和合同条款,但是如有规定工程合同是不允许改动的,这个方法就不能采用。

(3)突然降价法

报价是一项保密的工作。竞争对手之间会相互打探对方的报价。因此开始可以适当报高一些,在投标截止日前临送达时,可突然降低总报价,令对手措手不及,提高中标的概率。

(4)可降低报价法

可降低报价法也是一种常用的报价方法,即按正常的已知条件编制报价外,对工程中不明的部分不做报价,并在报价单中加以注明由双方商讨决定,这样可降低总报价,用低价吸引建设单位,而在合同谈判中提高报价,达到盈利的目的。

(5)高报价投标法

在一些特殊项目中,施工单位掌握其中关键技术,而竞争对手又较少时,报价可适当提高。

案例2-2

某工程项目招标收到了若干份投标。一投标人在投标截止时间前一天递交了一份合乎要求的投标文件,其报价为1亿元。在投标截止期前1小时,他又交了一封按投标文件要求密封的信,在该补充信中声明:"出于友好的目的,本投标人决定将计算总标价及所有单价都降低4.934%。"但是招标单位有关工作人员认为,根据国际上"一标一投"的惯例,一个投标人不得递交两份投标文件,因而拒收该投标人的补充材料。

【问题】 投标人采用了哪种报价技巧?运用是否妥当?

【解析】 投标人采用了突然降价法,因为是在投标快截止才递交的降价文件,能起到迷惑竞争对手的作用,所以运用妥当。

3.投标策略四大要素

投标策略有四大要素:把握形势,以长胜短,掌握主动,随机应变。投标企业只要抓住这四个要素,并结合具体工程情况,灵活运用,就有希望在竞争形势中取得成功。

(1)把握形势

在具体工程投标活动中,掌握"知己知彼,百战不殆"的原则。

(2)以长胜短

用优势战胜劣势,以己之长胜过对手。

(3)掌握主动

在投标竞争过程中,不管面临什么样的竞争形势,投标企业一定要善于把握主动权。

(4)随机应变

在工程投标过程中,随着竞争对手的变化,灵活地采取不同的投标策略,一成不变的策略是很难成功的。

案例分析

某省中央财政投资的大型基础设施建设项目,总投资超过10亿元,该项目法人委托一家符合资质条件的工程招标代理公司全程办理招标。

事件一:在评标过程中,发现投标人D的投标文件中没有投标人授权代表签字;投标人H的单价与总价不一致,单价与工程量乘积大于投标文件(注:投标函)的总价,招标文件中没有约定此类情况为重大偏差。

事件二:在评标过程中,评标委员会发现投标人G的投标报价低于原标底的30%。询标时,投标人G发来书面更改函,承认原报价存在遗漏,将报价整体上调至接近标底的99%。

事件三:在评标过程中,投标人A发来书面更改函,对施工组织设计中存在的笔误进行了勘误,同时对其投标文件中超过招标文件计划工期的投标工期调整为在招标文件约定计划工期基础上提前10日竣工。

事件四:经评审,各投标人综合得分的排序依次是H、E、G、A、F、C、B、D。评标委员会李某对此结果有异议,拒绝在评标报告上签字,但又不提出书面意见。

事件五:确定中标人为H后,中标人H认为工程施工合同过分袒护招标人,需要对招标文件中的合同条件进行调整,特别是当事人双方的权利与义务;招标人同时提出,在中标价的基础上降低10%的要求,否则招标人不签订施工合同。

【问题】

(1)事件一至五如何处理?并简要陈述理由。

(2)评标委员会应推荐哪三个投标人为中标候选人?

思维导图

```
                                            ┌─ 招标、投标的概念
                    ┌─ 投标程序              ├─ 招投标的分类
                    │                ③  ┌──┤
                    ├─ 报价策略 ─ 投标 ──┐  │  ├─ 招标范围
                                        │  │  └─ 招标方式
         ┌─ 自行招标              工 程  │① │
         │                       项 目 ─┼──┴─ 招投标概述
         ├─ 委托代理招标 ─ 招标组  招 投
         │               织方式    标   │②
         │                         ─ 招标
         └─ 招标程序
```

第 2 章　工程项目招标投标

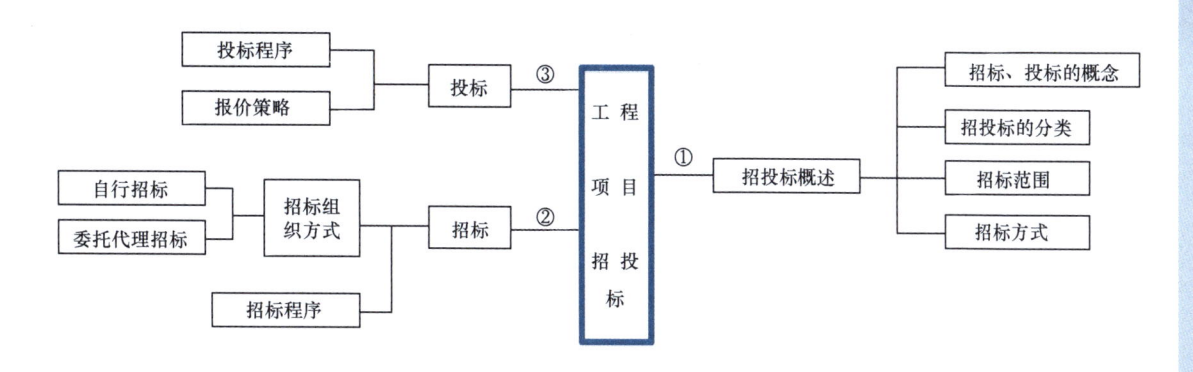

在线自测

第 2 章

33

第 3 章

施 工 准 备

学习目标

通过学习本章,了解如何进行施工准备;掌握施工准备的内容和施工准备的方法,从而保证施工顺利进行。

3.1 施工准备概述

工程项目施工准备工作是工程施工管理的重要组成部分,是为了保证工程的顺利进行。施工前必须将施工所用到的所有资源都准备妥当,缺一样都无法进行正常施工,施工准备不仅存在于开工之前,还贯穿施工的全过程。

1. 施工准备工作的重要性

工程施工需要大量的人员,消耗大量的材料,用到许多设备,需要很多协作单位,是一项长期的、技术十分复杂的生产活动。施工中任何一种资源的缺失都会影响工程的进度、质量和成本,重视施工准备工作,积极为工程创造一切施工条件,使其顺利进行,对发挥施工企业优势、合理供应资源、加快施工进度、提高工程质量、降低工程成本、增加企业经济效益和社会信誉、实现企业管理现代化等具有重要的意义。

2. 施工准备工作的分类

(1)按工程项目施工准备工作的范围不同分

按工程项目施工准备工作的范围不同,一般可分为工程项目施工准备、单位工程施工准备和分部(分项)工程施工准备三种。

①工程项目施工准备:是以一个工程项目为对象而进行的各项施工准备。施工准备工作的目的、内容都是为整个工程项目施工服务的。

②单位工程施工准备:是以一个单位工程为对象而进行的施工条件准备工作。准备工作的目的、内容都是为单位工程施工服务的。

③分部(分项)工程施工准备:是以一个分部(分项)工程为对象而进行的施工条件准备工作,准备工作的目的、内容都是为分部(分项)工程施工服务的。

(2)按工程项目的施工阶段分

按拟建工程所处的施工阶段不同,一般可分为开工前的施工准备和各施工阶段前的施工准备两种。

①开工前的施工准备：是在工程正式开工之前所进行的一切施工准备工作。其目的是为工程项目正式开工创造必要的施工条件。

②各施工阶段前的施工准备：是在工程项目开工之后，每个施工阶段正式开工之前所进行的一切施工准备工作。其目的是为施工阶段正式开工创造必要的施工条件。因此在每个施工阶段开工之前，都必须做好相应的施工准备工作。

3. 施工准备工作的要求

施工准备工作必须有计划、有步骤、分期、分阶段进行，贯穿工程的整个生产过程，并要求有专人负责，定期完成。表3-1为施工准备工作计划。

表3-1 施工准备工作计划

序号	准备工作项目	负责单位	负责人	开始时间	完成时间

4. 施工准备工作的内容

施工准备工作的内容包括：调查、研究、收集资料，技术经济资料准备，施工人员准备，材料准备，施工设备准备，施工现场准备，冬、雨季施工准备。

3.2 工程技术经济资料的准备

工程技术经济资料的准备是施工准备工作中重要的一部分，主要包括：原始资料的准备以及技术经济资料的准备。

3.2.1 原始资料的准备

气候条件、地质水文情况、施工地区的资源供应、技术经济情况都会影响到施工的顺利进行。为了保证施工顺利进行，需要有计划、有目的地向建设单位、勘察设计单位、当地气象部门、交通部门、供水、供电等有关单位收集有关资料，并且必须保证收集到的数据真实、可靠。

1. 对建设单位、勘察设计单位的调查

对建设单位的有关手续（规划、批建、施工许可证等），建设计划，工程建设期限，建设单位总平面规划，工程地质、水文勘察资料，地形图等资料调查并统计相关文件。

2. 自然条件的调查

建设地区自然条件的调查分析的主要内容有：地区水准点和绝对标高等情况；工程地质、水文情况，包括土层特征及承载力，地面水流量和水质，最高水位和枯水期的最低水位，地下水位的高低变化，含水层的厚度、流向、流量和水质等情况；地震设防烈度等级，气象天气情况，包括气温、降雨、降雪、风力、风向和雷电等情况，土的冻结深度和冬、雨季的期限等情况。

3. 建设地区技术经济条件的调查

建设地区技术经济条件的调查的主要内容有：建设地区的建筑施工企业的状况，材料供应情况，能源和交通运输状况，劳动力和技术水平状况，生活供应、教育和医疗卫生状况，消防、治安状况和参加施工单位的力量状况。

3.2.2 技术经济资料的准备

技术经济资料准备是施工准备的核心,对于保证施工质量、安全生产、施工进度、降低成本起着关键作用。因此,必须做好技术经济资料的准备工作,主要内容包括:熟悉、会审施工图纸和有关设计资料,编制施工图预算和施工预算,编制施工组织设计等。

1. 熟悉、会审施工图纸和有关设计资料

(1)熟悉、审查施工图纸的依据

①建设单位和设计单位提供的初步设计或扩大初步设计(技术设计)、施工图设计、建筑总平面、土方竖向设计和城市规划等资料文件。

②调查、搜集的原始资料。

③设计、施工验收规范和有关技术规定。

(2)熟悉设计图纸

①审查拟建工程的地点、建筑总平面图同规划是否一致,以及建筑物或构筑物的设计功能和使用要求是否符合卫生、防火及美化城市方面的要求。

②审查设计图纸是否完整、齐全,以及设计图纸和资料是否符合国家有关工程建设的设计、施工方面的方针和政策。

③审查设计图纸与说明书在内容上是否一致,以及设计图纸与其各组成部分之间有无矛盾和错误。

④审查建筑总平面图与其他结构图在几何尺寸、坐标、标高、说明等方面是否一致,技术要求是否正确。

⑤审查工业项目的生产工艺流程和技术要求,掌握配套投产的先后次序和相互关系,以及设备安装图纸与其相配合的装饰施工图纸在坐标、标高上是否一致,掌握装饰施工质量是否满足设备安装的要求。

(3)会审图纸

由建设单位主持,设计单位和施工单位参加,三方进行设计图纸的会审。会审图纸时,首先由设计单位的项目负责人向与会者说明拟建工程的设计依据、意图和功能要求,并对特殊结构、新材料、新工艺和新技术提出设计要求,然后施工单位根据自审记录以及对设计意图的了解,提出对设计图纸的疑问和建议;最后在统一认识的基础上,对所探讨的问题逐一做好记录,形成"图纸会审纪要",由建设单位正式行文,参加单位共同会签、盖章,作为与设计文件同时使用的技术文件和指导施工的依据,以及建设单位与施工单位进行工程结算的依据。

2. 编制施工图预算和施工预算

(1)编制施工图预算

施工图预算是由施工单位编制的确定建筑安装工程造价的经济文件,它是施工企业签订工程承包合同,进行工程结算、成本核算,加强经营管理等方面工作的重要依据。

(2)编制施工预算

施工预算是根据施工图预算、施工图纸、施工组织设计或施工方案、施工定额等文件进行编制的,它直接受施工图预算的控制。它是施工企业内部控制各项成本支出、考核用工、"两算"对比、签发施工任务单、限额领料、基层进行经济核算的依据。

3.编制施工组织设计

施工组织设计是指导施工全过程的技术、经济和组织等的综合性文件,它把施工全过程在时间上、空间上进行统一安排,对于工程项目应根据工程规模、结构特点和建设单位要求,编制指导该工程施工全过程的施工组织设计。

4.原材料的试验检验及设备调试工作计划

原材料的试验检验及设备调试工作计划应根据现行规范、标准中的有关要求及工程规模、进度等实际情况制订。

5.样板制作计划

样板制作计划应根据施工合同或招标文件的要求并结合工程特点制订。

3.3 资源的准备

资源准备主要包括人员、材料、设备的准备,是施工准备的重要组成部分,也是十分复杂、容易出现问题的部分。资源准备的数量、规格、时间按照资源需用量计划表来确定。物资准备需要按步骤、分阶段来进行,并需专人负责。

3.3.1 人员准备

1.建立项目部

根据工程规模、结构特点和复杂程度,确定项目部的人员,建立一个有施工经验、工作效率高的施工项目管理机构。

2.建立精干的工作队组

根据采用的施工组织设计,确定合理的劳动组织,建立专业的施工班组。编制劳动力需用量计划(表3-2),组织工人进入施工现场,安排好职工生活。

表 3-2　　　　　　　　　　劳动力需用量计划

序号	工程名称	工种名称	人数	时间												
				1	2	3	4	5	6	7	8	9	10	11	12	13	14

3.做好职工教育工作

提高职工文化素质、技能水平,举办培训班,对职工进行文化知识、专业知识培训。为了落实施工计划和技术责任制,应按管理系统逐级进行技术交底。技术交底内容:工序的操作规程,各项安全技术措施、质量标准和验收规范要求以及设计变更等,同时健全各项规章制度,加强遵纪守法教育。

3.3.2 材料准备

材料准备工作内容包括材料准备、构(配)件和制品加工准备。

1.材料准备

根据工程量的材料分析和施工进度计划的要求,编制材料需用量计划(表3-3),为施工备料、确定仓库和堆场面积以及组织运输提供依据。

表3-3　　　　　　　　　　材料需用量计划

序号	材料名称	规格	单位	数量	使用时间

2.构(配)件和制品加工准备

根据施工预算所提供的构(配)件和制品加工要求,编制相应计划,为组织运输和确定堆场面积提供依据。

3.3.3　机械设备准备

1.施工机具准备

根据施工方案和进度计划的要求,编制施工机具需用量计划,为组织运输和确定机具停放场地提供依据。

2.生产工艺设备准备

按照生产工艺流程及其工艺布置图的要求,编制机具设备需用量计划(表3-4),为组织运输和确定堆场面积提供依据。

表3-4　　　　　　　　　　机具、设备需用量计划

序号	设备名称	规格型号	单位	数量	使用时间

3.4　施工现场准备

1.拆除障碍物

这一工作通常由建设单位完成,但有时也委托施工单位完成。拆除时,一定要摸清情况,尤其是原有障碍物复杂、资料不全时,应采取相应措施,防止发生事故。

架空电线、埋地电缆、自来水管、污水管道、煤气管道等的拆除,都应与有关部门取得联系并办好手续后,方可进行。场内的树木需报请有关部门批准后方可砍伐。房屋只有在水源、电源、气源等截断后方可进行拆除。

2.做好"四通一平"

确保施工现场水通、电通、道路畅通、通信畅通和场地平整。

3.施工现场控制网测量

根据建筑总平面图,进行施工场地控制网测量,设置场区控制测量标桩。

4.建设施工临时设施

按照施工平面图和施工设施需用量计划,建造各项施工设施,为正式开工做好准备。

5.组织施工机具进场

根据施工机具需用量计划,按施工平面图要求,组织施工机械、设备和工具进场,按规定地点和方式存放,并应进行相应的保养和试运转等各项工作。

6.组织建筑材料进场

根据建筑材料、构(配)件和制品需用量计划,组织其进场,按规定地点和方式储存或堆放。

3.5 季节性施工准备

由于建筑工程受天气影响较大,因此,在冬、雨及夏季施工时,做好季节性施工准备,以确保工程保质保量、顺利完成,获得较好的技术经济效果。

3.5.1 冬季施工准备

根据规定:当室外日平均气温连续5天稳定低于5℃即进入冬季施工。冬季施工是一项复杂而细致的工作,在气温低、工作条件差、技术要求高的情况下,认真做好冬季施工准备具有特殊的意义。根据工程的实际情况,编制切实可行的冬季施工方案,并组织有关人员学习、交底。

1.冬季施工专用材料的准备

冬季施工需增加一些专用材料,如外加剂、保温材料(稻草、炉渣、草垫、麻袋、锯末等)及为冬季施工服务的一系列设备以及劳动保护、防寒用品等。

2.冬季施工进度的安排

安排工程进度时,尽可能地减少冬季施工项目。在冬季施工前,要尽快完成工程的主体,以便取得更多的室内工作面,达到良好的技术经济效果。冬季安排的项目主要是冬季施工对质量影响小或费用增加不大的项目,如室内粉刷、水电暖安装工程等。受冬季施工影响较大的项目,如土方工程、室外粉刷、防水工程、道路工程等,最好在冬季到来以前完成。

3.重视冬季施工对平面布置的特殊要求

给水和排水的管线应避免冻结的影响。应设临时排水系统,排除地面水,现场和道路应避免积水,注意清除积雪,保证冬季施工时道路畅通。

进入冬季前,要尽可能储备足够的冬季施工所需的各种材料、构件、备品、物资等。

进行冬季施工时,所需保温、取暖等火源大量增加,因此应加强防火教育及防火措施,布置必要的防火设施和消防龙头、灭火器等,并应安排专人检查管理。

另外,还要加强冬防保安措施,抓好职工的思想技术教育和专职人员的培训工作。

3.5.2 夏季、雨季施工准备

在我国的气象学上,一般把日最高气温达到或超过35℃时称为高温。高温天气不仅能使人体感到不适,工作效率降低,中暑、肠道疾病和心脑血管等病症的发病率增多;同时高温天气施工也不利于保证施工质量。另外,在我国大部分地区,雨季主要集中在夏季和秋季,雨季同样对现场施工干扰比较大。因此,认真做好夏季、雨季施工准备,对于提高施工连续性、均衡性,增加全年施工时间具有十分重要的作用。

1.做好雨季物资供应及储备工作

准备防雨器材,做好材料的保管,防止材料的淋雨、受潮,各种材料堆存均应有适当措施,防止因材料问题影响质量和工期。

2. 安排好施工进度

晴天施工条件好,多完成室外作业;雨天和高温天气施工条件差,多完成室内工作。尽量把不适于雨天作业的工程,抢在雨季到来之前完成。为确保工程质量,需要采取有效的防雨技术措施,如防止砂浆及混凝土水分的增加、钢筋的锈蚀等。

3. 做好现场的防洪、排水工作

雨季到来前,需对整个现场进行统一规划,要进行有组织的检查,高处设挡水墙、低处设排水沟,保证排水通畅。另外,要准备抽水设备,及时处理低洼、基坑中的积水。对现场的临时道路进行修整,加铺碎石、炉渣等,保证运输道路畅通。

4. 做好夏季的防暑降温工作

劳动保护方面:改善现场的作业、生活环境,加强通风、降温,落实防暑降温物品,合理安排作息时间,加强工作中的轮换休息,高温时段禁止露天作业等;施工质量方面:尽量利用一天中的低温时段进行作业,砂浆、混凝土的养护需要采取降温措施以保证施工质量。

同时,要认真编制和贯彻夏季、雨季施工技术方案和安全方案,加强技术管理,做好夏季、雨季施工的思想教育和安全教育,防止各种事故发生。

案例分析

×学院宿舍楼

工程概况

1. 建设地点:本工程位于×市××路××号。南面靠山,东面为山坡,南面为教学区,场地内均无线管和古迹。

2. 工程规模:总建筑面积8 166 m²,工程总占地面积1 860 m²,建筑层数为6层。

3. 本工程主要建筑技术指标:建筑类别为二类,耐火等级为二级,设计使用年限为50年,屋面防水等级为三级,按七度抗震烈度设防。结构安全等级为二级,结构构件的裂缝控制等级为三级,主体结构为砖混结构。

4. 工期及计划开工日期:工期为260天,计划开工日期为20××年××月××日。

一、建筑设计要求

建筑设计要求具体如下:

1. 外墙:所有外墙均贴面砖。

2. 内墙:厕所、浴室贴瓷砖,高2 000 mm;其余内墙用20 mm厚M5混合砂浆打底抹平,面层刮白色泥子。

3. 地面:厕所、浴室面铺150 mm×150 mm防滑地砖;其余地面贴防滑釉面砖。

4. 楼面:厕所、浴室面铺150 mm×150 mm防滑地砖;其余各房间、楼梯间贴防滑釉面砖。

5. 顶棚:采用20 mm厚M5混合砂浆打底抹平,面层刮白色泥子。

6. 门窗及油漆:门采用木门,窗采用塑钢推拉窗,5 mm厚白玻璃。所有木门内外面油漆为一底二面调和漆。

7. 屋面:采用有保温层的SBS改性沥青卷材防水屋面。

二、结构设计要求

1. 基础:采用钢筋混凝土条形基础,基础埋深1.5 m,采用C25混凝土,垫层采用C10混凝土。

2.主体结构材料:采用砖混结构,楼盖采用现浇梁板结构,构造柱、梁、板均为C20混凝土。

3.墙体:主要承重墙体为370 mm厚,间隔墙为120 mm厚,墙体用M10混合砂浆砌筑MU15多孔砖。

三、给排水设计要求、电气工程设计要求(略)

施工准备

一、施工准备工作计划

施工准备工作是整个施工生产的前提,根据本工程的工程内容和实际情况由项目部制订施工准备工作计划,为工程顺利进展打下良好的基础。

二、技术准备

针对本工程建筑的特点,认真进行施工前的准备工作,否则会造成人力、物力的浪费。施工准备的范围根据不同的施工阶段划分。

1.调查工作

(1)本工程工期要经过雨期、冬期施工,×××属于亚热带气候,夏季较长,雨期多为4～11月,雨期较长可能给施工生产带来十分不利的影响,尤其是基础施工。

(2)本工程基础施工时必须采取适当的排水措施。

(3)物资运至现场的交通条件较好,能够满足要求。

2.组织各专业人员熟悉图纸,对图纸进行自审,熟悉和掌握施工图纸的全部内容和设计意图。土建、安装各专业相互联系对照,发现问题,提前与建设单位、设计单位协商,参加由建设单位、设计单位和监理单位组织的设计交底和图纸综合会审。

3.编制施工图预算,根据施工图纸,计算分部(分项)工程量,按规定套用施工定额,计算所需要材料的详细数量、人工数量、大型机械台班数,以便做进度计划和供应计划,更好地控制成本,减少消耗。

4.做好技术交底工作。本工程每一道工序开工前,均需进行技术交底,技术交底是施工企业技术管理的一个重要制度,是保证工程质量的重要因素,其目的是通过技术交底使参加施工的所有人员对工程技术要求做到心中有数,以便科学地组织施工和按合理的工序、工艺进行施工。

技术交底均采用三级制,即项目部技术负责人→专业工长→各班组长。技术交底均有书面文字及图表,级级交底签字,班组长在接受交底后,应组织工人进行认真讨论,全面理解施工意图,确保工程的质量和进度。

三、物质条件及生产准备

建筑工程施工所需的材料、构配件、施工机械品种多、数量大,保证按计划供应对整个施工过程十分重要,否则直接影响工期、质量和成本。

1.材料准备

(1)根据施工进度计划和施工预算的工料分析,拟订加工及订货计划。

(2)建筑材料及安全防护用品准备:水泥、钢材、木材三大建筑材料及特殊材料等,均应根据实际情况编制各项材料需用量计划表(表3-5),分批进场。

(3)各种材料的入库、保管和出库要制定完善的管理办法,同时加强防盗、防火管理。

(4)构配件加工准备

①根据施工进度计划和施工预算所提供的各种构配件,提前做加工翻样工作,并编制相应的需用量计划。

②提前做好预制、预埋件的加工工作。

③组织制订模板的需求计划和定型模板的加工工作。

表3-5　　　　　　　　　　材料需用量计划表

序号	材料名称	规格	单位	数量	计划进场时间
1	水泥	425号	t	1 654	6月初陆续进场
2	钢筋		t	251	6月初陆续进场
3	碎石	4号	m³	2 069	6月初陆续进场
4	砂	中、细	m³	2 433	6月初陆续进场
5	普通烧结砖	标准	千块	1 259	6月底陆续进场
6	钢模		kg	75	6月初陆续进场
7	钢管		m	567	6月初陆续进场
8	石灰		t	42	6月底陆续进场
9	防水卷材		m²	1 894	10月中
10	竹脚手板		m²	307	7月初

2.施工机械准备

根据本工程实际情况选择主要机械设备(表3-6):

(1)混凝土搅拌机4台,砂浆搅拌机4台。

(2)塔吊1台,主要用于砌体、装饰材料和安装材料、建筑垃圾等的垂直运输。

(3)反铲挖土机1台。

以上机械以及施工中所需的各种中小型机具设备均齐备完好,无须订购。自卸汽车在土方工程施工时需要临时租用。

表3-6　　　　　　　　　　机具、设备需用量计划表

序号	机具名称	规格	单位	数量	计划进场时间	备注
1	挖土机	W-100	台	2	6月初	
2	塔吊	QT315	台	1	7月初	
3	砂浆搅拌机	UJZ 200	台	3	6月底	
4	钢筋切断机	GJ5-40	台	1	6月初	
5	钢筋调直机	GJ4/4	台	1	6月初	
6	钢筋弯曲机	WJ40-1	台	1	6月初	
7	插式振捣器	ZX-50	套	8	6月初	
8	平板振捣器	ZW-50	台	4	6月初	
9	电焊机	BX-330	台	2	6月初	
10	打夯机	HW-20	台	2	7月中	
11	自卸汽车	5 t	辆	3	6月初	
12	水泵	QY25	台	5	6月初	
13	手推车	自制	辆	30	6月初	

四、人员准备

本工程采用项目法施工的管理体制。委派我公司实践经验丰富和管理水平高的同志担任项目部主要负责人,选聘技术、管理水平高的技术人员、管理人员、专业工长组建项目部。项目管理层由项目经理、技术负责人、安全主管、质量主管、材料主管、保卫主管、机械主管和后勤主管等成员组成(表3-7),在建设单位、监理单位和公司的指导下,负责对本工程的工期、质量、安全、成本等实施计划。组织、协调、控制和决策,对各生产施工要素实施全过程的动态管理。

表3-7　　　　　　　　　　　　项目部主要成员表

序号	职务	姓名	职称
1	项目经理		工程师
2	项目副经理		工程师
3	技术负责人		高级工程师
4	质检员		助理工程师
5	施工员		助理工程师
6	安全员		助理工程师
7	资料员		助理工程师
8	预算员		助理工程师

本工程所需要的劳动力包括混凝土工、钢筋工、木工、设备安装工、砌筑工等。根据施工进度计划制订劳动力需用量计划(表3-8),组织人员进场,安排员工生活,登记并进行进场教育。

表3-8　　　　　　　　　　　　劳动力需用量计划表　　　　　　　　　　　　人

序号	工种名称	最高人数	人数		
			基础阶段	主体阶段	装修阶段
1	混凝土工	40	30	40	
2	瓦工	200	80	80	200
3	钢筋工	40	30	40	
4	防水工	20			20
5	水电工	20	10	20	15
6	架子工	20		20	5
7	模板工	70	30	70	
8	油漆工	15			15

五、现场施工准备

1.施工现场控制网点:会同有关单位做好现场的移交工作,包括测量控制点以及有关技术资料,并复核控制点。根据给定控制点测设现场内的永久性标桩并做好保护,作为工程测量的依据。

2.现场"三通一平"

(1)施工现场基本平整,南侧场地修建办公室等临时设施,需要局部进行平整;基坑西侧及东南等堆放周转材料部位,临时设施等需要重新进行再平整。

(2)修建现场临时道路。在办公室前面修筑场内临时道路,提供材料、人员的交通途径,临时道路全线贯通,直到加工区。

(3)布置施工现场临时用水、用电。

【分析】此工程施工准备主要存在的问题：
此工程的施工准备问题较多，内容较粗糙，不细致，而且有些主要内容没有涉及。
(1)没有施工准备工作计划，没有责任到人，会造成职工准备延误。
(2)缺少季节性施工准备，会造成由于季节施工而引起的质量、安全问题。
(3)没有进行水电需用量计算，会造成水电供应不足，影响正常施工。
(4)人员进场时间不准确，无结束时间，会造成人员窝工现象。
(5)机械设备进场时间不准确，无结束时间，会造成施工设备闲置。
(6)建筑材料进场时间、数量不准确，会造成材料短缺，影响施工顺利进行。

思维导图

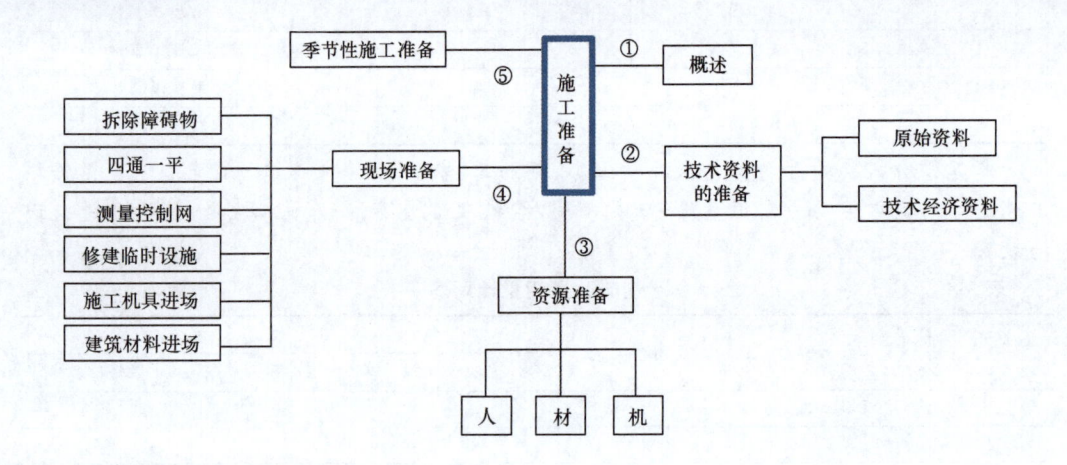

```
                                        ┌─ ① 概述
                    季节性施工准备 ─┐     │
                                  ⑤    │                    ┌─ 原始资料
        ┌ 拆除障碍物 ┐              施工  ├─ ② 技术资料的准备 ┤
        │ 四通一平   │              准备                     └─ 技术经济资料
        │ 测量控制网 ├─ 现场准备 ─④─    │
        │ 修建临时设施│                 ③
        │ 施工机具进场│                 │
        └ 建筑材料进场┘              资源准备
                                      ├─ 人
                                      ├─ 材
                                      └─ 机
```

第4章 工程项目组织机构

学习目标

通过学习本章,掌握设置工程项目组织的作用、目的和形式;了解项目经理部的作用、组成以及对项目经理的要求。

4.1 工程项目组织

"组织"有两种含义。一种是作为名词出现的,指组织机构。组织机构是按照管理体制进行部门设置、划分管理层次、规划职责分工、编制规章制度和建立信息系统,从而形成的有机整体。另一种是作为动词出现的,指组织行为,即通过组织行为活动,为达到一定目标进行一系列管理行为。

工程项目组织是指针对工程建设项目所建立的管理机构,它是企业管理机构的一部分。

工程项目组织机构设置的目的是充分发挥工程项目管理组织的功能,提高工程项目整体管理效率,以达到工程项目管理的最终目标。

4.1.1 组织机构设置的思路和原则

1.组织机构设置的思路

(1)横向设置职能部门

职能部门是指在组织机构中从事某一方面业务工作的管理部门。在建立组织机构时,从横向看,施工管理活动要划分为若干职能业务,如工程造价、施工技术、质量安全、现金收支、材料供应管理、内业资料等,这些职能业务工作具有很强的专业性,不可能由某一个部门来全权管理,必须适当进行分工,通过设置职能部门进行专业化管理。职能部门通常按功能专业进行划分,同时要考虑工作量是否饱满,工作量多,则多设管理人员,反之,设一个职能人员即可。

(2)纵向设置管理层次

管理层次是指最高决策层到基层作业人员之间分级管理的层数。管理层次的设置是为了解决管理者与被管理者的关系,方便指令的下达。实际中往往根据项目的规模来设置管理层次。规模大的,往往设项目经理-子项目经理-工长-施工班组长;规模小的,一般不设子项目经理。在组织机构中,管理层次的多少关系到信息传递速度的快慢,工作效率的高低。

2.组织机构设置的原则

(1)目的性

工程项目组织机构设置的根本目的是达到项目管理的目标,根据工程情况设置管理岗位,以岗位定职责。

(2)精干高效

精干高效原则首先要求工程项目组织机构的设置尽量减少管理层次、简化机构,做到按工作量定部门、定岗位,根据岗位定人数。其次,各部门、层次、岗位的职责要分明,分工协作,力求工作人员精干,一专多能,一人多职,工作效率高。

(3)分工与协作相结合

工程项目组织机构是一个完整的组织结构系统,虽然各部门分工不同、职责不一,但是他们之间在工作中既相互联系,又相互制约。所以,为了完成共同的目标,各部门之间应加强信息沟通,互相协作,才能够实现工程管理的目标。

(4)弹性和流动性原则

施工项目管理组织机构应能适应施工项目生产活动单件性、阶段性、流动性的特点,具有弹性和流动性。在施工的不同阶段,当生产对象数量、要求、地点等条件发生改变时,在资源配置的品种、数量发生变化时,施工项目管理组织机构都能及时做出相应调整和变动。

(5)合理的管理层次和管理跨度

管理跨度是指一个领导直接而有效地管理的下级人员数量。同一个项目,在管理总量不变时,管理层次和管理跨度一般成反比关系。管理层次多,则管理跨度小,信息传递速度慢;但是也不宜过少,否则领导的管理跨度过大,有限的精力管理不过来,往往顾此失彼。

(6)统一领导与分级管理相结合

统一领导体现为适度的集权。在一个组织机构中,有些权力必须集中在高层,才能保证统一指挥,不至于各自为政;但是实行统一领导的同时,还必须实行分级管理。因为领导的精力是有限的,不可能事无巨细。分级管理体现为适当放权。将有些权力放到下级管理层,可以充分发挥其积极性、主动性和创造性,让组织机构高效运转。

统一领导和分级管理是集权与分权的辩证统一关系,两者相互补充,缺一不可。正确处理二者关系的关键是权责对等。

(7)权责对等,关系明确

组织机构的任何岗位上,都应明确、合理地划分岗位权限和应承担的责任,权大于责,或者责大于权都是不可取的。只有做到权责对等,才能保证组织的有效运行。

另外,不同职能部门之间在划分权力和责任界限时,应清楚明确,避免工作中出现相互推诿责任和"扯皮"的现象。

4.1.2 工程项目组织形式

1.直线制

(1)直线制的概念

直线制是指在组织机构中只设管理层次,不设职能部门,项目各层次的领导对本级管理工作负责,统一指挥的一种组织结构形式。

在这种组织结构形式中,各层次之间按直线体系建立管理和被管理的关系,如图4-1所示。

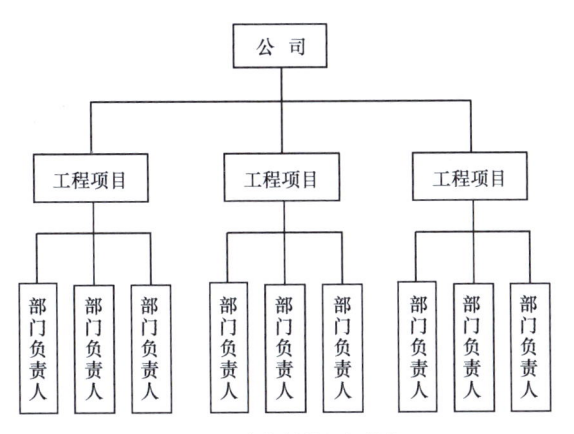

图 4-1 直线制的组织结构

(2)直线制的特点

①结构简单,关系明确。

②权责分明,易于统一指挥。

③对领导者的素质要求较高。

(3)适用范围

直线制只适用于技术简单、规模不大的小型工程项目,大型工程项目一般不采取这种组织结构形式。

2.职能制

(1)职能制的概念

职能制是指在各管理层次之间设置职能部门,上下层次通过职能部门进行管理的一种组织结构形式。在职能制组织结构形式中,由职能部门在所管辖的业务范围内指挥下级。其组织结构如图 4-2 所示。

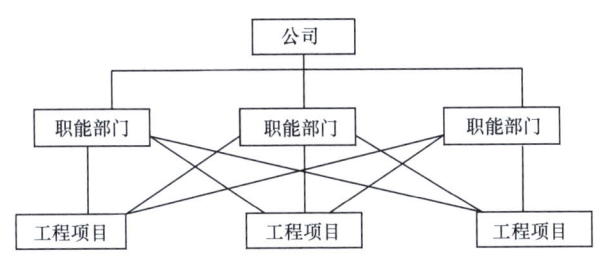

图 4-2 职能制的组织结构

(2)职能制的特点

①实现了管理业务专业化。职能制强调了管理业务的专业化,有利于发挥各类专业管理在项目管理中的作用。

②易于提高工作质量。职责明确,业务熟练,关系容易协调,工作效率高。

③交叉管理部门多。这种管理组织机构管理部门多,需处理好管理层次和管理部门之间的关系,下级执行人员接受多方面的指令,若部门关系处理不好,统一行动困难。

(3)适用范围

这种形式的项目组织一般适用于中小型的、专业性较强、不需涉及众多部门的工程项目。

3. 直线职能制

(1) 直线职能制的概念

直线职能制是指将直线制和职能制相结合而形成的一种组织机构形式。其组织结构如图 4-3 所示。

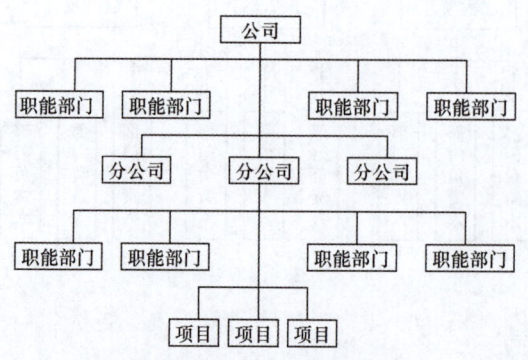

图 4-3 直线职能制的组织结构

直线职能制这种组织机构，在各级管理层次中设置职能部门（或人员），但职能部门只作为本层次领导的参谋和助手，在分工的业务范围内从事管理工作，不直接指挥下级人员或部门，只是和下一层次的同类职能部门构成业务指导关系。职能部门的指令必须经过同层次的行政领导批准才能向下传达。各管理层次之间按直线制的原理构成直接的上下级关系。

(2) 直线职能制的特点

①保持直线制统一指挥的特点。这时上一层的职能部门不能直接对下一层次下达命令，只能经过同层次的行政领导批准才能向下传达，这是直线职能制最大的优点。

②满足了职能制对管理工作专业化的要求。虽然职能部门的权力相比职能制被削弱了很多，但是它依然有业务指导和建议权，这是实现专业化管理的基本需求。

③职能部门之间的横向联系较差。同一管理层次的不同职能部门之间的工作很少有交集，横向联系差，容易出现各自为政的现象。

④灵活性不强，对市场环境的复杂多变适应性较差。直线职能制的本质是一种突出纵向联系和集权管理的组织结构。在业务简单、外部环境稳定的条件下，容易发挥功能优势。但是只要外部环境发生较大变化，就会暴露出这种组织形式的灵敏度和适应能力差的弊端。

(3) 适用范围

直线职能制主要适用于生产场所固定的各类企业，项目上使用较少，在项目所在地与公司所在地很近，工期较短时会使用。

4. 矩阵制的概念

(1) 矩阵制的概念

矩阵制是指将按职能划分的部门和按工程项目设立的管理机构，依照矩阵方式有机结合起来的一种组织结构形式。

矩阵制组织结构以工程项目为对象设置，矩阵中的成员接受原单位负责人和项目经理的双重领导。一个职能部门同时为几个工程项目专业服务，大大提高职能部门利用率。其组织结构如图 4-4 所示。

(2) 矩阵制的特点

①组织结构灵活。矩阵制的组织结构可以根据工程任务的具体情况灵活地组建与之相适应的管理机构。

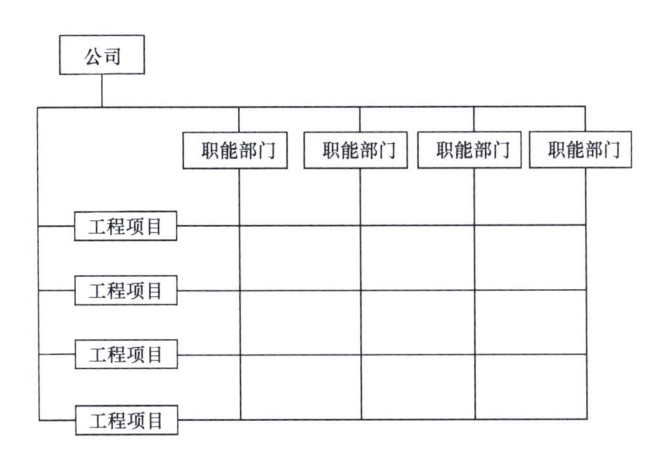

图 4-4 矩阵制的组织结构

②项目管理机构的工作目标明确。能够围绕工程项目的建设开展各项工作,便于协调机构内各类人员的工作关系,调动职工的生产积极性。

③组织结构的稳定性差。矩阵制的组织结构经常变动,稳定性差,尤其是业务人员的工作岗位经常变动。

④存在纵横方向的双重领导。

(3)适用范围

适用于生产经营场所流动,单件性生产的项目。如建筑项目的中下层机构普遍采取这种形式。

5.事业部制

(1)事业部制的概念

事业部制是指在总公司统一领导下,按地区成立相对独立的生产经营单位的一种组织结构形式,称为事业部。

事业部制实质上是一种分权制。按事业部建立组织机构,总公司只保持最基本的决策权和对各事业部最高领导的任命权,各事业部有相对独立的生产经营权,独立的组织机构,经济上独立核算。其实事业部制并没有相对固定的组织机构,因为某个公司的事业部可能是一个分公司或是一个项目部,甚至可能是驻某地的一个办事处。只要这个机构满足事业部的权力要求,它就是公司中的一个事业部。

(2)事业部制的特点

①事业部全面负责本事业部的经营管理工作。事业部有比较大的权力,可以根据本事业部业务的实际情况灵活地进行经营。

②总公司只对事业部进行管理。总公司只是对事业部的经营方针、政策进行指导,不参与事业部的具体经营管理工作,有利于总公司集中精力控制公司的发展方向。事业部根据本地区的特点进行经营和管理,发挥事业部经营优势。

③总公司本部对事业部的控制力相对较弱。

(3)适用范围

适用于大型项目,特别是跨地区的大型项目。在工程项目中对于远离总公司,又有较稳定工程项目施工任务的地区,往往成立事业部负责该地区的生产经营活动。

6. 部门控制式

（1）部门控制式的概念

部门控制式是指在不打乱企业现行建制的条件下，将承接到的工程项目委托给某一职能部门，由该职能部门兼任项目经理部，负责工程项目的实施。这种组织形式的本质是按职能原则建立项目经理部。其组织结构如图4-5所示。

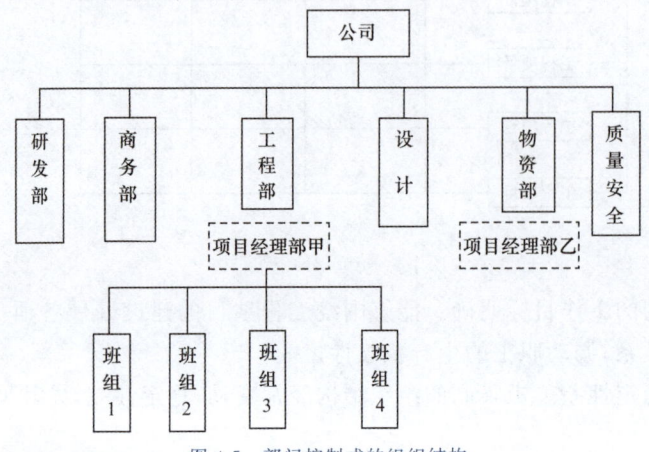

图4-5 部门控制式的组织结构

（2）部门控制式的特点

①机构启动快，项目经理无须专门培训就能进入状态。这种组织形式不需要重新抽调人手建立项目经理部，通常由职能部门经理兼任项目经理。

②职责、关系明确，便于协调。项目经理部的人员都来自同一部门，不需要重新磨合；人事关系也没有发生变化，方便沟通协调。

③不适应大型、复杂的项目，地域局限性大。因为由公司的常规职能部门兼任项目经理部，所以身兼数职的结果就是精力有限，无法满足大型、复杂，或远离公司所在地的项目对管理的要求。

（3）适用范围

主要适用于与公司在同一地的专业性较强且任务单一、时间短的小型项目，如煤气管道施工、电缆敷设等项目。

4.2 项目经理部与项目经理

项目经理部是企业为了保证工程顺利完成，派到施工现场的直接管理机构，项目经理是项目经理部的直接领导者，工程项目的负责人，也是项目的第一责任人。

4.2.1 项目经理部

项目经理部是在项目经理的领导下，由专业工程项目管理人员组成的、一次性的、具有弹性的现场生产管理组织机构。项目经理部是一个施工现场管理机构，负责工程项目从开工到竣工的全过程施工管理。

1. 项目经理部的作用

（1）项目经理部是工程项目的管理组织机构，负责工程项目全过程的管理工作，是企业在该工程项目上的管理层，同时对作业层具有管理与服务作用。

（2）项目经理部是一个执行机构，执行项目经理的决策意图，为项目经理决策提供信息依据，向项目经理全面负责。

（3）项目经理部是一个团队，既要完成企业所赋予的项目管理和专业管理任务，又要凝聚管理人员的力量，调动其积极性，促进管理人员的相互合作，协调各部门之间、管理人员之间的关系，发挥每一个人的岗位作用，为完成工程目标而努力工作。

（4）项目经理部是代表企业履行施工合同的主体。

2. 项目经理部的设置要求

（1）合理选择工程项目的组织形式。不同的工程组织形式决定了企业对项目的不同管理方式。

（2）考虑项目的规模、复杂程度和专业特点。项目经理部的设置应与施工项目的目标要求相一致，便于管理，提高效率，体现组织现代化。

（3）根据施工任务的需要进行调整。应根据施工的进展，业务的变化，实行人员选聘进出，优化组合，及时调整，动态管理。

（4）人员配置应适应现场施工的需要。人员配置可考虑设专职或兼职，功能上应满足施工的需要。

3. 项目经理部组织形式的选择

虽然选择项目经理部的组织形式要考虑很多因素的影响，但是通常情况下可以按照下列思路来选择：

（1）规模大、技术要求复杂的项目，或者远离公司所在地的项目，宜采用矩阵制或事业部制，同时考虑配置素质高、工作效率高的管理人员。

（2）任务单一、规模小、工期短的项目，或者离公司所在地很近的项目，可以考虑直线制、部门控制式或直线职能制。

（3）如果项目面临的内外部环境比较复杂，不宜单一采用某种组织形式的，可以将几种形式综合起来使用，如事业部制与矩阵制的综合，或者对现有的组织形式进行改进，如普通矩阵制改成强矩阵或弱矩阵形式。

4. 项目经理部的规模

施工项目经理部的规模等级一般按项目的性质和规模划分。表 4-1 给出了试点的施工项目经理部规模等级的划分标准，以供参考。

表 4-1　　　　　施工项目经理部规模等级

等级划分	人数	施工项目规模		
^	^	群体工程建筑面积/万平方米	单体工程建筑面积/万平方米	各类工程建筑面积/万平方米
一级	30~45	15 及以上	10 及以上	8 000 及以上
二级	20~30	10~15	5~10	3 000~8 000
三级	10~20	2~10	1~5	500~3 000

5. 项目经理部的部门设置和人员配置

大型、复杂的项目除了项目经理、项目技术负责人以外，还需要设项目副经理、若干职能部门，每个职能部门配置若干管理人员。如经营核算部门、工程技术部门、物资设备部门、监控管理部门、测试计量部门等。中小型项目可设项目经理、项目技术负责人、专业工程师若干（如有必要）、施工员、质检员、安全员、材料员、造价人员、资料员等，详见表4-2。

表 4-2　　　　　　　施工项目经理部的部门设置和人员配置参考表

项目经理部领导	部门设置		管理人员设置	
	部门名称	职责	岗位	职责
项目(副)经理 项目技术负责人（总工程师）总造价师 总会计师	经营核算部门	工程预结算、合同管理、索赔、资金收支、成本核算、劳动力的调配	合同管理员	合同的订立、履行、变更、终止、索赔等
			财务人员	资金收支、成本核算等
			造价人员	工程预算、进度款结算、竣工结算等
			劳务员	劳动力的进出场、作业安排与调配等
	工程技术部门	生产调度、文明施工、技术管理等	施工员	施工技术管理、进度控制等
			标准员	各种规范与标准的落实、交底、监督执行
			资料员	文件资料的收集、报审、整理、组卷等
	物资设备部门	材料采购、供应管理、工器具管理、机械设备的租赁与保养维修等	材料员	材料的采购、供应管理、收发与保管
			机械员	机械设备、工器具的购买、租赁、使用与保养维修
	监控管理部门	施工质量、职业健康安全、环境保护等	质检员	质量计划的落实、施工质量的检查验收
			安全员	安全管理、消防、保卫
	测试计量部门	工程计量、测量、试验、材料送检等	测量员	定位测量与施工测量、沉降观测等
			试验员	原材料、构配件的检验试验、送检

注：标准员——目前还没有全国推行，《建筑与市政工程施工现场专业人员职业标准》（JGJ/T 250－2011）中要求，施工项目现场应设置标准员。

6. 项目经理部的规章制度

俗话说，不以规矩，不成方圆。项目经理部建立以后，应根据项目的具体情况，制定并落实一整套规章制度。虽然不同的项目，执行的制度不完全相同，但是常见的规章制度主要围绕以下几个方面来制定：岗位责任制、技术管理、质量管理、安全管理、文明施工与环境管理、成本管理、进度管理、材料与机械设备管理、薪酬分配与奖惩、分包及劳务管理、信息与沟通管理、项目例会、合同管理与索赔、工程变更与结算等。

7. 项目经理部的解体

项目经理部只是一个一次性的临时组织，工程竣工后，项目经理部应及时解体，并同时做好善后处理工作。

(1) 项目经理部解体的条件

① 工程已经竣工验收，并完成竣工结算。

② 与各分包单位已经结算完毕。

③ 已经协助企业与发包人签订了《工程质量保修书》。

④ 《项目管理目标责任书》已经履行完毕，并经承包人审计合格。

⑤各项善后工作已经与企业主管部门协商一致,并办理了有关手续。

(2)项目经理部解体及善后工作的程序和内容(表4-3)

表4-3　　　　　　　　　项目经理部解体及善后工作的程序和内容

程序	工作内容
成立善后工作小组	组长:项目经理 留守人员:主任工程师、技术、预算、财务、材料各一人
提交解体申请报告	在施工项目全部竣工验收合格签字之日起15日内,项目经理部上报解体申请报告,提交善后留用、解聘人员名单和时间; 经主管部门批准后立即执行
解聘人员	陆续解聘工作业务人员,原则上返回原单位; 预发两个月岗位绩效工资
预留保修费用	保修期限一般为竣工使用后一年; 由经营和工程部门根据工程质量、结构特点、使用性质等因素,确定保修费预留比例,一般为工程造价的1.5%~5%; 保修费用由企业工程部门专款专用、单独核算、包干使用
剩余物资处理	剩余材料原则上让售处理给企业物资设备处,对外让售须经企业主管领导批准,让售价格按质论价、双方协商; 自购的通信、办公用小型固定资产要如实建立台账,按质论价、移交企业
债权债务处理	留守小组负责在解体后3个月处理完工程结算、价款回收、加工订货等债权债务; 未能在限期内处理完,或未办理任何符合法规手续的,其差额部分计入项目经理部成本亏损
经济效益(成本)审计	由审计部门牵头,预算、财务、工程部门参加,以合同结算为依据,查收入、支出是否正确,财务、劳资是否违反财经纪律; 要求解体后4个月内向企业办公会提交经济效益审计评价报告
业绩审计奖惩处理	对项目经理和经理部成员进行业绩审计,做出效益审计评估; 盈余者:盈余部分可按比例提成作为经理部管理奖; 亏损者:亏损部分由项目经理负责,按比例从其管理人员风险(责任)抵押金和工资中扣除; 亏损数额大时,按规定给项目经理行政和经济处分,乃至追究其刑事责任
有关纠纷裁决	所有仲裁的依据原则上是双方签订的合同和有关的签证; 当项目经理部与企业有关职能部门发生矛盾时,由企业办公会裁决; 与劳务、专业分公司、栋号作业队发生矛盾时,按业务分工,由企业劳动部门、经营部门、工程管理部门裁决

4.2.2　项目经理

1.项目经理的概念

项目经理是指受企业法定代表人委托对工程项目施工过程全面负责的项目管理者,是建筑施工企业法定代表人在工程项目上的代理人,是项目第一责任人。

2.项目经理应具备的素质

(1)品格素质

项目经理的品格素质是指项目经理从行为、作风中表现出来的思想、认识、品行等方面的特征,要求其有对国家民族的忠诚,良好的社会道德品质、管理道德品质,诚实的态度,坦率的心境及言而有信、言行一致的品格。

施工项目经理是企业的重要管理者,因此必须具有良好的品格素质。

(2)能力素质

能力素质是项目经理的核心素质。项目经理把相关知识和经验运用于项目管理中,以保证项目顺利完成,实现预期的目标。

①决策能力:项目经理能够根据收集到的信息,进行分析与筛选,择优选择工程的战略、战术的能力,决策的正确与否,往往决定工程项目的成败。

②组织能力:项目经理能够运用现代组织管理理论,建立科学的、分工合理的、高效精干的工程项目管理机构,并保证有效运转。

③创新能力:项目经理的创新能力可以归纳为嗅觉敏锐、想象力丰富、思想开阔、提法新颖等特征。项目经理必须具备创新能力,这是由项目活动的竞争性所决定的。

④协调与控制能力:项目经理能够正确处理项目内外各方面的关系、解决各方面矛盾的能力。对内,项目经理要有较强的能力协调项目中的各部门、成员之间的关系;对外,项目经理要协调项目与政府、社会、协作单位各方面的关系,尽可能地为工程项目创造有利的外部条件。

⑤激励能力:项目经理的激励能力可以理解为调动下属积极性的能力,项目经理能够运用各种手段激励各成员的能动性,从而保证工程的顺利进行。

⑥社交能力:项目经理要善于协调工程项目外部的各种机构和人员的关系,目的是在外界树立良好的企业形象,这关系到施工企业的生存和发展。良好的社交能力往往能够获得更多的投资者和合作者,使得工程项目得到各方面的支持。

(3)知识素质

项目经理应该具有相应的学历,懂得工程施工技术知识、工程经济知识、经营管理知识、法律知识和合同知识,掌握工程项目管理的基本知识和工程项目管理规律,有较强的决策能力、组织能力、指挥能力、应变能力,能够带领项目经理部的管理人员共同完成工程项目施工管理任务。

(4)实践经验

项目经理必须具有一定的施工实践经验,只有具备了实践经验,才能够处理各种可能遇到的实际问题。

(5)身体素质

项目经理不但要担当繁重的工作,而且工作条件和生活条件都相当艰苦。因此,必须年富力强,具有健康的身体素质,以便保持充沛的精力和旺盛的意志。

3. 项目经理责任制

(1)项目经理责任制概述

实行项目经理责任制不仅是项目管理的一项基本制度,同时也是评价项目经理绩效的依据。所谓项目经理责任制,是指以施工项目为对象,以项目经理为责任主体的施工项目管理目标责任制度。其核心是项目经理承担实现"项目管理目标责任书"中确定的责任。

在项目经理责任制中,项目经理必须对项目管理工作及管理目标全面负责,因此是项目上的最高领导者,同时也是第一责任人。

(2)项目管理目标责任书

项目管理目标责任书是在项目实施之前,由企业法定代表人或其授权人与项目经理协商制定并签署的,明确项目管理具体目标的文件。文件中规定的项目管理目标也是项目经理必须实现的责任目标。项目管理目标责任书是企业考核项目经理和项目经理部成员业绩的标准和依据。

项目管理目标责任书通常包括如下内容：
①项目管理实施目标。
②组织和项目管理机构职责、权限和利益的划分。
③项目现场质量、安全、环保、文明、职业健康和社会责任目标。
④项目设计、采购、施工试运行管理的内容和要求。
⑤项目所需资源的获取和核算办法。
⑥法定代表人向项目管理机构负责人委托的相关事项。
⑦项目管理机构负责人和项目管理机构应承担的风险。
⑧项目应急事项和突发事件处理的原则和方法。
⑨项目管理效果和目标实现的评价原则、内容和方法。
⑩项目实施过程中相关责任和问题的认定和处理原则。
⑪项目完成后对项目管理机构负责人的奖惩依据、标准和办法。
⑫项目管理机构负责人解职和项目管理机构解体的条件及办法。
⑬缺陷责任期、质量保修期及之后对项目管理机构负责人的相关要求。

4.项目经理的责、权、利

项目经理在项目管理中承担了最多的责任，在项目上享有最高的权限，当然也应得到与责、权相当的利益。在我国，项目经理的责、权、利都会写入项目管理目标责任书中。虽然不同的项目有不同的约定，但是根据《建设工程项目管理规范》(GB/T 50326－2017)的规定，分别包括如下内容：

(1)项目经理的职责
①项目管理目标责任书规定的职责。
②工程质量安全责任承诺书中应履行的职责。
③组织或参与编制项目管理规划大纲、项目管理实施规划，对项目目标进行系统管理。
④主持制订并落实质量、安全技术方案和专项方案，负责相关的组织协调工作。
⑤对各类资源进行质量监控和动态管理。
⑥对现场的机械、设备、工器具的安全、质量和使用进行监控。
⑦建立各类专业管理制度，并组织实施。
⑧制订有效安全、文明和环境保护方案并组织实施。
⑨组织或参与评价项目管理绩效。
⑩进行授权范围内的任务分解和利益分配。
⑪按规定完善资料，规范工程档案文件，准备工程结算和竣工资料，参与工程竣工验收。
⑫接受审计，处理项目管理机构解体的善后工作。
⑬协助和配合组织进行项目检查、鉴定和评奖申报。
⑭配合组织完善缺陷责任期的相关工作。

(2)项目经理的权限
①参与项目招标、投标和合同签订。
②参与组建项目管理机构。
③参与组织对项目各阶段的重大决策。
④主持项目管理机构工作。

⑤决定授权范围内的项目资源的使用。
⑥在组织制度的框架下,制定项目管理机构的管理制度。
⑦参与并直接管理具有相应资质的分包人。
⑧参与选择大宗资源的供应单位。
⑨在授权范围内与项目相关方直接进行沟通。
⑩法定代表人和组织授予的其他权利。
(3)项目经理的利益
①获得工资和奖励。
②项目完成后,按照项目管理目标责任书规定,经审计后给予奖励或处罚。
③获得评优表彰、记功等奖励。

5.项目经理与注册建造师

(1)项目经理的任职资格

在我国,想要担任项目经理一职,必须具备注册建造师(一级或二级)资格。在《注册建造师执业管理办法(试行)》(建市[2008]48号)中有如下规定:

①一级注册建造师可担任大、中、小型工程的项目负责人,二级注册建造师可担任中小型工程的项目负责人。

②一级注册建造师可在全国范围内以一级注册建造师名义执业。通过二级建造师资格考核认定,或参加全国统考取得二级建造师资格证书并经注册人员,可在全国范围内以二级注册建造师名义执业。工程所在地各级建设主管部门和有关部门不得增设或者变相设置跨地区承揽工程项目执业准入条件。

③注册建造师不得同时担任两个及以上建设工程施工项目负责人。发生下列情形之一的除外:

a.同一工程相邻分段发包或分期施工的。
b.合同约定的工程验收合格的。
c.因非承包方原因致使工程项目停工超过120天(含),经建设单位同意的。

(2)项目经理与建造师的区别

①名称的性质不同。建造师是以专业技术为依托、以工程项目管理为主业的执业注册人员,是一种专业人士的名称;而项目经理是企业设定的一个工作岗位的名称。

②执业范围不同。建造师的职业覆盖面较大,可涉及工程建设的许多方面,担任项目经理只是建造师执业中的一项。另外,建造师选择工作的权力相对自主,可在建筑市场上有序流动,有较大的活动空间。而项目经理则限于企业内某一特定工程的项目管理,是企业法人代表授权或聘用的、一次性的项目施工管理者。

虽然我国已经全面实行建造师执业资格制度,但是仍然要落实项目经理岗位责任制。项目经理是保证项目目标实现的重要岗位。

(3)建造师执业资格

只有参加国家规定的统一考试并合格,才能取得建造师执业资格证书,然后经过注册登记,方可以建造师的名义执业。《建造师执业资格制度暂行规定》(人发[2002]111号)和《建造师执业资格考试实施办法》(国人部发[2004]16号)中对建造师的考试及注册做出了明确规定。具体要求见表4-4。

表 4-4　建造师考试与注册要求

建造师的类别	报考条件				考试科目	注册要求
	专业	学历	毕业年限	施工管理工作年限		
一级	工程类或工程经济类专业毕业	专科	6年	4年	《建设工程经济》《建设工程法规及相关知识》《建设工程项目管理》和《专业工程管理与实务》	①取得执业资格证书；②无犯罪记录；③受聘于企业
		本科	4年	3年		
		双学士	3年	2年		
		硕士	2年	1年		
		博士	—	1年		
二级		专科及以上	—	2年	《建设工程施工管理》《建设工程法规及相关知识》《专业工程管理与实务》	

案例分析

×学院宿舍楼

工程概况

1. 建设地点：本工程位于×市××路××号。南面靠山，东面为山坡，南面为教学区，场地内均无线管和古迹。

2. 工程规模：总建筑面积 8 166 m²，工程总占地面积 1 860 m²，建筑层数为 6 层。

3. 本工程主要建筑技术指标：建筑类别为二类，耐火等级为二级，设计使用年限为 50 年，屋面防水等级为三级，按七度抗震烈度设防。结构安全等级为二级，结构构件的裂缝控制等级为三级，主体结构为砖混结构。

4. 工期及计划开工日期：工期为 260 天，计划开工日期为 20××年××月××日。

一、建筑设计要求（同第 3 章案例分析）

二、结构设计要求（同第 3 章案例分析）

三、给排水设计要求、电气工程设计要求（略）

四、工程项目组织形式（图 4-6 及表 4-5）

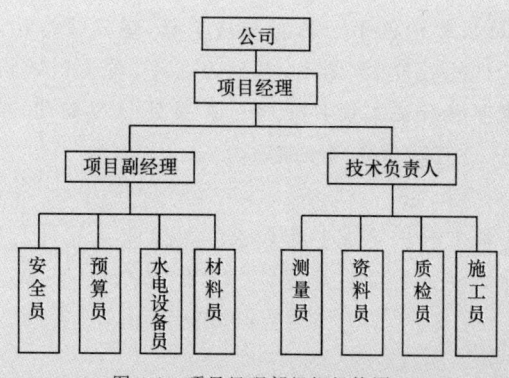

图 4-6　项目经理部组织机构图

表 4-5　　　　　　　　　项目经理部的部门设置和人员配置表

序号	职务	姓名	人数	职称	备注
1	项目经理	×××	1	工程师	专职
2	项目副经理	×××	1	工程师	专职
3	技术负责人	×××	1	高级工程师	专职
4	质检员	×××	1	助理工程师	专职
5	施工员	×××	3	助理工程师	专职
6	安全员	×××	1	助理工程师	专职
7	资料员	×××	1	助理工程师	兼职
8	预算员	×××	1	助理工程师	兼职
9	测量员	×××	1	工程师	兼职
10	水电设备员	×××	1	助理工程师	专职
11	材料员	×××	1	助理工程师	专职

【分析】对该工程项目的组织结构分析：

(1)由于本工程项目规模较小，结构相对较为简单，施工难度小，故采用直线制组织形式，结构简单，便于管理。

(2)工程项目经理部成员有13人，技术等级为初级的有9人，约占70%；中级3人，约占23%；高级1人，约占7%，从人员组成来看，技术水平相对薄弱。

(3)工程项目经理部成员13人中，专职10人，还有3人为兼职，管理人员较为紧缺。

(4)另外，还缺财务、资金的管理人员。

思考与练习

北京某公司在新疆某地投标承包了一栋写字楼工程，钢框架结构，面积为 78 000 m², 高级装修。合同规定，建筑安装工程总造价11亿元，工期为2年，质量创结构长城杯奖和鲁班奖。拟委派项目经理，成立项目经理部进行施工项目管理。在项目管理期间，项目经理执行《建设工程项目管理规范》(GB/T 50326—2017)的各项规定。

【问题】

(1)委派项目经理的资格有什么要求？为什么？对其素质有什么要求？

(2)本工程适宜成立什么模式的项目经理部？为什么？

思维导图

- 工程项目组织机构
  - ① 工程项目组织
    - 设置思路
    - 设置原则
    - 工程项目组织形式
      - 直线制
      - 职能制
      - 直线职能制
      - 矩阵制
      - 事业部制
      - 部门控制式
  - ② 项目经理部
    - 作用
    - 设置要求
    - 组织形式选择
    - 规模
    - 部门及人员设置
    - 规章制度
    - 解体
  - ③ 项目
    - 项目经理的素质
    - 项目经理责任制
    - 责、权、利
    - 建造师

第 4 章 工程项目组织机构

在线自测

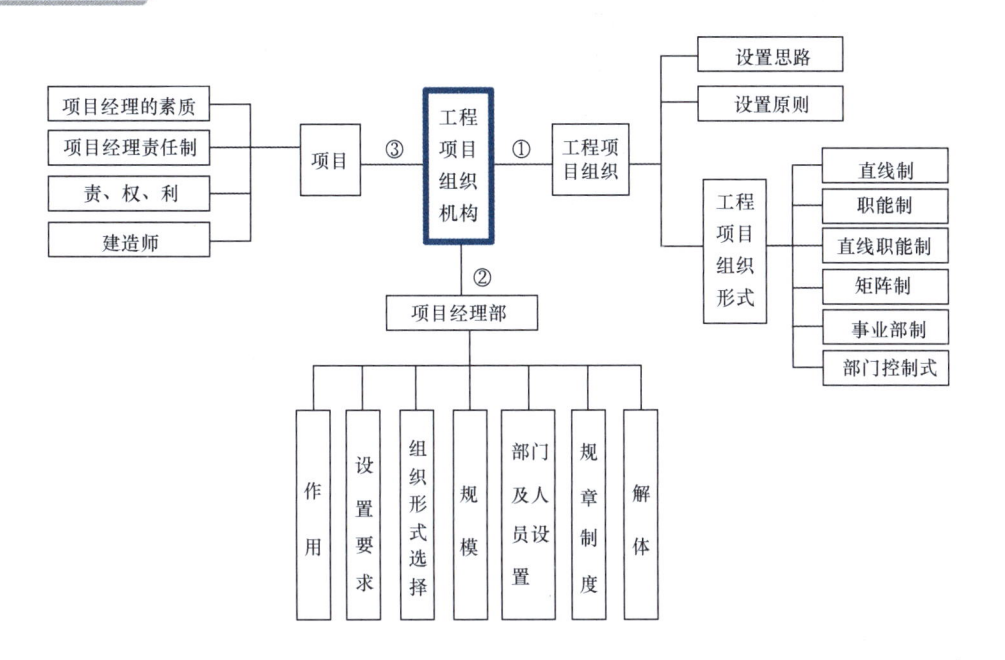

第 4 章

第 5 章 施工组织设计

学习目标

要求学生通过对本章的学习,了解施工组织设计的分类、编制原则;熟悉施工组织总设计、单位工程施工组织设计的基本内容,以及建筑施工中常见的专项施工方案及施工方案的基本内容。

施工组织设计是工程建设过程中必不可少的综合性技术经济文件。从招投标阶段开始,施工组织设计就变成了投标文件的一个重要组成部分,又称为技术标。中标以后,开工前要根据已掌握的信息,尤其是更新的信息,进一步完善施工组织设计,用于指导施工。而且,施工组织设计和一些必要的专项施工方案在开工前要报监理工程师审批,只有审批通过后才能付诸实施。

《建设工程项目管理规范》(GB/T 50326—2017)规定,项目经理在开工前应编制项目管理实施规划,承包人的项目管理实施规划可以用施工组织设计来代替,但其内容应能够满足项目管理实施规划的要求。在实际工程中,很多承包商都是编制施工组织设计来指导施工的。

施工组织设计按编制对象不同,可分为施工组织总设计、单位工程施工组织设计和施工方案[施工方案又称为分部(分项)工程作业设计]。施工组织设计按编制阶段不同,可分为投标阶段施工组织设计和实施阶段施工组织设计。一般来讲,编制投标阶段施工组织设计,强调的是符合招标文件要求,以中标为目的;而编制实施阶段施工组织设计,强调的是可操作性,同时鼓励企业技术创新。

施工组织设计的编制必须遵循工程建设程序,并应符合下列原则:
(1)符合施工合同或招标文件中有关工程进度、质量、安全、环境保护、造价等方面的要求。
(2)积极开发、使用新技术和新工艺,推广应用新材料和新设备。
(3)坚持科学的施工程序和合理的施工顺序,采用流水施工和网络计划等方法,科学配置资源,合理布置现场,采取季节性施工措施,实现均衡施工,达到合理的经济技术指标。
(4)采取技术和管理措施,推广建筑节能和绿色施工。
(5)与质量、环境和职业健康安全三个管理体系有效结合。

5.1 施工组织总设计

施工组织总设计是以若干单位工程组成的群体工程或特大型项目为主要对象编制的施工组织设计,对整个项目的施工过程起统筹规划、重点控制的作用。一般由总承包单位的项目负责人主持编制,技术负责人审批。图 5-1 所示为施工组织总设计编制程序。

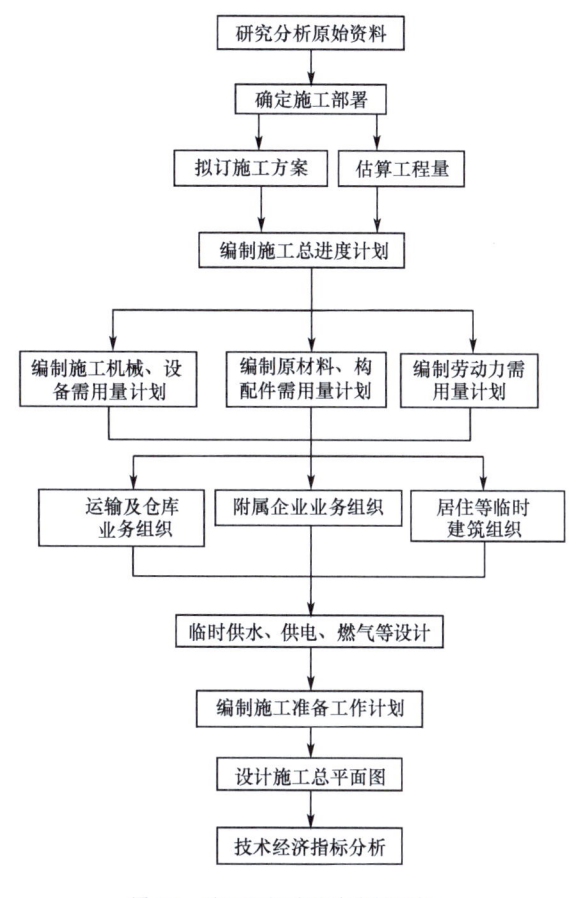

图 5-1 施工组织总设计编制程序

1. 编制依据

施工组织总设计的编制依据通常来自以下资料：

(1) 与工程建设有关的法律、法规和文件。
(2) 国家现行有关标准和技术经济指标。
(3) 工程所在地区行政主管部门的批准文件，建设单位对施工的要求。
(4) 工程施工合同或招标投标文件。
(5) 工程设计文件。
(6) 工程施工范围内的现场条件，工程地质及水文地质、气象等自然条件。
(7) 与工程有关的资源供应情况。
(8) 施工企业的生产能力、机具设备状况、技术水平等。

2. 工程概况

施工组织总设计中的工程概况应包括项目主要情况和项目主要施工条件等。

(1) 项目主要情况

主要内容：项目名称、性质、地理位置和建设规模；项目的建设、勘察、设计和监理等相关单位的情况；项目设计概况；项目承包范围及主要分包工程范围；施工合同或招标文件对项目施工的重点要求；其他应说明的情况。

(2)项目主要施工条件

主要内容:项目建设地气象状况;项目施工区域地形和水文地质状况;项目施工区域地上、地下管线及相邻的地上、地下建(构)筑物情况;与项目施工有关的道路、河流等状况;当地建筑材料、设备供应和交通运输等服务能力状况;当地供电、供水、供热和通信能力状况;其他与施工有关的主要因素。

3.总体施工部署

总体施工部署应从以下几方面进行阐述:

(1)确定项目施工总目标,包括进度、质量、安全、环境和成本等目标。

(2)根据项目施工总目标的要求,确定项目分阶段(期)交付的计划。

(3)明确项目分阶段(期)施工的合理顺序及空间组织。

(4)对于项目施工的重点和难点应进行简要分析。

(5)用框图表示项目管理组织机构形式。

(6)对项目施工中开发和使用的新技术、新工艺应做出部署。

(7)对主要分包单位的资质和能力提出明确要求。

4.施工总进度计划

施工总进度计划是用来控制工期以及各单位工程的搭接关系和延续时间的。施工总进度计划的编制应按照项目总体施工部署的安排进行,可用网络图或横道图表示,并附必要说明。

5.总体施工准备

总体施工准备应包括技术准备、现场准备和资金准备等。同时,总体施工准备应满足项目分阶段(期)施工的需要。

6.主要资源配置计划

主要资源配置计划应包括劳动力配置计划和物资配置计划等。

(1)劳动力配置计划

主要内容:确定各施工阶段(期)的总用工量;根据施工总进度计划确定各施工阶段(期)的劳动力配置计划。

(2)物资配置计划

主要内容:根据施工总进度计划确定主要工程材料和设备的配置计划;根据总体施工部署和施工总进度计划确定主要周转材料和施工机具的配置计划。

7.主要施工方法

施工组织总设计应对项目涉及的单位(子单位)工程和主要分部(分项)工程所采用的施工方法进行简要说明。如对脚手架工程、起重吊装工程、临时用水用电工程、季节性施工等专项工程所采用的施工方法进行简要说明。

8.施工总平面布置

(1)施工总平面布置的内容

施工总平面布置应包括下列内容:项目施工用地范围内的地形状况;全部拟建的建(构)筑物和其他设施的位置;项目施工用地范围内的加工设施、运输设施、存贮设施、供电设施、供水供热设施、排水排污设施、临时施工道路和办公、生活用房等;施工现场必备的安全、消防、保卫和环境保护等设施;相邻的地上、地下既有建(构)筑物及相关环境。

(2)施工总平面布置的原则

①平面布置科学合理,施工场地占用面积少。

②合理组织运输,减少二次搬运。

③施工区域的划分和场地的临时占用应符合总体施工部署和施工流程的要求,减少相互干扰。

④充分利用既有建(构)筑物和既有设施为项目施工服务,减少临时设施的建造费用。

⑤临时设施应方便生产和生活,办公区、生活区和生产区宜分离设置。

⑥符合节能、环保、安全和消防等要求。

⑦遵守当地主管部门和建设单位关于施工现场安全文明施工的相关规定。

施工总平面布置应根据项目总体施工部署,绘制现场不同阶段(期)的总平面布置图;施工总平面布置图的绘制应符合国家相关标准并附必要说明。

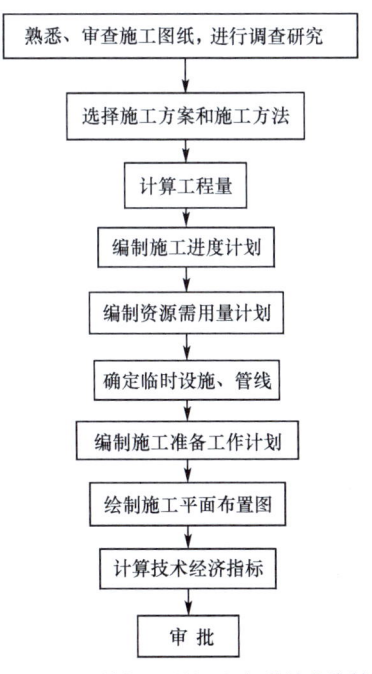

5.2 单位工程施工组织设计

单位工程施工组织设计是指以单位工程施工为对象而编制的指导拟建工程全部施工过程的综合性技术经济文件。它是基层施工单位编制季度、月度、旬施工作业计划,分部(分项)工程作业设计及劳动力、材料、预制构件、施工机具等供应计划的主要依据,也是建筑施工企业加强生产管理的一项重要制度。下面根据单位工程施工组织设计的基本内容一一进行阐述。

5.2.1 单位工程施工组织设计概述

1.单位工程施工组织设计的编制程序

单位工程施工组织设计的编制程序如图 5-2 所示。

```
熟悉、审查施工图纸,进行调查研究
          ↓
   选择施工方案和施工方法
          ↓
        计算工程量
          ↓
      编制施工进度计划
          ↓
     编制资源需用量计划
          ↓
     确定临时设施、管线
          ↓
    编制施工准备工作计划
          ↓
     绘制施工平面布置图
          ↓
      计算技术经济指标
          ↓
          审批
```

图 5-2 单位工程施工组织设计的编制程序

2.单位工程施工组织设计的编制依据

(1)主管部门的批示文件及有关要求

上级机关对工程的有关指标和要求等。

(2)施工合同

施工合同中所规定的工程内容范围、合同工期以及工程项目的开工与竣工的时间是编制单位施工组织设计的重要依据。作为单位工程施工组织,就必须保证拟建工程项目按照合同所规定的工期完成工程项目的建造任务。

施工合同中所协商的其他合同条款,如工程质量保修期、工程造价、设计文件、技术资料的提供日期等也将作为单位施工组织设计的编制依据。

(3)经过会审的施工图

主要包括单位工程的全套施工图纸、图纸会审纪要及有关标准图。

(4)施工企业年度施工计划

本工程开工、竣工日期的规定,以及与其他项目穿插施工的要求等。

(5)施工组织总设计

如果拟建的单位工程是整个建设项目中的一个,则应该把施工组织总设计作为编制依据。

(6)工程预算文件及有关定额

编制单位工程施工组织设计应该有分部(分项)工程量,必要时应有分层、分段、分部位的工程量,以及使用的预算定额和施工定额。

(7)建设单位对工程施工可能提供的条件

供水、供电的情况及办公、仓库、宿舍等临时用房。

(8)施工条件

施工单位可提供的人力、物力、财力等。

(9)施工现场的勘察资料

高程、地形、地质、水文、气象、交通运输、现场障碍物等情况以及工程地质勘察报告、地形图、测量控制网。

(10)有关的规范、规程、标准

《建设工程项目管理规范》《建筑工程施工质量验收统一标准》《建筑工程施工质量评价标准》等。

3.单位工程施工组织设计的主要内容

单位工程施工组织设计应包括编制依据、工程概况、施工部署、施工进度计划、施工准备与资源配置计划、主要施工方法、施工现场平面布置及主要施工管理计划等基本内容。

5.2.2 工程概况

单位工程施工组织设计中的工程概况,主要是对拟建工程项目的工程特点、地理位置、施工条件等进行简单、明确的介绍,以便阅读和审查施工组织设计的人员能够大体了解工程项目的基本情况。

在介绍工程概况时,可以结合文字和图形进行介绍,能够用文字说明清楚的用文字来说明,文字说明不清楚的可以用图形来说明。总之,通过一定的文字和图形将工程的基本情况说明清楚就达到了目的。

工程概况应包括工程主要情况、各专业设计简介和工程施工条件等。

1. 工程主要情况

工程主要情况应包括下列内容：工程名称、性质和地理位置；工程的建设、勘察、设计、监理和总承包等相关单位的情况；工程承包范围和分包工程范围；施工合同、招标文件或总承包单位对工程施工的重点要求；其他应说明的情况。

2. 各专业设计简介

（1）建筑设计简介

建筑设计简介应依据建设单位提供的建筑设计文件进行描述，包括建筑规模，建筑功能，建筑特点，建筑耐火、防水及节能要求等，并应简单描述工程的主要装修做法。

（2）结构设计简介

结构设计简介应依据建设单位提供的结构设计文件进行描述，包括结构形式、地基基础形式、结构安全等级、抗震设防类别、主要结构构件类型及要求等。

（3）机电及设备安装专业设计简介

机电及设备安装专业设计简介应依据建设单位提供的各相关专业设计文件进行描述，包括给排水及采暖系统、通风与空调系统、电气系统、智能化系统、电梯等各个专业系统的做法要求。

3. 工程施工条件

主要说明：水、电、道路以及场地平整的"三通一平"情况，施工现场及周围的环境情况，当地的交通运输条件，预制构件生产以及供应的情况，施工单位的机械、设备、劳动力的落实情况，内部承包方式，劳动组织形式以及施工管理水平，现场临时设施、供水、供电问题的解决等。

5.2.3 施工部署

施工部署是施工组织设计的纲领性内容。施工进度计划、施工准备与资源配置计划、施工方法、施工现场平面布置和主要施工管理计划等施工组织设计的组成内容都应该围绕施工部署的原则编制。

单位工程施工部署的主要内容与施工组织总设计的施工部署内容基本相同，包括：

（1）确定单位工程施工目标

单位工程施工目标应根据施工合同、招标文件以及本单位对工程管理目标的要求确定，包括进度、质量、安全、环境和成本等目标。各项目标应满足施工组织总设计中确定的总体目标。

（2）划分施工阶段、施工流水段，明确单位工程的施工顺序、进度安排及空间组织

①施工流水段应结合工程具体情况分阶段进行划分。通常可以按照建筑物的伸缩缝、沉降缝或者后浇带进行划分。

②单位工程施工阶段的划分一般包括地基基础、主体结构、屋面、装修装饰和机电设备安装五个阶段。

③确定各施工阶段的先后次序及其制约关系。确定先后次序要遵守"先地下后地上""先主体后围护""先土建后设备""先结构后装修"的原则。同时要明确不同阶段之间的制约关系。

④确定某些重要分部（分项）工程的施工流向。

施工流向是指为了解决建（构）筑物在空间上的合理施工顺序而确定的单位工程在平面或竖向上施工开始的部位及其施工展开的方向。

确定施工流向一般要考虑以下因素：施工方法；生产工艺流程；使用要求；单位工程各部分的繁简程度；当有高低层或高低跨并列施工时，应从并列处开始；现场条件和施工方案；施工组织的

分层分段情况；分部工程或施工阶段的特点及相互关系。

施工流向可以用图形表示,详见 5.2.7 中装饰工程的施工流向示意图。

(3)对于项目施工的重点和难点进行简要分析

施工的重点和难点的分析应从组织管理和施工技术两个方面进行。

(4)项目经理部的组织机构图及岗位职责

这部分中除了用框图的形式表示项目经理部的组织机构以及各岗位的岗位职责以外,通常还要介绍项目经理及技术负责人的资历,重点强调他们丰富的工作经验,以及项目部管理人员情况一览表,表格中可以包括姓名、性别、年龄、职称、学历、工作年限、岗位等信息。

(5)对项目施工中开发和使用的新技术、新工艺应做出部署,对新材料和新设备的使用应提出技术及管理要求。

(6)对主要分包工程施工单位的选择要求及管理方式进行简要说明。

5.2.4 施工进度计划

单位工程施工进度计划应按照施工部署安排的时间进行编制。施工进度计划可采用网络图或横道图表示,并附必要说明;对于工程规模较大或较复杂的工程,宜采用网络图表示。

1.施工进度计划的作用与分类

单位工程施工进度计划是施工组织设计的重要内容,是控制各分部(分项)工程施工进程集中供气的主要依据,也是编制施工作业计划及各项资源需用量计划的依据。它的主要作用是:确定各分部(分项)工程的施工时间及其相互之间的衔接、穿插、平行搭接、协作配合等关系;确定所需的劳动力、机械、材料等资源量;指导现场的施工安排,确保施工任务如期完成。

单位工程施工进度计划根据工程规模的大小、结构的复杂难易程度、工期长短、资源供应情况等因素考虑。根据其作用,一般分为控制性进度计划和指导性进度计划两种。

控制性进度计划按分部工程来划分施工过程,控制各分部工程的施工时间及其相互的搭接配合关系。它主要适用于工程结构复杂、规模大、工期长而跨年度施工的工程(如体育馆、火车站等大型公用建筑),还适用于虽然工程规模不大,结构也不复杂,但是各种资源未落实,以及建筑结构变更的可能性大的情况。

指导性进度计划按分项工程或施工工序来划分施工过程,具体确定各施工过程的施工时间及其相互搭接关系。它适用于任务具体而明确、施工条件基本落实、各项资源供应正常、施工工期不太长的工程,或者是旬、月进度计划。

2.施工进度计划的编制依据

单位工程施工进度计划的编制依据主要包括:施工图、有关施工图集等技术资料,施工组织总设计对本工程的要求,施工工期要求,施工方案,劳动定额及施工资源供应情况。

3.施工进度计划的编制

(1)划分施工过程

划分施工过程应考虑以下因素:

①施工进度计划的性质和作用。对于控制性进度计划,施工过程的划分可以粗略一些,一般可以按分部工程划分施工过程。如开工前准备、打桩工程、基础工程、主体结构工程等。对于指导性进度计划,施工过程的划分可以细一些。要求每个分部工程所包含的分项工程均应一一列出。

②对施工过程进行适当合并,达到简明、清晰的要求。施工过程划分得太细,则施工进度计划就会显得繁杂,重点不突出,反而失去指导施工的意义,并且加大了编制的难度。因此,为了使进度计划简明、清晰,一些次要的、工程量小的施工过程应合并为一项,组成混合班组进行施工;同一时期由同一工种施工的也可以合并在一起,如墙体砌筑不分内外墙、隔墙,而是合并为一项。

③施工方案。不同的施工方案,其施工顺序和施工方法不一样。如厂房的柱基础和设备基础的挖土,就可以根据不同的施工方案来划分,如果采用敞开式的施工方案,则厂房的柱基础和设备基础的挖土就可以将二者合一;如果采用封闭式的施工方案,那么厂房的柱基础和设备基础的挖土就应该分别作为两个不同时期的施工过程。

再比如,装配式工业厂房的结构吊装施工过程的划分,也与结构吊装的施工方案密切相关。如果结构吊装采用综合式的节间吊装,则结构吊装的施工过程可以将各种结构构件合并为一个施工过程,即"综合节间吊装"。如果采用分件式吊装的施工方案,则结构吊装的施工过程就应该分为柱吊装、柱间的梁和支撑吊装以及屋盖系统吊装等多个施工过程。显然不同的施工方案,其施工过程的划分就不一样。

④劳动组织的形式及劳动量的大小。施工过程的划分与施工项目的劳动组织形式和施工习惯有着密切的关系。施工项目的劳动组织形式主要有专业班组和综合班组两种形式。对于劳动组织形式采用专业班组的施工项目,则施工的划分就应该是单一的。如基础的挖土和垫层分别作为两个不同的施工过程,则完成这两个施工过程的工人班组就应该是两个不同的专业班组。

现浇钢筋混凝土框架结构的施工中,其钢筋混凝土工程的施工一般就可以划分为支撑模板、钢筋制作和绑扎、混凝土浇筑等三个施工过程,则分别由模板工人班组、钢筋工人班组和混凝土工人班组三个工人班组来进行施工。

⑤劳动内容和范围。拟建工程的完成需要经过原材料的制备、运输及施工安装三个阶段,我们常常只需要对场内劳动的施工安装,即实体的施工过程做划分,而对场外劳动部分,即制备、运输不划入施工过程。

(2)计算工程量

确定了施工过程之后,应计算每个施工过程的工程量。工程量应根据施工图纸、施工定额、工程量计算规则及相应的施工方法进行计算。

值得注意的是,有清单工程量的项目,不能简单地将清单工程量搬过来作为编制施工进度计划的依据,编制施工进度计划的工程量应该是考虑了选用的施工方案后的工程量。例如,某多层砖混住宅的条形基础土方工程,按清单工程量计算规则,以基础垫层底面积乘以挖土深度计算工程量,得到的土方挖方总量为 300 m³;而施工单位根据分部(分项)工程量清单及地质资料,可采用两种施工方案进行:方案一的工作面各边宽度为 0.20 m,放坡系数为 0.35;方案二考虑到土质疏松,采用挡土板支护开挖,工作面各边宽度为 0.30 m。上述两种方案的挖方总量按预算定额计算分别为 735 m³ 和 480 m³。可见,同一工程,由于施工方案不同,工程量也各异。

(3)套用劳动定额(S_i 或 Z_i)

确定了施工过程及工程量之后,即可套用劳动定额,以确定劳动量及机械台班量。

在套用劳动定额时应注意结合本单位工人的技术等级、实际操作水平、施工机械情况和施工现场条件等因素,确定定额的实际水平,使计算出来的劳动量、机械台班量符合实际需要。

有些采用新技术、新材料、新工艺或特殊施工方法的施工过程,定额中尚未编入,应参考类似施工过程的定额、经验资料,按实际情况确定。

(4)确定劳动量和机械量

确定劳动量和机械量是根据施工工程量和劳动定额计算得到的。

①劳动量的计算

劳动量也称劳动工日数,采用手工操作方式为主的施工过程,则劳动量可以按下面的公式计算

$$P_i = Q_i/S_i \quad \text{或} \quad P_i = Q_i Z_i \tag{5-1}$$

式中 P_i——某施工过程的劳动量(工日);

Q_i——该施工过程的工程量(m^2、m^3、m、t 等);

S_i——该施工过程的产量定额(m^2/工日、m^3/工日、m/工日、t/工日等);

Z_i——该施工过程的时间定额(工日/m^2、工日/m^3、工日/m、工日/t 等)。

案例5-1

某工程基槽采用人工挖土,挖土量为 600 m^3,其产量定额为 3.5 m^3/工日,计算完成基槽挖土所需的劳动量。

【解】 根据式(5-1)得

$$P_i = Q_i/S_i = 600/3.5 = 171.4(\text{工日})$$

当某一施工过程由两个或两个以上不同的分项工程合并而成时,则总劳动量应按下式计算

$$P_{总} = \sum_{i=1}^{n} P_i = P_1 + P_2 + \cdots + P_n \tag{5-2}$$

案例5-2

某钢筋混凝土基础,其支模、扎筋、浇筑混凝土三个施工过程的工程量分别为 600 m^2、5 t、250 m^3,查其时间定额分别为 0.253 工日/m^2、5.28 工日/t、0.388 工日/m^3,试计算完成钢筋混凝土基础所需的劳动量。

【解】 $P_{模} = 600 \times 0.253 = 151.8(\text{工日})$

$P_{筋} = 5 \times 5.28 = 26.4(\text{工日})$

$P_{混凝土} = 250 \times 0.388 = 97(\text{工日})$

$P_{基础} = P_{模} + P_{筋} + P_{混凝土} = 151.8 + 26.4 + 97 = 275.2(\text{工日})$

当某一施工过程是由同一工种,但不同做法、不同材料的若干分项工程合并而成时,应先计算其综合产量定额,再求其劳动量。计算公式如下:

$$\overline{S} = \frac{\sum_{i=1}^{n} Q_i}{\sum_{i=1}^{n} P_i} = \frac{Q_1 + Q_2 + \cdots + Q_n}{P_1 + P_2 + \cdots + P_n} = \frac{Q_1 + Q_2 + \cdots + Q_n}{\dfrac{Q_1}{S_1} + \dfrac{Q_2}{S_2} + \cdots + \dfrac{Q_n}{S_n}} \tag{5-3(a)}$$

$$\overline{Z} = 1/\overline{S} \tag{5-3(b)}$$

式中 $\overline{S}$——某施工过程的综合产量定额;

$\overline{Z}$——某施工过程的综合时间定额。

案例 5-3

某工程的外墙装饰有外墙涂料、真石漆、面砖三种做法,其工程量分别是 850.5 m²、500.3 m²、320.3 m²;常用的产量定额分别为 7.56 m²/工日、4.35 m²/工日、4.05 m²/工日。计算它们的综合产量定额及外墙面装饰所需的劳动量。

【解】 $\overline{S} = \dfrac{Q_1+Q_2+\cdots+Q_n}{\dfrac{Q_1}{S_1}+\dfrac{Q_2}{S_2}+\cdots+\dfrac{Q_n}{S_n}} = \dfrac{850.5+500.3+320.3}{\dfrac{850.5}{7.56}+\dfrac{500.3}{4.35}+\dfrac{320.3}{4.05}}$

$= \dfrac{1\,671.1}{112.5+115.0+79.1} = 5.45 (\text{m}^2/\text{工日})$

$P_{\text{外墙装饰}} = 1\,671.1/5.45 = 306.6(\text{工日})$,取 $P_{\text{外墙装饰}} = 306.5(\text{工日})$

② 机械台班量的计算

采用机械施工方式为主的施工过程,可以按下面的公式计算机械台班量

$$P_{\text{机械}} = Q_{\text{机械}}/S_{\text{机械}} \quad \text{或} \quad P_{\text{机械}} = Q_{\text{机械}} Z_{\text{机械}} \tag{5-4}$$

式中 $P_{\text{机械}}$——某施工过程需要的机械台班数(台班);

$Q_{\text{机械}}$——机械完成的工程量(m³、t、件等);

$S_{\text{机械}}$——机械的产量定额(m³/台班、t/台班等);

$Z_{\text{机械}}$——机械的时间定额(台班/m³、台班/t 等)。

案例 5-4

某工程基础挖土采用 W-100 反铲挖土机,挖方量为 2 099 m³,采用的台班产量定额为 120 m³/台班。计算基础挖土所需的台班量。

【解】 $P_{\text{机械}} = Q_{\text{机械}}/S_{\text{机械}} = 2\,099/120 = 17.49(\text{台班})$,取 17.5 个台班。

(5) 确定各施工过程的施工持续时间和劳动力数量

① 经验估算法

经验估算法也称三时估算法,即先估计出完成该施工过程的最乐观时间、最悲观时间和最可能时间,再根据式(5-5)计算出该施工过程的持续时间(t)。这种方法适用于新结构、新工艺、新技术、新材料等无定额可循的施工过程。

$$t = \dfrac{A+4B+C}{6} \tag{5-5}$$

式中 A——最乐观时间(最短时间);

B——最可能时间(最正常时间);

C——最悲观时间(最长时间)。

②定额计算法

a.先假定劳动力数量或机械数量,再计算施工持续时间。

$$t=\frac{P}{Ra} \tag{5-6}$$

式中　t——某施工过程的持续时间;
　　　P——某施工过程的劳动量或机械台班量;
　　　R——某施工过程所需的劳动力数量或机械数量;
　　　a——每天的工作班制或台班。

b.先假定施工持续时间,再计算劳动力数量或机械数量。

$$R=\frac{P}{ta} \tag{5-7}$$

值得注意的是,在假设或计算劳动力数量或机械数量时,应考虑最小工作面的要求。

案例5-5

某工程基础混凝土浇筑需要劳动量536工日,每天采用三班制,每班安排30人,求完成基础混凝土施工的持续时间。

【解】 $t=\dfrac{P}{Ra}=\dfrac{536}{30\times 3}=5.96\approx 6(天)$

(6)初排施工进度计划(以横道图为例)

上述各项内容确定之后,即可编制施工进度计划的初步方案。一般的编制方法有:

①根据施工经验直接安排。这种方法根据经验资料及有关计算,直接在进度表上画出进度线。一般步骤是:先安排主导施工过程的进度,再安排其余施工过程,其余施工过程尽可能配合主导施工过程并最大限度地搭接,形成进度计划的初步方案。总的原则是使每个施工过程尽可能早地投入施工。

②按施工工艺组合安排。这种方法是先按各施工过程(工艺组合流水)初排流水进度线,然后将各工艺组合最大限度地搭接起来。

(7)修正和确定施工进度计划

根据资源强度、工期、劳动力的需求、施工顺序等检查施工进度计划是否合理,如果存在不合理的情况,就应该进行修正和调整,最后确定出正式的施工进度计划。

5.2.5 施工准备

单位工程的施工准备应包括技术准备、现场准备、资源准备和季节性施工准备等。

1.技术准备

技术准备应包括施工所需技术资料的准备、施工方案编制计划、试验检验及设备调试工作计划、样板制作计划等。

2.现场准备

施工现场的准备就是一般所说的室外准备工作,它包括建立测量控制网及测量放线、拆除障碍物、"三通一平"工作、临时设施的搭设等工作内容。

3. 资源准备

建筑施工生产需要消耗大量的劳动力和物资,根据准备工作计划,应积极地做好施工队伍及物资的准备工作。

4. 季节性施工准备

季节性施工准备是指在冬季、雨季这些特殊季节所做的各种准备工作。
本部分内容详见3.5。

5.2.6 资源配置计划

单位工程施工进度计划确定以后就可以编制资源配置计划了。资源配置计划是做好劳动力与物资的供应、平衡、调度、落实的依据,也是施工单位编制施工作业计划的主要依据之一。

资源配置计划包括劳动力配置计划和物资配置计划等。劳动力配置计划包括:确定各施工阶段用工量;根据施工进度计划确定各施工阶段劳动力配置计划。物资配置计划包括主要工程材料、设备、周转材料和施工机具的配置计划。其中主要工程材料、设备的配置应根据施工进度计划确定,包括各施工阶段所需主要工程材料、设备的种类和数量;而周转材料和施工机具的配置计划则应根据施工部署和施工进度计划确定,包括各施工阶段所需周转材料、施工机具的种类和数量。

1. 劳动力配置计划

劳动力配置计划反映单位工程所需的各种技术工人、普工的人数。一般要求按月分旬编制计划,其方法是根据进度表上每天需要的施工人数、分工种进行统计,得出每天所需的工种及人数,见表5-1。

表5-1　　　　　　　　　　劳 动 力 配 置 计 划

序号	工种名称	人数	月			月			月			月			…
			上旬	中旬	下旬	上旬	中旬	下旬	上旬	中旬	下旬	上旬	中旬	下旬	…

2. 主要工程材料配置计划

主要工程材料配置计划是根据施工定额、材料消耗定额和进度计划编制的,主要反映施工过程中各主要工程材料的总用量,作为备料、运输和确定仓库及堆场面积的依据,见表5-2。

表5-2　　　　　　　　　　主要工程材料配置计划

序号	材料名称	规格	需用量		需要时间									备注
			单位	数量	月			月			月			…	
					上旬	中旬	下旬	上旬	中旬	下旬	上旬	中旬	下旬	…	

3. 施工机具配置计划

施工机具配置计划主要根据施工预算、施工方案、施工进度计划和机械消耗定额编制,反映施工所需的机械和器具的名称、型号、数量和使用时间,见表5-3。

表 5-3　　　　　　　　　　　　　施 工 机 具 配 置 计 划

序号	机具名称	型号	单位	需用数量	进退场时间	备注

4. 周转材料配置计划

周转材料配置计划是根据施工图、施工方案和施工进度计划编制而得的,反映施工中需要的周转材料的种类、规格、数量和使用时间,见表5-4。

表 5-4　　　　　　　　　　　　　周 转 材 料 配 置 计 划

序号	材料名称	型号	单位	需用数量	进退场时间	备注

5.2.7　主要施工方案

在单位工程施工组织设计中,最主要的核心问题就是要解决"一案一图一表"问题,而施工方案又是其核心问题中的重要一环。施工方案的选择与确定,是决定整个工程全局的关键,它关系到工程是否能够顺利进行施工生产,也直接影响着工程施工的质量、工期、安全和经济效益。因此,我们必须从工程施工的全局出发,慎重地研究工程的实际情况,反复分析比较,选择和确定合理的施工方案。

选择施工方案时应主要研究以下三方面内容:确定各分部(分项)工程的施工顺序;确定主要分部(分项)工程的施工方法,并选择合适的施工机具;制订主要的技术、质量、安全等方案,进行流水施工。

对脚手架工程、起重吊装工程、临时用水用电工程、季节性施工等专项工程所采用的施工方案应进行必要的验算和说明。

1. 施工顺序的确定

施工顺序是指单位工程中各分部(分项)工程之间或工序之间其施工的先后次序。施工顺序所确定的先后次序,有些是由施工过程之间的逻辑关系所决定的,有些是由生产技术的组织安排所决定的。

(1)确定施工顺序应考虑的因素

①符合施工顺序确定的原则。确定施工顺序的原则一般是先地下后地上、先主体后围护、先结构后装修、先土建后设备。

②考虑施工的工艺要求。建筑物各个施工过程之间存在着一定的工艺顺序关系,这种顺序关系因建筑物的建筑功能和结构特点的不同而有所不同。在确定各有关施工过程的施工顺序时,应注意分析建筑各个施工过程的工艺关系,确定的施工顺序不能违背这种客观关系。否则,施工生产活动就不能进行或不能保证施工质量。例如,基础工程未完成之前,其建筑物的上部主体结构就不能进行;基坑未挖完土方之前,基础垫层就无法施工;门窗框没有安装好之前,地面、墙面的抹灰就不能开始等。

③与施工方法和施工机具协调一致。施工顺序的确定,还应该考虑施工方法和施工机具的需要。例如:在单层装配式工业厂房的结构吊装施工中,如果采用履带式吊车来进行分件式吊

装,则施工顺序应该是先吊柱、吊梁,再吊屋架、天窗架、屋面板等屋盖系统;如果进行综合式吊装,则施工顺序就以节间为单元进行吊装,先吊第一节间的全部结构构件(包括柱、梁屋盖系统),再吊第二节间的全部结构构件,直到全部吊装完毕。

④符合施工组织的要求。有的施工顺序若存在多种可选择的方案,则应从施工组织的角度,进行分析、比较,选择出经济、合理而且有利于施工和工作开展的施工方案,以此来安排和确定施工顺序。例如:有地下室的高层建筑,其地下室的地面这一施工过程的施工,既可以在地下室顶板施工前先进行施工,也可以在顶板施工后再进行施工。两种方法的施工顺序不一样,其效果也存在着差异。

⑤满足质量和安全的要求。在安排施工顺序时,要以确保工程质量和安全为前提。当确定的施工顺序会影响工程的施工质量时,要重新安排施工顺序或采取必要的技术措施来加以保证。例如:屋面防水层施工之前,应尽可能将屋面上其他防水层以下的工作都施工完毕,再做屋面的防水层;外墙装饰一般应该安排在屋面防水完成后进行,这样才容易保证屋面的防水质量。

⑥考虑当地的气候条件。确定施工顺序时,还应该考虑当地的气候条件,否则会给施工带来麻烦。例如:在工程所在地的雨季和冬季到来之前,应该首先安排做完基础工程以及地下室的各个施工过程,并尽量在雨季到来之前实现屋面断水;在雨季到来时,再安排一些室内施工过程。

(2) 多层现浇框架结构房屋的施工顺序

多层现浇框架结构房屋是一种常见的建筑物。按分部工程划分其组成,一般可分为基础工程、主体结构工程、屋面工程、装饰工程及设备安装工程等组成部分。

①基础工程阶段

一般基础工程(不含地下室和桩基础)的主要施工过程和施工顺序为:基坑开挖→垫层→基础及地梁→回填土。

如有地下室,则施工过程和施工顺序因施工工法不同而有所不同。如果采用明挖法(顺作工法),通常为:降排水→基坑开挖及支护→垫层→垫层防水施工→基础及地下室底板→地下室结构(多层地下室的,由地下室底层结构至地下室顶层结构)→地下室外墙防水→回填土。如果采用暗挖法(逆作工法),则情况更为复杂。

②主体结构工程阶段

主体结构工程一般是指基础(或地下室顶板)以上,屋面板以下(含屋面板)的现浇构件、墙体砌筑等施工过程。现浇构件主要有柱(可能还有剪力墙)、梁、板等。在这一阶段采用多层循环的施工顺序,可以是框架、柱、梁、板同时进行的方式:一层柱(墙)梁板→二层柱(墙)梁板→……→顶层柱(墙)梁板施工;也可以是框架柱(墙)、框架梁板交替进行的方式:一层柱(墙)→二层梁板→二层柱(墙)→三层梁板→……→顶层柱(墙)→屋面梁板。需要注意的是,现浇柱的工艺顺序是先安装钢筋,再支模板,最后浇筑混凝土;现浇梁板的工艺顺序是先支模板,再安装钢筋,最后浇筑混凝土。

这一阶段的墙体砌筑,通常安排在主体所有的现浇构件施工完毕后,由上至下(顶层至一层)进行。如果是高层建筑且工期较为紧张,则可能先由中而下、后由上而中砌筑墙体。

同时,在这一阶段还有一些虽不构成工程实体,但必不可少的施工过程,如脚手架的搭设(包括脚手架板的铺设、上下人的斜道、御料用的平台、安全网等)、垂直运输机械的搭设(包括塔吊、井架、龙门架等)。其中脚手架的搭设应该配合现浇构件的进度,逐段逐层地进行。

③屋面、装饰及设备安装工程阶段

在这一阶段因为包含了三个分部工程的施工,所以其施工过程繁多,工作内容也十分复杂和零星,占用的施工时间比较长,劳动消耗量很大。因此,在此阶段施工中,应该尽量组织交叉作业,上下左右内外地组织立体平行施工,以尽量缩短工期。这三个分部工程的施工顺序总的来说是平行的,但有一定的交叉配合。

屋面工程的施工应根据屋面设计的构造层次由下而上逐层进行。例如:柔性屋面的施工顺序按照找平层→保温层→找平层→柔性防水层→保护隔热层依次进行;刚性屋面按照找平层→保温层→找平层→刚性防水层→保护隔热层的顺序依次进行。其中,细石混凝土防水层、分格缝施工应在主体结构完成后开始并尽快完成,以便为室内进行装修创造条件。

装修工程的施工可以分为室外装修和室内装修两个方面。室内外装修的顺序根据工程特点选择,可以是先室内后室外、先室外后室内或者室内外同时进行。当室内有水磨石楼地面时,先做水磨石楼地面,再做室外装修,以免施工时漏水影响室外装修质量。其中,内外墙面和楼地面的饰面是整个装修工程的主导施工过程,因此,要重点解决饰面工作的空间顺序。

a.室外装修的空间顺序(施工流向):室外装修主要包括外墙面抹灰(一般水泥砂浆抹灰、水刷石、镶贴外墙面砖等)、散水、勒脚、台阶、排水沟、落水管等工作内容,其中占用时间最长的是外墙抹灰。

室外装修一般采用自上而下的空间顺序(图5-3)。

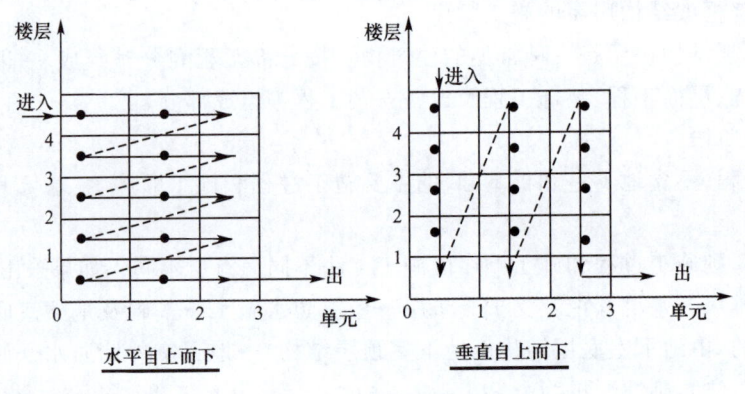

图 5-3 自上而下的室外装修空间顺序

b.室内装修的空间顺序:室内装修主要包括室内墙面、天棚、地面、楼梯的抹灰,门窗的安装,油漆涂料,镶贴块料等施工内容。总的来看,其施工内容很多,且大多数都是手工操作,需要的作业时间较长,因此应注意施工内容的综合安排问题。

室内装修的空间顺序有自上而下(同室外装修)、自下而上、先自中而下后自上而中三种。

自上而下的空间顺序——它是在主体工程已经封顶,做好了屋面防水层以后,从顶层开始,逐层向下进行装修。其特点是:能够保证质量(由于建筑物的自然沉降变化已经趋于稳定,屋面已经不容易产生裂缝渗水现象,容易保证室内的装修质量);交叉作业少(因为各个施工过程都采用自上而下,可以减少或避免各工种操作之间的互相干扰,便于组织施工);便于建筑垃圾的清理(建筑垃圾可以逐层从上到下进行清理,同时还可以节省人工);有利于安全;缺点是时间较长(没有同主体工程平行)。

自下而上的空间顺序(图5-4)——它一般是在主体结构工程施工到第三层以后,在进入第四层主体工程时,插入室内装修。其特点是:可以缩短工期(因为与主体结构工程进行平行施工);交叉作业多(存在一定的不安全因素);组织安排较为复杂(人员多,材料供应紧张,施工机具的负担增大,需要采取相应的技术组织措施和安全措施)。所以这种施工的空间顺序,一般是在工期要求很紧张的情况下才采纳。

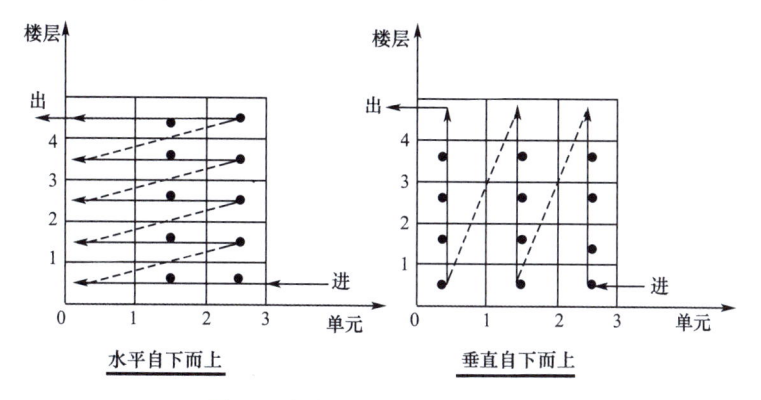

图5-4 自下而上的室内装修空间顺序

先自中而下后自上而中的空间顺序(分两段进行)——一般适用于高层建筑。

墙面、天棚、楼地面的施工顺序有两种:一种是天棚→墙面→楼地面;另一种是楼地面→天棚→墙面。这两种施工顺序各有利弊。

对于第一种施工顺序,其特点是:可以缩短工期,但在做地面之前,必须将天棚、墙面的落地灰和垃圾清理洗净后才能施工地面,否则容易造成地面与结构层不能良好地黏结而形成空鼓,影响质量。

对于第二种施工顺序,其特点是:便于清理地面,地面质量容易保证,而且便于收集墙面和天棚的落地灰,节省材料。但工期较长,因为必须地面施工完成后才能进行,还应留出养护时间,并采取适当的保护措施。

由于楼梯间和楼梯踏步在施工期间容易损坏,为了保证装修工程质量,楼梯间和楼梯踏步的装修往往安排在室内的其他装修完工之后,自上而下统一进行。门、窗框的安装通常安排在抹灰之前进行。油漆和玻璃的顺序往往是先油漆后玻璃。

安装工程的施工顺序:水、电、卫、暖等安装不同于土建工程,因为安装工程大多数都依赖于土建工程,它一般与土建工程中的有关分部(分项)工程进行交叉施工。因此,其一般的施工顺序,如图5-5所示。

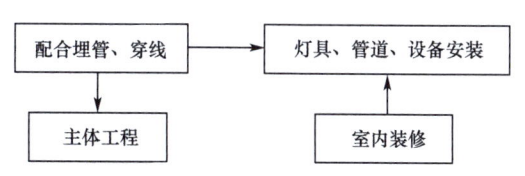

图5-5 安装工程的施工顺序

(3)装配式建筑的施工顺序

装配式多层、高层建筑的地基与基础工程、屋面、装饰装修工程的施工顺序与现浇框架结构相同,主要区别在于主体结构的施工。不同的工程,由于预制构件的设计及其预制化程度不同,施工顺序也存在差异,但是总体而言,可以参考如下顺序:构件进场验收→构件存放→现场预留设施施工→定位放线测量→构件吊装(含固定)→注浆→现浇节点(或现浇构件)施工。

2.施工方法和施工机具的选择和确定

选择和确定各主要分项工程的施工方法和施工机具是确定施工方案、编制施工组织设计最重要的内容之一,也是合理组织施工生产的关键问题。因为,施工方法和施工机具的选择与确定,直接影响着施工进度、工程质量、施工安全和工程成本等。因此,在确定施工过程以及施工顺序后,就应确定施工方法和施工机具。

由于各个施工过程都可以采用多种施工方法和施工机具来进行施工生产,而每种方法都有不同的优缺点。因此,我们的任务是就是通过对各种可以实现的施工方案进行评价,选择出适合本工程项目的、合理又先进的、最经济的施工方案,以达到成本低、劳动效率高的目的。

(1)选择施工方法和施工机具的基本要求

①符合主要分部(分项)工程施工的要求。拟订施工方案、选择施工方法和施工机具时,应从整个单位工程施工出发,重点考虑本单位工程施工中的主要分部(分项)工程的施工方法和施工机具的选择与确定。对于一般的、常见的或工程量不大、对整个工程施工的全局和工期影响不大的分项工程和施工操作,不必详细地拟订和选择,只需要提出这些项目在本工程上的一些特殊要求即可。

这些主要的、影响整个单位工程施工的分部(分项)工程主要是指:

a.工程量大、占用时间长,在本单位工程施工中占据重要地位的施工过程。例如:砖混结构中的砌墙、内外抹灰等;装配式工业厂房中的现场钢筋混凝土构件预制、吊装等。

b.施工技术复杂或采用新技术、新结构、新工艺等对工程质量起关键作用的施工过程。例如,有地下室的地下结构和防水施工过程,其施工质量对今后地下室的使用将产生很大的影响。

c.结构特殊或缺乏施工经验、不熟悉的分部(分项)工程。例如:大跨度预应力悬索结构;薄壳结构;大体积整体现浇钢筋混凝土设备基础;网架结构的整体提升;升板结构的板面提升等。这些分部(分项)工程在施工中通常是比较少见的,一般情况下工人是不熟悉其施工工艺的。因此,必须严密地组织安排,选择可靠的施工方法,配套地使用相应的施工机具。

②符合施工组织总设计的规划要求。如果施工的单位工程是某个建设项目中的一个,则单位工程中主要的分部(分项)工程的施工方法和施工机具的选择就应遵循和符合施工组织总设计中的有关规划要求。

③满足施工技术的要求。选择和确定施工方法和施工机具,必须要满足施工技术的要求。例如,屋架预应力钢筋的张拉(后张法),必须是在屋架混凝土的强度达到100％的设计强度后,才能进行张拉,而且其张拉机具施加的预应力应该满足设计和施工技术的要求。

④提高工厂化、机械化程度的要求。单位工程施工中,原则上应是实现和提高工厂化施工和机械化施工的程度。这是建筑施工发展的需要,也是降低造价和缩短工期的有效措施,同时也可以节省劳动力,减轻工人的劳动强度。工厂化是指各种钢筋混凝土预制构件、钢构件、木构件以及钢筋加工等,其生产和加工应最大限度地实现工厂预制,尽可能减少施工现场预制和加工。机械化程度不仅指主要施工过程提高机械化施工的程度,还指某些施工过程中,充分发挥机械设备的效率,减少人力的肩挑、背扛的繁重体力劳动,以提高工效。

⑤符合先进、合理、可行、经济的要求。选择确定施工方法和施工机具,除了要求先进合理以外,还应考虑本单位工程在施工中是否可靠,选择的施工机具是否可以获得,经济上是否节约等问题。必要时进行分析比较,从施工技术和实际情况考虑,最后确定出先进、合理、可行、经济的

施工方法和施工机具。

⑥满足工期、质量和安全的要求。

总之,以上六个方面选择和确定施工方法和施工机具的基本要求,是互相联系的,选择和确定时应从全局出发,综合考虑。

(2)常见施工方法和施工机具的选择

①土方工程

a.确定土方开挖方法、工作面宽度、放坡坡度、土壁支撑形式,排水措施,计算土方开挖量、回填量、外运量。

b.选择土方工程施工所需的机具型号和数量。

②基础工程

a.桩基础施工中应根据桩型及工期选择施工机具的型号和数量,确定打桩顺序。

b.浅基础施工中应根据垫层、承台、基础的施工要点,选择施工机具的型号和数量。

c.地下室施工中应根据防水要求留置、处理施工缝,并注意大体积混凝土的浇筑要点、模板及其支撑要求。

③砌筑工程

a.砌筑工程中应根据砌体的组砌方式、砌筑方法及质量要求,进行弹线、立皮数杆、标高控制和轴线引测。

b.选择砌筑中所需的施工机具的型号和数量。

④钢筋混凝土工程

a.确定模板类型及支模方式,进行模板支撑设计。

b.确定钢筋的加工、绑扎、焊接方法,选择所需的机具型号和数量。

c.确定混凝土的搅拌、运输、浇筑、振捣、养护与施工缝的留置和处理,选择所需的机具型号和数量。

d.确定预应力钢筋混凝土的施工方法,选择所需的机具型号和数量。

⑤结构吊装工程

a.确定构件的预制、运输和堆放要求,选择所需的机具型号和数量。

b.确定构件的吊装方法,选择所需的机具型号和数量。

⑥屋面工程

a.确定屋面各构造层次的做法,施工方法,选择所需的机具型号和数量。

b.选择屋面施工中所用的材料及运输方式。

⑦装修工程

a.确定各装修的做法及施工要点。

b.确定装修材料的运输方式、堆放位置、工艺流程及施工组织。

c.选择所需的机具型号和数量。

⑧现场垂直、水平运输及脚手架搭设等

a.确定垂直运输与水平运输方式、布置位置、开行线路,选择垂直及水平运输机具的型号和数量。

b.根据不同建筑类型,确定脚手架的架料、搭设方式及安全网的挂设方法。

3. 主要的技术、质量、安全及降低成本的措施

(1) 技术措施

对于采用新材料、新结构、新工艺、新技术的工程，以及高耸、大跨度、重型构件、深基础等特殊工程，在施工中应采取相应的技术措施，其内容一般包括：平面、剖面示意图；施工方法的特殊要求、技术要求；水下混凝土及冬、雨期施工措施；材料、构件、机具的特点及使用方法等。

(2) 质量措施

单位工程施工组织设计中的质量措施一般按照各主要分部（分项）工程施工质量要求提出，比如：定位放线、轴线尺寸、标高测量的质量措施；地基承载力、基础、地下结构及防水施工的质量措施；主体结构、屋面、装修工程的质量措施；采用新材料、新结构、新工艺、新技术工程的质量措施等。

(3) 安全措施

常见的安全措施可以从以下几方面考虑：土方边坡稳定措施；脚手架及"四口五临边"防护措施；垂直运输机械、临时用电的安全措施；易燃易爆、有毒作业场所的安全措施；季节性施工的安全措施等。

(4) 降低成本的措施

降低成本的措施一般包括：综合利用各种施工机械，以节约台班费；提高模板安装精度，尽可能采用整装整拆，加速模板周转；采用先进的施工方法和工艺；构配件和半成品采用预制拼装、整体安装的方法，节约人工、机械费等。

(5) 现场文明施工措施

现场文明施工措施包括：在现场设置围墙与标牌；保证道路畅通；安全和消防设施齐全；临时设施的搭设合理规范；现场原材料、构配件堆放整齐；及时清理各种散乱材料、建筑垃圾；及时进行成品保护和施工机具保养等。

4. 施工方案的技术经济评价

施工方案的技术经济评价一般可以采用定性分析和定量分析两种。定性分析是人们根据自己的个人实践和一般经验，对若干施工方案进行优缺点比较，从中选择比较合理的施工方案。而定量分析指标一般有：

(1) 工期指标

选择施工方案要在确保工程质量、安全和成本较低的条件下，优先考虑缩短工期。

(2) 机械化程度指标

选择施工方案时尽量考虑提高机械化程度，减少繁重的体力劳动。

$$施工机械化程度 = \frac{机械完成的实物工程量}{全部实物工程量} \times 100\% \tag{5-8}$$

(3) 主要材料消耗指标

反映若干施工方案的主要材料消耗情况。

(4) 降低成本指标

$$成本降低额 = 预算成本 - 计划成本 \tag{5-9}$$

$$成本降低率 = \frac{成本降低额}{预算成本} \times 100\% \tag{5-10}$$

5.2.8 施工平面图

1. 概述

(1) 定义

施工平面图指根据工程特点、施工方案以及进度计划的具体要求,对施工现场做出具体平面布置和安排的规划图。

施工平面图是施工组织设计的重要组成内容,它既是布置施工现场的重要依据,又是施工准备工作的一项重要依据。施工平面图的设计对实现文明施工,节约并合理利用土地,减少临时设施费用,降低工程成本,保证施工进度和顺利实施施工方案,有着十分重要的作用。

(2) 施工平面图的分类和主要内容

① 施工平面图的分类

a. 施工总平面图:是以一个建设项目为对象而设计的施工平面图。施工总平面图主要反映建设项目的位置、施工现场的范围、运输布置(包括铁路、公路、水路)、水电供应的布置(如水源、电源)、生产生活区的布置、仓库码头及设备贮存位置等问题的确定。一般的绘图比例为1:2 000～1:1 000。

b. 单位工程施工平面图:是以单位工程为对象而设计的施工平面图。它主要反映一个单位工程在某一主要施工阶段的施工现场平面规划的问题。一般的绘图比例为1:500～1:100。

② 施工平面图的内容

施工平面图应包括以下内容:工程施工场地状况;拟建建(构)筑物的位置、轮廓尺寸等;工程施工现场的加工设施、存贮设施、办公和生活用房等的位置和面积;布置在工程施工现场的垂直运输设施、供电设施、供水供热设施、排水排污设施和临时施工道路等;施工现场必备的安全、消防、保卫和环境保护等设施;相邻的地上、地下既有建(构)筑物及相关环境。

(3) 施工平面图的设计原则

① 施工平面图的布置要保证现场的施工安全,各项内容符合劳动保护、防火、防洪等要求。

② 缩短场内运距,减少二次搬运,不妨碍交通。

③ 尽量利用已有的设施,减少临时设施的搭设。

④ 布置紧凑,尽可能减小占地面积。

2. 施工平面图的设计步骤

(1) 垂直运输机械的布置

垂直运输机械主要有塔吊、井字架、龙门架、施工电梯等,它们的位置关系到运输道路和临时用水、用电等的布置。垂直运输机械的布置要考虑起吊高度、起吊重量和服务半径以及有无水平运输能力等因素。因此,一般沿建筑物长边布置:当建筑物各部位的高度相同时,布置在施工段的分界线附近;当建筑物各部位高度不一致时,布置在高低分界线处。对于塔吊来说,建筑物的平面位置要尽可能处于吊臂回转半径之内,尽量避免出现"死角"(图5-6中的剖面线部分),以便于减少材料的二次搬运。井字架和龙门架应尽量靠近建筑物,并布置在建筑物的窗口处,以减少机械拆除后的修补工作。

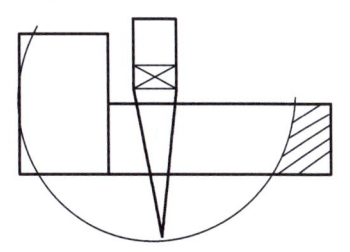

图 5-6 垂直运输机械的布置

(2)搅拌站和材料堆放场地的布置

搅拌站的布置一般应考虑：尽量靠近使用地点或垂直运输机械布置，减小熟料运输距离；搅拌站周围要有足够堆放场地，用来堆放砂、石、水泥等；周围的运输道路要畅通；便于运输和排水。

搅拌所需的砂、石、水泥靠近搅拌站布置；预制构件、砖靠近垂直运输机械进行布置，或至少位于塔吊的覆盖范围之内；石灰仓库和化灰池靠近搅拌站布置，并位于下风向；熬制沥青的锅炉远离易燃仓库堆场，并布置在下风向；其他材料按照取用方便的原则进行布置；材料、构件应分规格、品种分别进行堆放。

(3)临时设施的布置

临时设施包括生产性临时设施和非生产性临时设施。生产性临时设施主要有：搅拌棚、木工作业棚、钢筋作业棚、电工房、水泥库、石灰棚、烘炉房等；非生产性临时设施主要有：办公室、宿舍、食堂、浴室、卫生间、开水房、门卫室等。

总体的布置原则是：生产用临时设施尽量布置在塔吊的覆盖范围之内；非生产用临时设施尽量利用场外已有设施，或者布置在现场四周靠围墙处，并位于塔吊的覆盖范围之外。

(4)临时道路的布置

临时道路的布置主要解决运输和消防两个问题：临时道路尽量呈直线，并尽量形成环形通道，减少或避免转弯；尽量以永久性道路为选择路线；尽量通到各种材料和构件的堆放地点；避开二期拟建工程和地下管线；一般道路宽度要大于 3.5 m。

(5)施工现场的临时供水设计

施工现场的临时供水设计的内容包括：用水量的确定和计算；水源的选择(包括水质的处理)；配水管网的布置和管径的计算。

根据用水目的的不同，施工现场用水主要有施工用水、生活用水和消防用水三种，用水总量根据上述三种用水的多少来确定。施工现场的水源根据施工条件可以选择最近的城镇供水系统，或者江、河、湖水，或者地下水。供水管网通常有环状管网、枝状管网、混合管网三种。管径的大小根据施工经验来确定，一般 5 000~10 000 m^2 的建筑物，施工用水的总管径为 100 mm，支管径为 40 mm 或 25 mm。

(6)临时供电设计

临时供电设计的内容包括：确定总的用电量；选择电源；确定变压器；布置配电线路；确定导线截面面积。

临时供电的用电总量一般包括施工机具及动力用电和室内外照明用电。

配电线路宜用电缆穿管后埋入地下；设有变压器的，变压器宜架空布置在 2~4 m 高的架子上，并在周围设置围墙；施工用电的配电箱要设在便于操作并有防雨措施的地方。

5.3 施工方案

施工方案在某些时候也称为分部(分项)工程或专项工程施工组织设计，它是施工组织设计的进一步细化和补充。建筑工程施工中，承包商需要根据每个工程的具体特点编制一些必要的专项施工方案。

《建设工程安全生产管理条例》中规定,对于达到一定规模的危险性较大的分部(分项)工程应编制专项施工方案,并附有安全验算结果,经施工单位技术负责人、总监理工程师签字后实施,由专职安全生产管理人员进行现场监督。

1. 工程建设中常见的专项施工方案

根据住房和城乡建设部于2018年发布的《危险性较大的分部分项工程安全管理规定》,对于危险性较大的分部(分项)工程,应在施工组织(总)设计的基础上,单独编制专项施工方案;对超过一定规模的危险性较大的分部(分项)工程,在单独编制专项方案的基础上,还应当由施工单位组织召开专家论证会。

危险性较大的分部(分项)工程范围
一、基坑支护、降水工程 开挖深度超过3 m(含3 m)或虽未超过3 m但地质条件和周边环境复杂的基坑(槽)支护、降水工程。 二、土方开挖工程 开挖深度超过3 m(含3 m)的基坑(槽)的土方开挖工程。 三、模板工程及支撑体系 (一)各类工具式模板工程:包括大模板、滑模、爬模、飞模等工程。 (二)混凝土模板支撑工程:搭设高度5 m及以上;搭设跨度10 m及以上;施工总荷载10 kN/m² 及以上;集中线荷载15 kN/m² 及以上;高度大于支撑水平投影宽度且相对独立无联系构件的混凝土模板支撑工程。 (三)承重支撑体系:用于钢结构安装等满堂支撑体系。 四、起重吊装及安装拆卸工程 (一)采用非常规起重设备、方法,且单件起吊重量在10 kN及以上的起重吊装工程。 (二)采用起重机械进行安装的工程。 (三)起重机械设备自身的安装、拆卸。 五、脚手架工程 (一)搭设高度24 m及以上的落地式钢管脚手架工程。 (二)附着式整体和分片提升脚手架工程。 (三)悬挑式脚手架工程。 (四)吊篮脚手架工程。 (五)自制卸料平台、移动操作平台工程。 (六)新型及异型脚手架工程。 六、拆除、爆破工程 (一)建筑物、构筑物拆除工程。 (二)采用爆破拆除的工程。 七、其他 (一)建筑幕墙安装工程。 (二)钢结构、网架和索膜结构安装工程。 (三)人工挖扩孔桩工程。

(四)地下暗挖、顶管及水下作业工程。
(五)预应力工程。
(六)采用新技术、新工艺、新材料、新设备及尚无相关技术标准的危险性较大的分部(分项)工程。

超过一定规模的危险性较大的分部(分项)工程范围

一、深基坑工程
(一)开挖深度超过 5 m(含 5 m)的基坑(槽)的土方开挖、支护、降水工程。
(二)开挖深度虽未超过 5 m,但地质条件、周围环境和地下管线复杂,或影响毗邻建(构)筑物安全的基坑(槽)的土方开挖、支护、降水工程。

二、模板工程及支撑体系
(一)工具式模板工程:包括滑模、爬模、飞模工程。
(二)混凝土模板支撑工程:搭设高度 8 m 及以上;搭设跨度 18 m 及以上,施工总荷载 15 kN/m^2 及以上;集中线荷载 20 kN/m^2 及以上。
(三)承重支撑体系:用于钢结构安装等满堂支撑体系,承受单点集中荷载 700 kN/m^2 以上。

三、起重吊装及安装拆卸工程
(一)采用非常规起重设备、方法,且单件起吊重量在 100 kN 及以上的起重吊装工程。
(二)起吊重量 300 kN 及以上的起重设备安装工程;高度 200 m 及以上内爬起重设备的拆除工程。

四、脚手架工程
(一)搭设高度 50 m 及以上落地式钢管脚手架工程。
(二)提升高度 150 m 及以上附着式整体和分片提升脚手架工程。
(三)架体高度 20 m 及以上悬挑式脚手架工程。

五、拆除、爆破工程
(一)采用爆破拆除的工程。
(二)码头、桥梁、高架、烟囱、水塔或拆除中容易引起有毒有害气(液)体或粉尘扩散、易燃易爆事故发生的特殊建(构)筑物的拆除工程。
(三)可能影响行人、交通、电力设施、通信设施或其他建(构)筑物安全的拆除工程。
(四)文物保护建筑、优秀历史建筑或历史文化风貌区控制范围的拆除工程。

六、其他
(一)施工高度 50 m 及以上的建筑幕墙安装工程。
(二)跨度大于 36 m 及以上的钢结构安装工程;跨度大于 60 m 及以上的网架和索膜结构安装工程。
(三)开挖深度超过 16 m 的人工挖孔桩工程。
(四)地下暗挖工程、顶管工程、水下作业工程。
(五)采用新技术、新工艺、新材料、新设备及尚无相关技术标准的危险性较大的分部(分项)工程。

2.专项施工方案的主要内容

虽然不同分部(分项)工程的专项方案,由于施工的侧重点和要求不同,其内容在组成上也会不同,但是根据施工组织设计规范的要求,一般的专项方案由以下内容组成:工程概况、施工安排、施工进度计划、施工准备与资源配置计划、施工方法及工艺要求等。

(1)工程概况

工程概况应包括工程主要情况、设计简介和工程施工条件等。

工程主要情况应包括:分部(分项)工程或专项工程名称,工程参建单位的相关情况,工程的施工范围,施工合同、招标文件或总承包单位对工程施工的重点要求等。

设计简介应主要介绍施工范围内的工程设计内容和相关要求。

工程施工条件应重点说明与分部(分项)工程或专项工程相关的内容。

(2)施工安排

工程施工目标包括进度、质量、安全、环境和成本等目标,各项目标应满足施工合同、招标文件和总承包单位对工程施工的要求;确定工程施工顺序及施工流水段;针对工程的重点和难点,进行施工安排并简述主要管理和技术措施;工程管理的组织机构及岗位职责应在施工安排中确定,并应符合总承包单位的要求。

(3)施工进度计划

分部(分项)工程或专项工程施工进度计划应按照施工安排,并结合总承包单位的施工进度计划进行编制。施工进度计划可用网络图或横道图表示,并附必要说明。

(4)施工准备与资源配置计划

施工准备应包括下列内容:

①技术准备:包括施工所需技术资料的准备、图纸深化和技术交底的要求、试验检验及测试工作计划、样板制作计划以及相关单位的技术交接计划等。

②现场准备:包括生产、生活等临时设施的准备以及与相关单位进行现场交接的计划等。

③资金准备:编制资金使用计划等。

资源配置计划应包括下列内容:劳动力配置计划(确定工程用工量并编制专业工种劳动力计划表);物资配置计划(包括工程材料和设备配置计划、周转材料和施工机具配置计划以及计量、测量和检验仪器配置计划等)。

(5)施工方法及工艺要求

①明确分部(分项)工程或专项工程施工方法并进行必要的技术核算(附计算书及相关图纸),对主要分项工程(工序)明确施工工艺要求。

②对易发生质量通病、易出现安全问题、施工难度大、技术含量高的分项工程(工序)等应做出重点说明。

③对开发和使用的新技术、新工艺以及采用的新材料、新设备应通过必要的试验或论证并制订计划。

④对季节性施工应提出具体要求。

> **案例分析**
>
> **某高层框架剪力墙结构办公楼施工组织设计(简介)**
>
> 一、编制依据
>
> 1.××工程招标文件及补遗文件；
>
> 2.北京市××设计研究院提供的初步设计图纸；
>
> 3.单位编制的质量、环境、职业健康安全管理体系《管理手册》《程序文件》《单位视觉识别规范手册》；
>
> 4.单位施工技术力量、施工设备能力、现场周边条件及以往工程施工经验；
>
> 5.建筑及结构设计规范(略)。
>
> 二、工程概况及施工总体部署
>
> (一)工程概况
>
> 1.建筑概况
>
> 该工程位于北京市××区××街，该办公楼占地面积为 11 341.02 m²，高度为 72.8 m，地上主楼 16 层(17 层为机房层)，辅楼 5 层，配楼 2 层，地下 3 层(含地下 1 层夹层)。防火设计的建筑分类为一类，耐火等级一级。
>
> 保温设计方面：上人屋面采用 150 mm 厚硅酸盐聚苯颗粒，不上人屋面用 30 mm 聚苯乙烯泡沫塑料板＋100 mm 加气混凝土块，外墙采用 80 mm 厚挤塑聚苯板。
>
> 装饰装修方面：楼地面采用花岗石、水泥、地砖、塑料地板等；外墙面采用花岗石、玻璃幕墙；内墙面用乳胶漆、膨胀珍珠岩吸声板、釉面砖等；顶棚用涂料、铝合金方板、矿棉吸声板等；门窗采用合金窗、木门。
>
> 2.结构概况
>
> 该办公楼设计使用年限为 50 年，主体结构安全等级为二级，建筑抗震设防类别为丙类，8 度抗震设防，地基承载力为 320 kPa，采用钢筋混凝土筏板基础，现浇钢筋混凝土框架-剪力墙结构。
>
> 3.施工条件
>
> 现场场地平整，交通便利，已经完成三通一平，水电供应可靠。
>
> 4.建筑电气、给排水及采暖概况(略)

(二)施工总体部署

1.施工目标

(1)质量目标

确保工程一次验收合格率100%,分项工程一次验收合格率100%,单位工程质量达到"合格"标准,争创"结构长城杯"和"竣工长城杯"。

(2)工期目标

本工程招标单位要求的总工期为833日历天,我方承诺工期418日历天,即2017年1月30日开工,2018年3月22日完工,比招标文件要求提前415日历天。

(3)安全文明施工目标

杜绝重伤以上事故,员工因工轻伤率小于1.5‰,员工因工职业病发生率小于1.0‰,创"北京市文明安全工地"。

2.工程难点、重点及对策

(1)工期目标紧迫,因此除了按要求实行24 h两班倒工作制外,还要在技术人员、施工机械设备、施工管理、技术方案、工程资金、安全生产、环境保护等方面增加投入。

(2)施工场地狭小、现场布置困难,因此工人生活区建在场外,大部分钢筋及模板的加工也在场外进行,再分批运输到现场。

(3)设计施工图纸还未完善,未确定因素较多;所以要及时和设计与招标单位沟通,制订相应的方案。

(4)因为工程协调工作量大,所以要建立实施有效的例会制度,协调安排生产,使其他各承包商的施工安排紧紧围绕施工总进度计划。

3.施工段的划分

采用小流水段,各区段同时展开施工。结构施工分三阶段验收,及时穿插装修及机电设备安装施工。基础地下室阶段施工区及流水段划分如图5-7所示。

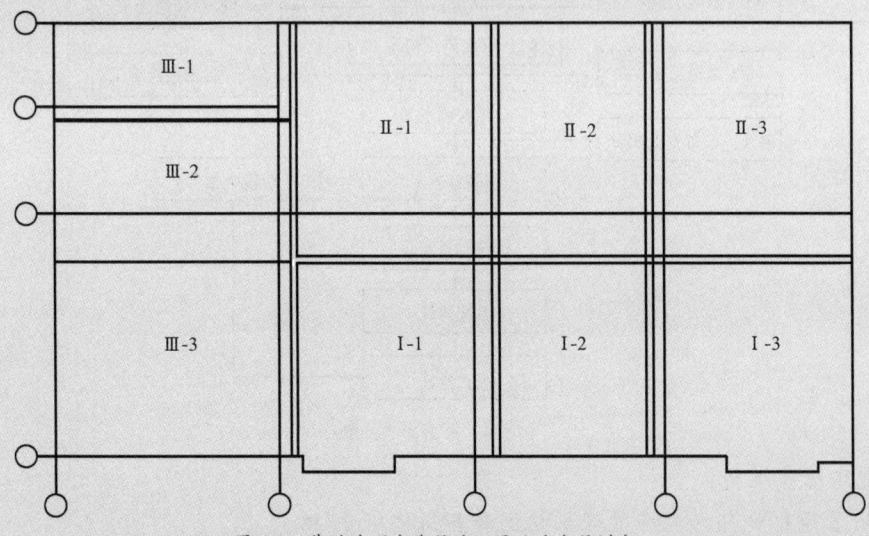

图5-7 基础地下室阶段施工区及流水段划分

主体结构在地下基础结构完成后紧跟施工,分为 3 个部分:主楼、辅楼和配楼;2 个阶段:1～5 层和 6～16 层;其中以主楼为主,5 层施工完成之后进行一次验收,及时插入二次结构和装修施工。结构封顶之后进行外装修和屋面施工。辅楼和配楼结构施工完成单独进行验收,及时插入装修工程和机电安装工程。施工工序流程如图5-8所示。

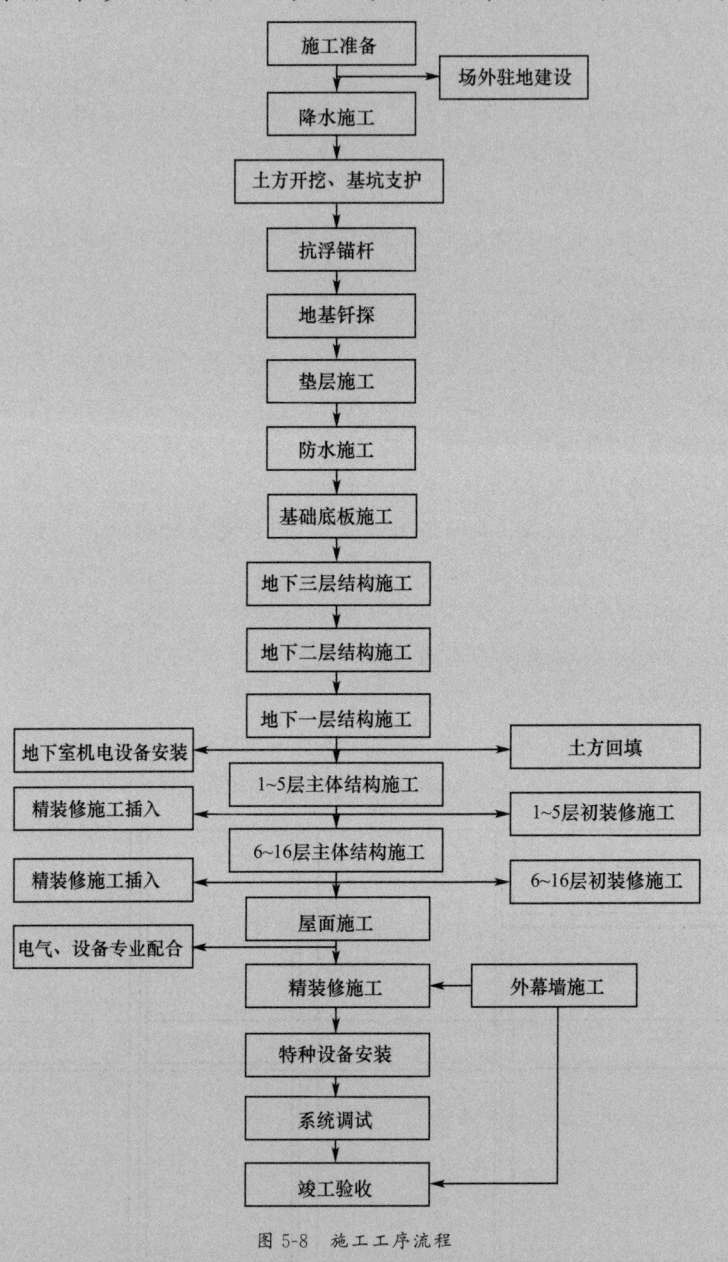

```
施工准备 → 场外驻地建设
   ↓
降水施工
   ↓
土方开挖、基坑支护
   ↓
抗浮锚杆
   ↓
地基钎探
   ↓
垫层施工
   ↓
防水施工
   ↓
基础底板施工
   ↓
地下三层结构施工
   ↓
地下二层结构施工
   ↓
地下一层结构施工
地下室机电设备安装 ←——→ 土方回填
   ↓
1~5层主体结构施工
精装修施工插入 ←——→ 1~5层初装修施工
   ↓
6~16层主体结构施工
精装修施工插入 ←——→ 6~16层初装修施工
   ↓
屋面施工
电气、设备专业配合
   ↓
精装修施工 ←—— 外幕墙施工
   ↓
特种设备安装
   ↓
系统调试
   ↓
竣工验收
```

图 5-8 施工工序流程

4. 现场管理机构

现场管理机构包括现场管理机构图和各岗位职责(略)。

5. 分包管理(略)

三、施工方案
(一)定位及测量放线
1.施工程序:交桩→复核→建筑定位→控制主轴线测设→高程引进及传递→施工测量→沉降观测。
2.±0.000以下施工测量控制
(1)平面控制
①基槽开挖:根据图纸和技术交底,用导线控制网将楼座和地下室外墙边线和基坑开挖线测定出来,定木桩撒白灰线。挖槽过程中测量人员跟班作业,并用塔尺吊线坠法控制坡度及标高,集水坑边坡坡度要严格控制,严禁超挖或少挖。
②基础摆底:基础垫层混凝土浇筑完毕后达到一定强度就开始基础各轴线放样。利用导线控制网中各导线点将楼座主轴线控制线测设到垫层上,用墨线弹出轴线、轴线控制线、墙边线、集水坑线、门窗洞口线。
③基础底板投测:基础底板混凝土浇筑完毕后,将轴线控制线投测到底板混凝土面上,经闭合校核后,弹出轴线、轴线的50 cm控制线、墙体边线、门窗洞口位置线,并标识清楚。
(2)高程控制
利用附和测法校测靠建筑物最近的2个标高控制点,向基坑边引测4个控制点,4点闭合差≤3 mm。随着挖土深度的不断进行,以现场的±0.000高程点为基准点,用5 m塔尺逐段向下传递,作为机械挖土深度的控制依据。在每一步复测前,要对引测的4个控制点进行复测,防止其因周围环境和人为影响造成错误。
3.±0.000以上测量控制
(1)平面控制
首层底板放线,利用全站仪进行细部测量,弹出轴线、轴线的50 cm控制线、边墙线、门窗洞口位置线。标准层测量工作与主体结构施工关系:楼板混凝土浇筑(弹出轴线、柱和墙体边线、墙体水平方向50 cm控制线、门窗洞口下边线)→柱、墙钢筋绑扎(弹出门、窗洞口边线)→柱、墙体模板(弹出上一层标高50 cm控制线,油漆标识)→墙体拆模(将本层标高50 cm控制线、墨线弹于柱及墙体上)→顶板支模、钢筋绑扎(弹出轴线、门洞边线并用油漆标识)→校正钢筋并浇筑顶板混凝土。
(2)高程控制
首先校测±0.000标高点,然后将±0.000抄测到建筑物外墙及边柱上,并引测到电梯井,用墨线弹出,闭合差在±3 mm以内。
(二)土方工程
1.土方开挖
本工程总土方量约为$1×10^5$ m³。拟投入5台反铲挖掘机同时进行,配备30台自卸汽车向场外运土。施工从场地北、东、西三面向南进行。开挖时注意保护槽中降水井不被损坏,待护坡施工完毕后再逐层拆除。为保证人员及物料的安全,在基槽上口外1 m处建造安全防护系统。根据挖土层深度和工作面大小,在北边布置3台反铲挖掘机,南侧布置

1台反铲挖掘机(最大挖深6 m)。配备26台自卸汽车运土,另备用4台车,以防车辆发生故障,影响工程进度。

2.土方回填

本工程基础周围800 mm以内回填土为2:8灰土,其余部位为素土。

(1)施工准备

①材料

a.土:宜优先利用基槽中挖出的土,但不得含有有机杂质。使用前应过筛,其粒径不大于50 mm,含水率应符合规定。

b.灰土:基础回填采用2:8灰土回填。首先检查土料种类和质量以及石灰材料的质量是否符合标准的要求,然后分别过筛,适当控制含水量。

c.主要机具:蛙式打夯机或振动冲击夯、手推车、筛子(孔径40~60 mm)、木耙、铁锹(尖头与平头)、2 m靠尺、胶皮管、小线和木折尺等。

(2)作业条件(略)

(3)工艺流程

基坑底地坪上清理→检验土质→分层铺土、耙平→夯打密实→检验密实度→修整找平验收。

(4)施工要点

填土前应将基坑底或地坪上的垃圾等杂物清理干净;检验回填土的质量,有无杂物,粒径以及回填土的含水量是否在控制的范围内,回填土应分层铺摊。回填时每层至少夯打三遍,打夯应一夯压半夯,夯夯相接,行行相连,纵横交叉,并且严禁采用水浇使土下沉的"水夯"法。

(三)降水、护坡抗浮锚杆工程

1.降水方案

本工程采用深井井点降水。施工流程为:现场踏勘→井位布置→围挡→切割路面(井位及管线)→人工挖探井→钻机就位→成孔→替浆→下井管→填滤料→洗井→做人井→埋设排水联络管线及配电电缆→下泵抽水→恢复路面(地面)→清理施工现场→降排水管理与服务。施工要点(略)。

2.支护工程

根据现场实际施工条件及基底埋深,本工程西、南边坡支护做土钉墙支护,边坡以1:0.2放坡后做喷锚支护;北、东两侧采取护坡桩支护的方式。施工要点(略)。

土钉墙支护工艺流程:土方开挖→修整坡面→定钉位→成孔→安设土钉→注浆→补浆→挂网→焊井字连接钢筋→喷射混凝土→养护。

护坡桩支护工艺流程:桩位放线、开挖泥浆池、浆沟→护筒埋设→钻机就位、孔位校正→钻进→注泥浆→继续钻进→排渣→浇筑水下混凝土→射水清底→插入混凝土导管→清孔→吊放钢筋笼→拔出导管→插桩顶钢筋。

3.抗浮锚杆施工

(1)成孔工艺

本工程锚杆成孔,为有效地防止粉细砂层塌孔,保证施工质量,拟采用跟进套管护壁冲击成孔方法,其施工工艺流程如下:钻进(套管、内钻杆共同钻进)→卸内钻杆→下芯铁→填注豆石滤料→起拔套管→一次注浆→二次高压注浆。施工要点(略)。

(四)钢筋工程

1.施工准备(略)

2.钢筋加工、钢筋连接和钢筋锚固搭接

(1)施工放样

依据结构施工图、规范要求、施工方案及有关洽商并综合考虑各种节点的施工,确定弯曲调整值、弯钩增加长度、箍筋调整值等参数,保证下料长度准确。

(2)钢筋加工

钢筋加工严格按规范操作,严格控制钢筋除锈、调直、切断、成型每道工序,加工成型经验收通过方可使用。

(3)钢筋直螺纹连接

①工艺流程

预接:钢筋端面平头→剥肋滚轧螺纹→丝头质量检验→套筒连接→接头检验。

现场连接:钢筋就位→拧下钢筋、套筒保护帽→接头拧紧→做标记→施工质量检验。

②施工要点(略)

(4)电渣压力焊施工

①施工准备(略)

②工艺流程

闭合电路→引弧→电弧过程→电渣过程→挤压断电。

③施工要点(略)

3.钢筋安装

(1)基础钢筋

工艺流程:弹线→纵向梁筋、柱插筋绑扎、就位→筏板纵向下层筋布置→横向梁筋绑扎、就位→筏板横向下层筋布置→筏板下层网片绑扎→支撑马凳筋布置→筏板横向上层筋布置→筏板纵向上层筋布置→筏板上层网片绑扎。

筏板网片采用八字扣绑扎,相交点全部绑扎,相邻交点的绑扎方向不宜相同。上、下层网片中间用支撑,保证上层网片位置准确,绑扎牢固、无松动。中间用支撑采用钢筋直径为18～20 mm,按照双向间距1 m,呈梅花形布置。

(2)墙体钢筋绑扎流程(图5-9)

(3)柱钢筋

柱钢筋的连接方法:采用直螺纹机械连接。工艺流程:套柱箍筋→直螺纹连接竖向受力筋→画箍筋间距线→绑箍筋。

(4)梁钢筋

工艺流程:支设梁底模板→清理模板→模板上画线→绑梁下层、上层钢筋及腰筋→穿主梁箍筋并与主梁上、下层钢筋固定→穿次梁上、下层钢筋→穿次梁箍筋并与次梁上、下层钢筋固定。

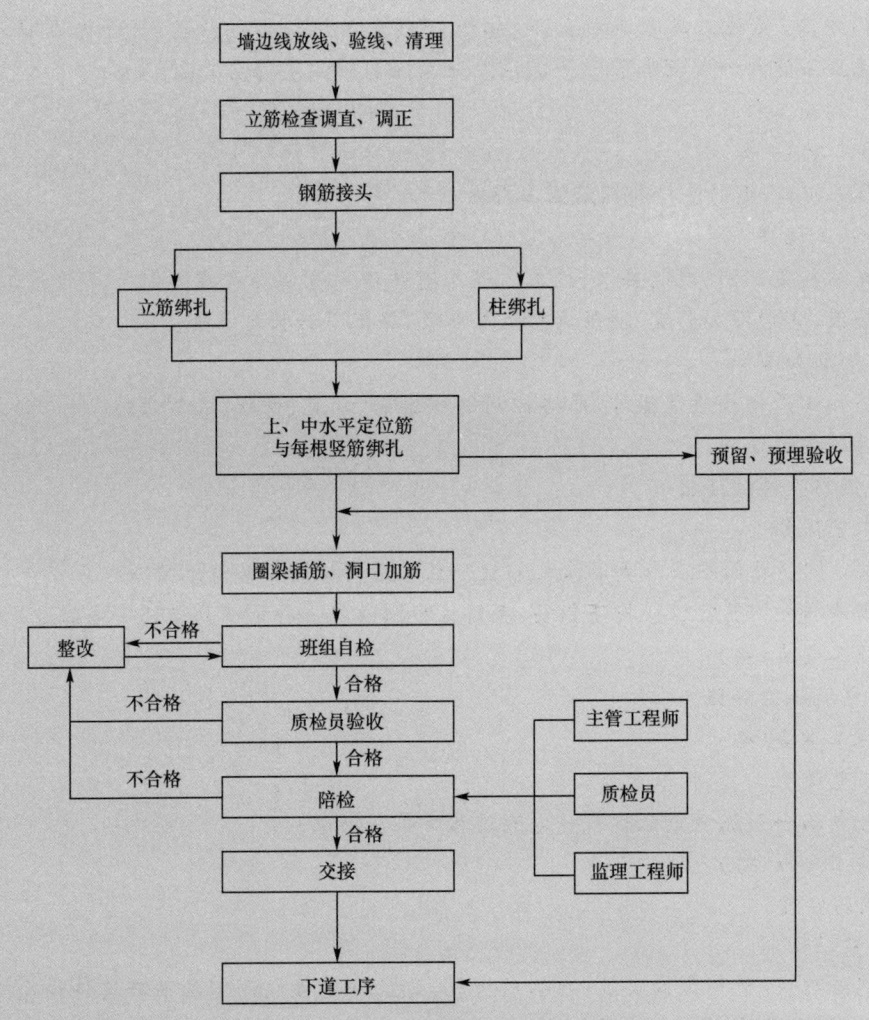

图 5-9 墙体钢筋绑扎流程

(5)楼板钢筋

楼板钢筋的连接方法采用绑扎连接。工艺流程:清理模板→模板上画线→绑板下部受力钢筋→绑上层钢筋。

施工流程及质量保证措施(略)。

(五)模板工程

1.模板配备(表 5-5)

表 5-5 模板配备

部位	构件名称	模板类型	面板	主龙骨	次龙骨	备注
基础	基础底板	砖模				$\phi 48$ mm 钢管支撑
	基础梁	木模板	18 mm 覆膜木模板	100 mm×100 mm 方木	50 mm×100 mm 方木	$\phi 48$ mm 钢管支撑

(续表)

部位	构件名称	模板类型	面板	主龙骨	次龙骨	备注
地下结构	剪力墙	定型钢模板				定制
	框架柱	定型钢模板				定制
	结构梁、板	木模板	18 mm 覆膜木模板	50 mm×100 mm 方木	50 mm×100 mm 方木	碗扣架支撑
地上结构	剪力墙	定型钢模板				定制
	框架柱	定型钢模板				定制
	结构梁、板	木模板	18 mm 覆膜木模板	100 mm×100 mm 方木	50 mm×100 mm 方木	碗扣架支撑

2.模板工程施工

(1)基础模板

①底板模板

垫层施工完毕后进行底板模板安装,底板侧模全部采用砖模,沿底板边线外延 50 mm 砌筑 240 mm 厚砖墙,高度为底板厚+450 mm,在底板厚度范围内砌筑永久性保护墙,砂浆采用 1:3 水泥砂浆,上面 450 mm 部分砌筑临时性保护墙,用混合砂浆砌筑,砖墙内侧抹 20 mm 厚 1:3 水泥砂浆。电梯井模板采用 18 mm 厚多层板,按坑大小加工成定型模板。

②基础梁模板

梁侧模采用 18 mm 厚覆膜木模板,竖向龙骨采用 60 mm×60 mm 方木,间距 500 mm,用 M22 对拉螺栓连接,对拉螺栓水平间距≤600 mm,横向龙骨采用 80 mm×80 mm 方木,间距 300 mm,遇边跨梁时做适当调整。在模板下焊 ϕ20 mm 钢筋马凳@1 000 mm(马凳下须垫 35 mm 厚保护层垫块)作为侧模板支撑。

梁模水平方向支撑采用 ϕ48 mm 钢管,中间跨梁上双向布置 ϕ48 mm 钢管@1 500 mm,与梁两侧 ϕ48 mm 钢管锁牢,同时在梁模下侧按 45°向上架设 ϕ48 mm 斜钢管支撑,用以调校梁模垂直度。沿钢管纵向设钢管立撑@1 500 mm 立于马凳上。

③梁的交叉部位即阴角处(包括倒角阴角)设阴角模,阴角模面板预留 75 mm 悬臂长度,梁侧通长模板端头竖向采用 100 mm×100 mm 方木,钉面板时预留 50 mm 企口,支模板时先支阴角模,后支梁侧通长模板,梁侧通长模板方木企口压住角模悬臂面板。拆除时先拆除梁侧模板,再拆除角模。角模设两道对拉螺栓,纵横方向高度错开,梁侧模对拉螺栓距端头 200 mm 左右。为拆除时方便,梁侧通长模板加工时要控制误差为负。

(2)柱模板

柱模板的施工顺序:弹轴线及边线→测定标高→搭设支架→立柱模→加柱箍→支设侧面斜撑→浇捣混凝土→拆柱模。施工要点(略)。

(3)梁、板模板

①施工准备

a.楼板模板设计

面板用 18 mm 厚覆膜国产木模板,次龙骨采用 50 mm×100 mm 方木,间距 300 mm。

支撑龙骨用 80 mm×100 mm 的方木,其间距不超过 1 000 mm,方木表面刨平以保证与模板结合面平整。根据楼板区格净尺寸和所采购的木模板的规格,制作顶板模板,模板按所使用的位置一一编号,根据规格编排流水。

b.梁模板设计

梁模板采用 18 mm 厚覆膜国产木模板,梁底均为 80 mm×80 mm 方木。梁侧次龙骨为 40 mm×60 mm 方木,主龙骨为 60 mm×80 mm 方木,侧模采用 M16 穿墙螺杆拉接。支撑采用钢管加 U 形托。梁模板支设如图 5-10 所示。

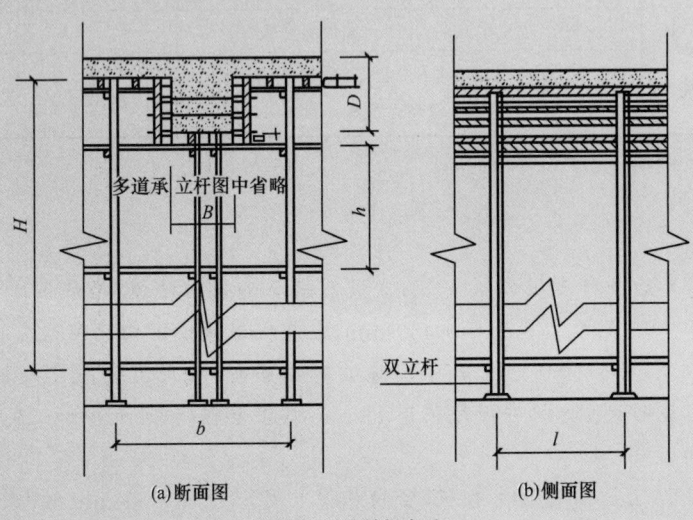

图 5-10 梁模板支设

② 梁及顶板模板工程工艺

支杆安装→主梁模板安装→楼面模板安装→次梁外侧模安装→梁板钢筋安装→梁板混凝土浇筑→养护→拆除模板。

③ 施工要点及支模验算(略)

(4)墙模板

① 模板选型

采用组拼式大钢模板,面层钢板厚 $\delta=6$ mm,竖肋(副龙骨)为 80 mm×40 mm×3.5 mm 方钢管布置,横背楞(主龙骨)为并排 2 根 10 号槽钢,并与副龙骨焊接成整体,横向布置四道槽钢背楞。阴角模结构形式、材料与大模板相同,采用先安装大模,后安装角模的施工工序。电梯井墙体模板与剪力墙模板的类型、支模方式均相同。

② 施工要点(略)

(5)楼梯模板

为确保楼梯混凝土的质量,楼梯采用定型钢模板。

(6)后浇带模板

后浇带两边的侧模均用快易收口网(永久性)模板,其施工要求钢支架支撑牢靠,快易收口网的铺设必须到位,不得留缺口。梁板上后浇带部位模板支撑,在浇筑后浇带以前不得拆除,如果要拆,则必须采用换撑的方法拆除。后浇带两侧部位的混凝土浇筑完成以后要及时清理流入后浇带的水泥,并在后浇带上及时用木板和细石混凝土覆盖保护。

（六）混凝土工程

本工程施工时要求将拆模后的混凝土表面作为最终的完成面，即应达到清水混凝土标准。

1.清水混凝土施工工艺

(1)混凝土的材料选用和计量工作

混凝土厂家必须选择2个厂家，以确保材料的供应，同时应协调2个厂家原材料的统一，包括水泥、砂、石料、掺和料，并采用同一级配。柱混凝土材料的水泥必须是同一厂家的同一品种水泥。优化配合比，并掺入适量的引气剂，减小水灰比，减少气泡。

(2)钢筋

为了避免出现露筋现象，将原来常规砂浆垫层改为定制的半圆形塑料垫块，塑料垫块卡在箍筋上。钢筋扎钢丝全部采用镀锌钢丝，绑扎好后将每个钢丝头朝里弯。柱模、墙模板安装好后，经校正固定后在模板上口用定型钢箍将钢筋与模板之间保护层厚度保证好。

(3)模板拼装

模板底部找2~3 cm厚水泥砂浆找平层，找平层内口与模板面平齐，为了防止漏浆、吊脚、砂带现象，在模板就位之前在找平层上垫一层海绵条。大模与大模拼装时用海绵条填充接缝。大模拆除后翻转使用之前，必须清理大模上的砂浆，模板拼缝被砂浆嵌满的要铲清。

(4)混凝土浇捣

采用商品混凝土，坍落度控制在(12±2) cm。混凝土浇捣时采用串筒，混凝土每一次布料厚度控制在50 cm以内。混凝土振捣方式采用先周边后中间，增加振捣点控制振捣时间，快插慢拔，将模板周边的气泡引至中间，然后引出混凝土面。

(5)模板拆除

模板拆除时不可使用撬棒，防止损坏混凝土表面及模板板面。对于无对拉螺杆的跳模，下侧模板拆除后设横杆顶实。

（七）楼地面工程

1.细石混凝土楼面

施工工序：基层清理→洒水湿润→刷素水泥浆→贴灰饼、冲筋→铺混凝土→抹面→养护。施工要点(略)。

2.水泥砂浆楼面

(1)做法：垫层为轻骨料混凝土，上设6 mm间隔分仓缝，面层为20 mm厚1∶3水泥砂浆压实赶光。主要用于强弱电小间、人防扩散室及人防通道。

(2)面层施工工序：基层清理→抹踢脚板→洒水湿润→涂刷水泥砂浆结合层→找标高冲筋贴灰饼→铺水泥砂浆上杠刮平→木抹子搓平→铁抹子压第一遍→第二遍压光→第三遍压光→养护。

3.花岗石楼面

施工工序流程：基层处理→基层弹线→预铺→勾缝→打蜡→石材铺设→成品保护→分项验收→饰面清理。

4.铺地砖楼面

(1)做法:轻骨料混凝土垫层,25 mm 厚 1:2 干硬性水泥砂浆结合层,撒素水泥面,300 mm×300 mm 防滑地砖楼地面,地砖嵌缝剂。

(2)工序流程:基层处理→弹线→预铺→铺贴→勾缝→清理→成品保护→分项验收。

5.防静电地板楼面

工艺流程:地面清理→混凝土加气块填充→水泥砂浆找平→刷环氧地板漆→套方、弹线→安装支座和横梁组件→铺设活动地板→调节地板水平→裁边→镶边→做封门台阶。

6.浮铺弹性垫层地毯楼面

工艺流程:基层处理→弹线套方分隔定位→地毯裁剪→钉倒刺板挂毯条→铺设衬垫→铺设地毯→细部处理及清理。

(八)吊顶工程

本工程吊顶种类有:穿孔铝合金方板吊顶、矿棉吸声板吊顶、轻钢龙骨铝塑板吊顶、装饰石膏板吊顶、金属条形隔片吊顶。本工程层高较高,协调使用液压升降平台、梯子和脚手架安装吊顶。按照施工规范要求,吊杆距端部位置不大于 300 mm,吊杆之间不得大于 1 200 mm。凡遇到设备管道宽度超过吊杆间距处,用角钢焊成 U 形吊架,先将吊架固定在顶棚上,然后再将吊杆固定在架上,通过调整吊杆距离,以满足规范要求。其工艺流程如图 5-11 所示。

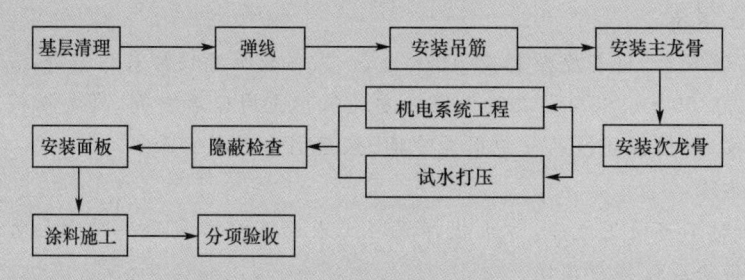

基层清理→弹线→安装吊筋→安装主龙骨→安装次龙骨→机电系统工程→试水打压→隐蔽检查→安装面板→涂料施工→分项验收

图 5-11 吊顶工程工艺流程

(九)内墙面工程

1.耐擦洗涂料墙面的工艺流程

基层处理→1:3 水泥砂浆打底扫毛(大模板墙面无此工序)→1:2.5 水泥砂浆找平→施涂第一遍涂料→施涂第二遍涂料。

2.面砖墙面(墙裙)施工流程

刷素水泥浆一道(内掺建筑胶)→1:3 水泥砂浆打底找平→刷素水泥浆一道(内掺建筑胶)→1:2 水泥砂浆(砂过窗纱筛,掺 2% 乳胶)黏结层→镶贴瓷砖。

3.大理石板墙面施工工艺流程

放控制线→石材排版放线→挑选石材→预排石材→打膨胀螺栓→按石材规格绑扎 ϕ6 mm 钢筋网→安装调节→石材开槽→用 18 号铜丝(或 ϕ4 mm 不锈钢挂钩)石材绑扎(或卡勾)在钢筋网上→灌 1:2.5 水泥砂浆→调整→成品保护。

(十)其他施工方案(略)

四、质量保证体系及措施(略)

五、安全文明施工措施(略)

六、资源需用量计划

1.劳动力需用量计划(表5-6)

表5-6　　　　　　　　　　　劳动力需用量计划　　　　　　　　　　　　　　　人

序号	工种	土方阶段	基础阶段	1~5层主体结构	6~16层主体结构	装修工程阶段
1	钻机操作手	10	0	0	0	0
2	降水专业技工	10	0	0	0	0
3	钢筋工	20	300	200	100	0
4	瓦工	10	20	20	10	100
5	混凝土工	15	80	50	20	0
6	特种司机	12	4	4	4	4
7	汽车司机	80	4	4	4	4
8	力工	50	30	30	20	20
9	电工	10	50	80	80	80
10	水工	10	30	50	50	80
11	抗浮锚杆工	20	0	0	0	0
12	结构木工	0	300	200	100	0
13	架子工	0	30	30	20	0

劳动力动态如图5-12所示。

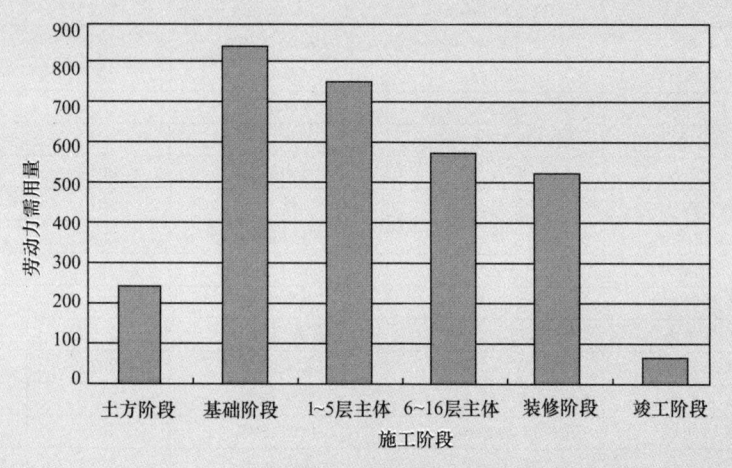

图5-12　劳动力动态

2.主要原材料计划(表5-7)

表5-7　　　　　　　　　　　主要原材料计划

序号	名称规格	单位	数量	首次进场时间	使用部位	备注
1	钢筋	t	4 514	2017-1-30	结构	分批进场
2	预拌抗渗混凝土	m³	7 298	2017-1-30	结构	分批进场
3	钢渣混凝土	m³	345	2017-1-30	结构	分批进场

(续表)

序号	名称规格	单位	数量	首次进场时间	使用部位	备注
4	预拌混凝土	m³	18 171	2017-1-30	结构	分批进场
5	水泥	kg	1 112 545	2017-5-30	二次结构	分批进场
6	加气混凝土块	m³	216	2017-5-30	二次结构	分批进场
7	红机砖	块	59 455	2017-5-30	二次结构	分批进场
8	页岩陶粒	m³	506	2017-5-30	二次结构	分批进场
9	石灰	kg	1 205 893	2017-5-30	二次结构	分批进场
10	砂子	kg	4 082 013	2017-5-30	二次结构	分批进场
11	陶粒混凝土空心砌块	m³	3 028	2017-5-30	二次结构	分批进场
12	混凝土小型空心砌块	m³	50	2017-5-30	二次结构	分批进场
13	卵石	kg	49 737	2017-5-30	二次结构	分批进场
14	CL7.5轻骨料混凝土	m³	2 482	2017-5-30	二次结构	分批进场
15	活动木地板	m²	1 609	2017-8-1	装修	
16	地面砖	m²	3 715	2017-8-1	装修	

3.主要施工机具计划（表5-8）

表5-8　　　　　　　主要施工机具计划

序号	设备名称	型号	厂家	购置时间/年	进场数量/台
1	塔式起重机	TC5015	中联	2012	2
2	塔式起重机	6518	烟台	2013	1
3	施工电梯	450-CN	ALIMAK北京	2012	1
4	施工电梯	SC200	上海宝达	2012	2
5	混凝土地泵	HBT-60	中联重科	2014	2
6	履带式挖掘机	CAT320C1.0m³	卡特	2012	2
7	履带式挖掘机	SY2000.80m³	三一	2013	2
8	推土机	TY220	天津建机	2012	1
9	装载机	ZL50	厦工	2011	1
10	太脱拉自卸车	T81517.25t	河北长征	2014	20
11	期太尔自卸车	ZZ3322BM29419.6t	陕汽	2014	20
12	汽车起重机	PY532	湖南浦沅	2012	2
13	压路机	YZ16B	徐工	2014	2
14	混凝土搅拌机	JS750	郑州华丰	2012	2
15	混凝土喷射机	PZ-5	洛阳永生	2012	2
16	砂浆搅拌机	HJ350	郑州创新	2014	2
17	潜水排污泵	WQ20-22-3	宜兴市双力	2012	20
18	工程洒水车	CLW5108GSS	东风程力	2013	1
19	钢筋弯曲机	WJ40-1	郑州华丰	2012	6
20	钢筋切断机	GQ40A	杭州万帮	2013	6
21	钢筋调直机	GT4-14	浙江富阳永兴	2013	6
22	剥肋套丝机	GHB40	北京五隆兴	2012	6
23	砂轮切割机	380-400-1.5	浙江永康	2012	6
24	圆盘锯	Y40-380	广东长城	2014	6
25	平刨机	40型	广东顺德	2012	4
26	压刨机	50型	广东顺德	2013	4
27	插入式振捣棒	ZN50	成都敏捷	2012	20

七、进度计划（略）

八、施工现场总平面图（详见施工平面图图5-13）

图5-13 结构阶段施工平面图

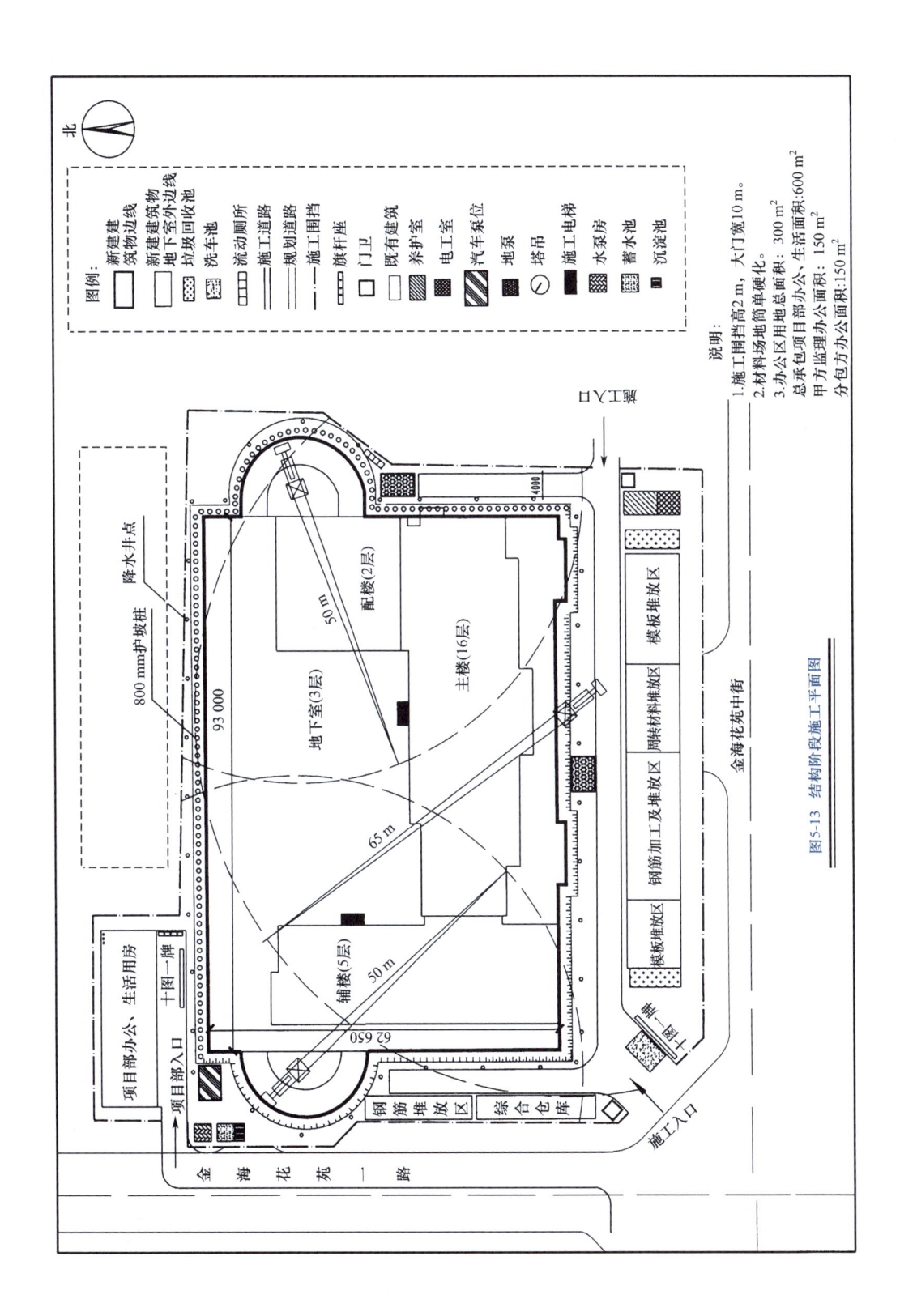

思考与练习

某市拟建成一个群体工程,其占地东西长 400 m,南北宽 200 m。其中,有一栋高层宿舍,是 25 层大模板现浇钢筋混凝土塔楼结构,使用 2 台塔式起重机。设环行道路,沿路布置临时用水和临时用电,不设生活区,不设搅拌站,不熬制沥青。

【问题】

(1)施工平面图的设计原则是什么?

(2)进行塔楼施工平面图设计时,以上设施布置的先后顺序是什么?

(3)如果布置供水,需要考虑哪些用水?

(4)布置道路的宽度应如何决策?

(5)起码要设置几个消火栓?消火栓与路边距离应是多少?

(6)按现场的环境保护要求,提出对噪声施工的限制,停水、停电、封路的办理,垃圾渣土处理办法。

(7)电线、电缆穿路的要求有哪些?

思维导图

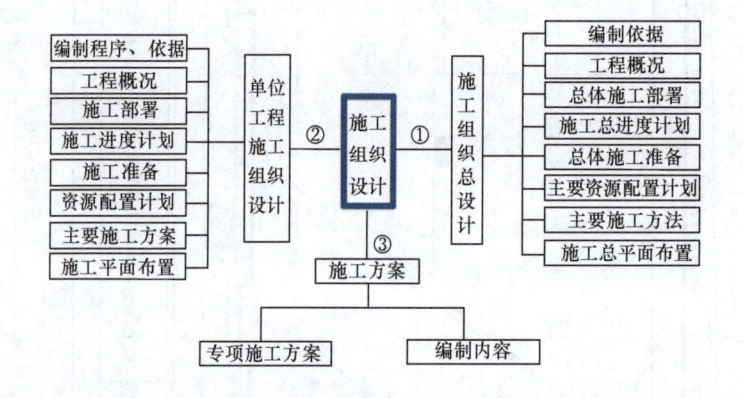

```
                                                    ┌─ 编制依据
                ┌─ 编制程序、依据                    ├─ 工程概况
                ├─ 工程概况                         ├─ 总体施工部署
                ├─ 施工部署          单位            ├─ 施工总进度计划
                ├─ 施工进度计划 ─── 工程  ②   施工  ① ── 施工   ├─ 总体施工准备
                ├─ 施工准备         施工 ──── 组织 ──── 组织总 ─┤
                ├─ 资源配置计划     组织     设计     设计    ├─ 主要资源配置计划
                ├─ 主要施工方案      设计                     ├─ 主要施工方法
                └─ 施工平面布置                               └─ 施工总平面布置
                                        ③
                                        │
                                      施工方案
                                    ┌───┴───┐
                              专项施工方案  编制内容
```

第三篇

项目实施阶段

第 6 章　　工程项目进度管理
第 7 章　　工程项目质量管理
第 8 章　　工程项目成本管理
第 9 章　　工程项目职业健康安全和环境管理
第 10 章　　工程项目资源管理
第 11 章　　工程项目合同管理
第 12 章　　工程项目信息管理

进度与项目管理微课展示

进度与项目管理

| 现场道路与临建 | 人材机进场 | 土方开挖 | 基础施工 |

| 土方回填 | 钢筋工程 | 模板工程 | 混凝土工程 |

| 砌筑工程 | 屋面防水 | 门窗工程 | 抹灰工程 | 涂饰工程 |

第 6 章 工程项目进度管理

学习目标

通过对本章的学习,要求能够了解工程项目进度计划的概念和种类,工程项目进度计划的编制方法;掌握流水施工原理;掌握网络计划技术的原理和方法;熟悉常用的进度比较和控制方法。

6.1 工程项目进度管理概述

6.1.1 工程项目进度管理的内涵

在工程实践中,工期目标是项目管理的重要约束性目标之一,因此,进度管理是项目管理的重要内容。要正确理解工程项目进度管理的内涵,需要先明了以下几个问题:

1. 工期与进度

提到进度,人们必然会联想到另一个词"工期"。其实,工期与进度是两个不同的概念:工期是指合同中规定的完成施工任务所需的时间,强调结果;而进度是指项目实施过程的进展状况,强调过程。

2. 工程项目进度管理的内容

工程项目进度管理的内容主要包括:编制工程项目进度计划、执行工程项目进度计划、检查工程项目进度计划的执行效果、分析进度偏差的原因以及调整和修改工程项目进度计划等一系列管理活动。

可以看出,进度管理是一个动态的概念,它从计划的编制到计划的执行,再到计划的检查控制和调整,一直处于动态变化的过程中。

3. 影响工程项目进度管理的因素

项目内外部诸多因素的变化都会使项目在进度管理过程中遇到各种各样的问题,这些因素概括起来可分为以下几个方面:

(1)项目部施工组织管理不善。如施工组织不合理,人力、机械设备调配不当,解决问题不及时,质量不合格引起返工等。

(2)来自外部相关单位的影响。如设计图纸供应不及时或有误,业主要求设计变更,材料供应不及时,资金没有按时拨付等。

(3)施工技术。如施工过程中遇到尚未解决的技术难题而停工。

(4)施工环境条件。来自项目外部的环境条件影响,如临时停水、停电、交通管制、重大政治活动、社会活动要求停工的影响等;来自项目自身的环境条件影响,如复杂的地质工程条件、不明的水文气象条件、地下埋藏文物的保护及处理等。

(5)发生不可抗力事件。如发生地质灾害、出现战争等。

这些因素都会影响项目的进度,使进度计划的执行效果出现偏差,偏离预先的期望值。这时候,我们就需要分析究竟是哪些因素导致项目偏离预先的计划轨道,并采取必要的措施加以调整,使项目重新回到预期的计划轨道上来。因此,工程项目进度管理就是一个周而复始的动态循环过程,但它又不是一个机械的循环过程,在这一过程中要不断地协调各种要素,综合运用科学的方法和措施,在兼顾成本费用和工程质量目标的同时,努力缩短建设工期。

6.1.2 工程项目进度计划的概念及种类

工程项目进度计划管理是工程项目进度管理中的主要内容之一,可以说进度计划管理贯穿于整个项目进度管理过程中。对于一个工程项目来讲,其工程越复杂,就越需要编制一个合理、科学的进度计划来指导工程实践。因此,进度计划的全局指导作用也越加凸显。另外,科学的进度计划的编制并不是一蹴而就的。它需要逐步细化,因为随着工程项目的开展,所获得的资料也会越来越详尽,因此,进度计划也就能够随之完善。

所谓工程项目进度计划,是指根据相关的文件、合同、资源条件以及内外部约束条件,对工程项目的建设进度所做的安排。

为了满足工程实践的需要,可以从不同的角度对工程项目进度计划进行分类。

1.按照项目参与主体划分

(1)综合进度计划。
(2)设计进度计划。
(3)施工进度计划。
(4)采购进度计划。
(5)竣工验收计划。

2.按照作用划分

(1)控制性进度计划。
(2)指导性进度计划。
(3)操作性进度计划。

3.按照时间划分

(1)年度进度计划。
(2)季度进度计划。
(3)月度进度计划。
(4)旬进度计划。
(5)周进度计划。

4.按照范围划分

(1)项目总进度计划。
(2)单位工程进度计划。
(3)分部(分项)工程进度计划。

6.1.3 工程项目进度计划的编制

工程项目进度计划是项目建设进度管理和控制的依据。工程项目进度计划的编制是否合理，不但关系到工程项目建设的顺利与否，而且关系到工程项目经济效益的高低。因此，在编制过程中，必须要综合考虑各种因素，协调好各方面之间的关系，不但要保证进度计划的编制科学，而且要保证进度计划的执行顺利。

1. 工程项目进度计划的编制依据

(1) 有关法律、法规和技术规范、标准、政府指令及相关定额等

(2) 工程项目的有关合同文件

主要包括建筑施工、工程监理、设备和材料采购合同等。

(3) 工程项目的施工规划与施工组织设计

这些资料明确了施工力量的部署与施工组织的方法，体现了项目的施工特点，因此，在编制工程项目进度计划时要考虑到这些因素的影响。

(4) 工程项目设计进度计划

图纸资料是工程施工的依据。项目进度计划的编制要与设计进度计划衔接，根据每部分图纸资料的交付日期，来安排相应部位的施工时间。

(5) 有关技术经验资料

主要包括项目所在地的地质、水文、气候、环境资料、交通运输条件、能源供应情况等。

(6) 其他资料

2. 工程项目进度计划的编制程序

(1) 收集相关资料

这些相关资料主要是指编制依据，包括合同文件、设计文件、当地的自然条件、运输条件、基础设施条件、劳动力和物资的供应情况等。

(2) 进行项目分解，确定工程进度编制的目标

工程进度的目标包括总体目标和分解目标。一般来讲，工程进度总体目标的确定主要从资源的投入数量和强度、工程的难易程度以及类似工程的实际进度等方面来考虑。确定总体目标的原则是要在综合分析的基础上制定出一个比合同工期更优化的工期，以提供一个缓冲时间带，防止由于一些意外因素导致工期拖延而影响整个进度的情况发生。分解目标就是要把这一总体目标按照不同的要求逐层分解为更加细化、具体的目标，如可以按照项目实施单位进行分解，可以按照工程实施过程进行分解，还可以按照项目计划期进行分解。总之，分解的目的是要方便指导实际工作的完成。

(3) 计算项目的工程量

工程量的计算精度与设计资料的详细程度有关。当设计资料图纸较为齐全时，工程量计算得就比较精确；当缺乏这些资料时，可以根据类似工程或概算指标来估算工程量，这时候计算的工程量就比较粗略。

(4) 确定各工作之间的前后顺序和持续时间

工作的前后顺序主要是依据工程项目的工艺逻辑关系和组织逻辑关系来确定。工艺逻辑关系是指生产性工作之间由工艺过程决定的、非生产性工作之间由工作程序决定的先后顺序关系；组织逻辑关系是指由组织安排需要或资源调配需要而规定的工作之间的先后顺序关系。工作的

持续时间则需要结合实际情况,参考有关定额及类似工程的经验,在调查统计及预测的基础上,经分析比较后,采用专家评定、类比估算、工期定额、三点估计等方法确定项目中各工作的持续时间。

(5)编制工程项目进度计划表

在编制过程中,一般可分为三个阶段:一是编制初始进度计划阶段。这一阶段的重心是审查施工工期和施工工艺顺序是否满足要求。二是调整初始进度计划阶段。这一阶段的重心是审查施工强度和资源用量是否均衡。如果出现高峰现象,也就意味着某个时间段劳动力和资源的用量过于集中,不利于流水施工,则必须要进行削峰调整,以满足均衡施工的要求。三是确定项目进度计划阶段。在前两阶段的基础上,调整完毕后便得到项目的进度计划。

3. 工程项目进度计划的编制方法

在编制工程项目进度计划时,会依据工程项目的特点、类型不同而选择不同的编制方法。一般常用的方法主要包括横道图进度计划法和网络图法。

(1)横道图进度计划法

横道图进度计划法是一种传统的方法,它是按时间坐标绘出的,横向线条表示工程各工序的施工起止时间先后顺序,整个计划由一系列横道线组成。它的优点是易于编制、简单直观、便于检查和统计资源需用量,特别适合于现场施工管理。它的不足之处在于:一是不容易看出工作之间逻辑关系;二是看不出决定工期的关键路线以及关键路线上各工作的弹性余地;三是调整修改比较麻烦。因此,横道图进度计划法适用于那些子项目数量较少、工程量较小、工艺逻辑关系较简单的工程,以及项目总进度计划的编制。具体编制方法见本书 6.2 节。

(2)网络图法

网络图法与横道图法相反。网络图法能明确地反映出工程各组成工作之间逻辑顺序;同时能够确定出哪些工作是影响工期的关键工作,以便管理人员集中精力抓施工中的主要矛盾,减少盲目性;另外,采用网络图法编制的进度计划在进行调整优化时较为容易。因此,网络图法适用于那些子项目数量较多、工程量较大、工艺逻辑关系较为复杂的工程。网络图的缺点是各项时间参数计算比较烦琐,编制比较复杂,绘制劳动力和资源需要量曲线比较困难,而且工程进度表达不直观。具体的编制方法见本书 6.3 节。

两种方法并不是孤立存在的。在实际施工过程中,应注意两种方法的结合使用,即在编制工程项目进度计划时,先用网络图法进行时间分析,确定关键工序,进行调整优化,然后输出相应的横道图计划用于指导现场工作,以最大限度发挥两种方法的优势。

6.2 流水施工

6.2.1 流水施工的基本概念

流水生产方式起源于美国福特汽车公司。该公司通过对生产过程的改进,使得各项作业、各道工序有机地协调起来,大大提高了生产过程的连续性和节奏性,形成了最初的生产流水线模式,而这种流水生产方式同样适用于建筑工程施工生产,所不同的是在工程施工中,产品是固定不动的,而人员、设备是流动的。

流水施工是应用流水线生产的基本原理来合理安排施工活动的一种组织形式。具体来讲,流水施工是指把工程项目的整个建造过程分解成若干个施工过程,这些施工过程陆续开工,陆续竣工,使同一施工过程的施工队伍尽可能保持连续、均衡,而不同的施工过程尽可能组织平行搭接施工的一种组织形式。

1. 施工组织方式

建设工程常用的施工组织方式主要有三种,即依次施工、平行施工和流水施工。下面以一个引例的方式分别介绍这三种施工组织方式。

案例6-1

某单位拟建三幢相同的职工宿舍楼,每幢楼的基础工程的工程量和施工过程均相同,即由挖土方、垫层、砌基础和回填土四个过程组成。假设它们在每幢楼上的持续时间及相应工人班组的人数如表 6-1 所示。试按照不同的施工组织方式对这三幢楼的基础工程组织施工。

表 6-1　　　　　某宿舍楼基础工程施工资料

序号	施工过程名称	施工天数/天	班组人数/人
1	挖土方	3	10
2	垫　层	2	5
3	砌基础	3	10
4	回填土	1	5

(1) 依次施工

依次施工的组织思想是按照施工过程或者施工段依次开工、依次完工的一种施工组织方式。

在这样的思想指导下,案例 6-1 采用依次施工方式可有两种施工方案。一种是将这三幢楼的基础工程一幢一幢地施工,即每幢楼按照挖土方、垫层、砌基础和回填土这一顺序施工完毕之后,再转入下一幢楼的施工,即按照施工段进行依次施工,施工进度计划如图 6-1 所示。另一种是组织每个专业施工队按照施工过程依次开工,即第一个专业施工队伍按照一幢、二幢、三幢楼的顺序依次进行挖土方的施工,施工完毕之后,第二个专业施工队进场,也按照同样的顺序依次进行垫层施工。以此类推,直到最后一个施工过程完工为止,施工进度计划如图 6-2 所示。由此可见,按照依次施工的组织方式,工期为 27 天。

依次施工的优点在于:单位时间内投入的劳动力和资源数量较少,施工现场的组织管理比较容易;缺点在于:专业施工队有窝工情况发生,并且工期较长,不适用于大型工程施工。

(2) 平行施工

平行施工的组织思想是通过组织若干个相同的专业施工队,在不同的施工段上同时开工的一种施工组织方式。

在案例 6-1 中,假设每个施工过程安排三个专业施工队,按照平行施工的思想,三个专业施工队在三个施工段上同时开工。施工进度计划如图 6-3 所示,工期为 9 天,由此可以看出完成三幢楼的基础工程所需的时间实际上等于一幢楼基础工程的施工时间。

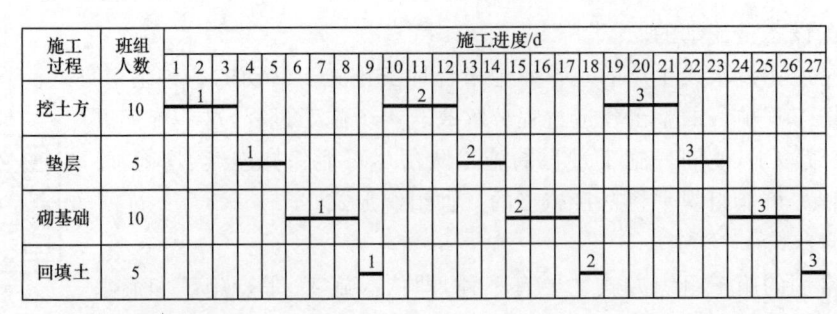

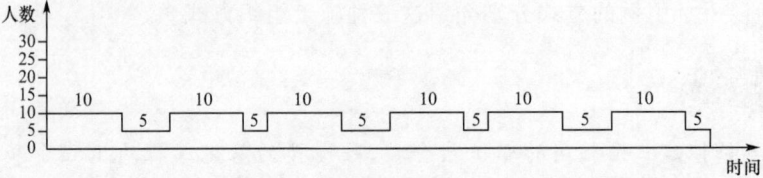

图 6-1 依次施工(按施工段依次施工)

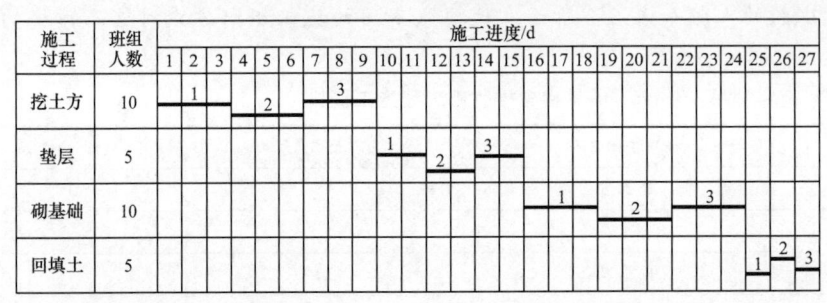

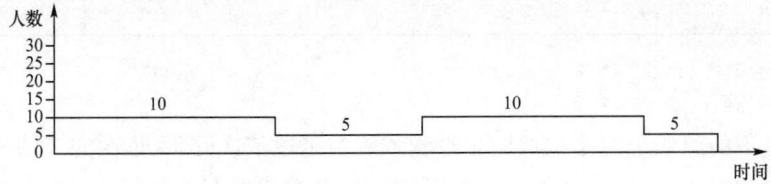

图 6-2 依次施工(按施工过程依次施工)

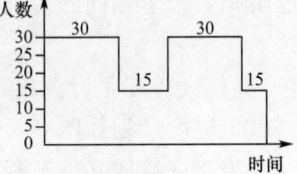

图 6-3 平行施工

平行施工的优点在于：能充分利用工作面，因此工期较短；缺点在于：短期内劳动力投入和资源消耗较为集中，这会增大施工现场组织管理的难度。因此，平行施工方式比较适用于工期较紧或者规模较大的工程。

（3）流水施工

流水施工的基本思想是将拟建工程项目沿水平方向划分为若干个劳动量基本相等的施工段，垂直方向划分为若干个施工层，然后按照施工过程组织若干个相应的专业施工班组，并使其按照一定的施工顺序相继施工，依次在各施工段上完成相同的施工任务，实现各个施工过程陆续开工，陆续完工，不同的专业施工班组在时间上和空间上尽量合理搭接。

按照流水施工的基本思想，案例 6-1 中，如果每个施工过程安排 1 个专业施工队，相继投入施工，可组织全部连续的流水施工，施工进度计划如图 6-4 所示，工期为 17 天。

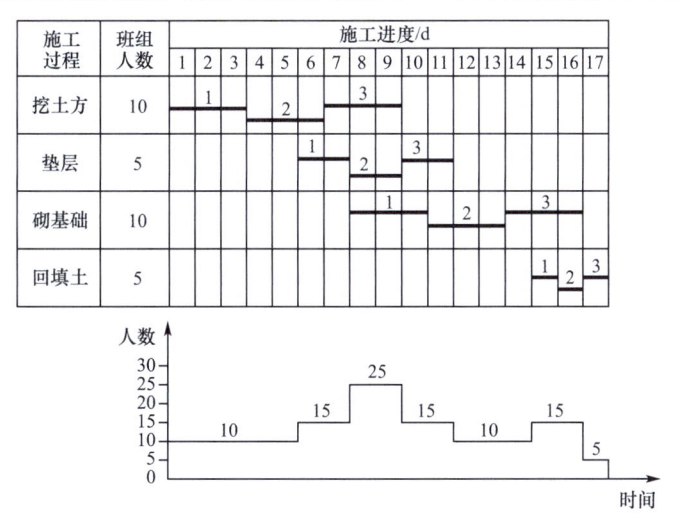

图 6-4　流水施工（全部连续）

从图 6-4 中可以看出，组织全部连续的流水施工，专业施工班组能连续施工，没有窝工现象，但是工作面有空闲。除此以外，流水施工还有另外一种安排方式，其进度计划如图 6-5 所示，工期为 15 天。

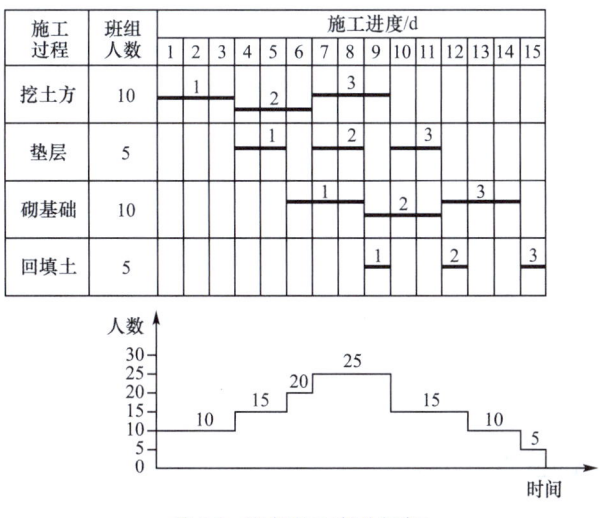

图 6-5　流水施工（部分间断）

从图6-5中可以看出,组织部分间断的流水施工,虽然工作面没有空闲,但是专业施工班组有窝工现象。因为窝工会给现场管理带来很多困难,所以,只要工期允许,通常都组织成全部连续的流水施工。

流水施工的特点在于:综合了依次施工和平行施工的优点,在同一施工段上的各施工过程基本保持依次施工的特点,而不同的施工过程在不同的施工段上又尽可能地保持平行施工的特点。因此,基本能够实现劳动力投入以及物资消耗的连续性和均衡性,大大提高了工作效率,使得工期比较合理。流水施工是目前施工中最常用到的一种施工组织方式。

2.流水施工的分类和表示方式

(1)流水施工的分类

①按组织流水施工的对象划分

按组织流水施工的对象划分,可分为分项工程流水施工、分部工程流水施工、单位工程流水施工和群体工程流水施工。

a.分项工程流水施工:又称细部流水施工,是指一个专业施工队依次连续地在各施工段中完成同一施工过程的施工。如基础工程中回填土施工队依次在各幢楼连续完成回填土工作为分项工程流水施工。

b.分部工程流水施工:又称专业流水施工,是指以分项工程为单位,在一个分部工程内部实现各分项工程的流水施工。如基础工程是由挖土方、垫层、砌基础和回填土四个分项工程流水组成。

c.单位工程流水施工:又称综合流水施工,是指以分部工程为单位,在一个单位工程内部实现各分部工程的流水施工。如一个高层框架建筑,是由基础分部工程流水、主体分部工程流水和装饰装修分部工程流水组成的。

d.群体工程流水施工:又称大流水施工,是指在几个单位工程之间组织的流水施工。

②按流水节拍的特征划分

按流水节拍的特征划分,可分为有节奏流水施工和无节奏流水施工。其中有节奏流水施工又分为全等节拍流水施工、成倍节拍流水施工和异节拍流水施工,如图6-6所示。相关概念见6.2.3。

流水施工方式 { 有节奏流水施工 { 全等节拍流水施工 / 成倍节拍流水施工 / 异节拍流水施工 }；无节奏流水施工 }

图6-6 流水施工方式

(2)流水施工的表示方式

流水施工常用的表示方式有横道图和网络图两种。

横道图又称甘特图,是美国人甘特发明的。横道图中横向表示时间进度,纵向表示施工过程或专业施工队编号。图中横道线的长度表示各项作业(施工过程、工序等)的作业持续时间,横道线的起止位置表示各项作业的开始和结束时间。

网络图是由箭线和节点组成的有向网状图,在网络图中能够反映施工的工序以及代表工期长短的关键路线。

6.2.2 流水施工的主要参数

流水施工参数是指在组织工程流水施工时,用以表达流水施工在工艺流程、空间布置以及时间安排方面开展状态的参数。主要包括三类参数,即工艺参数、空间参数和时间参数,如图6-7所示。

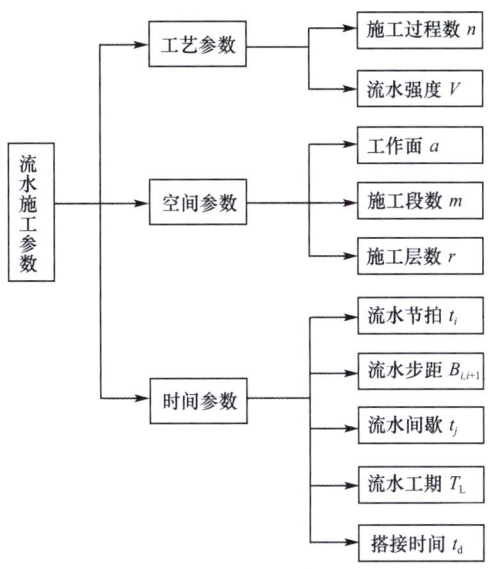

图6-7 流水施工参数图

1. 工艺参数

工艺参数是指在组织流水施工时,用以表达流水施工在施工工艺方面进展状态的参数。主要包括施工过程数和流水强度。

(1)施工过程数(n)

施工过程数是指一组流水中所包含的施工过程个数,一般用 n 来表示。任何一个建筑工程都是由许多施工过程组成的,它既可以是一道工序,也可以是一个分项工程或分部工程,还可以是单位工程或单项工程。

根据工艺性质的不同,施工过程可分为制备类施工过程、运输类施工过程、砌筑安装类施工过程三类。制备类施工过程主要是指为实现建筑产品的机械化、装配化以及为提高建筑产品的生产能力和生产效率而形成的施工过程。如构配件的预制、混凝土、门窗等的制备。这类施工过程一般不占用施工对象的空间,因此不影响工期,所以一般不列入施工进度计划表。运输类施工过程主要是指将建材、一些成品或半成品以及设备等运到施工现场而形成的施工过程。这类施工过程一般也不占用施工对象的空间,所以一般也不列入施工进度计划表。砌筑安装类施工过程是指在施工对象的空间上进行直接加工,最终形成建筑产品的过程。如砌筑工程、安装工程、装饰装修工程等。由于这类施工过程要占有施工对象的空间,因此它会直接对工期的长短造成影响,所以必须列入施工进度计划表中。

施工过程划分的粗细一般会受到一些诸如施工工艺、劳动量等因素的影响。如劳动量较小的施工过程,单独组织流水施工有困难时,可以考虑与其他施工过程合并,因此施工过程数也会减少。总之,施工过程数的确定应根据建筑物的特点和施工方法的不同来合理确定,要便于施工组织安排,不宜少,也不宜多。

(2)流水强度(V)

流水强度是指每一施工过程在单位时间内完成的工程量,用 V 来表示。它又可分为机械操作流水强度和手工操作流水强度。

① 机械操作流水强度

$$V = \sum_{i=1}^{x} R_i S_i \tag{6-1}$$

式中　R_i——第 i 种施工机械的台数；
　　　S_i——第 i 种施工机械产量定额；
　　　x——用于同一施工过程的机械种类数。

② 手工操作流水强度

$$V = RS \tag{6-2}$$

式中　R——每个专业工作队施工人数；
　　　S——每个工人平均产量定额。

2. 空间参数

空间参数是指在组织流水施工时，用以表达流水施工在空间布置上开展状态的参数。主要包括工作面、施工段和施工层。

(1) 工作面(a)

工作面是指安排专业工人进行操作或者布置机械设备进行施工所需要的活动空间，一般用 a 来表示。工作面的大小要根据专业工种的计划产量定额、建筑安装操作规程和安全规程等要求确定。合理确定工作面的大小，能够有效提高工人的作业效率。

主要工种工作面参考数据见表 6-2。

表 6-2　　　　　　　　　主要工种工作面参考数据

工作项目	每个技工的工作面	说明
砖基础	7.6 m/人	以 1 砖半计,2 砖乘以 0.8,3 砖乘以 0.55
砌砖墙	8.5 m/人	以 1 砖半计,2 砖乘以 0.71,3 砖乘以 0.57
砌毛石墙基础	3 m/人	以 60 cm 计
砌毛石墙	3.3 m/人	以 40 cm 计
浇筑混凝土柱、墙基础	8 m³/人	机拌、机捣
浇筑混凝土设备基础	7 m³/人	机拌、机捣
现浇钢筋混凝土柱	2.45 m³/人	机拌、机捣
现浇钢筋混凝土梁	3.20 m³/人	机拌、机捣
现浇钢筋混凝土墙	5 m³/人	机拌、机捣
现浇钢筋混凝土楼板	5.3 m³/人	机拌、机捣
预制钢筋混凝土柱	3.6 m³/人	机拌、机捣
预制钢筋混凝土梁	3.6 m³/人	机拌、机捣
预制钢筋混凝土屋架	2.7 m³/人	机拌、机捣
预制钢筋混凝土平板、空心板	1.91 m³/人	机拌、机捣
预制钢筋混凝土大型屋面板	2.62 m³/人	机拌、机捣
浇筑混凝土地坪及面层	40 m²/人	机拌、机捣
外墙抹灰	16 m²/人	
内墙抹灰	18.5 m²/人	
做卷材屋面	18.6 m²/人	
做防水水泥砂浆屋面	16 m²/人	
门窗安装	11 m²/人	

(2)施工段数(m)

施工段是指在组织流水施工时,将拟建工程项目在平面上划分为若干个劳动量大致相同的施工区段,它的数目用 m 来表示。

划分施工段的目的是在组织流水施工时,保证不同工种能在不同作业面上同时工作,并能够最大限度地实现工作队在不同施工段的连续施工,为流水作业创造了条件。

施工段数的划分要适当,在划分施工段时,要遵循以下原则:

①施工段上的劳动量要大致相等。以保证流水施工的连续和均衡性。

②施工段的数目要合理。施工段过多,会造成各施工段的施工人数减少,延长工期;施工段过少,又会造成劳动力、机械和材料等资源供应的集中,从而会造成资源供应的紧张甚至短缺。

③要有利于结构的完整性。施工段的分界线应尽量与结构的自然界限(如沉降缝、伸缩缝、温度缝、高低跨连接等)一致。

④当施工对象有层间关系时,既要划分施工层,又要划分施工段。为保证各施工队能组织流水施工,施工段数 m 与施工过程数 n 必须满足 m≥n。

当 m=n 时,是最理想的一种状态,即在这种情况下,既能保证工作队的连续施工,又能保证施工段没有空闲。

当 m>n 时,工作队仍然能够连续施工,但施工段有时会出现空闲,这种情况也是允许的,因为有些施工过程之间会有技术间歇或组织间歇的要求,而施工段的空闲正好能够满足这些流水间歇的需要。

当 m<n 时,在这种情况下,专业工作队不能连续施工而出现窝工现象,一般情况下应尽量避免。

(3)施工层数(r)

施工层是指在组织流水施工时,将拟建工程在垂直方向上划分为若干个操作层,这些操作层称为施工层,施工层数一般用 r 来表示。施工层的划分要结合工程实际情况,可以按照建筑物的结构层来划分,有时为了方便施工,也可以按照一定的高度来划分。如单层工业厂房砌筑工程一般按 1.2~1.4 m(一步脚手架的高度)划分一个施工层。

3.时间参数

时间参数是指在组织流水施工时,用以表达流水施工在时间上的开展状态的参数,主要包括流水节拍、流水步距、流水间歇、流水工期、搭接时间。

(1)流水节拍(t_i)

流水节拍是指某个专业施工队在某个施工段上作业持续的时间,一般用 t_i 来表示。

流水节拍是流水施工的主要参数之一,它的大小会直接影响施工速度的快慢和施工节奏的强弱。在施工过程中,影响流水节拍的因素主要有劳动力的投入量、机械设备的投入量、工作班次的多少、施工方法以及工程量的大小等。流水节拍可按下列方法计算。

①定额计算法

定额计算法主要是根据施工段的工程量大小以及能够投入的资源量(工人数、机械台数以及材料量等)的多少,按下面的公式进行计算

$$t_i = \frac{Q_i}{S_i R_i a} = \frac{Q_i Z_i}{R_i a} = \frac{P_i}{R_i a} \qquad (6\text{-}3)$$

式中 t_i——某施工过程流水节拍;

Q_i——某施工过程在某施工段上的工程量；

S_i——某施工过程的产量定额(单位时间内完成的合格产品数)；

Z_i——某施工过程的时间定额(完成单位合格产品所需要的时间)；

R_i——某施工过程的工人数或施工机械台数；

P_i——某施工过程在某施工段上的劳动量；

a——每天工作班次数。

②工期计算法

工期计算法是指对于那些有时间限制的工程项目，一般采用按工期倒排进度的方法来确定流水节拍。具体步骤如下：

a．根据工期倒排进度，用估算的方法确定某施工过程所需的施工时间。

b．确定某施工过程在某个施工段上的流水节拍。

需要注意的是，计算出流水节拍后要进一步核实劳动力和机械供应是否充足以及工作面是否受限制。

③经验估算法

经验估算法是根据以往的施工经验估算流水节拍的。这种方法适用于没有定额可循的工程。其估算步骤如下：

a．估算出流水节拍的最长时间。

b．估算出流水节拍的最短时间。

c．估算出流水节拍的正常时间。

d．按照下面的公式计算出期望时间作为某专业施工队在某施工段上的流水节拍。

$$t_i = \frac{a_i + 4c_i + b_i}{6} \tag{6-4}$$

式中 t_i——某施工过程 i 在某施工段上的流水节拍；

a_i——某施工过程 i 在某施工段上的最短估算时间；

b_i——某施工过程 i 在某施工段上的最长估算时间；

c_i——某施工过程 i 在某施工段上的正常估算时间。

(2)流水步距($B_{i,i+1}$)

流水步距是指两个相邻的专业工作队先后进入第一施工段开始施工的时间间隔，用 $B_{i,i+1}$ 表示。确定流水步距的目的主要是保证工作队在不同施工段上能够实现连续作业而不出现窝工现象。

流水步距的数目等于($n-1$)个流水施工的施工过程数。在确定流水步距时，应遵循以下原则：

①要满足相邻两个专业工作队在施工顺序上的制约关系，即在同一个施工段上，上一个施工过程完工之后，下一个施工过程才能开始。

②要保证相邻两个专业工作队在各施工段上能够连续施工。

③要保证工作面不拥挤，相邻两个专业工作队在开工时间上最大限度的合理搭接。

④要考虑到施工过程之间的流水间歇时间，满足工艺、组织和工程质量的要求。

(3)流水间歇(t_j)

流水间歇是指在组织流水施工时，由于施工工艺或施工组织方面的需要，必须要留出的时间间隔,用 t_j 表示。它主要包括技术间歇和组织间歇。

①技术间歇(t_g)

技术间歇是指在组织流水施工时,同一个施工段的相邻两个施工过程之间除了考虑正常的流水步距之外,还要考虑工艺技术间合理的时间间隔,用 t_g 表示。如混凝土浇筑完毕之后要进行一定时间的养护,然后才能进入下一道工序,这段养护时间便是技术间歇。

②组织间歇(t_z)

组织间歇是指在组织流水施工时,考虑到施工准备和检查验收等组织方面的需要,同一施工段相邻两个施工过程之间在规定的流水步距之外必须要留出的时间间隔,用 t_z 表示。如在回填土之前要检查验收地下管道的铺设情况,墙体砌筑前要进行墙体位置弹线等,这都属于组织间歇时间。

(4)流水工期(T_L)

流水工期是指完成一个流水施工所需要的全部时间,用 T_L 表示。一般可用下面的公式计算

$$T_L = \sum B_{i,i+1} + T_n \tag{6-5}$$

式中 $\sum B_{i,i+1}$ —— 流水施工中各流水步距之和;

T_n —— 流水施工中最后一个施工过程的持续时间,$T_n = mt_n$。

(5)搭接时间(t_d)

搭接时间是指在组织流水施工时,为了缩短工期,在工作面允许的前提下,后续施工过程在规定的流水步距以内提前进入该施工段进行施工,出现前后两个施工过程在同一施工段上平行搭接施工,这一时间称为搭接时间,用"t_d"表示。

6.2.3 流水施工的主要方式及应用

1.有节奏流水施工

(1)全等节拍流水施工

全等节拍流水施工是指在组织流水施工时,各施工过程的流水节拍均相等的一种流水施工方式。即不但同一施工过程在不同施工段上的流水节拍相等,并且不同施工过程之间的流水节拍也相等,这是一种最理想的流水施工组织方式。它又可分为无间歇全等节拍流水施工和有间歇全等节拍流水施工。

①无间歇全等节拍流水施工

a.概念

无间歇全等节拍流水施工是指各施工过程之间没有流水间歇时间,并且流水节拍均相等的一种流水施工方式。

b.基本特征

· 各施工过程的流水节拍均相等。

· 各施工过程之间的流水步距也相等,且等于流水节拍。

c.流水步距的计算

$$B_{i,i+1} = t_i \tag{6-6}$$

d.流水工期的计算

$$\begin{aligned} T_L &= \sum B_{i,i+1} + T_n \\ &= \sum B_{i,i+1} + mt_n \end{aligned} \tag{6-7}$$

式中　T_L——流水工期；

　　　$\sum B_{i,i+1}$——所有步距之和；

　　　t_n——最后一个施工过程的流水节拍；

　　　m——施工段数。

案例6-2

某基础工程分为 A、B、C、D 四个施工过程，每个施工过程分为三个施工段，流水节拍均为 2 天，试组织全等节拍流水施工。

【解】　流水步距　$B_{AB}=B_{BC}=B_{CD}=t_i=2$ 天

流水工期　$T_L=\sum B_{i,i+1}+mt_n=(2+2+2)+3\times2=12$（天）

用横道图绘制流水施工进度计划，如图 6-8 所示。

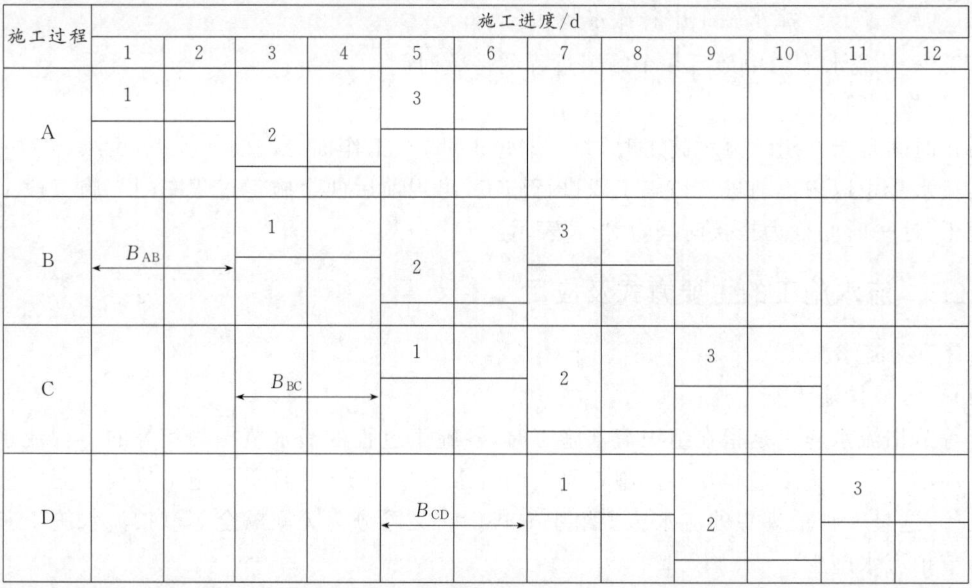

施工过程	施工进度/d												
	1	2	3	4	5	6	7	8	9	10	11	12
A	1		2		3							
B	B_{AB}			1	2		3					
C			B_{BC}			1	2		3			
D					B_{CD}			1	2		3	

图 6-8　某基础工程无间歇全等节拍流水施工进度计划

②有间歇全等节拍流水施工

a. 概念

有间歇全等节拍流水施工是指在组织流水施工时，考虑施工过程间的流水间歇时间，且流水节拍均相等的一种流水施工方式。

b. 基本特征

- 各施工过程的流水节拍均相等。
- 由于考虑了施工过程间的流水间歇，因此各施工过程之间的流水步距不一定相等。
- 每一施工过程组织一个工作队作业。

c. 流水步距的计算

$$B_{i,i+1}=t_i+t_j-t_d \tag{6-8}$$

d.流水工期的计算

$$T_L = \sum B_{i,i+1} + T_n = \sum B_{i,i+1} + mt_n \tag{6-9}$$

式中　T_L——流水工期；

$\sum B_{i,i+1}$——所有步距之和；

t_n——最后一个施工过程的流水节拍；

m——施工段数。

案例6-3

在案例6-2中，假设A、B施工过程之间有2天的技术间歇时间，其他条件均相同，请组织流水施工。

【解】　流水步距：$B_{AB} = t_A + t_j - t_d = 2 + 2 - 0 = 4$ 天

$$B_{BC} = t_B + t_j - t_d = 2 \text{ 天} = B_{CD}$$

流水工期　$T_L = \sum B_{i,i+1} + mt_n = (4+2+2) + 3 \times 2 = 14$（天）

用横道图绘制流水施工进度计划，如图6-9所示。

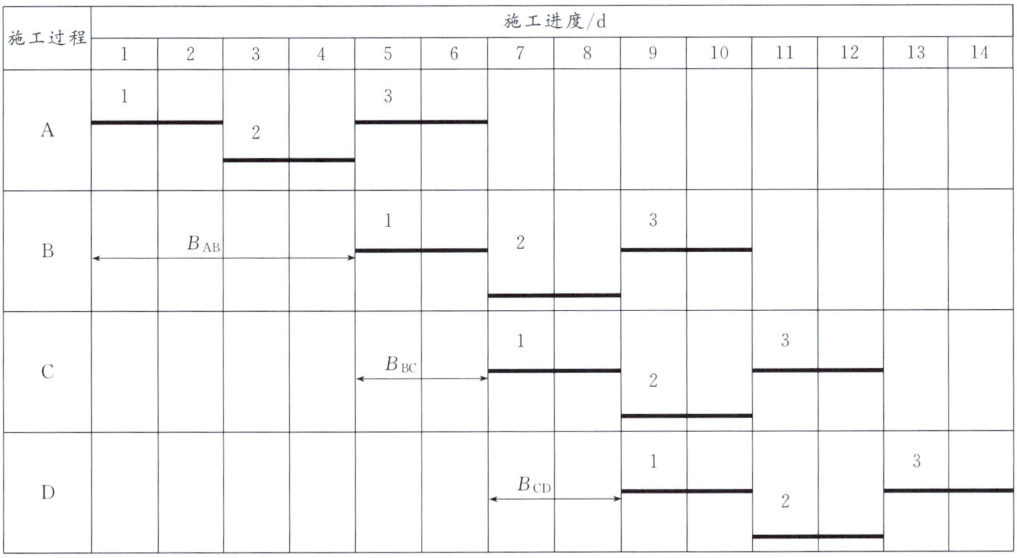

施工过程	施工进度/d
	1 2 3 4 5 6 7 8 9 10 11 12 13 14

图6-9　某基础工程有间歇全等节拍流水施工进度计划

(2)成倍节拍流水施工

①概念

成倍节拍流水施工是指在组织流水施工时，同一施工过程在各施工段上的流水节拍相等，不同施工过程的流水节拍为最小流水节拍的整数倍的流水施工方式。

②基本特征

a.同一施工过程在各施工段上的流水节拍相等，不同施工过程的流水节拍为最小流水节拍的整数倍。

b.流水步距均相等，且等于最小流水节拍（$B_{i,i+1} = t_{\min}$）。

c.各施工过程的工作队数等于本过程的流水节拍与最小流水节拍的比值,即

$$D_i = \frac{t_i}{t_{\min}} \tag{6-10}$$

式中　D_i——某施工过程所需工作队数;

$t_{\min}$——最小流水节拍。

d.部分施工过程组织多个工作队作业。

③流水工期

$$T_L = (\sum D_i + m - 1)t_{\min} \tag{6-11}$$

案例6-4

某工程有甲、乙、丙三个施工过程,施工段数为4,流水节拍分别为2天、2天、4天,试组织成倍节拍的流水施工。

【解】(1)求流水步距

$$B_{i,i+1} = t_{\min} = 最大公约数\{2,2,4\} = 2(天)$$

(2)确定专业工作队数

$$D_1 = \frac{t_1}{t_{\min}} = \frac{2}{2} = 1(个)$$

$$D_2 = \frac{t_2}{t_{\min}} = \frac{2}{2} = 1(个)$$

$$D_3 = \frac{t_3}{t_{\min}} = \frac{4}{2} = 2(个)$$

(3)计算流水工期

$$T_L = (\sum D_i + m - 1)t_{\min} = [(1+1+2)+4-1] \times 2 = 14(天)$$

(4)绘制流水施工进度计划,如图6-10所示。

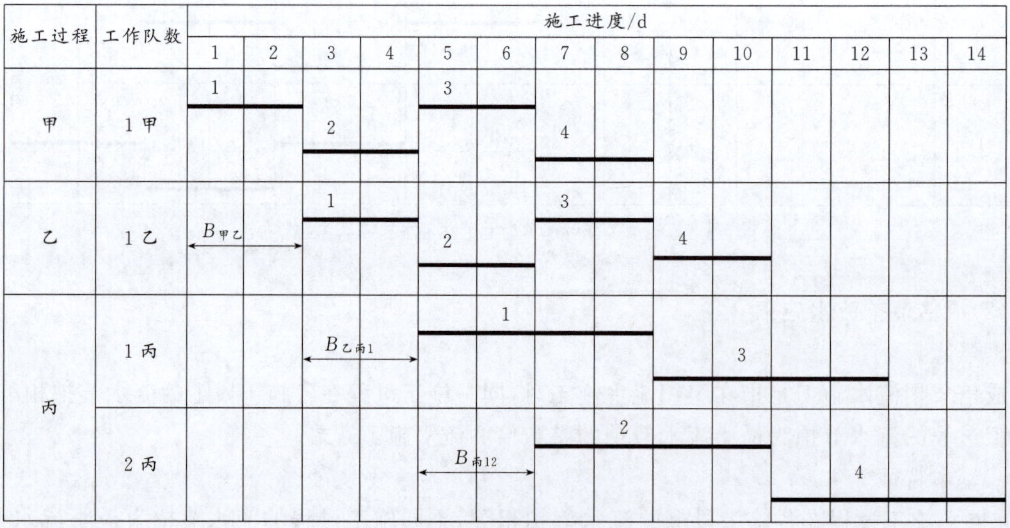

施工过程	工作队数	施工进度/d
甲	1甲	
乙	1乙	
丙	1丙	
	2丙	

图6-10　某工程成倍节拍流水施工进度计划

(3) 异节拍流水施工

① 概念

异节拍流水施工是指同一施工过程在各施工段的流水节拍相等,不同施工过程的流水节拍不一定相等的流水施工方式。

② 基本特征

a. 同一施工过程的流水节拍相等,不同施工过程的流水节拍不一定相等。

b. 各施工过程之间的流水步距不一定相等。

c. 每个施工过程组织一个工作队作业。

d. 部分施工过程组织多个工作队作业。

③ 流水步距的计算

当 $t_i \leqslant t_{i+1}$ 时 $\qquad B_{i,i+1} = t_i + t_j - t_d$ (6-12)

当 $t_i > t_{i+1}$ 时 $\qquad B_{i,i+1} = mt_i - (m-1)t_{i+1} + t_j - t_d$ (6-13)

(4) 流水工期的计算

$$T_L = \sum B_{i,i+1} + T_n = \sum B_{i,i+1} + mt_n \qquad (6\text{-}14)$$

案例 6-5

某工程分为甲、乙、丙三个施工过程,分为 3 个施工段,各施工过程的流水节拍分别为 3 天、1 天、4 天,并且甲施工过程完工后需要 2 天的流水间歇时间,试组织异节拍流水施工。

【解】 (1) 计算各施工过程之间的流水步距

因为 $t_甲 > t_乙, t_j = 2, t_d = 0$,所以

$$B_{甲,乙} = mt_甲 - (m-1)t_乙 + t_j - t_d = 3 \times 3 - (3-1) \times 1 + 2 - 0 = 9(天)$$

又因为 $t_乙 < t_丙, t_j = 0, t_d = 0$,所以

$$B_{乙,丙} = t_乙 + t_j - t_d = 1 + 0 - 0 = 1(天)$$

(2) 计算流水工期

$$T_L = \sum B_{i,i+1} + T_n = \sum B_{i,i+1} + mt_n = 9 + 1 + 3 \times 4 = 22(天)$$

(3) 绘制施工进度计划,如图 6-11 所示。

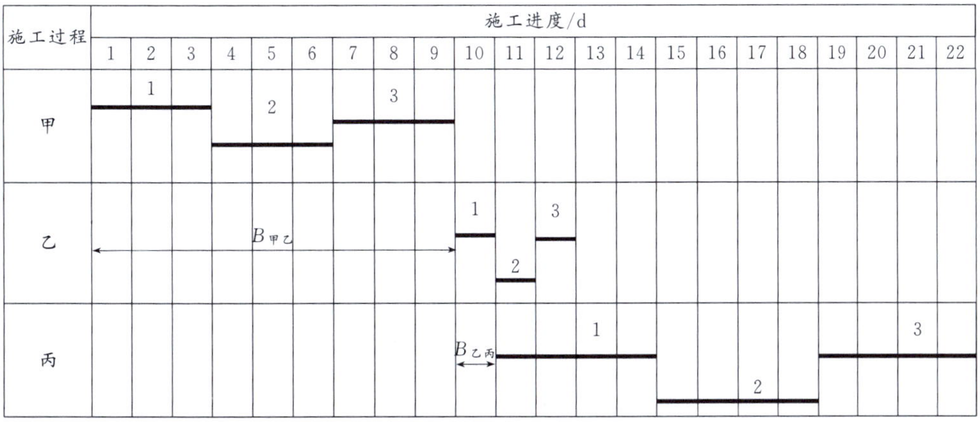

施工过程	施工进度/d
	1 2 3 4 5 6 7 8 9 10 11 12 13 14 15 16 17 18 19 20 21 22
甲	1(1-3), 2(4-6), 3(7-9)
乙	$B_{甲,乙}$, 1(10), 2(11), 3(12)
丙	$B_{乙,丙}$, 1(11-14), 2(15-18), 3(19-22)

图 6-11 某工程异节拍流水施工进度计划

2. 无节奏流水施工

(1) 概念

无节奏流水施工是指在组织流水施工时，同一施工过程的流水节拍不完全相等，不同施工过程的流水节拍也不完全相等的一种流水施工方式。该方式是流水施工中最常见的一种方式。

(2) 基本特征

①各施工过程的流水节拍不完全相等，同时也无规律可循。

②各施工过程之间的流水步距不完全相等，但流水步距与流水节拍之间存在某种联系。

③每一施工过程组织一个工作队作业。

(3) 流水步距的确定

首先，计算最短流水步距 $B'_{i,i+1}$

最短流水步距可用"累加数列错位相减取最大差法"来确定。其计算步骤如下：

①将各施工过程的流水节拍逐段进行累加，形成累加数列。

②将相邻两施工过程形成的累加数列错位相减，形成差数列。

③取差数列中的最大值即这两个相邻施工过程之间的流水步距。

其次，计算流水步距 $B_{i,i+1}$：

$$B_{i,i+1} = B'_{i,i+1} + t_j - t_d$$

(4) 流水工期的计算

$$T_L = \sum B_{i,i+1} + T_n \tag{6-15}$$

案例 6-6

某工程分Ⅰ、Ⅱ、Ⅲ、Ⅳ四个施工段，每个施工段又分为 A、B、C 三个施工过程，各施工过程的流水节拍见表 6-3。试计算流水步距和总工期，并绘制施工进度计划。

表 6-3　　　　　　某工程各施工过程的流水节拍

施工过程 \ 施工段	Ⅰ	Ⅱ	Ⅲ	Ⅳ
A	2	3	4	3
B	3	4	2	5
C	2	3	3	2

【解】(1) 计算 $B_{A,B}$

①将第一道工序的工作时间依次累加后得：2　5　9　12

②将第二道工序的工作时间依次累加后得：3　7　9　14

③将上面两步得到的两行错位相减：

```
  2  5  9  12
-    3  7   9  14
─────────────────
  2  2  2   3  -14
```

④取相减差数列中的最大值3，即 $B'_{AB}=3$，则 $B_{AB}=B'_{AB}+t_j-t_d=3+0-0=3$。

(2)计算 $B_{B,C}$

①将第二道工序的工作时间依次累加后得：3　7　9　14
②将第三道工序的工作时间依次累加后得：2　5　8　10
③将上面两步得到的两行错位相减：

$$\begin{array}{r} 3\quad 7\quad 9\quad 14\\ -\quad 2\quad 5\quad 8\quad 10\\ \hline 3\quad 5\quad 4\quad 6\quad -10 \end{array}$$

④取相减差数列中的最大值6，即 $B'_{BC}=6$，则 $B_{BC}=B'_{BC}+t_j-t_d=6+0-0=6$。

(3)计算总工期 T_L

$$T_L = \sum B_{i,i+1} + T_n = (3+6)+(2+3+3+2) = 19$$

(4)绘制施工进度计划，如图6-12所示。

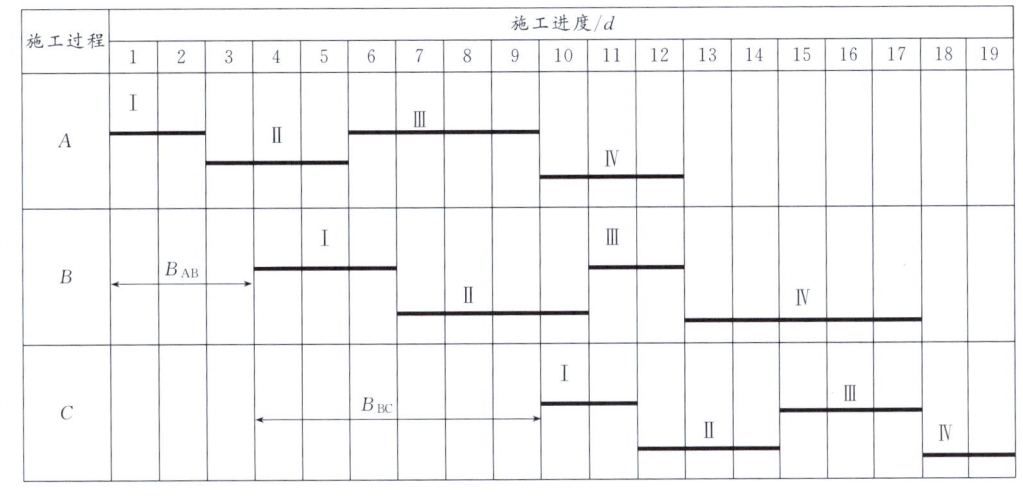

图6-12　某工程无节奏流水施工进度计划

6.3 网络计划技术及其应用

6.3.1 网络计划概述

网络计划技术源于20世纪50年代的美国，1963年由我国著名数学家华罗庚教授引入我国，并逐步得到推广和应用。网络计划技术是项目计划管理的重要方法之一，该方法能够使工程项目的质量、费用和进度目标实现有机的统一，同时也能够实现效率的提高和资源的节约。有资料显示，在不增加人力、物力、财力的条件下，采用网络计划技术可以使工程进度提前15%～20%，成本降低10%～15%，因此网络计划技术被广泛应用于工程项目管理实践中。网络计划技术是通过网络形式表达某个项目计划中各项具体活动的先后顺序和相互关系的。

按照不同的分类标准,网络计划可以划分为不同的类别。本书主要介绍按照网络计划的图形表达和符号所代表的含义进行划分,主要分为双代号网络计划、单代号网络计划、时标网络计划以及流水网络计划等,本书主要介绍前三种网络计划的编制。

1. 网络计划的基本原理

(1)把一项工程分解成若干项工作,并按各项工作之间的先后顺序以及相互制约关系绘制成网络图。

(2)通过网络图时间参数的计算,确定关键工作和关键线路。

(3)利用最优化原理,不断改进网络计划,寻求其最优方案并付诸实施。

(4)在网络计划执行过程中,对其进行连续有效的监督、控制和调整,实现资源的合理利用,以最少的投入获得最大的经济效果。

2. 网络计划的特点

将横道图与网络图进行比较,可以看出,网络图有以下优点:

(1)能够明确地反映出各工作之间的逻辑关系。

(2)通过时间参数的计算,可以确定关键工作和关键线路,使得在进度管理中能够跟踪项目进度,抓住关键环节。

(3)能够反映出某些工作的机动时间,以便于统筹安排和调整资源,发挥资源的最大效用。

(4)能够使参加项目的各单位和有关人员了解他们各自的工作及其在项目中的地位和作用。

当然,网络图也有缺点,不像横道图那么直观易懂,也不方便统计资源需用量。

6.3.2 双代号网络计划

双代号网络计划是以双代号网络图表示的网络计划。在双代号网络图中,每一项工作都用一条箭线和箭线两端的节点表示,双代号也由此得名。

1. 双代号网络图的基本要素

双代号网络计划的基本要素包括箭线、节点和线路。

(1)箭线

箭线又称工作,在双代号网络图中,一条箭线代表一项工作或者一个施工过程。箭尾表示工作的开始,箭头表示工作的结束。一般工作名称要标注在箭线的上方,而所需的工作时间或者资源需要量标注在箭线的下方,如图 6-13 所示。既消耗时间又消耗资源(如绑扎钢筋、浇筑混凝土等)或者只消耗时间不消耗资源(如混凝土养护、砂浆找平层干燥等)的工作用实箭线来表示;既不消耗时间,又不消耗资源的工作用虚箭线来表示,即虚箭线仅表示工作之间的逻辑关系,在标注时,不标注工作名称,持续时间为零,表示方法如图 6-14 所示。另外,在双代号网络图中,箭线的长短跟时间长短无关。

图 6-13 双代号网络图实箭线表示示意图

(2)节点

节点又称结点或事件,在双代号网络图中,箭线端部的圆圈即节点。节点表示的内容如下:

图 6-14　双代号网络图虚箭线的表示方法

①节点表示前面工作结束和后面工作开始的瞬间，节点不需要消耗时间和资源。

②根据节点的位置不同可以分为起始节点、终点节点和中间节点。起始节点就是网络图的第一个节点，它表示一项工作的开始；终点节点是网络图的最后一个节点，它表示一项工作的结束；除了起始节点和终点节点外的其他节点都是中间节点。中间节点有双重含义，既表示前面箭头工作的结束，又表示后面箭尾工作的开始，如图 6-15 所示。在图 6-15 中，①是起始节点，③是终点节点，②是中间节点，它既表示 A 工作的结束，又表示 B 工作的开始。

图 6-15　不同节点示意图

③节点必须编号。一项工作应当只有唯一的一条箭线和一对相应的节点，且要求箭尾节点的编号小于其箭头节点的编号，即网络图节点的编号顺序应从小到大，可不连续，但不允许重复。

（3）线路

线路是指从网络图的起始节点开始，沿着箭头所指的方向，通过一系列的箭线和节点，最后达到终点节点的通路。在一个网络图中，从起始节点到终点节点一般存在多条线路。每一条线路中各项工作持续时间之和就是该线路的长度，即线路所需要的时间。图 6-16 中共有 4 条线路，各线路的持续时间见表 6-4。

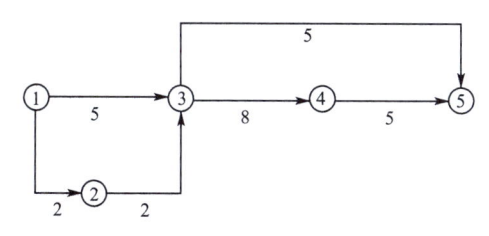

图 6-16　某双代号网络图

表 6-4　　　　　　　　某双代号网络图的线路

线　路	总持续时间	关键线路
①—③—⑤	10	
①—③—④—⑤	18	√
①—②—③—⑤	9	
①—②—③—④—⑤	17	

在一个网络图中,所有线路中时间最长的线路称为关键线路,一般用双线或粗线表示,其他线路称为非关键线路。关键线路上的工作称为关键工作。在一个网络图中,关键线路的数量可能是一条,也可能是多条。关键线路是工程施工中重点关注的线路,因为它决定着工程能否按期完工。图 6-16 中,关键线路是①—③—④—⑤。

2. 双代号网络图的绘制

(1)双代号网络图的基本规则

①必须按照工作之间的逻辑关系绘制。在绘制双代号网络图时,因为其是有向、有序网状图形,所以其必须严格按照工作之间的逻辑关系绘制。各活动之间逻辑关系的表示方法见表 6-5。

表 6-5 各活动之间逻辑关系的表示方法

序号	各活动之间的逻辑关系	双代号网络图的表达方式
1	A 完成后进行 B 和 C	
2	A、B 完成后进行 C、D	
3	A、B 完成后进行 C	
4	A 完成后进行 C; A、B 完成后进行 D	
5	A、B 活动分三个施工段: A_1 完成后进行 A_2、B_1; A_2 完成后进行 A_3; A_2 及 B_1 完成后进行 B_2; A_3 及 B_2 完成后进行 B_3	
6	A 完成后进行 B; B、C 完成后进行 D	

②网络图中严禁出现循环回路。因为循环回路会导致网络图的逻辑关系混乱,工作无法开展。图 6-17 所示是错误的。

③网络图中严禁出现双箭头连线或无箭头连线。图 6-18 是错误的。

图 6-17　不允许出现循环回路　　　图 6-18　不允许出现双向箭头和无箭头连线

④网络图中严禁出现没有箭头节点和没有箭尾节点的箭线。图 6-19 是错误的。

图 6-19　不允许出现没有箭头节点和没有箭尾节点的箭线

⑤双代号网络图中,一项工作只能有唯一的一条箭线和对应的一对节点,并且箭尾节点的编号要小于箭头节点的编号;在一张双代号网络图中,两个代号只能表示一项工作,不允许出现代号相同的箭线。图 6-20(a)是错误的。

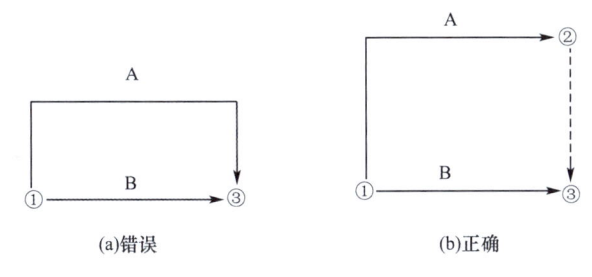

图 6-20　两个代号只能代表一个施工过程

⑥当网络图的某些节点有多条外向箭线或多条内向箭线时,为使图形简洁可采用母线绘制,除了母线法以外,不允许自箭线发出(或引入)箭线,如图 6-21 所示。

⑦在绘制网络图时,箭线应尽量避免交叉,如不可避免时,应采用过桥法或指向法,如图 6-22 所示。

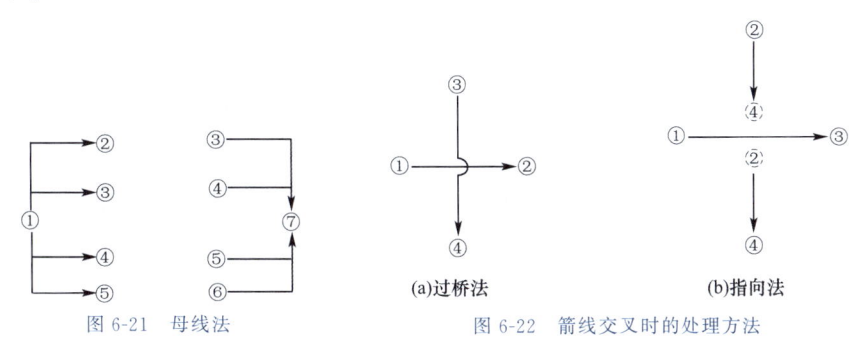

图 6-21　母线法　　　图 6-22　箭线交叉时的处理方法

⑧双代号网络图中,只允许有一个起始节点和一个终点节点(部分工作要分期进行的网络计划除外)。图 6-23 是错误的。

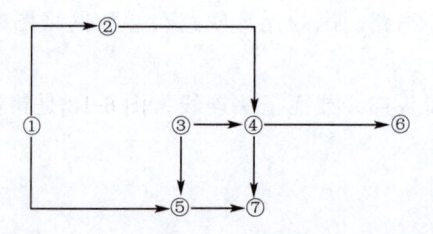

图 6-23　不允许出现多个起点节点和多个终点节点

（2）网络图中的一些基本概念
①逻辑关系

逻辑关系是指网络计划中所列示的各项工作之间存在的先后顺序关系。这种逻辑关系又可分为两类，一类是工艺逻辑关系，即各工作之间的先后顺序关系是由施工工艺和操作规程所决定的。如在钢筋混凝土楼板中，应先支模板，然后绑扎钢筋，最后再浇筑混凝土。另一类是组织逻辑关系，即工作之间的先后顺序关系是由组织安排需要或资源调配需要而决定的。如有甲、乙两幢房屋需要抹灰，只有一个施工队，是先甲后乙，还是先乙后甲，这便取决于施工方案。

②虚工作

前面提到过，虚工作既不消耗资源，又不消耗时间，它在双代号网络图中仅代表工作之间的一种逻辑关系。它是一项虚设的工作，在网络图中，它起到"断"和"连"的作用。

用虚箭线将不该连接的工作断开，如图 6-24(a)所示。断开前的逻辑关系是 AB 工作都完成后，才可进行 CD 工作，如果想将 AD 之间的联系断开，则增加一条虚箭线，如图 6-24(b)所示。

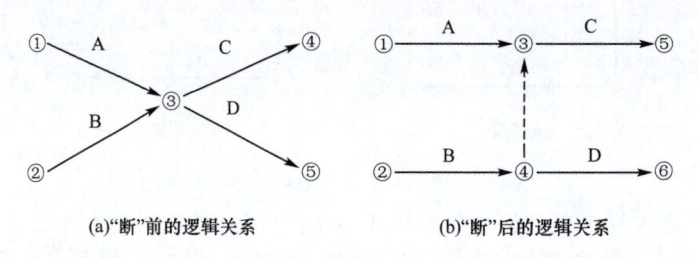

(a)"断"前的逻辑关系　　　　(b)"断"后的逻辑关系

图 6-24　虚箭线表示"断"的逻辑关系

用虚箭线连接起工作之间逻辑关系，如图 6-25(a)所示。连接前的逻辑关系是 A 工作完成后进行 B 工作，C 工作完成后进行 D 工作。如果想要增加 D 与 A 工作的联系，即 AC 都完工后才可进行 D 工作，则需增加一条虚箭线，如图 6-25(b)所示。

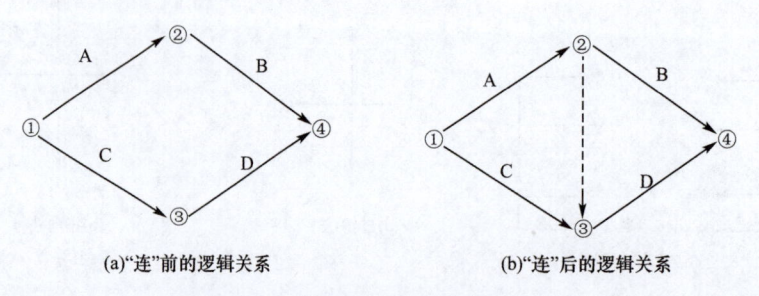

(a)"连"前的逻辑关系　　　　(b)"连"后的逻辑关系

图 6-25　虚箭线表示"连"的逻辑关系图

③关于工作的先后关系
　a.紧前工作：是排在本工作之前的工作。

b.紧后工作:是排在本工作之后的工作。

c.先行工作:是指本工作之前各条线路上的所有工作。

d.后续工作:是指本工作之后各条线路上的所有工作。

图 6-26 列示了工作的各种先后关系。

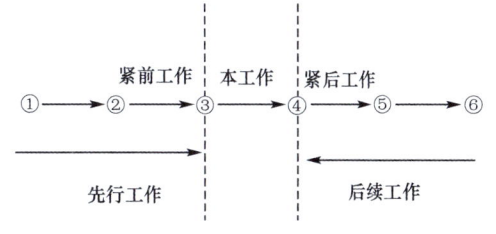

(3)双代号网络图的绘制步骤

①根据施工过程编制各工作之间的逻辑关系表;

②按照各工作之间的逻辑关系绘制网络草图;

③调整草图,最后绘制成正式网络图。

图 6-26 工作的各种先后关系

案例6-7

已知某工程的工序之间的关系如表 6-6 所示,试绘制双代号网络图(图 6-27)。

表 6-6　　　　某工程各工序之间逻辑关系表

工序	A	B	C	D	E	F	G	H	I
紧前工序	—	A	A	B	C	C	D,E	F	G,H

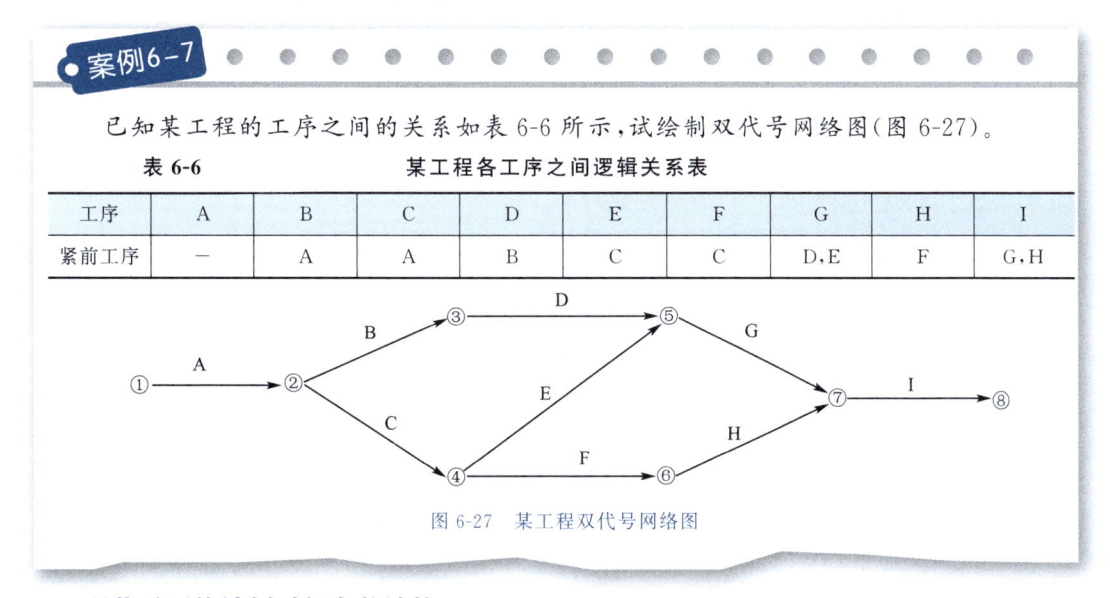

图 6-27 某工程双代号网络图

3.双代号网络计划时间参数计算

计算时间参数的目的:一是可以确定工期;二是可以确定关键线路、关键工作,以便能够有效控制和缩短工期;三是可以确定非关键工作的机动时间,以便能够合理安排和调配资源。

(1)网络计划时间参数的含义

双代号网络图各时间参数的含义及表示方法见表 6-7。

表 6-7　　　　双代号网络图各时间参数的含义及表示方法

序号	参数名称		含义	表示方法
1	工作持续时间		指一项工作从开始到完成所需要的时间	D_{i-j}
2	工期	计算工期	根据网络计划计算而得到的工期	T_c
3		要求工期	是项目法人在合同中所提出的指令性工期	T_r
4		计划工期	指根据要求工期和计算工期所确定的作为实施目标的工期	T_p
5	工作的最早开始时间		指在其所有紧前工作全部完成后,本工作有可能开始的最早时刻	ES_{i-j}
6	工作的最早完成时间		指在其所有紧前工作全部完成后,本工作有可能完成的最早时刻	EF_{i-j}
7	工作的最迟完成时间		在不影响整个任务按期完成的前提下,本工作必须完成的最迟时刻	LF_{i-j}

（续表）

序号	参数名称	含义	表示方法
8	工作的最迟开始时间	在不影响整个任务按期完成的前提下，本工作必须开始的最迟时刻	LS_{i-j}
9	工作的总时差	在不影响总工期的前提下，本工作可以利用的机动时间	TF_{i-j}
10	工作的自由时差	在不影响其紧后工作最早开始时间的前提下，本工作可以利用的机动时间	FF_{i-j}
11	节点的最早时间	在双代号网络计划中，以该节点为开始节点的各项工作的最早开始时间	ET_i
12	节点的最迟时间	在双代号网络计划中，以该节点为完成节点的各项工作的最迟完成时间	LT_j

（2）网络计划时间参数的计算

双代号网络计划时间参数的计算方法主要包括按工作计算法和按节点计算法。

①按工作计算法

所谓按工作计算法，就是以网络计划中的工作为对象，直接计算各项工作的时间参数。这些时间参数包括：工作的最早开始时间和最早完成时间、工作的最迟开始时间和最迟完成时间、工作的总时差和自由时差以及网络计划的计算工期和计划工期。

下面是按工作计算法计算时间参数的过程。

a.计算工作的最早开始时间和最早完成时间

工作最早开始时间和最早完成时间的计算应从网络计划的起点节点开始，顺着箭线方向依次进行。其计算步骤如下：

• 计算工作的最早开始时间。以网络计划起点节点为开始节点的工作，当未规定其最早开始时间时，其最早开始时间为零。其他工作的最早开始时间应等于其紧前工作最早完成时间的最大值，即

当 $i=1$ 时 $\qquad ES_{i-j}=0 \qquad$ (6-16)

当 $i \neq 1$ 时 $\qquad ES_{i-j}=\max(EF_{h-i}) \qquad$ (6-17)

式中 EF_{h-i}——本工作所有的紧前工作。

• 计算工作的最早完成时间。工作的最早完成时间等于该项工作最早开始时间加上其作业时间，计算公式如下

$$EF_{i-j} = ES_{i-j} + D_{i-j} \qquad (6-18)$$

b.确定网络计划的工期

网络计划的计算工期应等于以网络计划终点节点为完成节点的工作的最早完成时间的最大值，即

$$T_c = \max(EF_{i-n}) \qquad (6-19)$$

网络计划的计划工期应按式(6-20)或式(6-21)确定。

• 当工期有要求时，计划工期不应超过要求工期，即

$$T_p \leqslant T_r \qquad (6-20)$$

• 当工期无要求时，可令计划工期等于计算工期，即

$$T_p = T_c \qquad (6-21)$$

c.计算工作的最迟完成时间和最迟开始时间

工作最迟完成时间和最迟开始时间的计算应从网络计划的终点节点开始，逆着箭线方向依次进行。其计算步骤如下：

• 计算工作的最迟完成时间。以网络计划终点节点为完成节点的工作，其最迟完成时间等于网络计划的计划工期。其他工作的最迟完成时间应等于所有紧后工作最迟开始时间的最

小值。

当 $j=n$ 时 $\quad LF_{i-j}=T_p \quad$ (6-22)

当 $j\neq n$ 时 $\quad LF_{i-j}=\min(LS_{j-k}) \quad$ (6-23)

式中 LS_{j-k}——本工作所有紧后工作的最迟开始时间；

n——终点节点编号。

• 计算工作的最迟开始时间。工作的最迟开始时间等于本工作的最迟完成时间减去本工作的持续时间，计算公式为

$$LS_{i-j}=LF_{i-j}-D_{i-j} \quad (6-24)$$

d. 计算工作的总时差

工作的总时差等于该工作最迟完成时间与最早完成时间之差，或该工作最迟开始时间与最早开始时间之差，即

$$TF_{i-j}=LS_{i-j}-ES_{i-j} \quad (6-25)$$

或 $\quad TF_{i-j}=LF_{i-j}-EF_{i-j} \quad$ (6-26)

e. 计算工作的自由时差

工作自由时差的计算应按以下两种情况分别考虑：

• 对于有紧后工作的工作，其自由时差等于本工作之紧后工作最早开始时间的最小值减本工作最早完成时间所得之差，即

$$FF_{i-j}=\min(ES_{j-k})-EF_{i-j} \quad (6-27)$$

式中 ES_{j-k}——工作 $i-j$ 的紧后工作最早开始时间。

• 对于无紧后工作的工作，也就是以网络计划终点节点为完成节点的工作，其自由时差等于计划工期与本工作最早完成时间之差，即

$$FF_{i-j}=T_p-EF_{i-j} \quad (6-28)$$

需要指出的是，对于网络计划中以终点节点为完成节点的工作，其自由时差与总时差相等。此外，因为工作的自由时差是其总时差的构成部分，所以，当工作的总时差为零时，其自由时差必然为零，可不必进行专门计算。

f. 确定关键工作和关键线路

在网络计划中，总时差最小的工作为关键工作。找出关键工作之后，将这些关键工作首尾相连，便构成从起点节点到终点节点的通路，位于该通路上各项工作的持续时间总和最大，这条通路就是关键线路。

关键线路的特点：

• 关键线路是从网络计划的起始节点到终点节点之间的线路中持续时间最长的线路。

• 关键线路可能不止一条，有时会存在两条甚至两条以上。

• 如果非关键线路上工作时间延长且超过它的总时差，原先的关键线路就变成了非关键线路。

• 如果合同工期等于计划工期，关键线路上的工作总时差为 0。

在上述计算过程中，将每项工作的六个时间参数（工作的最早开始时间、工作的最早完成时间、工作的最迟开始时间、工作的最迟完成时间、总时差、自由时差）均标注在图中，故称为六时标注法，如图 6-28 所示。

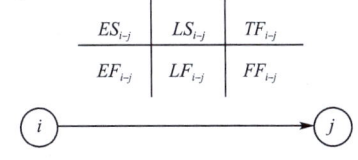

图 6-28 双代号网络图的六时标注法

案例6-8

根据图 6-29 所示,试计算各项工作的时间参数。

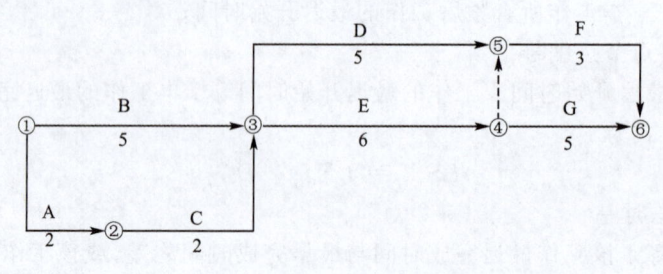

图 6-29 某工程双代号网络图

【解】 (1)计算各工作的最早开始时间和最早完成时间

这两个参数是从网络计划的起点节点开始,自左向右顺着箭头方向逐一计算,计算步骤如下:

$ES_{1-2}=0$

$EF_{1-2}=ES_{1-2}+D_{1-2}=0+2=2$

$ES_{1-3}=0$

$EF_{1-3}=ES_{1-3}+D_{1-3}=0+5=5$

$ES_{2-3}=\max\{EF_{1-2}\}=\max\{2\}=2$

$EF_{2-3}=ES_{2-3}+D_{2-3}=2+2=4$

$ES_{3-5}=\max\{EF_{1-3},EF_{2-3}\}=\max\{5,4\}=5$

$EF_{3-5}=ES_{3-5}+D_{3-5}=5+5=10$

$ES_{3-4}=\max\{EF_{1-3},EF_{2-3}\}=\max\{5,4\}=5$

$EF_{3-4}=ES_{3-4}+D_{3-4}=5+6=11$

$ES_{4-5}=\max\{EF_{3-4}\}=\max\{11\}=11$

$EF_{4-5}=ES_{4-5}+D_{4-5}=11+0=11$

$ES_{5-6}=\max\{EF_{3-5},EF_{4-5}\}=\max\{10,11\}=11$

$EF_{5-6}=ES_{5-6}+D_{5-6}=11+3=14$

$ES_{4-6}=\max\{EF_{3-4}\}=\max\{11\}=11$

$EF_{4-6}=ES_{4-6}+D_{4-6}=11+5=16$

(2)确定网络计划的计划工期

在本例中,未规定要求工期,所以网络计划的计划工期等于计算工期,即以终点节点为完成节点的各工作的最早完成时间的最大值,计算步骤如下:

$$T_p=T_c=\max\{EF_{5-6},EF_{4-6}\}=\max\{14,16\}=16$$

(3)计算各工作的最迟开始时间和最迟完成时间

这两个参数的计算是从网络计划的终点节点开始自右向左逆箭头方向逐一计算的,计算步骤如下:

$LF_{5-6}=T_p=16$

$LS_{5-6}=LF_{5-6}-D_{5-6}=16-3=13$

$LF_{4-6}=T_p=16$

$LS_{4-6}=LF_{4-6}-D_{4-6}=16-5=11$

$LF_{3-5}=\min\{LS_{5-6}\}=\min\{13\}=13$

$LS_{3-5}=LF_{3-5}-D_{3-5}=13-5=8$

$LF_{4-5}=\min\{LS_{5-6}\}=\min\{13\}=13$

$LS_{4-5}=LF_{4-5}-D_{4-5}=13-0=13$

$LF_{3-4}=\min\{LS_{4-5},LS_{4-6}\}=\min\{13,11\}=11$

$LS_{3-4}=LF_{3-4}-D_{3-4}=11-6=5$

$LF_{1-3}=\min\{LS_{3-5},LS_{3-4}\}=\min\{8,5\}=5$

$LS_{1-3}=LF_{1-3}-D_{1-3}=5-5=0$

$LF_{2-3}=\min\{LS_{3-5},LS_{3-4}\}=\min\{8,5\}=5$

$LS_{2-3}=LF_{2-3}-D_{2-3}=5-2=3$

$LF_{1-2}=\min\{LS_{2-3}\}=\min\{3\}=3$

$LS_{1-2}=LF_{1-2}-D_{1-2}=3-2=1$

(4) 计算工作总时差

$TF_{1-2}=LS_{1-2}-ES_{1-2}=1-0=1$

$TF_{1-3}=LS_{1-3}-ES_{1-3}=0-0=0$

$TF_{2-3}=LS_{2-3}-ES_{2-3}=3-2=1$

$TF_{3-5}=LS_{3-5}-ES_{3-5}=8-5=3$

$TF_{3-4}=LS_{3-4}-ES_{3-4}=5-5=0$

$TF_{4-5}=LS_{4-5}-ES_{4-5}=13-11=2$

$TF_{5-6}=LS_{5-6}-ES_{5-6}=13-11=2$

$TF_{4-6}=LS_{4-6}-ES_{4-6}=11-11=0$

(5) 计算工作的自由时差

$FF_{5-6}=T_p-EF_{5-6}=16-14=2$

$FF_{4-6}=T_p-EF_{4-6}=16-16=0$

$FF_{3-5}=\min\{ES_{5-6}\}-EF_{3-5}=11-10=1$

$FF_{4-5}=\min\{ES_{5-6}\}-EF_{4-5}=11-11=0$

$FF_{3-4}=\min\{ES_{4-5},ES_{4-6}\}-EF_{3-4}=\min\{11,11\}-11=11-11=0$

$FF_{1-3}=\min\{ES_{3-5},ES_{3-4}\}-EF_{1-3}=\min\{5,5\}-5=5-5=0$

$FF_{2-3}=\min\{ES_{3-5},ES_{3-4}\}-EF_{2-3}=\min\{5,5\}-4=5-4=1$

$FF_{1-2}=\min\{ES_{2-3}\}-EF_{1-2}=2-2=0$

至此，六个时间参数计算完毕，将结果标注在图 6-30 上。

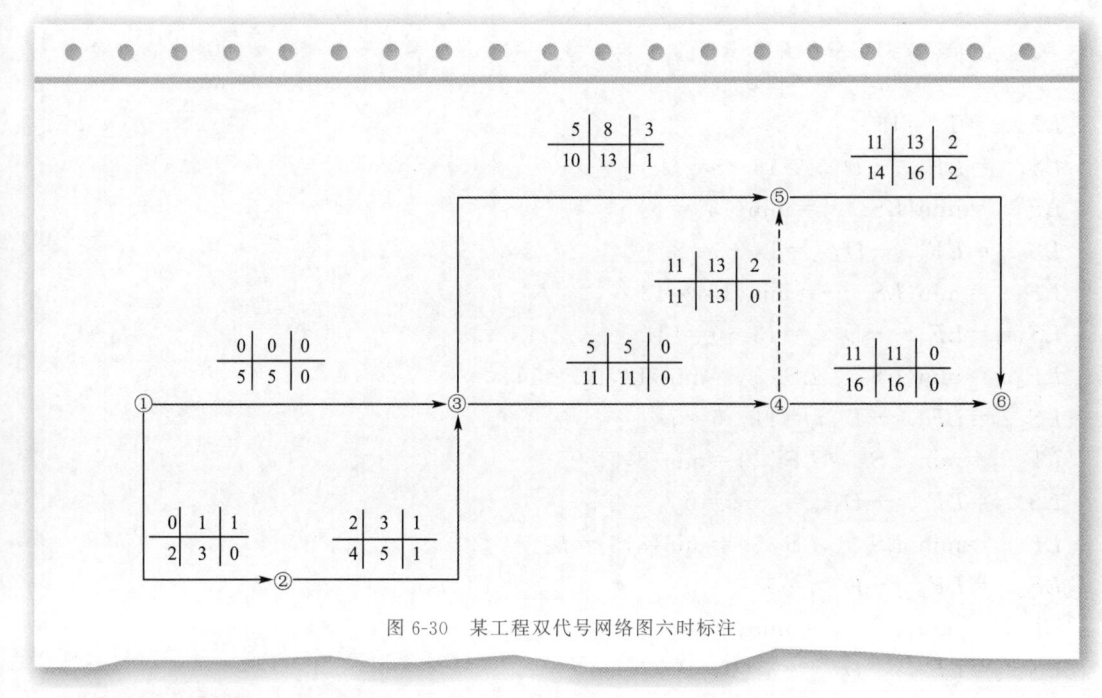

图 6-30　某工程双代号网络图六时标注

② 按节点计算法

所谓按节点计算法,就是先计算网络计划中各个节点的最早时间和最迟时间,然后再据此计算各项工作的时间参数和网络计划的计算工期。标注方法如图 6-31 所示。

图 6-31　双代号网络图节点标注法

下面是按节点计算法计算时间参数的过程。

A.计算节点的最早时间和最迟时间

a.计算节点的最早时间

节点最早时间的计算应从网络计划的起点节点开始,顺着箭线方向依次进行。其计算步骤如下:

· 网络计划起点节点,如未规定最早时间时,其值等于零。

· 其他节点的最早时间等于所有箭头指向该节点工作的开始节点最早时间加上其作业时间的最大值,即

当 $i=1$ 时　　　　　　　　　$ET_i = 0$ 　　　　　　　　(6-29)

当 $i \neq 1$ 时　　　　　　　$ET_i = \max(ET_h + D_{h-i})$ 　　　　(6-30)

式中　ET_h——节点 i 的紧前节点;

D_{h-i}——紧前节点与本节点之间工作的持续时间。

b.确定网络计划的计划工期

网络计划的计算工期等于网络计划终点节点的最早时间,即

$$T_c = ET_n$$ 　　　　　　　　(6-31)

ET_n——网络计划终点节点 n 的最早时间。

网络计划的计划工期应按下面的两个公式确定：

- 当工期有要求时，计划工期不应超过要求工期，即

$$T_p \leqslant T_r \tag{6-32}$$

- 当工期无要求时，可令计划工期等于计算工期，即

$$T_p = T_c \tag{6-33}$$

c.计算节点的最迟时间

节点最迟时间的计算应从网络计划的终点节点开始，逆着箭线方向依次进行。其计算步骤如下：

- 网络计划终点节点的最迟时间等于网络计划的计划工期，即

$$LT_n = T_p \tag{6-34}$$

- 其他节点的最迟时间等于所有紧后节点的最迟时间减去由本节点与紧后节点之间工作的持续时间之差的最小值，计算公式如下

$$LT_i = \min\{LT_j - D_{i-j}\} \tag{6-35}$$

B.确定工作的六个时间参数

a.工作的最早开始时间等于该工作开始节点的最早时间

$$ES_{i-j} = ET_i \tag{6-36}$$

b.工作的最早完成时间等于该工作开始节点的最早时间与其持续时间之和

$$EF_{i-j} = ET_i + D_{i-j} \tag{6-37}$$

c.工作的最迟完成时间等于该工作完成节点的最迟时间，即

$$LF_{i-j} = LT_j \tag{6-38}$$

d.工作的最迟开始时间等于该工作完成节点的最迟时间与其持续时间之差，即

$$LS_{i-j} = LT_j - D_{i-j} \tag{6-39}$$

e.工作的总时差等于该工作完成节点的最迟时间减去该工作开始节点的最早时间所得差值再减其持续时间，即

$$TF_{i-j} = LF_{i-j} - EF_{i-j} = LT_j - (ET_i + D_{i-j}) = LT_j - ET_i - D_{i-j} \tag{6-40}$$

f.工作的自由时差等于该工作完成节点的最早时间的最小值减去该工作开始节点的最早时间所得差值再减其持续时间，即

$$EF_{i-j} = \min\{ET_j\} - ET_i - D_{i-j} \tag{6-41}$$

C.确定关键线路和关键工作

在双代号网络计划中，关键线路上的节点称为关键节点。关键工作两端的节点必为关键节点，但两端为关键节点的工作不一定是关键工作。关键节点的最迟时间与最早时间的差值最小。当网络计划的计划工期等于计算工期时，关键节点的最早时间与最迟时间必然相等。关键节点必然处在关键线路上，但由关键节点组成的线路不一定是关键线路。

当利用关键节点判别关键线路和关键工作时，还要满足下列判别式

$$ET_i + D_{i-j} = ET_j \text{ 或 } LT_i + D_{i-j} = LT_j \tag{6-42}$$

如果两个关键节点之间的工作符合上述判别式，则该工作必然为关键工作，它应该在关键线路上。否则，该工作就不是关键工作，关键线路也就不会从此处通过。

案例6-9

仍以案例6-8图为例，试用节点计算法计算时间参数。

【解】 （1）计算节点的最早时间

节点的最早时间从网络计划的起点节点开始，自左向右依次计算，步骤如下：

$ET_1 = 0$

$ET_2 = \max\{ET_1 + D_{1-2}\} = \max\{0+2\} = 2$

$ET_3 = \max\{ET_1 + D_{1-3}, ET_2 + D_{2-3}\} = \max\{0+5, 2+2\} = 5$

$ET_4 = \max\{ET_3 + D_{3-4}\} = \max\{5+6\} = 11$

$ET_5 = \max\{ET_3 + D_{3-5}, ET_4 + D_{4-5}\} = \max\{5+5, 11+0\} = 11$

$ET_6 = \max\{ET_5 + D_{5-6}, ET_4 + D_{4-6}\} = \max\{11+3, 11+5\} = 16$

（2）计算网络计划工期

因为本例中未规定要求工期，所以网络计划的计划工期应等于计算工期，即

$T_p = T_c = ET_6 = 16$

（3）计算节点的最迟时间

节点的最迟时间应从网络计划的终点节点开始，自右向左依次计算，步骤如下：

$LT_6 = T_p = 16$

$LT_5 = \min\{LT_6 - D_{5-6}\} = \min\{16-3\} = 13$

$LT_4 = \min\{LT_5 - D_{4-5}, LT_6 - D_{4-6}\} = \min\{13-0, 16-5\} = 11$

$LT_3 = \min\{LT_5 - D_{3-5}, LT_4 - D_{3-4}\} = \min\{13-5, 11-6\} = 5$

$LT_2 = \min\{LT_3 - D_{2-3}\} = \min\{5-2\} = 3$

$LT_1 = \min\{LT_3 - D_{1-3}, LT_2 - D_{1-2}\} = \min\{5-5, 3-2\} = 0$

图6-32为双代号网络图节点标注。

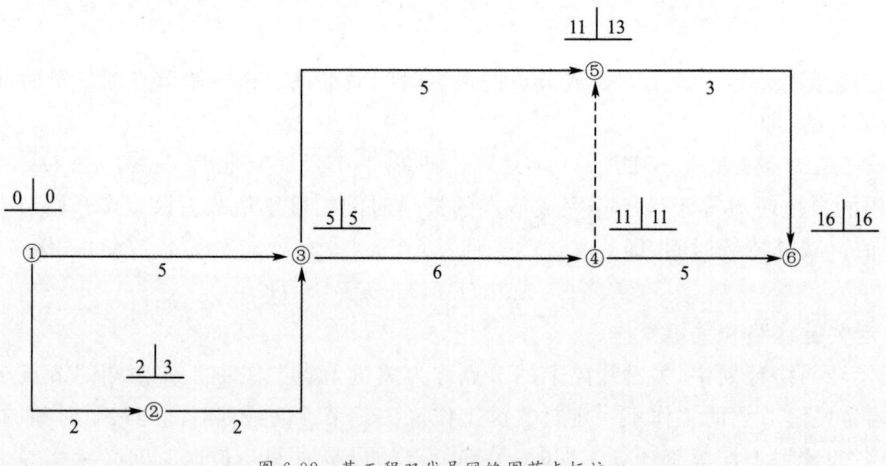

图 6-32　某工程双代号网络图节点标注

6.3.3　单代号网络计划

单代号网络计划也是网络计划的一种表示方式，它是用节点及其编号表示一项工作，用箭线表示工作之间逻辑关系的一种网络图，单代号网络图的示例以及单代号网络图的表示方法

如图 6-33 和图 6-34 所示。

图 6-33 单代号网络图

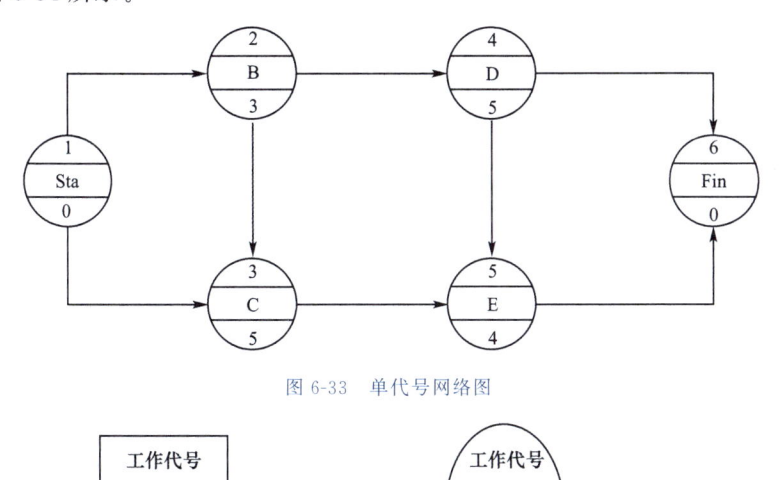

图 6-34 单代号网络图的表示方法

1.单代号网络图的基本要素

单代号网络图也是由箭线、节点和线路三个要素组成的,但其所表示的含义与双代号网络图是有所区别的。

(1)箭线

在单代号网络图中,箭线表示相邻工作之间的逻辑关系,箭线可画成水平直线、折线或者斜线,箭线水平投影的方向应从左向右,表示工作的进行方向。在单代号网络图中不设虚箭线。

(2)节点

单代号网络图中每一个节点表示一项工作,可以用圆圈或者矩形表示。节点所表示的工作名称、持续时间和工作代号等应标注在节点内,如图 6-35 所示。由于节点必须编号,并且编号只有一个,不允许重复,因此称为"单代号"。

图 6-35 单代号节点标注示意图

(3)线路

单代号网络图中关于线路的含义与双代号网络图中线路的含义是相同的,这里不再赘述。

2.单代号网络计划图的绘制

(1)单代号网络计划图的绘制原则

①必须正确表述已定的逻辑关系。

②严禁出现循环回路。

③严禁出现双向箭头或无箭头的连线。

④严禁出现没有箭尾节点的箭线和没有箭头节点的箭线。

⑤绘制网络图时,箭线尽量不要交叉,当交叉不可避免时,可采取过桥法或者指向法绘制。

⑥单代号网络图中只有一个起点和一个终点,如有多个起点节点或多个终点节点时,应在网络图的两端分别设置一项虚工作,作为网络图的起点节点和终点节点。

⑦单代号网络图必须在节点内编号,号码可以不连续,但不能重复,同时箭线箭尾节点的编号要小于箭头节点的编号。

(2)单代号网络图的绘制步骤

①按照各项工作的先后顺序绘制出表示工作的节点。

②根据工作之间的逻辑关系用箭线连接成草图。

③调整草图形成最终网络图。在调整时注意,在单代号网络图中没有虚箭线,若在图中出现多个起始节点,则要在这些起始节点前设置一项虚拟工作,作为网络图的起始节点;若在图中出现多个终点节点,则要在这些终点节点后设置一项虚拟工作,作为网络图的终点节点。

3. 单代号网络图时间参数的计算

(1)单代号网络图时间参数的含义

单代号网络图的时间参数与双代号网络图中的时间参数的含义基本相同,只是表示方法有所差异,即工作的时间参数的下脚标由双脚标变成单脚标。单代号网络图时间参数共有7个,即工作最早开始时间、工作最早完成时间、工作最迟开始时间、工作最迟完成时间、工作自由时差、工作总时差、前后工作的时间间隔。单代号网络计划时间参数的含义及表示方法见表6-8。

表6-8 单代号网络计划时间参数的含义及表示方法

序号	参数名称	含义	表示方法
1	工作最早开始时间	指在其所有紧前工作全部完成后,本工作有可能开始的最早时刻	ES_i
2	工作最早完成时间	指在其所有紧前工作全部完成后,本工作有可能完成的最早时刻	EF_i
3	工作最迟完成时间	在不影响整个任务按期完成的前提下,本工作必须完成的最迟时刻	LF_i
4	工作最迟开始时间	在不影响整个任务按期完成的前提下,本工作必须开始的最迟时刻	LS_i
5	工作总时差	在不影响总工期的前提下,本工作可以利用的机动时间	TF_i
6	工作自由时差	在不影响其紧后工作最早开始时间的前提下,本工作可以利用的机动时间	FF_i
7	时间间隔	指本工作最早完成时间与其紧后工作最早开始时间之间可能存在的差值	LAG_{i-j}

(2)单代号网络时间参数的计算方法

单代号网络计划时间参数的计算步骤如下:

①计算工作最早开始时间和最早完成时间

工作最早开始时间和最早完成时间的计算应从网络计划的起点节点开始,顺着箭线方向按节点编号从小到大依次逐项进行。其计算步骤如下:

a. 网络计划起点节点的最早开始时间未规定时取值为零,即

$$ES_i = 0 \tag{6-43}$$

b. 其他工作的最早开始时间应等于其紧前工作最早完成时间的最大值,即

$$ES_i = \max(EF_h) \quad (h < i) \tag{6-44}$$

c. 除终点节点所表示的工作以外的其他工作的最早完成时间应等于本工作的最早开始时间与其持续时间之和,即

$$EF_i = ES_i + D_i \tag{6-45}$$

d. 终点节点所代表工作的最早完成时间等于网络计划的计算工期,即

$$EF_n = T_c \tag{6-46}$$

②计算相邻两项工作之间的时间间隔

相邻两项工作之间的时间间隔是指其紧后工作的最早开始时间与本工作最早完成时间的差值，即

$$LAG_{i-j}=ES_j-EF_i \tag{6-47}$$

③确定网络计划的计划工期

a.当已规定要求工期时，计划工期不应超过要求工期，即 $T_p \leqslant T_r$；

b.当未规定要求工期时，可令计划工期等于计算工期，即 $T_p=T_c$。

④计算工作的总时差

工作总时差的计算应从网络计划的终点节点开始，逆着箭线方向按节点编号从大到小的顺序依次进行。工作的总时差等于工作的最迟开始时间减去工作的最早开始时间，也可以用该项工作与紧后工作的时间间隔与紧后工作的总时差之和的最小值表示，即

$$TF_i=LS_i-ES_i \tag{6-48}$$

$$TF_i=\min\{TF_j+LAG_{i-j}\} \tag{6-49}$$

⑤计算工作的自由时差

首先计算相邻两项工作之间的时间间隔，然后取本工作与其所有紧后工作的时间间隔的最小值作为本工作的自由时差，即

$$LAG_{i-j}=ES_j-EF_i \tag{6-50}$$

$$FF_i=\min\{LAG_{i-j}\} \tag{6-51}$$

⑥计算工作的最迟完成时间和最迟开始时间

a.工作的最迟完成时间等于本工作的最早完成时间与其总时差之和，即

$$LF_i=EF_i+TF_i \tag{6-52}$$

b.工作的最迟开始时间等于本工作的最早开始时间与其总时差之和，即

$$LS_i=ES_i+TF_i \tag{6-53}$$

⑦关键线路的确定

a.总时差判断法。总时差最小的工作为关键工作。通过计算总时差，找出关键工作，并将这些关键工作相连，并保证相邻两项关键工作之间的时间间隔为零而构成的线路就是关键线路。

b.时间间隔判断法。从网络计划的终点节点开始，逆着箭线方向依次找出相邻两项工作之间时间间隔为零的线路就是关键线路。

c.线路长度判断法。找出网络中的所有线路，并计算每条线路的总持续时间，其中总持续时间最长的线路就是关键线路。

单代号网络计划时间参数标注示意图如图 6-36 所示。

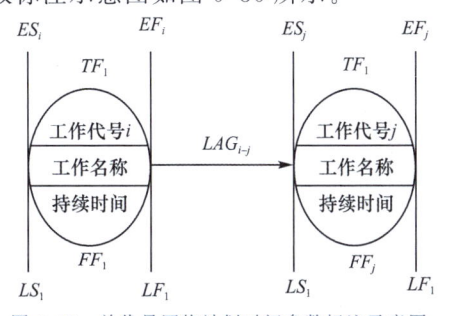

图 6-36 单代号网络计划时间参数标注示意图

● 案例 6-10

结合图 6-37 所示的网络计划图,试计算其时间参数。

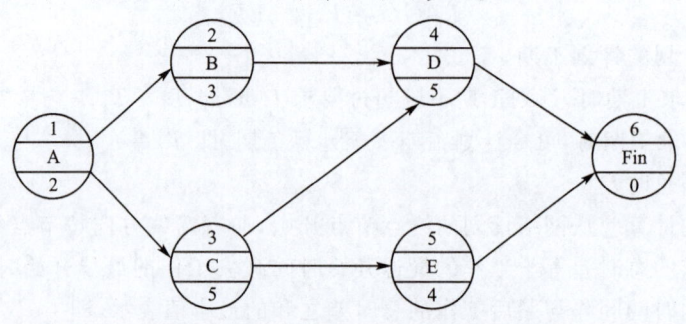

图 6-37 某工程单代号网络计划图

【解】 (1)计算工作的最早开始时间和最早完成时间
这两个参数从网络计划的起点节点开始,自左向右依次计算,步骤如下:
$ES_1 = 0$
$EF_1 = ES_1 + D_1 = 0 + 2 = 2$
$ES_2 = \max\{EF_1\} = \max\{2\} = 2$
$EF_2 = ES_2 + D_2 = 2 + 3 = 5$
$ES_3 = \max\{EF_1\} = \max\{2\} = 2$
$EF_3 = ES_3 + D_3 = 2 + 5 = 7$
$ES_4 = \max\{EF_2, EF_3\} = \max\{5, 7\} = 7$
$EF_4 = ES_4 + D_4 = 7 + 5 = 12$
$ES_5 = \max\{EF_3\} = \max\{7\} = 7$
$EF_5 = ES_5 + D_5 = 7 + 4 = 11$
$ES_6 = \max\{EF_4, EF_5\} = \max\{12, 11\} = 12$
$EF_6 = ES_6 + D_6 = 12 + 0 = 12$

(2)计算网络计划的计划工期
$T_p = T_c = EF_6 = 12$

(3)计算工作的最迟开始时间和最迟完成时间
这两个参数的计算是从网络计划的终点节点开始自右向左逆箭头方向逐一计算,步骤如下:

$LF_6 = T_p = 12$
$LS_6 = LF_6 - D_6 = 12 - 0 = 12$
$LF_5 = \min\{LS_6\} = \min\{12\} = 12$
$LS_5 = LF_5 - D_5 = 12 - 4 = 8$
$LF_4 = \min\{LS_6\} = \min\{12\} = 12$
$LS_4 = LF_4 - D_4 = 12 - 5 = 7$
$LF_3 = \min\{LS_4, LS_5\} = \min\{7, 8\} = 7$
$LS_3 = LF_3 - D_3 = 7 - 5 = 2$
$LF_2 = \min\{LS_4\} = \min\{7\} = 7$

$LS_2=LF_2-D_2=7-3=4$
$LF_1=\min\{LS_2,LS_3\}=\min\{4,2\}=2$
$LS_1=LF_1-D_1=2-2=0$

（4）计算工作的总时差
$TF_1=LS_1-ES_1=0-0=0$
$TF_2=LS_2-ES_2=4-2=2$
$TF_3=LS_3-ES_3=2-2=0$
$TF_4=LS_4-ES_4=7-7=0$
$TF_5=LS_5-ES_5=8-7=1$
$TF_6=LS_6-ES_6=12-12=0$

（5）计算工作的自由时差

该参数从网络计划的终点节点开始，自右向左计算相邻两项工作的时间间隔，当每一项工作的所有紧后工作的时间间隔计算完毕之后，取其最小值为本工作的自由时差，步骤如下：

$FF_6=0$
$LAG_{5-6}=ES_6-EF_5=12-11=1$
$FF_5=\min\{LAG_{5-6}\}=\min\{1\}=1$
$LAG_{4-6}=ES_6-EF_4=12-12=0$
$FF_4=\min\{LAG_{4-6}\}=\min\{0\}=0$
$LAG_{3-4}=ES_4-EF_3=7-7=0$
$LAG_{3-5}=ES_5-EF_3=7-7=0$
$FF_3=\min\{LAG_{3-4},LAG_{3-5}\}=\min\{0,0\}=0$
$LAG_{2-4}=ES_4-EF_2=7-5=2$
$FF_2=\min\{LAG_{2-4}\}=\min\{2\}=2$
$LAG_{1-2}=ES_2-EF_1=2-2=0$
$LAG_{1-3}=ES_3-EF_1=2-2=0$
$FF_1=\min\{LAG_{1-2},LAG_{1-3}\}=\min\{0,0\}=0$

将上述计算结果标注在网络计划图上，如图6-38所示。

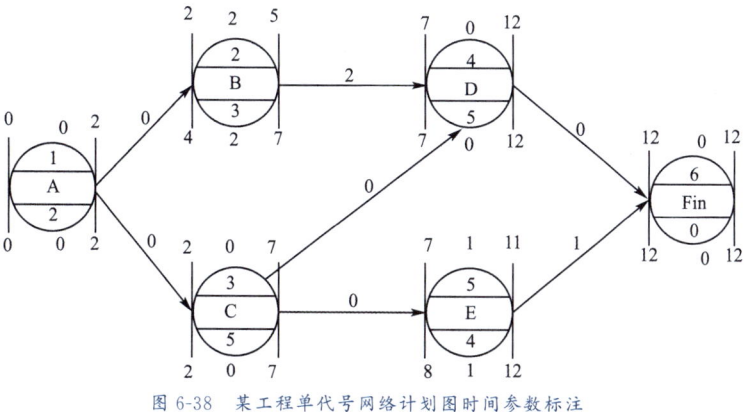

图6-38 某工程单代号网络计划图时间参数标注

6.3.4 时标网络计划

时间坐标网络计划简称时标网络计划,是以时间坐标为尺度编制的网络计划,综合了横道图中的时间坐标和双代号网络计划的基本原理,不但能够清晰地把时间参数表达出来,也能够直观地把各工作之间的逻辑关系表达出来。

1.时标网络计划的特点

(1)时标网络图中的箭线在时间坐标上的水平投影表示时间的长短,因此在绘制时,要以水平时间坐标为尺度来表示工作时间的长短。

(2)时标网络计划中以实箭线表示工作,以虚箭线表示虚工作,以波形线表示工作的自由时差。

(3)时标网络计划中所有符号在时间坐标上的水平投影位置,都必须与其时间参数相对应,节点中心必须对准相应的时标位置。

(4)时标网络计划中可以统计每一个单位时间对各种资源的需要量,可方便地在坐标下方绘制出资源动态图,以便进行资源优化和调整。

(5)由于箭线受到时间坐标的限制,当条件发生变化时,对网络计划的修改不方便,往往要重新绘图。

(6)虚箭线在时间坐标上的水平投影长度应为0,若不能为0,则用波形线表示。

(7)关键线路由自始至终无波形线的箭线组成。

2.时标网络计划的编制

时标网络计划可按最早时间绘制,也可按最迟时间绘制,在工程实践中最常采用的方法是按最早时间绘制。按最早时间绘制时,又分为间接绘制法和直接绘制法。

(1)间接绘制法

间接绘制法是先根据普通的网络计划图计算出各时间参数,然后再根据时间参数在时间坐标上进行绘制的方法。其绘制步骤如下:

①首先绘制普通的网络计划草图,计算出各工作的最早时间参数,并确定关键工作及关键路线。

②根据需要确定时间单位并绘制时间坐标。

③在时间的坐标体系中按照工作的最早开始时间确定各工作开始节点的位置。

④从每项工作的开始节点出发,按该工作的持续时间画出相应长度的水平直线。

⑤水平实线与该工作结束节点未能连接的地方,用水平波线补充,并画上箭头。

⑥两项工作之间有虚工作的地方,用虚线(垂直部分)和波形线(水平部分)将其连接起来,并画上箭头。

⑦最后把时差为零的箭线从起点节点到终点节点连接起来即关键路线,并用粗线或双箭线表示。

(2)直接绘制法

直接绘制法是根据网络计划中工作之间的逻辑关系及各工作的持续时间,不计算网络的时间参数,直接在时间坐标轴上绘制的方法。绘制步骤如下:

①首先根据需要确定时间单位并绘出时标计划表。

②将起点节点定位在时标表的起始刻度线上。

③按工作持续时间在时标计划表上绘制起点节点的外向箭线。

④除起点节点以外的其他节点,必须在其所有内向箭线绘制完成后,定位在这些内向箭线中完成时间最晚的那根箭线末端,若某些工作的箭线长度不足以到达该节点时,用波形线补足,箭头画在波形线与节点连接处。

⑤按上述方法从左至右依次确定其他节点位置,直至网络计划终点节点定位,绘图完成。

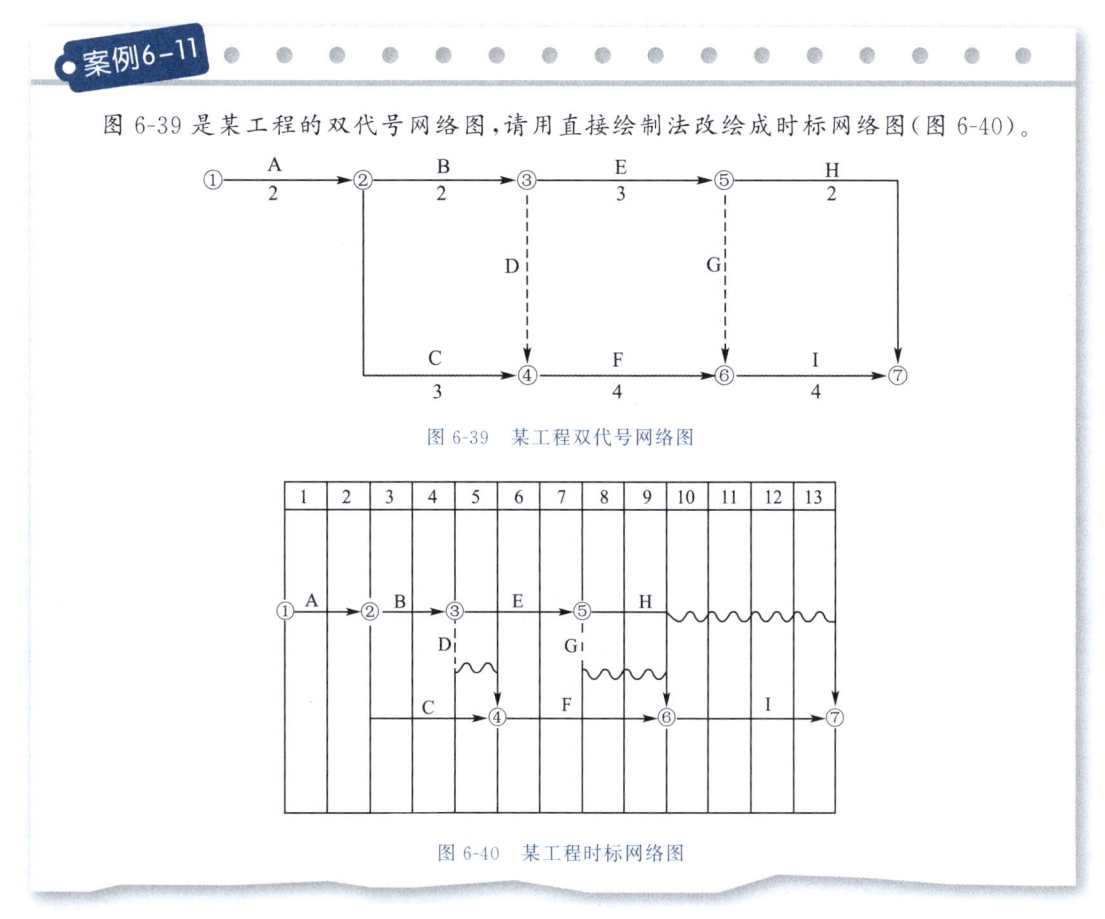

案例6-11

图 6-39 是某工程的双代号网络图,请用直接绘制法改绘成时标网络图(图 6-40)。

图 6-39 某工程双代号网络图

图 6-40 某工程时标网络图

6.3.5 网络计划的优化

网络计划的优化是指在一定约束条件下,利用时差来平衡时间、资源与费用三者的关系,按照既定目标对网络计划进行不断改进,以寻求满意方案的过程。根据优化目标的不同,网络计划的优化可分为工期优化、费用优化和资源优化三种。本书重点介绍工期优化和费用优化。

1.工期优化

(1)工期优化的概念

所谓工期优化,是指网络计划的计算工期大于要求工期时,通过压缩关键工作的持续时间以满足要求工期目标的过程。

(2)工期优化的步骤

网络计划的工期优化可按下列步骤进行:

①确定初始网络计划的关键线路,并求出计算工期;当 $T_c > T_r$ 时,应进行工期优化。

②按要求工期的时间确定应缩短的时间 ΔT

$$\Delta T = T_c - T_r \tag{6-54}$$

式中　T_c——网络计划的计算工期；

　　　T_r——要求工期。

③压缩关键工作的持续时间。在选择压缩对象时应考虑下列因素：

a.压缩持续时间对质量和安全影响不大的工作。

b.压缩有充足备用资源的工作。

c.压缩后增加费用最少的工作。

④将所选定的关键工作的持续时间压缩至最短，并重新确定计算工期和关键线路。注意不能将关键工作压缩成非关键工作。若压缩过程中出现多条关键线路，则应将所有的关键线路同时压缩相同的天数。

⑤当计算工期仍超过要求工期时，则重复上述②～④，直至计算工期满足要求工期或计算工期已不能再缩短为止。

⑥当按上述步骤调整后网络计划的计算工期仍不能满足要求工期时，应对网络计划的原技术方案、组织方案进行调整，或对要求工期重新审定。

案例6-12

某工程的网络计划由于某种原因开工时间推迟了12天，网络计划如图6-41所示。为保证按期完工，试进行工期优化。（图中箭线上部的数字表示压缩一天增加的费率：元/天，下部括号外的数字表示正常作业时间，括号内的数字表示工作极限作业时间。）

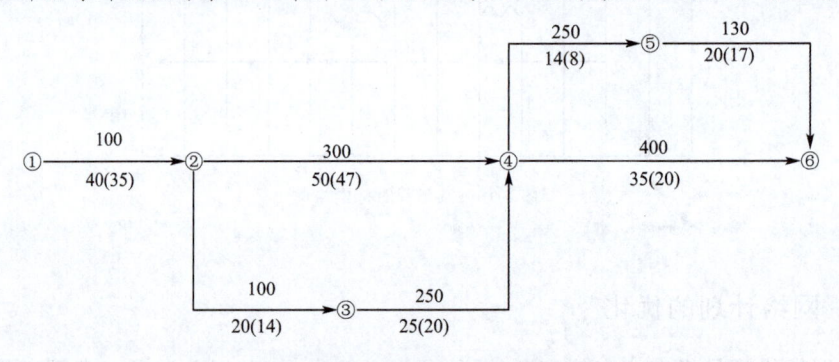

图6-41　某工程双代号网络图

【解】　(1)找出关键线路

网络图中共有4条线路，分别为：

第一条线路：①—②—④—⑤—⑥，工期为124天，

第二条线路：①—②—④—⑥，工期为125天，

第三条线路：①—②—③—④—⑤—⑥，工期为119天，

第四条线路：①—②—③—④—⑥，工期为120天。

其中关键线路为①—②—④—⑥。

(2)压缩关键线路上的关键工作持续时间

首先压缩直接费率最小的工作。

第一次压缩：

压缩①—②工作5天，增加直接费 $100×5=500$ 元，压缩后的网络计划关键线路不变，如图6-42所示，但工期仍拖延7天，所以应进一步压缩。

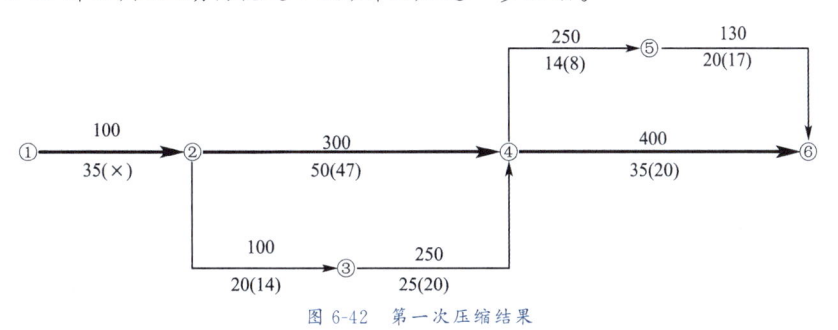

图6-42 第一次压缩结果

第二次压缩：

关键线路上的①—②工作已经无法压缩，所以应选择关键线路上的直接费率最小的其他工作进行压缩，所以应选择②—④工作进行压缩，压缩3天，关键线路不变，如图6-43所示，增加直接费为 $300×3=900$ 元，但工期仍拖延4天。

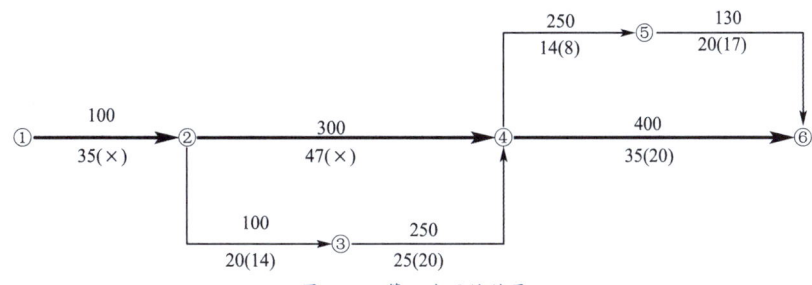

图6-43 第二次压缩结果

第三次压缩：

由于关键线路仍没有发生变化，且可供压缩的关键工作只剩下④—⑥工作，因此，应压缩④—⑥工作。当压缩1天时，关键线路变为两条，即①—②—④—⑥和①—②—④—⑤—⑥。因此，先压缩④—⑥工作1天，增加的直接费为 $400×1=400$ 元，压缩后的网络图如图6-44所示，工期仍拖延3天。

第四次压缩：

由于关键线路变为两条，接下来应压缩组合直接费率最小的工作。可供选择的压缩方案有两种，即同时压缩④—⑤工作和④—⑥工作3天，或者同时压缩⑤—⑥工作和④—⑥工作3天，这两种方案的组合直接费率分别为650元/天和530元/天，所以应选择组合直接费率小的方案，即选择同时压缩⑤—⑥工作和④—⑥工作3天，直接费增加 $530×3=1\,590$ 元，压缩后的网络图如图6-45所示。至此，共赶回工期12天，总共增加了直接费用 $500+900+400+1\,590=3\,390$ 元。

图 6-44 第三次压缩结果

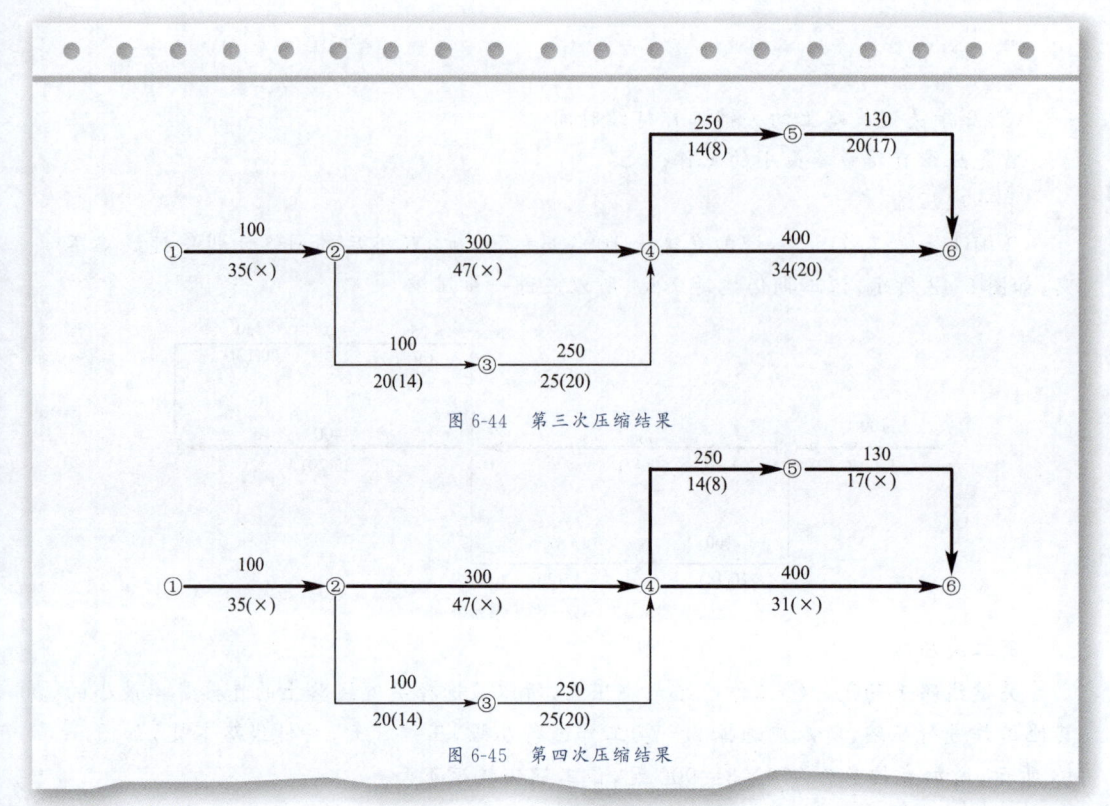

图 6-45 第四次压缩结果

2.费用优化

(1)费用优化的概念

费用优化又称工期成本优化,是指寻求工程总费用最低时的最优工期,或者按要求工期寻求总费用最低的计划安排过程。

在这一定义中涉及总费用的概念,总费用是由直接费用和间接费用组成的,直接费用是指能够直接计入成本计算对象的费用,如直接工人工资、原材料费用、机械费等,直接费用随工期的缩短而增加。若增加直接费用投入,就可以缩短工作所需的时间,如增加人力、增加设备、增加工作时间等,但活动所需时间不可能无限缩短,如加班加点,一天也只有 24 小时。间接费用是与整个工程有关的费用,包括工程管理费用、拖延工期罚款、提前完工的奖金等,间接费用是通过分摊的方式计入成本的。间接费用随着工期的缩短而减少,因此对一个项目来说,不能简单地说缩短工期费用就减少,延长工期费用就增加,这需要通过费用优化才能确定最低费用时的最优工期。

工程费用与工期的关系如图 6-46 所示。

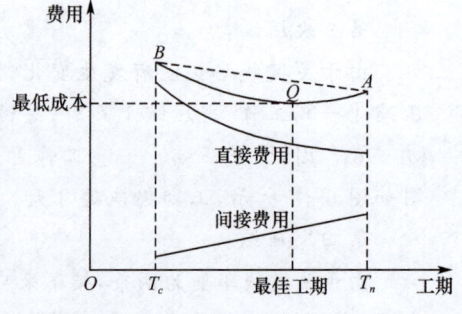

图 6-46 工程费用与工期关系

由图 6-46 中可以看出,总费用先随工期缩短而降低,然后又随工期进一步缩短而上升。因此,总存在一个工期,能够使总费用最小,这也是费用优化的目标。

(2)费用优化的步骤

①按正常工期编制网络计划,并确定计划工期、关键路线、直接费用、间接费用和总费用。

②计算各项工作的直接费率。直接费率的计算公式为

$$\Delta C_{i-j}=\frac{CC_{i-j}-CN_{i-j}}{DN_{i-j}-DC_{i-j}} \tag{6-55}$$

式中 ΔC_{i-j}——工作 $i-j$ 的直接费率；

CC_{i-j}——按最短持续时间完成工作 $i-j$ 所需的直接费；

CN_{i-j}——按正常持续时间完成工作 $i-j$ 所需的直接费；

DN_{i-j}——工作 $i-j$ 正常持续时间；

DC_{i-j}——工作 $i-j$ 最短持续时间。

③根据费用最小原则，压缩关键线路上的工作。在压缩时，当只有一条关键线路时，应首先压缩直接费率最小的工作；当有多条关键线路时，应压缩组合直接费率最小的一组关键工作。

④在进行压缩时，要先比较直接费率（或组合直接费率）与工程间接费率的大小，然后再进行压缩。当被压缩对象的直接费率（或组合直接费率）大于工程间接费率，说明压缩关键工作的持续时间会使工程总费用增加，因此应停止压缩关键工作的持续时间，而此前的方案即最优方案；当被压缩对象的直接费率（或组合直接费率）等于工程间接费率，说明压缩关键工作的持续时间不会使工程总费用增加，因此应压缩关键工作的持续时间；当被压缩对象的直接费率（或组合直接费率）小于工程间接费率，说明压缩关键工作的持续时间会使工程总费用减少，因此应压缩关键工作的持续时间。

⑤将被压缩对象压缩至最短，并找出关键线路，注意不能将关键工作压缩成非关键工作。若压缩过程中出现多条关键线路，则应将所有的关键线路同时压缩相同的天数。

⑥重新计算和确定网络计划的工期、关键路线、直接费用、间接费用和总费用。

⑦重复③~⑥的内容，直到计算工期满足要求工期或被压缩对象的直接费率（或组合费率）大于工程间接费率为止。

⑧计算优化后的总费用，并绘制优化后的网络图。

案例6-13

某网络图计划如下，其工期与费用的关系见表6-9，试求最佳工期（单位：天）。

表 6-9　　某工程工期与费用关系表

工作代号	直接费/千元 正常	直接费/千元 极限	作业时间/天 正常	作业时间/天 极限	直接费率/(千元/天)	间接费率/(千元/天)
①—②	6	8	12	8		
①—③	5	7	6	4		
②—③	/	/	/	/		
②—④	4	4.5	6	4		0.6
③—④	5	6	8	6		
③—⑤	6	7	9	6		
④—⑤	2	2.5	3	2		

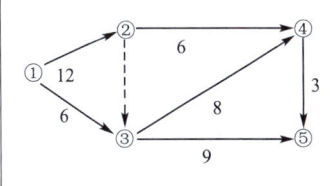

【解】（1）计算各工作的直接费率

①—②工作的直接费率 $=\dfrac{\text{极限费用}-\text{正常费用}}{\text{正常时间}-\text{极限时间}}=\dfrac{8-6}{12-8}=0.5$（千元/天）

①—③工作的直接费率＝$\dfrac{极限费用－正常费用}{正常时间－极限时间}$＝$\dfrac{7-5}{6-4}$＝1.0（千元/天）

工作的直接费率说明了某项工作在其正常作业时间与极限作业时间范围内,每压缩一天所增加直接费的多少。

同理:可求出其他各个工作的直接费率,见表 6-10。

表 6-10　　　　　　　某工程各工作的直接费率表

工作代号	①—②	①—③	②—③	②—④	③—④	③—⑤	④—⑤
直接费率/(千元/天)	0.5	1.0		0.25	0.33	0.33	0.5

(2) 寻找优化方案

初始网络图计划的工期与费用的计算:

初始网络图的关键线路为:①—②—③—④—⑤。

初始工期为 23 天(关键线路)。

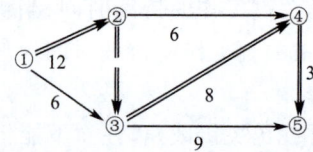

正常直接费＝28 千元,正常间接费＝0.6 千元/天×23 天(正常工期)＝13.8 千元。

总费用＝正常直接费＋正常间接费＝28＋13.8＝41.8 千元。

在关键线路上寻找使增加直接费最少的关键工作,并压缩其作业时间。

第一次优化:在①—②—③—④—⑤这条关键线路中,由于③—④工作压缩作业时间其增加的直接费最少,所以将③—④工作的作业时间压缩 2 天。如果压缩 3 天,则原来的关键线路将变成非关键线路。

则工期＝21 天,此时的费用为:增加的直接费＝0.33×2＝0.66 千元;

减少的间接费＝0.6×2＝1.2 千元;总费用＝41.8＋0.66－1.2＝41.26 千元。

此时,关键线路已经变为三条,即①—②—④—⑤、①—②—③—④—⑤、①—②—③—⑤。

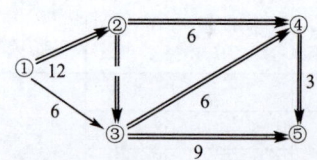

第二次优化:因为有三条关键线路,需要将三条线路同时压缩相同的天数,所以可能的压缩方案有:

A 方案:压缩①—②工作,每压缩 1 天增加的费用为 0.5 千元;

B 方案:同时压缩③—⑤和④—⑤工作,每压缩 1 天增加的费用为 0.5＋0.33＝0.83 千元;

C 方案:同时压缩②—④、③—④、③—⑤工作,每压缩 1 天增加的费用为 0.25＋0.33＋0.33＝0.91 千元。

可见,按照压缩后增加费用最低的原则,应考虑 A 方案。

将①—②工作压缩4天,从原来的12天变成极限作业时间8天,则工期变为17天,关键线路没有发生变化。费用变化如下:

增加的直接费=0.5×4=2千元;减少的间接费=0.6×4=2.4千元;

总费用=41.26+2-2.4=40.86千元。

压缩后的网络图如下:

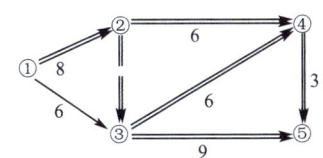

由于关键线路还是原来的三条,压缩方案只剩下B和C,比较后发现两种方案压缩后增加的费用(直接费率)比减少的费用(间接费率)大,说明已经不能再优化了。所以最佳工期为17天,此时的总费用为40.86千元。

3. 资源优化

资源是指为完成一项计划任务所需投入的人力、材料、机械设备和资金等。一项计划要按期完成往往会受到资源的限制,资源优化的目的是要解决资源的供需矛盾,合理使用现有资源,而不是减少现有资源。因为完成一项工程任务所需要的资源量基本上是不变的,而我们要做的是平衡资源需求的高峰和低谷,使得在整个工作进度中资源能够得到均衡的利用,避免浪费现象出现。

在通常情况下,网络计划的资源优化分为两种,即"资源有限,工期最短"的优化和"工期固定,资源均衡"的优化。前者是通过调整计划安排,在满足资源限制条件下,使工期延长最少的过程;而后者是通过调整计划安排,在工期保持不变的条件下,使资源需用量尽可能均衡的过程。

6.4 工程项目进度控制

在工程项目实施过程中,进度计划的作用是为项目开展制定一个运行轨道,而进度控制的任务是保证项目在这个轨道上运转。由于在计划实施中,会受到来自项目内外因素变化的影响,比如资金不能按计划到位,劳动力数量供应不足,材料质量不能满足工程需要,气候条件恶劣不能正常施工以及突发的一些自然灾害等,受这些因素的影响,预先制订的计划可能会不断进行修正,因此,进度控制也必须处于一个动态监控和不断调整的过程中。如果只重视进度计划的编制,而不重视进度计划的调整,则进度就无法得到控制。因此,在项目进行过程中,要不断地跟踪进度计划的变动调整情况,同时还要及时将实际情况与计划进行对比分析,若发现执行情况有偏差,则需采取纠偏措施,使项目按照预定的进度目标进行,这一过程称为项目的进度控制。

6.4.1 工程项目进度控制的任务

参与项目管理的主体有多个,各方的项目进度控制任务和重点有所不同,但他们的最终目标都是要按期完成各自的任务,实现总体进度目标。

(1)业主方进度控制的任务是控制整个项目实施阶段的进度,包括控制设计准备阶段的工作进度、设计进度、施工进度、物资采购进度以及项目运行前准备阶段的工作进度等。

(2)设计方进度控制的任务是依据设计任务委托合同对设计工作进度的要求来控制设计工作进度,这是设计方履行合同的义务。另外,设计方应尽可能使设计工作的进度与招标、施工和物资采购等工作进度相协调。

(3)施工方进度控制的任务是依据施工任务委托合同对施工进度的要求来控制施工进度,这是施工方履行合同的义务。在进度计划编制方面,施工方应视项目的特点和施工进度控制的需要,编制深度不同的控制性、指导性和实施性施工的进度计划,以及按不同计划周期(年度、季度、月度和旬)的施工计划等。

(4)供货方进度控制的任务是依据供货合同对供货的要求来控制供货进度,这是供货方履行合同的义务。供货进度计划应包括供货过程中的所有环节,如采购、加工制造、运输等。

6.4.2　工程项目进度的比较分析方法

工程项目进度比较是指将项目的实际进度与计划进度进行比较,根据比较结果来检查项目的执行情况是否与计划同步,如果不同步,还需要进一步分析异步对整个工程的影响以及异步的原因,进而通过制订相应方案来调整控制工程的实际进度。目前,常用的项目进度比较分析方法有以下几种。

1. 横道图比较法

横道图比较法是指在项目施工中通过检查收集到的实际进度信息,经整理后直接用横道线(区别于原横道线的线形)并列标于原计划的横道线下方(或上方),进行直观比较的方法。

横道图比较法的步骤如下:

(1)在计划图中标出检查日期。

(2)将实际进度数据在横道图中标出。

(3)比较实际进度与计划进度的偏差。当实际进度线与检查日期平齐,则表明实际进度按照计划进度实施;当实际进度线在检查日期的左侧,则表明实际进度落后于计划进度;当实际进度线在检查日期的右侧,则表明实际进度超前于计划进度。

2. 实际进度前锋线比较法

实际进度前锋线比较法是指通过绘制检查时刻的工程项目实际进度的前锋线,来比较实际进度与计划进度的方法。而前锋线是指从检查时刻的时标点出发,用点画线依次连接各项工作的实际进度位置点,最后再回到检查时刻点为止,形成一条折线,这条折线称为前锋线。该方法主要适用于时标网络计划,它既可用于工程局部进度的比较,又可用来分析和预测工程整体进度状况。

实际进度前锋线比较法的步骤如下:

(1)绘制前锋线

首先,在时标网络计划图的上方和下方各设一个时间坐标,然后从时标网络计划图上方时间坐标的检查日期开始,依次连接相邻工作的实际进度位置点,最后与时标网络计划图下方时间坐标的检查日期相连接,形成一条前锋线。

(2)比较实际进度和计划进度

当某项工作的前锋点与检查日期时间平齐时,说明该项工作按照计划进度实施;当某项工作的前锋点在检查日期的左侧时,表明该项工作进度落后于计划进度,两者之间的时标差为落后的时间;当某项工作的前锋点在检查日期的右侧时,表明该项工作进度超前于计划进度,两者之间的时标差为超前的时间。

案例6-14

某分部工程的时标网络计划如图6-47所示,定于第4天下班时检查工程进度情况,经检查发现工作C开始了1天,工作D开始了1天,工作E开始了2天,试用实际进度前锋线比较法进行实际进度与计划进度的比较。

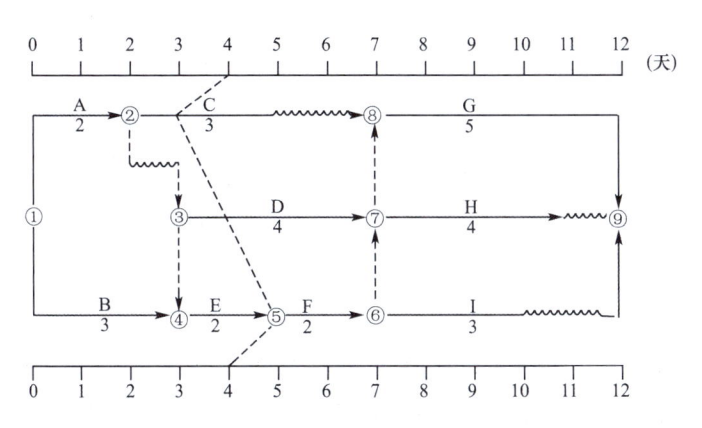

图6-47 某网络计划前锋线比较图

【解】 首先按照第4天的检查进度情况绘制前锋线,如图6-47所示,在图6-47中,我们可以通过比较看出:

(1)工作C实际进度拖后1天,其自由时差为2天,既不影响总工期,也不影响其后续工作的正常进行;

(2)工作D实际进度与计划进度相同,对总工期和后续工作均无影响;

(3)工作E实际进度提前1天,由于受工作D的影响,虽然工作E位于关键线路上,但是只能使其后续工作F、I的最早开始时间提前1天,并不能影响总工期。

综上所述,该检查时刻各工作的实际进度对总工期无影响,将使工作F、I的最早开始时间提前1天。

3."香蕉"形曲线比较法

"香蕉"形曲线是由两条S形曲线组合而形成的一条闭合曲线,其中一条S形曲线是按网络计划中各项工作最早开始时间安排进度绘制而成的,称为ES曲线;另一条是按网络计划中各项工作最迟开始时间安排进度绘制而成的,称为LS曲线。在"香蕉"形曲线中,由于两条S形曲线都是源于同一个工程项目,因此两条S形曲线的首尾能够闭合,这也就意味着两条曲线的计划开始时间和完成时间是相同的。在进度控制中,理想的状况是任一时刻按实际进度描绘的点,应该落在"香蕉"形曲线的区域内。

"香蕉"形曲线比较法的步骤如下:

(1)绘制"香蕉"形曲线

绘制方法见S形曲线的绘制方法,在此需注意的一点是"香蕉"形曲线要以各项工作的最早开始时间和最迟开始时间而分别绘制两条S形曲线,图6-48是"香蕉"形曲线比较图。

(2)用"香蕉"形曲线比较实际进度和计划进度

在项目实施过程中,按同样的方法,将每次检查的各项工作实际完成的任务量代入相应公式中,可以计算出不同时点实际完成任务量的百分比,并绘制在"香蕉"形曲线的平面内作为实际进度曲线,然后便可以进行实际进度与计划进度的比较。在比较过程中,可以采用同一时间下的任务完成量进行比较,也可以采用完成同一任务量所需要的时间进行比较。

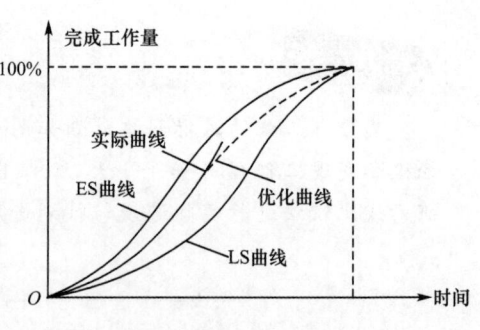

图 6-48 "香蕉"形曲线比较图

当实际进度 S 形曲线落在"香蕉"形曲线之内,说明工程项目实际进度正常;若实际进度 S 形曲线位于"香蕉"形曲线的上方,则说明实际进度快于计划进度;若实际进度 S 形曲线位于"香蕉"形曲线下方,则说明实际进度慢于计划进度。

4. S 形曲线比较法

S 形曲线比较法是以横坐标表示进度时间,纵坐标表示累计完成任务量而绘制出的一条 S 形曲线,将工程项目的各检查时间实际完成的任务量与计划 S 形曲线进行实际进度与计划进度相比较的一种方法。

S 形曲线比较法的步骤如下:

(1)绘制 S 形曲线

首先计算单位时间内计划完成的任务量,然后计算出规定时间内的累计完成任务量,累计完成任务量是各单位时间完成的任务量累加求和,最后按规定的时间及其所对应的累计完成任务量绘制出计划 S 形曲线,最后,按照上述方法在同一张图中绘制出实际 S 形曲线,如图 6-49 所示。

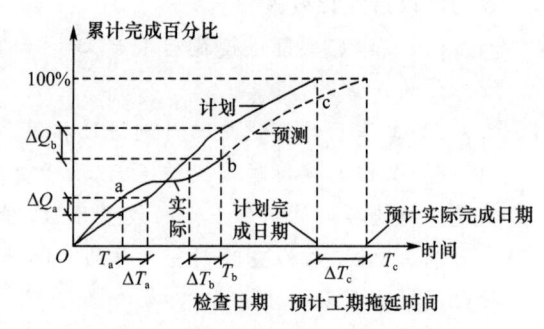

图 6-49 S 形曲线

(2)S 形曲线比较

第一,从图 6-49 中可以看出,当实际 S 形曲线落在计划 S 形曲线上方时,表示此时实际进度比计划进度超前;当实际 S 形曲线落在计划 S 形曲线下方时,表示此时实际进度比计划进度滞后;当实际 S 形曲线与计划 S 形曲线重合时,则表示二者进度一致。第二,从图 6-49 中还可以看出实际进度与计划进度的偏差,如图 6-49 中 ΔT_a 表示 T_a 时刻实际进度比计划进度超前的时间,ΔT_b 表示 T_b 时刻实际进度比计划进度滞后的时间。第三,我们还可以从图 6-49 中看出任务量的完成情况,如 ΔQ_a 表示 T_a 时刻超额完成的任务量,ΔQ_b 表示 T_b 时刻比计划少完成的任务量。第四,我们还能从图 6-49 中预测后期工程的进度。如工程按照原先计划速度实施,则会延迟 ΔT_c 时间。

6.4.3　工程项目进度偏差的分析

在工程项目实施过程中,通过对项目实际进度与计划进度进行对比分析,会发现在某些时点上项目的实际进度或多或少会出现偏差,这时候,我们就必须分析这些偏差是否会对后续工作及总工期造成影响,其影响程度如何,然后才能据此来制订相应的调整方案。分析工程项目进度偏差影响的步骤如下:

1. 分析并判断存在进度偏差的工作是否为关键工作

当出现进度偏差的工作的总时差为零时,则说明这项工作处于关键线路上,即关键工作,那么这个进度偏差就会对后续工作及总工期产生影响,因此必须要采取相应的措施来调整偏差;当出现进度偏差的工作的总时差不等于零时,则说明此项工作不是关键工作,那么它对后续工作和总工期的影响则需要按照以下步骤进一步判断。

2. 分析进度偏差是否大于总时差

如果工作的进度偏差大于该工作的总时差,则说明此偏差必将影响后续工作和项目的总工期,因此,必须要采取相应的措施进行调整;若此偏差小于或等于该工作的总时差,则说明此偏差不会影响项目的总工期,但它是否对后续工作产生影响,还需要进行下一步判断。

3. 分析进度偏差是否大于自由时差

如果工作的进度偏差大于该工作的自由时差,则说明此偏差必将对后续工作产生影响,主要是影响到后续工作的最早开始时间,这时候就需要根据后续工作的限制条件做相应调整。如果工作的进度偏差小于或等于该工作的自由时差,则说明此偏差对后续工作无影响,原进度计划可不作调整。

6.4.4　工程项目进度计划的调整方法

1. 调整工程量或工作量

如果需要赶工以保证工程按期竣工,就可以考虑通过删减一些次要的工作来减少工作量,集中精力和物力来保证主要工作;也可以将一部分专业性强的工作分包出去,减少工程量。以此达到缩减工期的目的。

2. 调整工作的起止时间

通过调整工作的起止时间,可以优化资源配置,达到节约工期和成本的目的。但是这种方法主要适用于非关键工作的调整。

3. 调整资源供应

通过调整资源的供应量和供应速度,可以延长或缩短工作的持续时间,从而达到调整工期的目的。

4. 调整工作关系

这里的工作关系是指工作之间的逻辑关系和搭接关系。要改变这种关系,主要通过改变施工方法或组织方式进行,如将依次施工改为平行或搭接施工。但是可调整的幅度应视工程的具体情况而定:对于大型的群体工程项目,单位工程之间的相互制约相对较小,可调幅度大;但是对于单位工程内部,由于施工顺序和逻辑关系的约束较大,可调幅度较小。

案例分析

广州市南沙体育馆工程项目进度管理

1 工程概况

南沙体育馆位于广州市南沙区，总用地面积约为30万平方米，总建筑面积约为3.03万平方米，建筑物地上三层，总座席数为8 000座，其中固定座席6 000，活动座席2 000，总投资约为5亿元。体育中心内的主要建筑为体育馆、体育场、游泳中心及其配套设施。一期建设的南沙体育馆(2010年广州亚运会武术及体育舞蹈比赛馆)及周边的广场、绿化等配套市政设施。体育馆的用地面积约为12.7万平方米，总建筑面积为29 856平方米，设置8 000座席。二期建设游泳中心和体育场及其他配套设施，总建筑面积为41 200平方米。另外，用地北部预留约5万平方米的发展用地，首期考虑建成绿地，远期将作为加油站及110 kV变电站建设用地。

2 进度计划管理

2.1 进度管理体系的建立

南沙体育馆工程项目建设是按项目实施阶段设立分目标的方式实施的，可分为施工设计、设备招投标、土建施工、设备现场安装调试、工程验收及试运行等六个阶段。

所有相关单位，包括体育馆项目发包方、设计、监理、施工各级承建单位，必须设立明确的进度管理架构，设置专职计划员，计划员需具备一定生产安排经验，了解图纸、施工组织设计、方案等技术文件，能对施工进度动向提前做出预测。

在工程实施过程中，项目管理的内容包括：由组建项目法人编制施工项目管理规划，在投标前，由施工企业编制"项目管理规划大纲"或者"施工组织总体设计"，开工前，由项目经理组织编制施工项目管理实施规划；在项目实施的整个过程中进行进度、质量、成本和安全目标控制，以实现项目要求的各项约束条件；对材料、劳动力、机械设备、资金和环境等生产要素进行优化配置与动态管理；充分利用施工合同和其他与施工项目有关的合同进行项目管理；利用计算机对项目有关的各类信息进行收集、整理、储存、输入和使用，以提高项目管理的科学性和有效性；在进行各项目标控制和管理的过程中进行组织协调，从而达到优化控制和管理之目的。

2.2 制订保证进度计划的方案

体育馆工程在工业工程施工中，根据体育馆工程施工经验，总结出了保障施工进度的原则性措施："建立一个体系，强化五项保障，协调相关关系。"

(1)建立保障进度实施的组织体系

以项目经理部为核心，依托建筑业企业总部的支持，以项目经理为保障制度实施的第一责任人，以区域的工程进度保障为基础，以专业施工队(或专业项目经理)作为区域工程进度的具体责任人，以五大资源保障体系为必需的前提条件，以资源的完全保障来保证工程进度目标的实现，以六项主要工程项目管理体系作为保障工期的支持体系，由此形成一个完整的保障进度实施的组织体系，确保工程进度总目标的实现。

(2)五项资源保障

①劳动力

根据体育馆工程项目的工程量和企业的劳动力生产率水平进行劳动力配置,包括:一是项目经理部管理和技术人员;二是专业技术与管理人员;三是自有专业作业队伍(结构、机械、电气);四是专业技术工人和普通作业人员;五是劳务协作作业队伍。

项目经理、经理部的主要管理和技术人员、专业技术与管理人员应该是熟悉体育馆工程施工工艺和施工特点,具有担任过大型体育馆施工项目的技术管理工作经验,且具有相应岗位资格。专业技术工人必须是经过培训、筛选,应具有较高素质。为保证处理好个别单项工程工期的紧急情况发生,在项目经理部内建立劳动力调配应急机制,并按高峰时各专业的劳动力需求量的10%进行劳动力储备。在个别项目出现工期紧急情况时,可以随时增加劳动力的投入,以确保工程进度目标。

②工程材料

严格按合同要求中业主关于工程材料供应管理的相关规定,制订材料供应计划,提出材料的品质要求,根据工程进度要求,组织材料的采购招标,选择合格的供应商,保证材料的品质,满足体育馆工程进度的需要。同时,根据材料供应计划,制订相应的材料采购资金的准备计划,保证材料采购的资金需求。

③周转材料

根据工程进度计划和周转材料使用计划,做好周转材料的调配、采购或租赁计划,保证周转材料提前到达工地。同时建立周转材料调配应急机制,按周转材料高峰时需求量的10%进行储备,在个别项目出现工期紧急情况时,可以随时增加周转材料的投入,以保证工程进度目标的实现。

④机械设备

体育馆工程中所使用的机械设备中,大型机械一般都是企业自有,另有部分机械设备以及短期集中使用的机械可以租赁使用(主要是土方机械、小型机具、小型吊机)。为保证机械设备的使用效率,机械设备的保养维修也尤为重要。项目经理部成立专门的机械设备保养维修小组,对进场的机械进行全面的保养维修,保证其能够随时投入使用,同时,根据各种机械设备的维护要求和经验,定期对其进行保养。此外,加强对机械设备的备品备件的计划制订与采购,保证主要设备的关键零部件都有备品备件,以充分发挥机械设备的效率,保证工程进度不因为机械设备故障而受到影响。

⑤资金

资金保障是整个体育馆工程施工项目其他保障的前提,是保证工程顺利施工、完成进度目标的最重要和最关键的保障,因此由项目经理亲自抓。

(3)协调相关关系

体育馆工程的进度管理,也是一个系统工程,要保证工程施工进度目标,就要处理好外部方方面面的各种关系。

①与业主的关系

在项目经理部的外部关系中,处理好与业主的关系最为重要,以"业主是顾客"的观念,把"服务业主"作为宗旨,把业主期望的工程进度、质量作为核心。

在开工前,与业主相关人员协商前期准备工作、现场临时设施规划、安全文明施工要求等,积极做好开工的全部准备工作。在工程施工期间,接受合同规定的由业主签发的变更、通知、指令等,并认真履行施工单位的职责;定期向业主报告工程进展情况,并认真听取业主的建议;按时参加业主召开的工程例会或专题会,切实贯彻会议决定。

②与监理的关系

工程监理单位是受业主委托,承担相应工程施工监理工作的当事人。因此要正确处理好与监理单位的关系,双方密切配合、协作,共同使工程顺利进行。主要是做好下列工作:

熟悉合同内容,明确施工单位作为合同当事人应承担的义务和应负的责任,认真履行合同义务,圆满地执行监理工程师的符合工程合同、有关法规、标准及规范的指示;掌握工程施工的相关信息,及时准确地了解工程动态和施工中出现的问题;建立与监理单位的联系制度。

严格按监理规范要求的工作程序,开工报告、材料报验、质量检验、交工验收等必须报监理工程师批准;处理好公共关系,为双方创造一个和谐友好共事的环境。

③与设计院的关系

处理好与设计院的关系,也是保证工程施工进度的重要环节。主要包括以下几方面:根据施工进度计划,和业主、设计院商定发图计划,对于因图纸未到而引起的关键工序施工受到影响,需要与业主签订备忘录,以作为工期索赔的依据;和设计院密切联系,做好图纸会审,积极参加专业会审,主动解决协作疑难,公正承担协作义务;在钢结构施工详图的深化设计过程中积极与设计院配合,取得一致意见;工程施工中,遇到问题需修改设计时,必须得到业主和设计院的同意,并以书面变更为准。

④与当地政府的关系

严格执行当地政府有关工程建设的规定,尊重地方政府的指导管辖;项目经理部指定专人与地方政府联络沟通,交换情况;接受地方政府、消防工作指导,确保施工生产区域和职工生活区域的平安。

⑤与当地居民的关系

施工过程中,实行环保目标责任制,加强环保检查和监控工作,对施工现场粉尘、噪声、废气进行监控,及时采取措施减小或消除粉尘、噪声、废气和污水的污染,防止对居民造成不良影响。此外,与当地居民处理好关系,杜绝刑事、民事案件的发生,将民事纠纷降到最低。

3 进度计划的控制

3.1 南沙体育馆工程项目施工前进度控制

(1)进度控制的工作内容和特点

由项目部确定进度控制的工作内容和特点,控制方法和具体措施,进度目标实现的风险分析,以及还有哪些尚待解决的问题。

(2)施工组织总进度计划

项目部编制施工组织总进度计划,对准备工作及任务做出时间安排。

(3)项目部编制工程进度计划

重点考虑以下内容:所动用的人力和施工设备是否能满足完成计划工程的需要;基本工作程序是否合理、实用;施工设备是否配套,规模和技术状况是否良好;如何规划运输通道;工人的工作能力如何;工作空间分析;预留足够的清理现场时间,材料、劳动力计划是否符合进度计划的要求;分包工程计划;临时工程计划;竣工、验收计划;可能影响进度的施工环境和技术问题等。

(4)项目部编制年、季、月度工程计划

3.2 南沙体育馆工程项目施工过程中进度控制

(1)由项目经理定期收集数据,预测施工进度的发展趋势,实行进度控制。进度控制的周期应根据计划的内容和管理目的来确定。

(2)随时掌握各施工过程持续时间的变化情况以及设计变更等引起的施工内容的增减,施工内部条件与外部条件的变化等,及时分析研究,采取相应的措施。

(3)及时做好各项施工准备,加强作业管理和调度。在各施工过程开始之前,应对施工技术物资供应,施工环境等做好充分准备。应该不断提高劳动生产率,减轻劳动强度,提高施工质量,节省费用,做好各项作业的技术培训与指导工作。

3.3 南沙体育馆工程项目施工后进度控制

施工后进度控制是指完成工程后的进度控制工作,包括:组织工程验收,处理工程索赔,工程进度资料整理、归类、编目和建档等。

思考与练习

1.某分部工程由4个分项工程所组成,该工程平均分为4段,流水节拍均为3天,无技术和组织间歇时间。试确定流水步距并计算工期。

2.某工程分甲、乙、丙、丁四个施工段,每个施工段又分为A,B,C三个施工过程,各施工过程的流水节拍见表6-11。A,B之后分别有2天、1天的间隔时间,试计算流水步距和总工期。

表6-11　　　　　　某工程各施工过程的流水节拍

施工过程＼施工段	甲	乙	丙	丁
A	1	3	3	4
B	2	5	1	3
C	4	5	2	2

3.某工程外墙装修工程有水刷石、陶瓷锦砖(马赛克)、干粘石三种装饰内容,在一个流水段上的工程量分别为:40 m², 85 m², 124 m²;采用的劳动定额分别为3.6 工日/m², 0.435 工日/m², 4.2 工日/m²。求各装饰分项的劳动量;此墙共有5段,如每天工作一班,每班12人做,则装饰工程的工期为多少天,并绘制横道图。

4.根据下列逻辑关系分别绘制单、双代号网络图,并计算工作的六个时间参数(单位:天)。

(1)

工作名称	A	B	C	D	E	F
紧前工作	/	A	A	A	B,C,D	D
持续时间	2	3	4	2	3	2

(2)

工作名称	A	B	C	D	E	F
紧前工作	/	/	/	A,B	B	C,D,E
持续时间	1	3	2	4	3	3

(3)

工作名称	A	B	C	D	E	F
紧前工作	/	/	A	A	B	C,D
持续时间	3	4	2	4	5	2

(4)

工作名称	A	B	C	D	E	F	G
紧前工作	/	A	A	B	B,C	D,E	D
持续时间	2	5	3	4	8	5	4

5.根据图 6-50 所示的横道图绘制双代号网络图,并计算 ET_i、LT_i、ES_{i-j}、EF_{i-j}、LS_{i-j}、LF_{i-j}、TF_{i-j}、FF_{i-j},找出关键线路。

图 6-50 某工程横道图

6.某工程的计划时标网络计划执行到第 3 周和第 9 周末时,其实际进度的前锋线如图 6-51 所示,试分别判断第 3 周和第 9 周末时各工作对工期的影响。

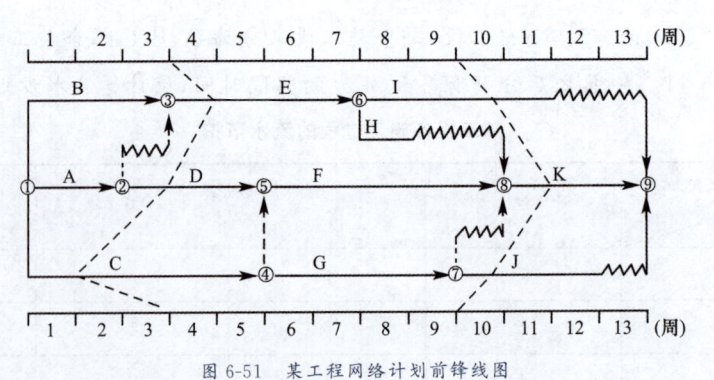

图 6-51 某工程网络计划前锋线图

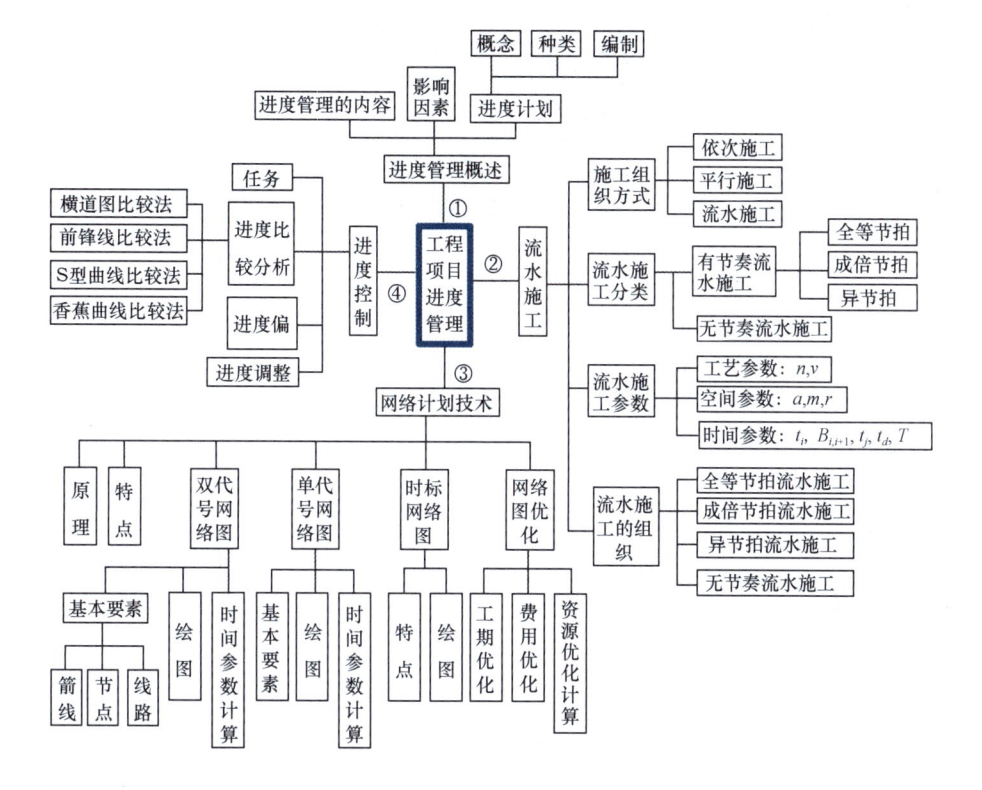

思维导图

工程项目进度管理

- ① 进度管理概述
  - 进度管理的内容
  - 影响因素
  - 进度计划
    - 概念
    - 种类
    - 编制

- ② 流水施工
  - 施工组织方式
    - 依次施工
    - 平行施工
    - 流水施工
  - 流水施工分类
    - 有节奏流水施工
      - 全等节拍
      - 成倍节拍
      - 异节拍
    - 无节奏流水施工
  - 流水施工参数
    - 工艺参数：n, v
    - 空间参数：a, m, r
    - 时间参数：$t_i, B_{i,i+1}, t_j, t_d, T$
  - 流水施工的组织
    - 全等节拍流水施工
    - 成倍节拍流水施工
    - 异节拍流水施工
    - 无节奏流水施工

- ③ 网络计划技术
  - 原理
  - 特点
  - 双代号网络图
    - 基本要素
      - 箭线
      - 节点
      - 线路
    - 绘图
    - 时间参数计算
  - 单代号网络图
    - 基本要素
    - 绘图
    - 时间参数计算
  - 时标网络图
    - 特点
    - 绘图
  - 网络图优化
    - 工期优化
    - 费用优化
    - 资源优化计算

- ④ 进度控制
  - 任务
  - 进度比较分析
    - 横道图比较法
    - 前锋线比较法
    - S型曲线比较法
    - 香蕉曲线比较法
  - 进度偏
  - 进度调整

第 6 章 工程项目进度管理

在线自测

第 6 章

第7章 工程项目质量管理

学习目标

了解工程项目质量的概念和特性;熟悉工程项目质量管理的主要方法;熟悉工程项目质量管理的体系和原则;掌握工程项目施工阶段的质量控制内容;熟悉工程项目验收阶段的质量控制内容;掌握工程质量验收结果的处理原则;了解工程质量事故的分类及特点,熟悉常见的引起工程质量事故的原因,了解工程质量事故处理的依据和程序。

7.1 工程项目质量管理概述

质量是建设工程项目的生命,工程质量关系到国家的发展、社会的进步、企业的生存和人们的生命财产安全,没有质量就谈不上生存,更谈不上发展。住房和城乡建设部曾经提出抓工程质量要实行"两个覆盖",即要覆盖所有的工程项目、要覆盖每一个工程建设的全过程,从中也凸显了项目质量管理的重要性。在实践中,由于忽视质量问题而带来的血的教训数不胜数,因此,必须加强工程项目的质量管理。

7.1.1 工程项目质量

工程项目质量是指工程项目满足业主的需要,符合国家法律、法规、技术规范、标准、设计文件及工程合同对工程质量特性的综合要求的能力。

1. 工程质量特性

(1)适用性

适用性,即功能,是指工程满足使用功能目的的各种性能。例如,不产生影响使用的过大变形和振幅,不发生足以让适用者不安的过宽的裂缝等。

(2)耐久性

耐久性,即使用寿命。结构在正常维护条件下应该有的足够的耐久性,完好使用到设计规定的年限。我国《建筑结构可靠性设计统一标准》(GB 50068—2018)规定,普通房屋和构筑物的设计使用年限为 50 年,标志性建筑和特别重要的建筑结构的设计使用年限为 100 年。但受我国国情和建筑技术的限制,很多房屋、工厂等建筑因为城市规划的需要或因破坏严重不得不面临被拆除的危险。

(3)安全性

安全性是指建筑结构应能承受正常施工和正常使用时可能出现的各种荷载和变形,在偶然事件(如地震、爆炸等)发生时和发生后保持必需的整体稳定性,应做到"小震不坏,中震可修,大震不倒"。要尽可能避免或减少因设计失误、施工工艺不当、偷工减料等对建筑的安全性造成的威胁。

(4)可靠性

可靠性是指结构在设计使用年限内,在正常设计、正常施工、正常使用和维护的条件下,完成预定功能的能力。结构的可靠度是结构可靠性的概率衡量,可靠度越高,则结构的可靠性能越强,越不容易破坏。但可靠度的计算需要大量的工程数据,而且由于工程的单一性很难取定有效数据,一般依靠经验来判断。

(5)经济性

经济性是指工程从规划、勘察、设计、施工到整个产品使用寿命周期内的成本和消耗的费用以及产生的经济和社会效益。经济利益的驱动,使得很多项目参与单位过分重视成本和消耗,而忽视了社会效益,从而产生很多工程质量问题,对国家和人民生命财产造成了严重的影响。因此,经济效益和社会效益要同时兼顾。

(6)与周围环境的协调性

与周围环境的协调性主要体现在城市规划和建筑设计上。工程应与其周围生态环境、所在地区经济环境以及与周围已建工程相协调,才能适应可持续发展。在城市规划与建筑设计方面,我国很大程度上还处在模仿的阶段,亟待提升这方面的能力素养。

2. 工程项目质量的特点

工程项目质量的特点是由工程项目的特点所决定的。工程项目的特点表现为项目的不可逆性,产品的多样性、固定性、形体庞大性以及生产的单件性、流动性、生产周期长等,因此工程项目质量的特点主要表现为:

(1)影响因素多

工程项目的建设周期比较长,因此影响的因素也较多,如立项决策、设计、施工、机械、环境、工艺方法、技术措施、管理制度、人员素质等都直接或间接地影响工程项目的质量;再加上在如此长的建设周期中,这些影响因素又会不断地发生变化。因此工程项目的质量管理难度很大。

(2)质量波动大

工程建设因其复杂性、单件性,不像一般工业产品的生产那样有固定的生产流水线,规范化的生产工艺,完善的检测技术,成套的生产设备,稳定的生产环境以及相同系列规格和相同功能的产品,所以其质量波动大,而且工程项目质量不像工业产品质量那样容易控制。

(3)质量隐蔽性大,终检局限性大

工程项目在施工过程中,由于工序交接多,中间产品和隐蔽工程多,若在施工中不及时检查和发现其存在的质量问题,工程隐蔽后很难发现其存在的内部质量问题。它不像一般的工业产品,可以通过终检来判断产品的质量好坏,而工程项目的终检一般只局限在表面,无法拆开建筑物进行检查,因此具有一定的局限性。这就要求在工程质量管理过程中,必须注重建设全过程的管理,而不能将砝码压在工程的终检环节上。

7.1.2 工程项目质量管理

1. 质量管理的概念

《质量管理体系 基础和术语》(GB/T 19000—2016)规定,质量管理是指在质量方面指挥和控制组织的协调的活动,通常包括制定质量方针和质量目标,以及质量策划(包含质量计划)、质量保证、质量控制和质量改进。

质量方针是由组织的最高管理者正式颁布的、该组织的总的质量宗旨和方向。它是一个组织长期或较长时间内质量活动的指导原则,反映领导的质量意识和决策。不同的企业制定的质量方针不完全相同。

质量目标是人们对某件事物或某项活动在质量方面提出的要求。

质量方针是总的质量宗旨、总的指导思想,而质量目标是比较具体的、定量的要求。质量方针可以为制定质量目标提供框架。

2.工程项目质量管理的程序

《建设工程项目管理规范》(GB/T 50326—2017)第 10.1.4 条规定,项目的质量管理应按下列程序实施:

(1)确定质量计划。
(2)实施质量控制。
(3)开展质量检查与处理。
(4)落实质量改进。

7.1.3 工程项目质量管理的主要原理

1.PDCA 循环原理

PDCA 循环又称"戴明循环",简称"戴明环",是由美国统计学家戴明博士提出来的,它反映了质量管理活动的基本规律。PDCA 循环是指由计划(Plan)、实施(Do)、检查(Check)和处理(Action)四个阶段组成的工作循环,如图 7-1 所示。

它是以计划为基础,通过这样一个周而复始的循环过程,使质量不断得以提高的一种科学管理程序和方法。它是由四个阶段八个步骤组成:

图 7-1 PDCA 循环

(1)计划阶段(Plan)

计划阶段包含四个步骤:

第一步,分析现状,找出问题。

首先,要分析项目范围内的一些质量通病;其次,针对工程中的一些技术复杂、难度大、质量要求高的项目,以及新工艺、新技术、新结构、新材料等项目,要加强质量调查,加大分析力度。需要注意的是,加大量化分析的力度,即要通过掌握大量数据和资料,运用数理统计等量化分析方法来分析问题,以增强客观性和说服力。

第二步,分析产生问题的原因。

这一步要在量化分析的基础上,充分运用相关专家的经验和智慧,分析产生质量问题的原因,并绘制成因果分析图。

第三步,找出影响质量的主要因素。

找出影响质量的主要因素的方法有两种:一是利用数理统计方法和图表;二是当数据不容易取得或者受时间限制来不及取得时,可根据相关人员的分析讨论意见确定或者采用投票的方式确定。

第四步,拟订方案,制订计划,并预计效果。

在进行这一步时,要反复考虑并明确回答以下"5W1H"问题:

①为什么要采取这些措施?为什么要这样改进?即要回答采取措施的原因。(Why)

②改进后能达到什么目的？有什么效果？（What）
③在何处（哪道工序、哪个环节、哪个过程）执行？（Where）
④什么时间执行？什么时间完成？（When）
⑤由谁负责执行？（Who）
⑥用什么方法完成？用哪种方法比较好？（How）

(2) 实施阶段（Do）

实施阶段包含一个步骤：

第五步，执行方案，执行计划。

怎样执行方案和计划呢？首先，要做好方案和计划的交底和落实。落实包括组织落实、技术落实和物资材料落实。相关人员还要经训练、实习并考核合格后再执行。其次，方案和计划的执行，要依靠质量管理体系。

(3) 检查阶段（Check）

检查阶段包含一个步骤：

第六步，检查工作，调查效果。

这一步的主要任务是要对照方案和计划中规定的目标来检查执行效果，即检查是否按计划要求去做，哪些做得好，哪些还没有达到要求。另外，要求调查效果必须客观、实事求是，从中也能发现究竟还存在哪些问题。

(4) 处理阶段（Action）

处理阶段包含两个步骤：

第七步，标准化，固定成绩。

经过上一步检查后，将确有效果的方案、在实施中获得的成功经验，通过修订相应的工艺文件、工艺规程、作业标准和各种质量管理的规章制度加以总结，把成绩巩固下来。

第八步，处理遗留的问题。

通过检查，把效果还不显著或还不符合要求的方案，作为遗留问题，反映到下一循环中。

PDCA 循环是周而复始不断进行的，每循环一次，质量水平就提高一个层次，如此循环往复，质量水平也就会在循环中得到不断的提升。PDCA 循环的八个步骤如图 7-2 所示，其执行效果如图 7-3 所示。

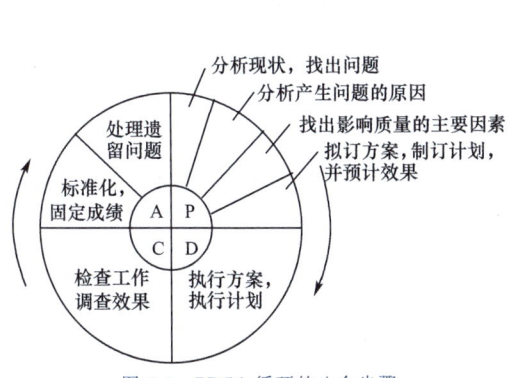

图 7-2 PDCA 循环的八个步骤

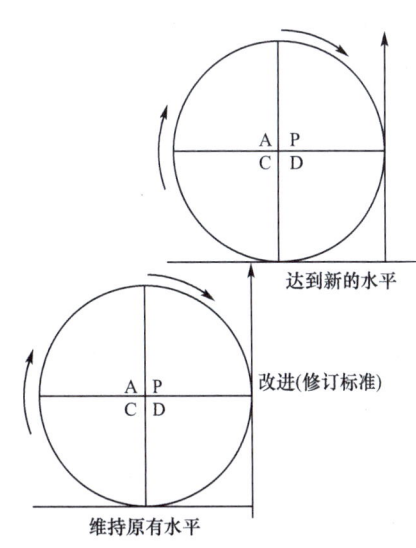

图 7-3 PDCA 循环的执行效果

2.工程项目质量控制的三阶段原理

工程项目的质量控制是一个持续的过程,它贯穿于项目从立项到投入使用的全过程,因此,根据工程质量形成的阶段,质量控制可分为事前控制、事中控制和事后控制三个阶段。其中,事前控制是质量控制工作的重点。

(1)事前控制

事前控制包括两层含义:一是强调质量目标的计划预控,即要预先制订切实可行的质量目标和计划;二是按质量计划进行质量活动前的准备工作状态的控制,即做好各项施工准备工作。

对于建筑工程项目来说,事前控制应做好如下工作:

①制定质量方针和质量目标。常见的质量方针是"质量第一、预防为主"。质量目标应根据项目面临的具体环境而定。

②制订质量计划。包括确定质量管理的组织机构和岗位职责,合理配置人员和工器具,拟定质量管理程序等。

③做好施工准备。包括技术准备、现场准备、人员准备、物资准备,做好分包商的选择和管理等。

④做好技术交底。每项工作施工前都应由项目技术人员对作业人员进行详尽的技术交底,告知作业人员应知和应特别注意的事项。

(2)事中控制

事中控制是对质量活动主体、质量活动过程和结果所进行的自控和监控两方面的控制。自控是指操作者对其所从事的技术作业活动实施自我约束和自我控制以实现质量目标;监控是指由企业内部管理者或企业外部的监管部门对质量活动的过程和结果进行监督控制。

建筑工程项目的事中控制需要做好如下工作:

①测量控制。做好施工过程中的放线测量、标高控制、垂直度控制和变形观测。

②工序质量控制。包括对该工序涉及的人、材、机、方法和环境的质量控制,以及对工序质量效果的监测。

③做好隐蔽工程验收。隐蔽工程验收属于质量验收的中间环节,也是施工过程验收的重点。

④做好工程变更控制。工程变更往往会使质量标准和要求也发生改变,应及时做出调整。

(3)事后控制

事后控制也称合格控制,包括对质量活动结果的评价认定和对质量偏差的纠正。从理论上分析,如果计划预控过程所制订的行动方案考虑得越周密,事中约束监控的能力越强、越严格,实现质量预期目标的可能性就越大。但客观上相当部分的工程不可能达到,因为在过程中不可避免地会存在一些计划时难以预料的影响因素。因此当出现质量实际值与目标值之间超出允许偏差时,必须分析原因,采取措施纠正偏差,保持质量受控状态。

建筑工程项目的事后控制需要做好如下工作:

①已完施工成品的质量保护。有些部位施工完成后,因为其他部位还在施工,受其影响,已完部位的施工质量很容易因为踩踏、碰撞等遭受破坏。

②施工质量检查验收。非隐蔽部位的质量验收属于事后控制措施,包括检验批、分项工程、分部工程和单位工程的施工质量验收。

以上三个环节是相互联系、相互影响的,它们之间构成有机的系统过程,实质上也是PDCA循环的具体化,最终的目的是要实现质量管理或质量控制的持续改进。

3. 工程项目质量的三全控制原理

三全控制原理来自全面质量管理(Total Quality Control,TQC)的思想,是指企业组织的质量管理应该是全面、全过程和全员参与的。

(1)全面质量控制

全面质量控制是指工程(产品)质量和工作质量的全面控制。工作质量是指建设工程各参与主体为了保证工程项目质量所从事工作的水平和完善程度,包括社会工作质量、生产过程工作质量、技术工作质量和后勤工作质量等。工作质量是产品质量的保证,工作质量直接影响产品质量的形成。

(2)全过程质量控制

全过程质量控制是指对建设工程的整个过程(包括项目的提出、鉴别、选择、策划、可研、决策、立项、勘察、设计、发包、施工、验收、使用等)进行质量控制。主要的过程包括:项目策划与决策过程、勘察设计过程、施工采购过程、施工组织与准备过程、检测设备控制与计量过程、施工生产的检验试验过程、工程质量的评定过程、工程竣工验收与交付过程、工程回访维修服务过程。

(3)全员参与控制

所谓全员参与控制,是指发动全体员工参与质量管理体系的各项活动,使员工通过参与实践发表自己对质量管理和控制的看法,同时组织应提供适当的培训机会加强员工的质量意识和技能,使员工最大限度地发挥自己的主观能动性,为提高工程质量做出自己的贡献。全员参与质量控制作为全面质量控制所不可或缺的重要手段就是目标管理。

7.1.4 工程项目质量管理体系

1. ISO 与 ISO 9000 系列标准简介

国际化标准组织(International Organization for Standardization,ISO)成立于 1947 年,是世界上最大的具有民间性质的标准化机构。ISO 于 1979 年成立了质量管理和质量保证技术委员会(TC176),负责制定质量管理和质量保证标准。

1986 年,ISO 发布了 ISO 8402《质量——术语》标准,1987 年发布了 ISO 9000《质量管理和质量保证标准——选择和使用指南》、ISO 9001《质量体系——设计开发、生产、安装和服务的质量保证模式》、ISO 9002《质量体系——生产和安装的质量保证模式》、ISO 9003《质量体系——最终检验和试验的质量保证模式》、ISO 9004《质量管理和质量体系要素——指南》等六项标准,通称为 ISO 9000 系列标准。ISO 9000 系列标准并不是产品的技术标准,而是针对组织的管理结构、人员、技术能力、各项规章制度、技术文件和内部监督机制等一系列体现组织保证产品及服务质量的管理措施的标准。

具体地讲,ISO 9000 系列标准就是在以下四个方面规范质量管理:

(1)机构:明确规定了为保证产品质量而必须建立的管理机构及职责权限。

(2)程序:组织的产品生产必须制定规章制度、技术标准、质量手册、质量体系操作检查程序,并使之文件化。

(3)过程:质量控制是对生产的全部过程加以控制,是全面的控制,不是点的控制。从产品的调研、设计、原材料采购到生产、检验、包装和储运等,全过程按程序要求控制质量,并要求过程具有标识性、监督性、可追溯性。

(4)总结:不断地总结、评价质量管理体系,不断地改进质量管理体系,使质量管理呈螺旋式上升。

ISO 9000 系列标准自 1986 年发布以来,先后经历了 1994 年版、2000 年版、2008 年版和 2015 年版的修改,形成了:ISO 9000:2015《质量管理体系——基础和术语》、ISO 9001:2015《质量管理体系——要求》、ISO 9004:2009《追求组织的持续成功——质量管理方法》、ISO 19011:2011《管理体系审核指南》。

2. 质量管理原则

根据《质量管理体系 基础和术语》(GB/T 19000—2016),质量管理原则有以下七个方面:

(1)以顾客为关注焦点

组织依存于顾客。因此,组织应当理解顾客当前和未来的需求,满足顾客要求并争取超越顾客期望。

组织生存与发展的前提条件之一就是要有顾客,因此,组织必须要把顾客的要求和期望放在首位,并以此制定组织的质量规范和要求,要想实现这一目标,需要组织通过市场调查研究或访问顾客等方式,准确详细了解顾客当前或未来的需求,并将其作为设计开发和质量改进的依据;同时要通过加强与顾客的沟通,调查顾客的满意程度,以便有针对性地采取改进措施。

(2)领导作用

领导者确立组织统一的宗旨及方向。他们应当创造并保持使员工能充分参与实现组织目标的内部环境。

领导的作用是指最高管理者具有决策和领导一个组织的关键作用,为全体员工实现组织的目标创造良好的工作环境。最高管理者应建立质量方针和质量目标,以体现组织总的质量宗旨和方向,以及在质量方面所追求的目的。领导者应时刻关注组织经营的国内外环境,制定组织的发展战略,规划组织的蓝图。质量方针应随着环境的变化而变化,并与组织的宗旨一致。最高管理者应将质量方针、目标传达落实到组织的各职能部门和相关层次,让全体员工理解和执行。

(3)全员积极参与

各级人员是组织之本,只有他们充分参与,才能为组织带来收益。

全体员工是每个组织的基础,人是生产力中最活跃的因素。组织的成功不仅取决于正确的领导,还有赖于全体人员的积极参与,所以应赋予各部门、各岗位人员应有的职责和权限,为全体员工制造一个良好的工作环境,激励他们的积极性和创造性,通过教育和培训增长他们的才干和能力,发挥员工的革新和创新精神,共享知识和经验,积极寻求增长知识和经验的机遇,为员工的成长和发展创造良好的条件,这样才能给组织带来最大的收益。

(4)过程方法

将活动和相关的资源作为过程加以管理,可以更高效地得到期望的结果。

过程是指将输入转化为输出所使用资源的各项活动。在建立质量管理体系或确定质量控制目标时,首先应识别和确定所需的过程,在开展质量管理各项活动中应采用过程的方法实施控制,确保每个过程的质量,并按确定的工作步骤和活动顺序建立工作流程,人员培训,所需的设备、材料、测量和控制实施过程的方法,以及所需的信息和其他资源等,以充分利用资源,降低成本。

(5)改进

成功的组织持续关注改进。改进是保持组织当前的绩效水平,对内外部变化及时做出反应,创造新机会的必要措施。

市场环境日趋复杂,竞争程度不断加剧,再加上人们物质和文化水平的不断提高,顾客的要求也越来越高。而组织为了更好适应这一变化趋势,就必须要不断调整自己的经营战略,持续改进自己的管理水平,不断增强自己的竞争实力,实现顾客的持续满意。

(6)循证决策

循证决策是指基于数据和信息的分析和评价做出决策。

决策是通过调查和分析,确定项目质量目标并提出实现目标的方案,对可供选择的若干方案进行优选后做出抉择的过程,项目组织在工程实施的各项管理活动过程中都需要做出决策。能否对各个过程做出正确的决策,将会影响到组织的有效性和效率,甚至关系到项目的成败。所以,有效的决策必须以充分的数据和真实的信息为基础。

(7)关系管理

为了持续成功,组织需要管理与相关方的关系。比如企业与供方、合作伙伴、投资者、员工及整个社会的关系,最好能做到合作共赢,方能长久。

3.质量管理体系的建立

建立一套完善的质量管理体系一般要经历四个阶段:策划与设计阶段、体系文件的编制阶段、试运行阶段、审核和评审阶段。

(1)策划与设计阶段

这个阶段的主要任务是做好各种准备工作,包括统一领导思想,培训骨干队伍,成立贯标小组,拟订质量计划,确定质量方针和目标,调查和分析现状等方面。

(2)体系文件的编制阶段

质量管理体系文件是质量管理体系的一个重要组成部分,主要由质量手册、质量管理体系程序文件、质量计划和质量记录等组成。

(3)试运行阶段

质量管理体系文件编制完成后,将进入试运行阶段。这一阶段的主要目标是通过试运行,检验质量管理体系文件的有效性和协调性,以及是否存在疏漏。因此在质量管理体系的试运行阶段,首先要注意加强宣传,使全体员工认识到质量管理体系文件的重要性;其次,在运行中要坚持实事求是原则,针对质量管理体系试运行中存在的问题,采取相应的措施加以改进。

(4)审核和评审阶段

在这一阶段,质量管理体系审核的重点主要是验证和确认体系文件的适用性和有效性。同时运行实践,需要重点审查质量方针和质量目标是否可行;体系文件是否覆盖了所有主要质量活动,各文件之间的接口是否清楚;组织结构能否满足质量管理体系运行的需要;质量管理体系要素的选择是否合理;规定的质量记录能否起到应有的作用;等等。如在审查时发现问题,应制订纠正和预防方案,进行质量的持续改建。

7.1.5 工程项目质量计划

项目质量计划是指为确定项目应该达到的质量标准和如何达到这些项目质量标准而做的项目质量的计划与安排。项目质量计划是质量策划的结果之一。它规定与项目相关的质量标准,如何满足这些标准,由谁及何时应使用哪些程序和相关资源。工程项目质量计划作为对外质量保证,对内质量控制的依据,体现项目全过程的质量管理要求。

(1)工程项目质量计划的编制依据

①合同中有关项目质量的要求。

②项目管理规划大纲。

③项目设计文件。

④相关法律、法规和标准规范。

⑤质量管理的其他要求。

(2)工程项目质量计划的编制内容

①质量目标和质量要求。

②质量管理体系和管理职责。

③质量管理与协调的程序。

④法律、法规和规范标准。

⑤质量控制点的设置与管理。

⑥项目生产要素的质量控制。

⑦实施项目目标和项目要求所采取的措施。

⑧项目质量文件(内业资料)的管理。

7.2 工程项目施工阶段的质量控制

一个工程项目的施工阶段所涵盖的环节众多而纷杂,如不能将工程施工阶段的环节内容进行梳理,则在质量控制中就会无所适从,没有头绪。因此,在对工程项目施工阶段进行质量控制之前,首先要明确施工过程阶段的划分,在此基础上进行质量控制。本阶段的质量控制工作主要有:

(1)施工质量目标分解。

(2)施工技术交底与工序控制。

(3)施工质量偏差控制。

(4)项目的检验、评价和防护。

7.2.1 施工质量目标分解

对于施工企业来说,虽然不同项目的质量目标不完全相同,但是至少必须要满足质量验收规范的要求,全部合格。否则无法通过质量验收。有些项目会在此基础上增加一些诸如争创鲁班奖、100%一次性通过验收,不返工等要求。

为方便落实分目标,施工项目目标在开工前应进行分解。分解思路通常有两种:一是按照质量目标指标分解到各层级、各部门;二是按照项目构成从单项工程、单位工程、分部工程、分项工程到检验批依次层层分解。

表 7-1 为某项目的质量目标分解表(节选)。

表 7-1　　　　　　　　　　　某项目的质量目标分解表

分部工程	质量目标	分项工程	保证项目质量目标	基本项目质量目标	允许偏差项目质量目标
基础工程	合格	模板工程	符合 GB 50204—2015	合格	90%实测值在偏差允许范围内
	合格	钢筋工程	符合 GB 50204—2015	合格	90%实测值在偏差允许范围内
	合格	混凝土工程	符合 GB 50204—2015	合格	90%实测值在偏差允许范围内
主体工程	合格	模板工程	符合 GB 50204—2015	合格	90%实测值在偏差允许范围内
	合格	钢筋工程	符合 GB 50204—2015	合格	90%实测值在偏差允许范围内
	合格	混凝土工程	符合 GB 50204—2015	合格	90%实测值在偏差允许范围内
	合格	砌体工程	符合 GB 50203—2011	合格	90%实测值在偏差允许范围内
屋面工程	合格	保温层	符合 GB 50207—2012	合格	90%实测值在偏差允许范围内
	合格	找平层	符合 GB 50207—2012	合格	90%实测值在偏差允许范围内
	合格	防水层	符合 GB 50207—2012	合格	90%实测值在偏差允许范围内

7.2.2　工程项目施工阶段质量控制

1.生产要素的质量控制

建设工程项目质量的影响因素很多,归纳起来主要有:人(Man)、材料(Material)、机械设备(Machine)、方法(Method)和环境(Environment),简称 4M1E 因素。

(1)人的质量控制

人是生产活动的主体,人员的素质及其主观能动性的发挥是决定施工质量的一个关键因素。在工程施工质量控制中,应着重考虑人的以下几方面因素:

①身体素质。健康的体魄是从事施工作业的前提条件。工程施工是一项劳动强度很大的活动,没有一个过硬的身体素质,便不能从事工程施工工作,否则会影响工程质量,发生质量、安全事故。这就要求在选用人员时要进行身体测试和体检。

②心理行为。人在不同的环境条件下,心理会发生不同的变化,这种心理变化会影响工作质量。比如当人们受到某些不利因素影响的时候,会产生烦躁、悲观的心理,他就会将这种心理和情绪带到工作中来,表现为注意力不集中、责任心不强,因此会降低工作质量;相反,如果一个人在开朗、乐观、向上的心绪状态下,那他在工作中就会表现出兢兢业业、一丝不苟,从而会显著提高工作质量。因此,要加强激励和沟通活动,营造一种和谐向上的环境,通过引导人的心理来调动人的积极性。

③生产技能。生产技能水平会直接影响工程施工质量。在建筑工程中,有一些工序,尤其是关键部位的工序施工技术难度较大、要求精度较高,如果工人的技术水平达不到要求,就无法按质完成任务,即使勉强完成,也会对整个工程造成一些安全隐患。因此,要做到作业人员持证上岗,特别是重要技术工种、特殊工种、高空作业等,要做到有资质者上岗。

④质量意识。质量意识就是人们在思想上对质量的重视程度。质量意识的高低决定了人们的工作态度是否认真,是否能保证自己的工作质量。

(2)材料的质量控制

材料主要包括施工过程中所用到的原材料、成品、半成品和构配件等,它们是构成工程实体的物质基础。加强材料的质量控制,不仅能够提高工程质量,还有助于提升建设方的社会声誉,同时也能在业主中产生良好的口碑。

在实施材料质量控制时应注意以下环节:

①材料采购。首先,要慎重选择材料供应商,通过市场调查,选择信誉好、质量优、价格合理的企业作为供应商,以保证材料的质优价廉。其次,要保证供应及时。这时需要综合考虑运输条件、采购成本、供货的及时性等因素,既要保证施工的正常需要,又不造成材料的积压,同时还要尽量降低采购成本。

②材料检验。材料质量检验的目的是通过一系列的检测手段,将所取得的材料数据与材料的质量标准相比较,借以判断材料质量的可靠性,能否用于工程。材料的质量检验程序分免检、抽检和全部检查三种。检验不合格的材料是严禁用于施工的。

③材料的仓储和使用。运至现场或在现场生产加工的材料经过检验后应加强其仓储和使用管理,避免因材料变质或误用而造成质量问题,如贮存期超过3个月的水泥要重新检验其标号,并且不允许用于重要工程中;不同品种、标号的水泥严禁混合使用等。为此,我们要注意在不同的季节,做好防潮、防晒、防雨、防火、防冻等措施;另外要坚持对材料分类排放、挂牌标志,并在使用材料时现场检查督导。

(3)机械设备的质量控制

施工机械设备是现代建筑施工中必不可缺的设施。施工机械设备的选择要遵循生产适用、技术先进和经济合理的原则,使其能够满足工程的需要。另外,要结合工程项目的场地布置以及现场施工条件和施工工艺等,合理确定机械设备的性能参数;最后还应注意在施工过程中正确操作机械设备,并且定期要对机械设备进行参数校正,加强保养,适时维修,以保证工程质量。

(4)方法的质量控制

施工过程中的方法包含整个建设周期内所采取的技术方案、工艺流程、组织措施、检测手段、施工组织设计等。施工方法合理与否不仅会影响工程质量,还会影响工程的进度和成本。

因此,对施工方法的控制,着重抓好以下几方面:

①在制订和审核施工方案时,必须结合工程实际,同时施工方案应随工程进展而不断细化和深化。

②选择施工方案时,通过对多个可行方案进行反复讨论与比较,从技术、管理、工艺、组织、操作、经济等方面进行全面分析、综合考虑,选出最佳方案。

③对于主要项目、关键部位和难度较大的项目,制订方案时要充分估计到可能发生的施工质量问题,并做好相应的防治预案。

(5)环境的质量控制

环境因素尤其是自然环境因素一旦对工程施工造成影响,后果一般都较为严重。因此对环境因素的控制主要是采用预测预防的方法来进行。这里所说的施工环境因素主要包括自然环境、管理环境和劳动环境。

①自然环境的控制。自然环境主要包括地质条件、水文条件、气象条件等。在工程施工中，要充分了解当地这些自然环境资料信息，以便能够有针对性地制订施工计划、施工方案，保证工程质量。

②管理环境的控制。管理环境的控制主要可以从完善质量管理体系，加强质量管理制度建设、协调好周边的公共关系等方面进行。

③劳动环境的控制。劳动环境主要包括劳动组合、劳动工具和施工工作面等。对于劳动环境的控制，可以从合理规划施工现场布局、加强施工现场的防护措施、保障施工现场的基础设施完好等方面来进行。

2.施工过程的质量控制

工程质量是在施工工序中形成的，而不是靠最后检验出来的。为了把工程质量从事后检查把关，转向事前控制，达到"以预防为主"的目的，必须加强施工工序的质量控制。施工过程和工序是整体和部分的关系，只有当组成整体的部分质量有保障，整体的质量才能有保障，因此施工过程的质量控制重点是对工序的质量控制。而所谓工序控制，是指对施工过程中的人、材料、机械、方法和环境等要素进行综合控制的过程。

（1）施工工序控制的措施

①确定工序质量控制工作计划。即制订保证工序活动质量的方案、质量控制工作流程以及相关的质量检验制度等。

②控制工序活动条件的质量。工序活动条件主要指影响质量的五大因素，即人、材料、机械、方法和环境等。

③检验工序活动效果的质量。主要是实行班组自检、互检、上下道工序交接检，特别是对隐蔽工程和分部（分项）工程的质量检验。

④设置工序质量控制点（工序管理点），实行重点控制。工序质量控制点是根据重要的质量特性需要进行重点控制的要求而确定的影响质量的重点控制对象、关键部位或薄弱环节。正确设置控制点并严格实施是进行工序质量控制的重点。

（2）施工工序质量控制点的设置原则

①对施工质量有重要影响的关键质量特性、关键部位或重要影响因素。

②工艺上有严格要求，对下道工序的活动有重要影响的关键质量特性、部位。

③严重影响项目质量的材料质量和性能。

④影响下道工序质量的技术间歇时间。

⑤与施工质量密切相关的技术参数。

⑥容易出现质量通病的部位。

⑦紧缺工程材料，构配件和工程设备或可能对生产安排有严重影响的关键项目。

⑧隐蔽工程验收。

(3)质量控制点的实施

①技术交底

技术交底是在某一单位工程开工前,或一个分项工程施工前,由相关专业人员向参与施工的管理人员或操作人员进行的技术性交代。其目的是使参与施工的管理人员或操作人员熟悉和了解所承担的工程项目的特点、设计意图、技术要求、施工工艺以及其他应注意的问题。技术交底制度是我国项目管理中非常重要的一项管理制度,必须严格执行。

技术交底应从企业到施工现场的操作工人逐层进行。技术交底的内容和深度要有针对性,力求全面、明确、及时,并突出重点,切忌泛泛而谈、千篇一律。而且按照工程施工的难易程度、建筑的规模、结构的复杂程度等情况,在不同层次的人员范围内进行的技术交底,交底的内容与深度也各不相同。

技术交底应符合设计图纸、技术规程、施工验收规范、施工组织设计等要求。

技术交底的形式一般包括口头讲解、书面形式;对于采用新材料、新技术、新工艺、新设备或者比较复杂的部位,应进一步制作样板,或进行示范操作。

技术交底结束后,填写"技术交底记录",并由交底人和接受交底人签字确认方为有效。

②质量检查与质量记录

在工程施工过程中,质量控制人员应在现场进行重点指导,对于重要部位的施工,应旁站指导,加强质量检查和验收。同时按规定做好质量检查记录,取得第一手资料,并形成内业资料。

③质量分析与改进

根据质量检查记录,找出质量偏差。对于超过规范允许值的偏差,应及时分析原因,采取补救措施。对于比较严重的、经常出现的质量问题,可以运用数理统计方法进行分析,找出规律或源头,便于采取相应的控制措施,改进质量。

例如,独立基础钢筋绑扎工序质量控制点的控制内容和技术要求说明见表7-2。

表7-2 独立基础钢筋绑扎工序质量控制点的控制内容和技术要求说明

工序控制点名称	工作内容	执行人员	标准	检查工具	检查频次
独立基础钢筋绑扎	防止插筋偏位,确保保护层达到规范要求	施工员 质检员 技术员	钢筋位置位移控制在±5 mm,箍筋间距±10 mm,搭接长度不小于35d,有垫块确保保护层20 mm厚,混凝土浇捣时不能一次卸料	钢尺 线锤 目测	逐个检查

技术要求:

①在垫层上先弹线,经技术员复核验收后,才能绑扎钢筋。

②先扎底板及基础梁钢筋,最后扎柱头插铁钢筋。

③插筋露面处,固定环箍不少于3个。

④基础面与柱交接处,应固定中心线并位置正确,控制钢筋位置垂直以及保护层和中距位置。

⑤木工施工员、技术员要验收的位置及标高。

⑥浇混凝土时,振捣要注意插筋位置,不得将振捣棒振偏钢筋,看模工注意钢筋位置。

⑦插筋露面、环箍大小、钢筋翻样要严格按图进行,不能任意改动。
⑧钢筋与基础相连部位,必要时用电焊固定。

3.产成品的质量保护

产成品的质量保护一般是指在施工过程中,某些分项工程已经完成,而其他一些分项工程尚未完成;或者分项工程的某些部位已完成,而其他部位正在施工,这种情况下,必须要加强对已完成部分的保护,以保证工程的整体质量。

施工产成品的保护措施可以采取"防护""包裹""覆盖""封闭"等方式,具体要求如下:

(1)防护

防护就是根据具体的施工产成品的特点采取的各种防护措施,以防止产成品被损坏。例如,清水楼梯踏步可以采取护棱角铁上下连接固定;门口易碰部位可以钉上防护条或槽型盖铁保护等。

(2)包裹

包裹就是将需要保护的施工成品包裹起来,以防损伤或污染。例如,镶面大理石柱可用立板包裹捆扎保护;铝合金门窗可用塑料布包扎保护等。

(3)覆盖

覆盖就是在需要保护的施工产成品表面覆盖一层保护层以防止堵塞或损伤。例如,地漏、落水口排水管等可在安装后加以覆盖,以防止异物落入而被堵塞;地面可用锯末、苫布等覆盖以防止喷浆等污染。

(4)封闭

封闭就是对需要保护的施工产成品采取局部封闭的办法进行保护。例如,房间水泥地面或地面砖完成后,可将该房间局部封闭,防止人们随意进入而损害地面等。

(5)合理安排施工顺序

工程中主要通过合理安排不同工作间的施工顺序以防止后道工序损坏或污染前道工序。例如,采取房间内先喷浆或喷涂后安装灯具的施工顺序可防止喷浆污染、损害灯具;先做顶棚、装修后做地坪,也可避免顶棚及装修施工污染、损害地坪。

7.3 工程项目验收阶段的质量控制

7.3.1 施工质量验收概述

对工程项目进行严格的检查和验收,是保证工程项目质量的重要措施之一。施工质量验收是指对已完成的工程实体的外部和内部质量按相关规定检查后,确认其是否符合设计及各项验收标准要求的质量控制过程。

1. 施工质量验收要求

按照《建筑工程施工质量验收统一标准》(GB 50300—2013)的要求,施工质量应按下列要求进行验收:

(1)工程质量验收均应在施工单位自检合格的基础上进行。

(2)参加工程施工质量验收的各方人员应具备相应的资格。

(3)检验批的质量应按主控项目和一般项目验收。

(4)对涉及结构安全、节能、环境保护和主要使用功能的试块、试件及材料,应在进场时或施工中按规定进行见证检验。

(5)隐蔽工程在隐蔽前应由施工单位通知监理单位进行验收,并应形成验收文件,验收合格后方可继续施工。

(6)对涉及结构安全、节能、环境保护和使用功能的重要分部工程应在验收前按规定进行抽样检验。

(7)工程的观感质量应由验收人员现场检查,并应共同确认。

2. 工程质量验收项目的划分

为了便于工程项目质量的检查和验收,一般应按单位工程、分部工程、分项工程和检验批四个层次进行质量验收。检验批是指按相同的生产条件或按规定的方式汇总起来供抽样检验用的,由一定数量样本组成的检验体。检验批可根据施工、质量控制和专业验收的需要,按工程量、楼层、施工段、变形缝进行划分。

3. 工程质量验收程序

在我国,工程质量的验收是按照验收项目的范围从小到大的程序进行的:先验收检验批,然后是分项工程,再然后分部工程,最后进行单位工程的验收。

7.3.2 工程质量验收合格的条件

我国的工程质量验收结果分为"合格"与"不合格"两个等级。不同的验收项目,要求满足的条件不同。《建筑工程施工质量验收统一标准》(GB 50300—2013)规定,建筑工程施工质量验收合格应符合下列规定:

(1)符合工程勘察、设计文件的要求。

(2)符合本标准和相关专业验收规范的规定。

以上可以说是任何验收项目要合格都必须满足的总体要求。以下是不同的验收项目质量被评定为"合格"应具备的条件:

1. 检验批质量合格规定

(1)主控项目的质量经抽样检验均应合格。

(2)一般项目的质量经抽样检验合格。

(3)具有完整的施工操作依据、质量验收记录。

主控项目是指建筑工程中对安全、节能、环境保护和主要使用功能起决定性作用的检验项目。主控项目必须全部符合要求。一般项目是指除主控项目以外的检验项目。

检验批质量验收可按表7-3进行。

表 7-3　　　　　　　　　　　　检验批质量验收记录(通用表)

单位(子单位)工程名称		分部(子分部)工程名称		分项工程名称	
施工单位		项目负责人		检验批容量	
分包单位		分包单位项目负责人		检验批部位	
施工依据			验收依据		

	验收项目	设计要求及规范规定	最小/实际抽样数量	检查记录	检查结果
主控项目	1				
	2				
	3				
	4				
	5				
	6				
	7				
	8				
	9				
	10				
一般项目	1				
	2				
	3				
	4				
	5				

施工单位检查结果	专业工长： 项目专业质量检查员： 　　　　　　　　　　　年　月　日
监理单位验收结论	专业监理工程师： 　　　　　　　　　　　年　月　日

2．分项工程质量验收合格规定

(1)所含检验批的质量均应验收合格。

(2)所含检验批的质量验收记录应完整。

分项工程的验收是在检验批验收的基础上进行的。分项工程质量验收可按表7-4进行。

表 7-4　　　　　　　　　　　分项工程质量验收记录

单位(子单位) 工程名称		分部(子分部) 工程名称			
分项工程数量		检验批数量			
施工单位		项目负责人		项目技术 负责人	
分包单位		分包单位 项目负责人		分包内容	
序号	检验批名称	检验批容量	部位/区段	施工单位检查结果	监理单位验收结论
1					
2					
3					
4					
5					
6					
7					
8					
9					
10					
11					
12					
13					
14					
15					

说明：

施工单位 检查结果	专业工长： 项目专业质量检查员： 　　　　　　　年　月　日
监理单位 验收结论	专业监理工程师： 　　　　　　　年　月　日

3. 分部（子分部）工程质量验收合格规定

（1）所含分项工程的质量均应验收合格。
（2）质量控制资料应完整。
（3）有关安全、节能、环境保护和主要使用功能的抽样检验结果应符合相应规定。
（4）观感质量应符合要求。

分部工程的验收是在其他各分项工程验收的基础上进行的，其质量验收可按表7-5进行。

表7-5　　　　　　　　　　分部(子分部)工程验收记录

单位(子单位)工程名称		子分部工程数量		分项工程数量	
施工单位		项目负责人		技术(质量)负责人	
分包单位		分包单位负责人		分包内容	

序号	子分部工程名称	分项工程名称	检验批数量	施工单位检查结果	监理单位验收结论
1					
2					
3					
4					
5					
6					
质量控制资料					
安全和功能检验结果					
观感质量检验结果					
综合验收结论					

施工单位 项目负责人： 年　月　日	勘察单位 项目负责人： 年　月　日	设计单位 项目负责人： 年　月　日	监理单位 项目负责人： 年　月　日

注：1. 地基与基础分部工程的验收应由施工、勘察、设计单位项目负责人和总监理工程师参加并签字。
　　2. 主体结构、节能分部工程的验收应由施工、设计单位项目负责人和总监理工程师参加并签字。

4．单位工程质量验收合格规定

(1)所含分部工程的质量均应验收合格。

(2)质量控制资料应完整。

(3)所含分部工程中有关安全、节能、环境保护和主要使用功能的检验资料应完整。

(4)主要使用功能的抽查结果应符合相关专业验收规范的规定。

(5)观感质量应符合要求。

7.3.3 工程质量不合格时的验收要求

根据《建筑工程施工质量验收统一标准》(GB 50300—2013)规定,当建筑工程质量不符合要求时,应按下列规定进行处理:

(1)经返工或返修的检验批,应重新进行验收。这种情况是指在进行检验批验收时,其主控项目不能满足验收规范或一般项目超过偏差限值的子项不符合检验规定的要求时,应及时进行处理检验批。其中,严重的缺陷应推倒重来;一般的缺陷通过翻修或更换器具、设备予以解决,应允许施工单位在采取相应的措施后重新验收。如能够符合相应的专业工程质量验收规范,则应认为该检验批合格。

(2)经有资质的检测机构检测鉴定能够达到设计要求的检验批,应予以验收。这种情况是指个别检验批发现试块强度等不满足要求等问题,难以确定是否验收时,应请具有资质的法定检测单位检测。当鉴定结果能够达到设计要求时,仍应认为该检验批通过验收。

(3)经有资质的检测机构检测鉴定达不到设计要求,但经原设计单位核算认可能够满足安全和使用功能的检验批,可予以验收。这种情况是指如经检测鉴定达不到设计要求,但经原设计单位核算,仍能满足结构安全和使用功能的情况,该检验批可以予以验收。一般情况下,规范标准给出了满足安全和功能的最低限度要求,而设计往往在此基础上留有一些余量。

(4)经返修或加固处理的分部(分项)工程,满足安全及使用功能要求时,可按技术处理方案和协商文件的要求予以验收。这种情况是指更为严重的缺陷或者超过检验批的更大范围内的缺陷,可能影响结构的安全性和使用功能。若经有资质的法定检测单位检测鉴定后认为达不到规范标准的相应要求,即不能满足最低限度的安全储备和使用功能,则必须按一定的技术方案进行加固处理,使之保证其能满足安全使用的基本要求。这样会造成一些永久性的缺陷,如改变结构外形尺寸,影响一些次要的使用功能等。为了避免社会财富更大的损失,在不影响安全和主要使用功能条件下可按处理技术方案和协商文件进行验收,责任方应承担经济责任。

(5)通过返修或加固处理仍不能满足安全或重要使用功能的分部工程及单位工程,严禁验收。

7.4 工程质量事故处理

"百年大计,质量第一"是建筑行业坚持的一贯方针。我国建筑工程质量现状可以说是良莠不齐,质量优的工程已经达到国际先进标准,但仍存在一些"豆腐渣"工程。工程质量事故一旦出现,不仅会造成严重的经济损失,甚至会影响到人民的生命财产安全。导致工程质量事故的原因众多,比如管理制度不完善,管理者质量意识淡薄,技术人员水平低等,因此必须要引起高度重视。

7.4.1 工程质量事故的分类、特点和原因

工程质量事故是指由于建设、勘察、设计、施工、监理等单位违犯工程质量有关法律、法规,违反工程建设标准,使工程产生结构安全、重要使用功能等方面的质量缺陷,造成人身伤亡或者重大经济损失的事故。

1.工程质量事故的分类

(1)按照施工发生的部位划分

①地基基础事故。

②主体结构事故。

③装修工程事故等。

(2)按照事故造成损失的严重程度划分

根据工程质量事故造成的人员伤亡或者直接经济损失,工程质量事故分为四个等级:

①特别重大事故:是指造成 30 人以上死亡,或者 100 人以上重伤,或者 1 亿元以上直接经济损失的事故。

②重大事故:是指造成 10 人以上 30 人以下死亡,或者 50 人以上 100 人以下重伤,或者 5 000 万元以上 1 亿元以下直接经济损失的事故。

③较大事故:是指造成 3 人以上 10 人以下死亡,或者 10 人以上 50 人以下重伤,或者 1 000 万元以上 5 000 万元以下直接经济损失的事故。

④一般事故:是指造成 3 人以下死亡,或者 10 人以下重伤,或者 100 万元以上 1 000 万元以下直接经济损失的事故。

本等级划分所称的"以上"包括本数,所称的"以下"不包括本数。

(3)按事故责任分

①指导责任事故:一般指由于工程实施指导失误或管理不善造成的质量事故。例如,负责人片面追求施工进度,不按质量标准进行控制和验收,或降低质量标准等。

②操作责任事故:一般指操作者不按正确规程实施操作造成的事故。例如,砌块在使用前未经浇水湿润,混凝土未按要求分层浇筑等。

③自然灾害事故:由于自然灾害等不可抗力造成的事故。例如,地震、台风、洪水等对工程造成的破坏。

案例7-1

某玻璃厂2020年4月为增大生产规模扩建厂房,在原来天然坡度约22°的岩石地表平整场地,即在原地表向下开挖近5 m,并距水厂原蓄水池3 m左右,该蓄水池长12 m、宽9 m、深8.2 m,容水约900 m³。玻璃厂及水厂厂方为安全起见,通过熟人介绍,请了一高级工程师对玻璃厂扩建开挖坡角是否会影响水厂蓄水池安全做一技术鉴定。该高级工程师在其出具的书面技术鉴定中认定:"该水池地基基础稳定,不可能产生滑移形成滑坡影响安全;可以从距水池3 m处按5‰开挖放坡,开挖时沿水池边先打槽隔开,用小药量浅孔爆破,只要施工得当,不会影响水池安全;平整场地后,沿陡坡砌筑条石护坡;……本人负该鉴定的技术法律责任。"最后还盖了县勘察设计室的"图纸专用章"予以认可。

工程于7月初按此方案平基结束后,就开始厂房工程施工,至9月6日建成完工。然而,就在9月7日下午5时许,边坡岩体突然崩塌,岩体及水流砸毁新建厂房两榀屋架,其中的工人3死5伤,酿成了一起重大伤亡事故。

经调查发现该工程边坡岩体属于裂隙发育、遇水可以软化的软质岩石,虽然属于中小型工程,但环境条件复杂,施工爆破、水池渗漏、坡体卸荷变形等不确定的不利影响因素甚多,在没有基本的勘察设计资料的前提下采用直立边坡,破坏了原边坡的稳定坡角,而且未采用任何有效的支挡结构措施,该边坡失稳是必然会发生的。若有正确的工程鉴定,并严格按基建程序办事,采用经过勘察设计的岩石锚桩(或锚杆)挡墙和做好水池防渗处理措施则是能够有效保证工程边坡安全的。

2. 工程质量事故的特点

(1)原因的复杂性

造成工程质量事故的原因是错综复杂的,可能是施工方法不当,可能是材料质量低劣,可能是管理措施不到位,还可能是受气候环境的影响等,如果事故发生在使用阶段,还涉及使用不当等问题。即使是同一类型的事故,往往其产生的原因、性质与危害程度截然不同。比如在基础错位事故中,可能是由于地基及下卧层勘探不清造成过量变形引起的;可能是施工过程中看错图纸,把基础中心线看成是轴线造成的;可能是在土方回填时两侧不均匀回填造成的;可能是混凝土浇筑工艺和振捣方法不当造成的;还可能是附近有新建房屋从而因其原有建筑基础发生位移变形造成的。因此在对质量事故进行分析,判断其性质、原因及发展时,增加了处理方案与措施的复杂性及难度。

(2)后果的严重性

工程项目一旦出现质量事故,其影响较大。轻者影响施工顺利进行、拖延工期、增加工程费用,重者会给人民的生命、财产安全造成巨大损失。同时,工程质量事故的出现还会影响企业的信誉和社会形象,给企业的发展带来不可弥补的损失。所以对于建设工程质量问题和质量事故均不能掉以轻心,必须予以高度重视。

(3)发展过程的渐变性

许多工程的质量问题并不是一开始就能够酿成重大事故的,它的发展是一个渐变的过程。可能开始时仅仅是一个小问题,但由于没能及时处理和纠正,慢慢发展成大的质量问题,最终导致质量事故的出现。如墙体出现裂缝,经查主要是由于拆模过早,混凝土强度不足,引起的不均匀沉降裂缝,如果发现裂缝后不采取任何补救措施,则裂缝可能会越来越大,影响到建筑物的安全,最终可能发生建筑物垮塌事故。因此,在分析、处理工程质量问题时,一定要注意质量问题的渐变性,认真分析其原因,及时采取应对措施,防止其进一步恶化而发生质量事故。

(4)问题的隐蔽性

建设工程中的质量事故,很多情况下是从隐蔽部位开始的,并且在问题出现之初,人们往往很难觉察,因此错过了最佳的补救时间,一旦这些质量问题显现出来,可能已经到了很严重的地步,并且补救的难度很大,因此要求我们在施工过程中,注意每一个环节、每一道工序的质量,尤其是一些隐蔽工程的质量,如地基基础工程等。

(5)处理方案的连锁性

连锁性是指当建筑物局部出现质量事故,在处理的时候,不仅要修复事故部位,还应考虑修复工程对其他结构的影响,不能因为修复"旧伤"而引发"新伤"。因此在制订事故处理方案时,一定要全方位综合考虑。例如,在处理板承载能力不足的加固时,往往要考虑到从板、梁、柱到基础的连锁性加固。

3. 工程质量事故的原因

造成工程质量事故的原因是复杂的,既有社会和经济方面的原因,又有技术方面的原因;既可能是单一因素造成的,又可能是多种因素交织在一起诱发的,归纳起来主要表现在以下几方面:

(1)违背建设程序和法规

建设程序和法规是工程项目建设活动规律的客观反映,是我国经济建设经验的总结。按照我国关于项目的相关规定,工程项目建设是要严格遵循先勘察、后设计、再施工的相关程序,每一道程序都是相互衔接、互相制约的,上一道程序是下一道程序的先导和基础,下一道程序是上一道程序的延续、深入和发展,这是一个渐进的过程。但在实际工程项目建设过程中,不乏有一些急功近利或无视国家相关规定者,违背建设程序,最终酿成了重大工程质量事故。例如,不经可行性论证,未做调查分析就拍板定案;没有搞清工程地质情况就仓促开工;无证设计、无图施工;任意修改设计,不按图施工;不经竣工验收就交付使用等,致使不少工程项目留有严重的质量隐患,并最终导致事故的发生。像重庆綦江彩虹桥整体垮塌,造成40人死亡的特别重大工程质量事故,就是一个典型的违背基本建设程序的工程,整个工程无立项、无报建、无开工许可、无招投标、无资质、无监理、无验收,在社会上产生了恶劣的影响。

(2)工程地质勘察失误

地勘工作是设计和施工的先导环节,也是重要环节,它是后两项工作开展的基础和依据之一。但在工程建设过程中,由于工程地质勘察的失误而导致的工程质量事故屡屡发生。比如地基勘察工作不认真,所提供的土性指标及地基承载力不确切;勘探时钻孔深度、间距、范围不符合规定要求,地质勘察报告不详细、不准确、不能全面反映实际的地基情况等,从而使得或对地下情况不清,或对基岩起伏、土层分布误判,或未查清地下软土层、暗浜、墓穴、孔洞等,这些都会导致地基基础设计方案的错误或不当,造成地基不均匀沉降、失稳,使上部结构或墙体开裂、破坏,或引发建筑物倾斜、倒塌等质量事故。

(3)地基处理失误

工程质量事故的发生,不少是跟地基问题有关。地基的过量变形或不均匀变形,使上部结构出现裂缝、倾斜,破坏了结构的整体性,轻者影响建筑物的正常使用,严重的会造成建筑物的倒塌。比如对软弱土、杂填土、冲填土、大孔性土或湿陷性黄土、膨胀土、红黏土、熔岩、土洞、岩层出露等不均匀地基未进行处理或处理不当也会导致地基变形,从而对上部结构产生诸如墙砖开裂、柱倾斜、基础拉断等问题。因此,必须根据不同地基的特点,从地基处理、结构措施、防水措施、施工措施等方面综合考虑,加以治理。

(4)设计计算问题

结构方案不正确,计算简图与结构实际受力不符;荷载或内力分析计算有误,忽视构造要求,沉降缝或变形缝设置不当;有些结构的抗倾覆、抗滑移没做验算,盲目套用图纸等,都会导致工程质量事故的发生。如某高层住宅完工后发现整体倾斜,纠偏无效后不得不爆破拆除。后经调查发现,倾斜的原因是设计时采用的桩基础形式不当造成的。

(5)建筑材料及制品不合格

材料是构成工程实体的主要物质载体,很多"豆腐渣"工程都是在建设过程中偷工减料、以次充好造成的。比如,钢筋物理力学性能不良会导致钢筋混凝土结构产生裂缝或脆性破坏;骨料中活性氧化硅会导致碱骨料反应使混凝土产生裂缝;水泥安定性不良会造成混凝土爆裂;水泥受潮、过期、结块,砂石含泥量及有害物质含量、外加剂掺量等不符合要求时,会影响混凝土强度、和易性、密实性、抗渗性,从而导致混凝土结构强度不足、裂缝、渗漏、蜂窝等质量问题。此外,预制构件断面尺寸不足,支承锚固长度不足,未可靠地建立预应力值,漏放或少放钢筋,板面开裂等均可能出现断裂、坍塌事故。例如某在建的一座跨江大桥发生坍塌事故,造成六十多人死亡,直接经济损失近四千万元。经调查,该工程便是一个偷工减料的"豆腐渣"工程。该大桥为等截面悬链空腹式无铰拱。理论上说,拱桥施工应首选钢筋混凝土结构,其次为混凝土或统一规格的石材(大块石)。而从大桥拦腰折断桥墩的缺口看,全是碎石块和石子,里面没有钢筋或统一规格的石材,因此造成了这一重大工程质量事故。

(6)施工与管理失控

施工与管理失控是造成大量质量问题的常见原因。其主要表现为:

①缺乏基本的业务知识,不具备相应的技术资质;或不熟悉图纸,盲目施工。

②未经设计部门同意,擅自修改设计;或不按图施工,不遵守会审纪要和设计变更,主观臆断。例如,将铰接做成刚接,将简支梁做成连续梁;用光圆钢筋代替异形钢筋等,导致结构破坏;挡土墙不按图设滤水层、排水导孔,导致压力增大,墙体破坏或倾覆。

③不按有关施工质量验收规范和操作规程施工。例如,浇筑混凝土时振捣不良,造成薄弱部位;砖砌体包心砌筑,上下通缝,灰浆不均匀等均能导致砖墙或砖柱破坏。

④缺乏基本结构知识,蛮干施工。例如,不严格控制施工荷载,造成构件超载开裂;不控制其他结构的高厚比,造成砌体在施工过程中失稳破坏;将钢筋混凝土预制梁倒置吊装,将悬挑结构钢筋放在受压区等均将导致结构破坏,造成严重后果。

⑤施工管理紊乱,施工方案考虑不周,施工顺序错误,技术交底不清,违章作业,不重视质量检查和验收工作,一味赶进度,均可能导致质量问题。

(7)自然条件影响

建筑工程的特点之一就是周期长,且多为露天作业,因此受自然因素影响大,空气温度、湿度、暴雨、风、浪、洪水、雷电、日晒等均可能成为质量事故的诱因。如某装配式钢筋混凝土框架结构工程,由于没有及时将预制梁柱接头连接牢固,未形成整体框架结构,使得该地突刮大风时将该工程整体刮塌。因此施工中应特别注意并采取有效的措施预防。

(8)建筑结构或设施的使用不当

对建筑物或设施使用不当也易造成质量问题。比如,建筑物在使用过程中需要改变其使用功能,增大了使用荷载;或者需要增加使用面积,在未经校核验算的情况下就任意对建筑物加层;或者随意在承重结构上开槽、打洞等,这些都超出了原设计规定,因此也容易引起工程质量事故。

7.4.2 工程质量事故处理的依据和程序

1.工程质量事故处理的依据
(1)质量事故的实况资料
①施工单位的质量事故调查报告。
a.质量事故发生的时间、地点。
b.质量事故状况的描述。
c.质量事故发展变化的情况。
d.有关质量事故的观测记录、事故现场状态的照片或录像。
②事故调查组调查研究所获得的第一手资料。
(2)有关合同及合同文件
①工程承包合同。
②设计委托合同。
③设备与器材购销合同。
④监理合同等。
(3)有关的技术文件和档案
①有关的设计文件。
②与施工有关的技术文件、档案和资料。
a.施工组织设计或施工方案、施工计划。
b.施工记录、施工日志等。
c.有关建筑材料的质量证明资料。
d.现场制备材料的质量证明资料。
e.质量事故发生后,对事故状况的观测记录、试验记录或试验报告等。
f.其他有关资料。
(4)相关的建设法规
①勘察、设计、施工、监理等单位资质管理方面的法规。
②从业者资格管理方面的法规。
③建筑市场方面的法规。
④建筑施工方面的法规。
⑤关于标准化管理方面的法规。

2.工程质量事故处理的程序
(1)事故报告
工程质量事故发生后,总监理工程师应签发《工程暂停令》,并要求停止进行有质量问题部位和与其有关联部位及下道工序施工,应采取适当的防护措施,防止事故扩大并保护好现场。同时,要求质量事故发生单位迅速按类别和等级向相应的主管部门上报,并于24小时内写出书面报告。
(2)救助伤员,保护现场
当质量事故发生后,应果断采取相应措施保护事故现场,救助伤员,同时做好现场记录、标识和拍照等,为后续的事故调查提供客观、必要的资料。

(3)事故调查

组成质量事故调查组,专门开展事故调查工作,查明事故原因。在进行质量事故调查时,力求全面、准确、客观,并在调查的基础上进行事故原因分析。事故原因分析是制订事故处理方案的基础。只有对调查的资料、数据进行详细、深入的分析后,才能由表及里、去伪存真,找出造成事故的真正原因。

(4)事故处理

事故处理主要包括事故的技术处理和事故的责任处罚。事故的技术处理主要是解决施工质量不合格和缺陷问题。技术处理方案的制订以事故原因分析为基础,应体现:安全可靠,不留隐患;满足建筑物的功能和使用要求;技术可行,经济合理等原则。如果一致认为质量缺陷不需要专门处理,必须经过充分的分析、论证。质量事故的责任处罚是根据事故性质、损失大小、情节轻重对责任方做出行政处分甚至追究刑事责任等。当事故处理完毕后,应组织有关人员对处理结果进行严格的检查、鉴定和验收,并提交《质量事故处理报告》。

工程质量事故处理报告的主要内容包括:

①工程质量事故情况、调查情况、原因分析(选自质量事故调查报告);

②质量事故处理的依据;

③质量事故技术处理方案;

④实施技术处理施工中有关问题和资料;

⑤对处理结果的检查鉴定和验收;

⑥质量事故处理结论。

(5)签发《工程复工令》,恢复正常施工

工程质量事故处理程序如图 7-4 所示。

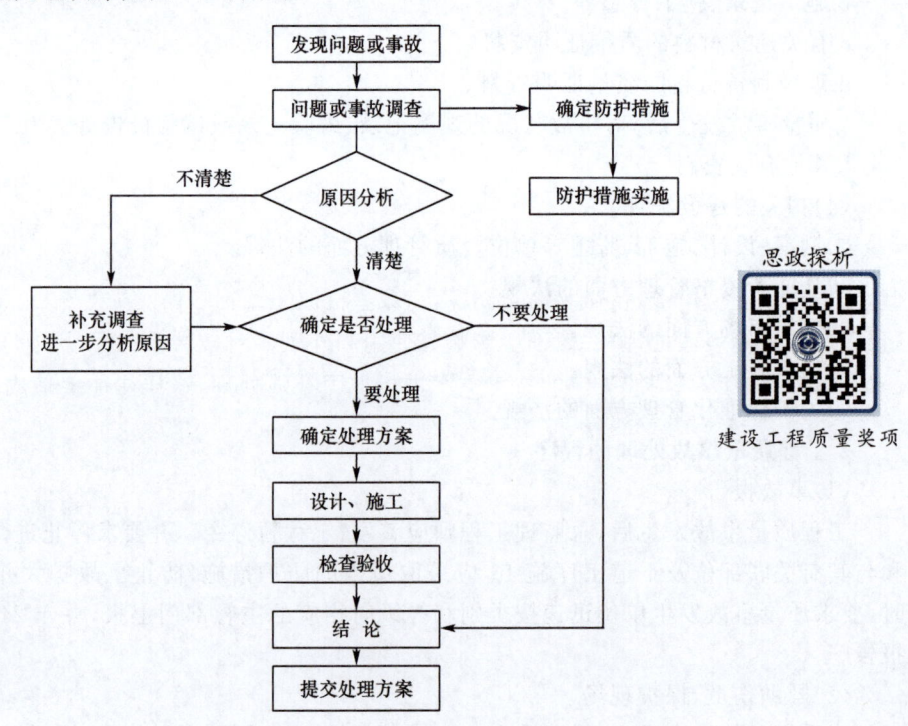

图 7-4 工程质量事故处理程序

7.4.3 工程质量事故的技术处理方案

要确定事故发生后的技术处理方案,一般的处理原则是首先确定事故性质,是表面性的还是实质性的,是结构性的还是一般性的,是迫切性的还是可缓性的;其次确定处理范围,即不只对直接发生部位进行处理,还要对连带相邻范围的结构部位或构件进行处理。对于工程质量问题,通常有以下几种处理方案。

1. 不做处理

某些工程质量问题虽然不符合规定的要求或标准,但如其情况不严重,对工程或结构的使用及安全影响不大,经过分析、论证和慎重考虑后,也可做出不做专门处理的决定。可以不做处理的情况一般有以下几种:

(1)不影响结构安全和使用要求者。例如,有的建筑物出现放线定位偏差,若要纠正则会造成重大经济损失,若其偏差不大,不影响使用要求,在外观上也无明显影响,经分析、论证后,可不做处理;又如,某些隐蔽部位的混凝土表面裂缝,经检查分析,属于表面养护不够的干缩微裂,不影响使用及外观,也可不做处理。

(2)有些不严重的质量问题,经过后续工序可以弥补的。例如,混凝土的轻微蜂窝麻面或墙面,可通过后续的抹灰、喷涂或刷白等工序弥补,可以不对该缺陷进行专门处理。

(3)法定检测单位鉴定合格。例如,某检验批混凝土试块强度值不满足规范要求,强度不足,但法定检测单位对混凝土实体采用非破损检验等方法测定其实际强度已达规范允许和设计要求时,可不做处理。对经检测未达要求值,但相差不多,经分析论证,只要使用前经再次检测达到设计强度,也可不做处理,但应严格控制施工荷载。

(4)出现的质量问题,经检测鉴定达不到设计要求,但经原设计单位核算,仍能满足结构安全和使用功能的,也可不做处理。

2. 修补处理

这是最常采用的一类处理方案。通常当工程的某个检验批、分项或分部的质量虽未达到规定的规范、标准或设计要求并存在一定缺陷,但通过修补或更换器具、设备后还可达到要求的标准,又不影响使用功能和外观要求,在此情况下,可以进行修补处理。属于修补处理这类具体方案很多,诸如封闭保护、复位纠偏、结构补强、表面处理等。如某些事故造成的结构混凝土表面裂缝,可根据其受力情况,仅做表面封闭保护;某些混凝土结构表面的蜂窝、麻面,经调查分析,可进行剔凿、抹灰等表面处理,一般不会影响其使用和外观。对较严重的问题,如可能影响结构的安全性和使用功能,必须按一定的技术方案进行加固补强处理,这样往往会造成一些永久性缺陷,如改变结构外形尺寸,影响一些次要的使用功能等。

3. 返工处理

当工程质量未达到规定的标准或要求,有明显的质量问题,对结构的使用和安全有重大影响,而又无法通过修补的办法纠正所出现的缺陷情况下,可以做出返工处理的决定。例如,某防洪堤坝的填筑压实后,其压实土的干密度未达到规定要求的干密度值,核算将影响土体的稳定和抗渗要求,可以进行返工处理,即挖除不合格土,重新填筑。又如某工程预应力按混凝土规定张力系数为1.3,但实际仅为0.8,属于严重的质量缺陷,也无法修补,即需做出返工处理的决定。十分严重的质量事故甚至要做出整体拆除的决定。

4. 限制使用

当工程质量问题按修补方案处理无法保证达到规定的使用要求和安全,而又无法返工处理的情况下,不得已时可以做出诸如结构卸荷或减荷以及限制使用的决定。

5. 报废处理

通过分析,采取上述处理方法后,工程仍不能满足要求或相关技术规范,则必须予以报废处理。

7.4.4 工程质量事故处理结果的鉴定验收

质量事故的处理是否达到了预期目的,是否仍留有隐患,应当通过检查鉴定和验收做出确认。

检查和鉴定的结论有以下几种:

(1)事故已排除,可继续施工。
(2)隐患已消除,结构安全有保证。
(3)经修补、处理后,完全能够满足使用要求。
(4)基本上满足使用要求,但使用时应有附加的限制条件,如限制荷载等。
(5)对耐久性的结论。
(6)对建筑物外观影响的结论等。
(7)对短期难以做出结论者,可提出进一步观测检验的意见。

事故处理后,还必须提交事故处理报告,其内容包括:事故调查报告,事故原因分析,事故处理依据,事故处理方案、方法及技术措施,处理施工过程的各种原始记录资料,检查验收记录,事故结论等。

案例1

某建筑公司负责修建某学校一幢学生宿舍楼,双方签订建设工程合同。由于宿舍楼设有地下室,属隐蔽工程,因而在建设工程合同中,双方约定了对隐蔽工程(地下层)的验收检查条款。规定:地下室的验收检查工作由双方共同负责,检查费用由校方负担,地下室竣工后,建筑公司通知校方检查验收。校方则答复:因校内事务繁多,由建筑公司自己检查,出具检查记录即可。其后15日,校方又聘请专业人员对地下室质量进行检查,发现未达到合同所定标准,遂要求建筑公司负担此次检查费用,并返工地下室工程。建筑公司则认为,合同约定的检查费用由校方负担,本方不应负担此项费用,但对返工重修地下室的要求予以认可。校方多次要求建筑公司付款未果,诉至法院。

【问题】

(1)校方的答复是否妥当?为什么?
(2)建筑公司的观点是否正确?
(3)本案中的责任应如何划分?

案例 2

某县级市一乡村修建小学教学楼和教师办公住宿综合楼,乡上个别领导不按照有关基本建设程序办事,自行决定由一农村工匠承揽该工程建设。工程无地质勘察报告,无设计图纸(抄袭其他学校的图纸),原材料未经检验,施工无任何质量保证措施,无水无电,混凝土和砂浆全部人工拌和,钢筋混凝土大梁、柱人工浇注振捣,密实度和强度无法得到保证。工程投入使用后,综合楼和教学楼多处大梁和墙面发生较严重的裂缝,致使学校被迫停课。经检查,该综合楼基础一半置于风化页岩上,一半置于回填土上(未按规定进行夯实),地基已发生严重不均匀沉降,导致墙体出现严重裂缝;教学楼大梁混凝土存在严重的孔洞,受力钢筋已严重锈蚀,两栋楼的砌体砂浆强度几乎为零(更有甚者个别地方砂浆中还夹着黄泥),楼梯横梁搁置长度仅 50 mm,梁下砌体已出现压碎现象。经鉴定该工程主体结构存在严重的安全隐患,已失去了加固补强的意义,被有关部门强行拆除,有关责任人受到了法律的惩办。试分析造成该质量事故的原因。

思维导图

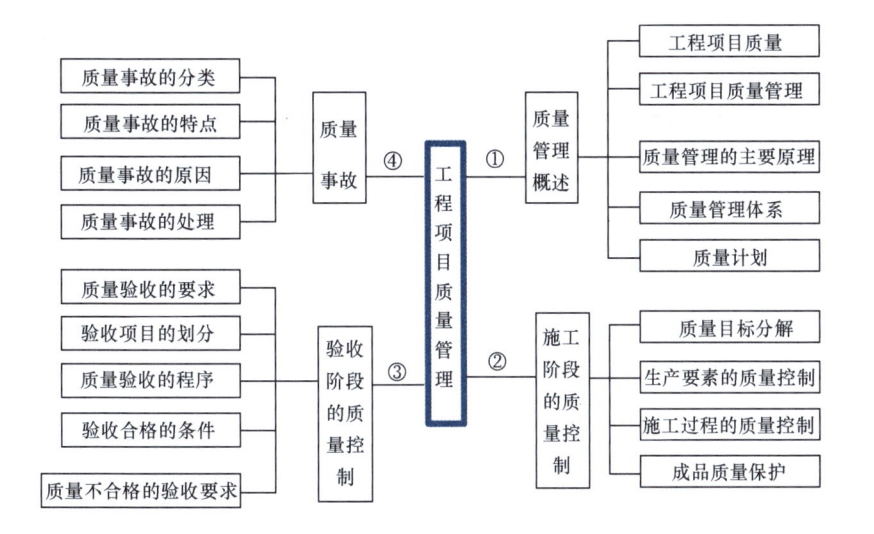

工程项目质量管理
- ① 质量管理概述
  - 工程项目质量
  - 工程项目质量管理
  - 质量管理的主要原理
  - 质量管理体系
  - 质量计划
- ② 施工阶段的质量控制
  - 质量目标分解
  - 生产要素的质量控制
  - 施工过程的质量控制
  - 成品质量保护
- ③ 验收阶段的质量控制
  - 质量验收的要求
  - 验收项目的划分
  - 质量验收的程序
  - 验收合格的条件
  - 质量不合格的验收要求
- ④ 质量事故
  - 质量事故的分类
  - 质量事故的特点
  - 质量事故的原因
  - 质量事故的处理

第 8 章

工程项目成本管理

学习目标

通过对本章的学习,要求熟悉施工成本的构成、分类;熟悉施工成本计划编制依据、步骤、方法;了解施工成本管理的任务、影响因素和措施;掌握施工成本核算;掌握成本控制和成本分析方法。

8.1 施工成本管理概述

施工成本是指以施工项目作为成本核算对象的施工过程中所耗费的生产资料转移的价值和劳动者的必要劳动所创造的价值的货币形式。施工成本包括所消耗的主要原材料、构配件、其他材料、周转材料的摊销费或租赁费,施工机械的使用费或租赁费,支付给工人的工资、奖金以及项目经理部为组织和管理工程施工所发生的全部费用支出。

8.1.1 施工成本的构成和分类

1. 我国建筑安装工程费用的构成

《建筑安装工程费用项目组成》(建标[2013]44号)中规定,目前我国建筑安装工程费的构成(按构成要素划分)如图8-1所示。

2. 施工成本的构成

施工成本与建筑安装工程费不是一个完全等同的概念。施工成本是施工项目在施工过程中所发生的费用支出的总和,成本由许许多多支出的费用所组成的。因此,上述的建筑安装工程费并不会全部都变成施工成本,项目的施工成本只包括其中的人工费、材料费(包含工程设备)、施工机具使用费、企业管理费和规费。

人工费是指按工资总额构成规定,支付给从事建筑安装工程施工的生产工人和附属生产单位工人的各项费用。

材料费是指施工过程中耗费的原材料、辅助材料、构配件、零件、半成品或成品、工程设备的费用。

施工机具使用费是指施工作业所发生的施工机械、仪器仪表使用费或其租赁费。

企业管理费是指建筑安装企业组织施工生产和经营管理所需的费用。

规费是指按国家法律、法规规定,由省级政府和省级有关权力部门规定必须缴纳或计取的费用。

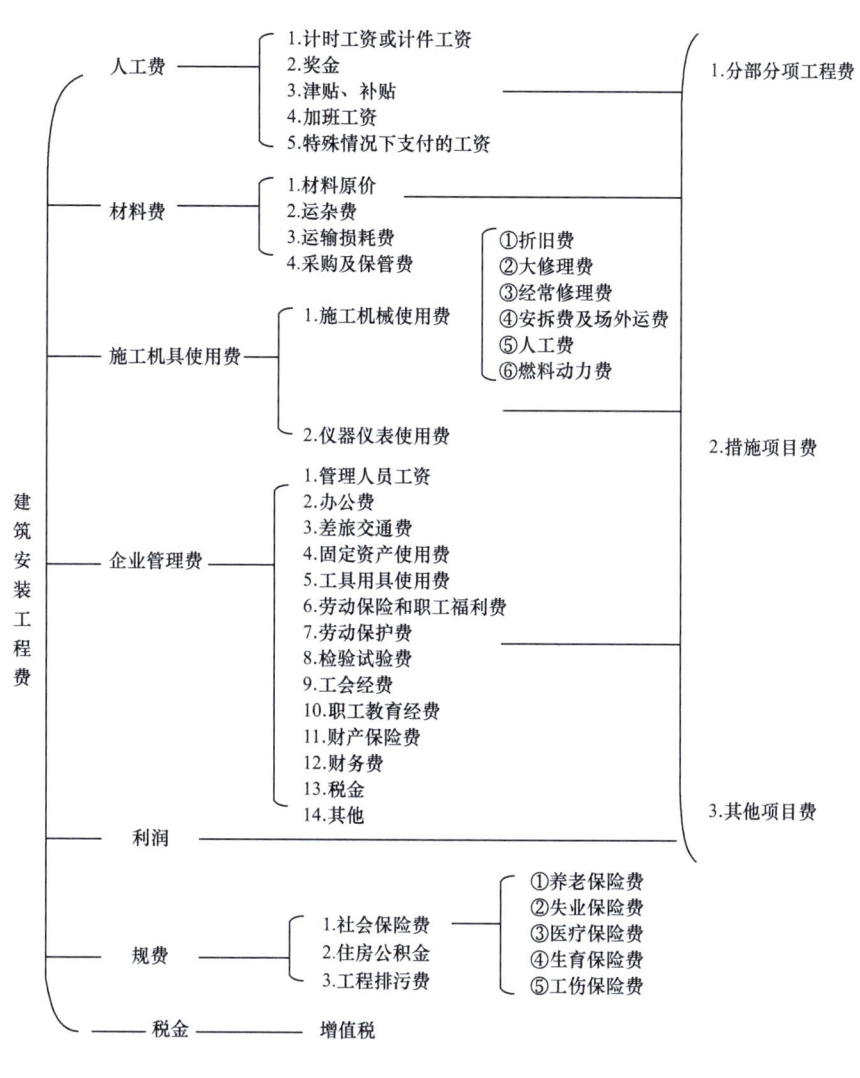

```
                            ┌─ 1.计时工资或计件工资
                            │  2.奖金
                 ┌─ 人工费 ─┤  3.津贴、补贴              ┌─ 1.分部分项工程费
                 │          │  4.加班工资
                 │          └─ 5.特殊情况下支付的工资
                 │
                 │          ┌─ 1.材料原价
                 │          │  2.运杂费
                 ├─ 材料费 ─┤  3.运输损耗费
                 │          └─ 4.采购及保管费
                 │                              ┌─ ①折旧费
                 │                              │  ②大修理费
                 │          ┌─ 1.施工机械使用费 ┤  ③经常修理费
                 ├─施工机具 ┤                   │  ④安拆费及场外运费
建              │ 使用费  │                   │  ⑤人工费
筑              │          │                   └─ ⑥燃料动力费
安              │          └─ 2.仪器仪表使用费                    ─ 2.措施项目费
装              │          ┌─ 1.管理人员工资
工              │          │  2.办公费
程              │          │  3.差旅交通费
费              │          │  4.固定资产使用费
                 ├─企业管理费┤  5.工具用具使用费
                 │          │  6.劳动保险和职工福利费
                 │          │  7.劳动保护费
                 │          │  8.检验试验费
                 │          │  9.工会经费
                 │          │  10.职工教育经费
                 │          │  11.财产保险费
                 │          │  12.财务费
                 │          │  13.税金
                 │          └─ 14.其他                              ─ 3.其他项目费
                 ├─ 利润
                 │                              ┌─ ①养老保险费
                 │                              │  ②失业保险费
                 │          ┌─ 1.社会保险费 ────┤  ③医疗保险费
                 ├─ 规费 ──┤  2.住房公积金     │  ④生育保险费
                 │          └─ 3.工程排污费     └─ ⑤工伤保险费
                 │
                 └─ 税金 ──── 增值税
```

图 8-1　建筑安装工程费的构成（按要素划分）

另外,按照我国现行的成本核算方式,项目的施工成本又分为直接成本和间接成本。直接成本是指施工过程中耗费的构成工程实体或有助于工程实体形成的各项费用支出。这部分费用在核算时可以直接计入工程对象,包括人工费、材料费、施工机具使用费。间接成本是指用于施工准备、组织和管理施工生产的全部费用的支出。这部分费用在核算时通常无法直接计入工程对象,可以通过分摊方式计入,包括：企业管理费和规费。建筑安装工程费与成本的关系如图 8-2 所示。

人工费	材料费	施工机具使用费	企业管理费	规费	利润	税金
直接成本			间接成本				
项目施工成本						
建筑安装工程费						

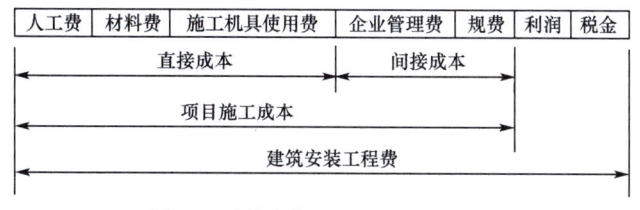

图 8-2　建筑安装工程费与成本的关系

3. 施工成本的分类

(1) 预算成本

预算成本是按照建筑安装工程实物量和国家或地区或企业制定的预算定额及相关取费标准计算的社会平均成本或企业平均成本。预算成本是以施工图预算为基础进行分析、预测、归集和计算确定的,包括人工费、材料费(包含工程设备)、施工机具使用费、企业管理费和规费。

(2) 计划成本

计划成本是在预算成本的基础上确定的标准成本,是依据施工企业的要求(如内部承包合同的规定),结合施工项目的技术特征、项目管理人员的素质、劳动力素质以及设备情况等确定的。它是成本管理的目标,也是控制施工项目成本的标准。

(3) 实际成本

实际成本是施工项目施工过程中实际发生的可以列入成本支出的费用总和。

以上三种成本的关系是:实际成本与预算成本比较,反映的是社会平均成本(或企业平均成本)的超支或节约;计划成本同预算成本的比较,差额是计划成本降低额;计划成本同实际成本比较,差额是实际成本降低额,是项目经理部的经济效益。

8.1.2 施工成本管理的任务

施工成本管理是指施工项目为降低施工成本而进行的各项管理工作的总称。施工成本管理就是要在保证工期和质量符合要求的前提下,利用组织措施、经济措施、技术措施、合同措施等把施工成本控制在计划范围内,并进一步寻求最大限度的成本节约。

施工成本管理的任务和环节包括:施工成本预测、施工成本计划、施工成本控制、施工成本核算、施工成本分析和施工成本考核六个方面。

1. 施工成本预测

施工成本预测就是根据成本信息和施工项目的具体情况,运用一定的技术方法,对未来的施工项目的成本水平及其可能发展的趋势进行科学的预测和估计。其实质就是在施工项目施工以前对成本进行估算。施工成本预测通常是对施工项目在计划工期内影响其成本变化的各个因素进行分析,比照近期已完成的施工项目或者将完成的项目的成本(单位成本),预测这些因素对工程成本中有关项目的影响程度,预测出拟建工程的单位成本或总成本。

2. 施工成本计划

施工成本计划是以货币形式编制施工项目在计划期内的生产费用、成本水平、成本降低率以及为降低成本所采取的主要措施和规划的书面方案。它是建立施工项目成本管理责任制、开展成本控制和核算的基础。一般来说,一个施工项目成本计划应该包括从开工到竣工所必需的施工成本。它是本施工项目降低成本的指导性文件,是设立目标成本的依据,也可以说,成本计划是目标成本的一种形式。

3. 施工成本控制

施工成本控制是指在施工过程中,对影响施工项目成本的各种因素加强管理,并采取各种有效措施,将施工中实际发生的各种消耗和支出严格控制在施工成本计划范围内,随时揭示并及时反馈,严格审查各项费用是否符合标准,计算实际成本和计划成本之间的差异并进行分析,进而采取多种形式消除施工中的损失浪费现象,发现和总结先进经验。

施工成本控制是施工成本管理的中心,这一工作应该贯穿于施工项目从投标阶段直到项目竣工验收的全过程,它是企业全面成本管理的重要环节。因此必须明确各级管理组织和各级管理人员的责任和权限,这是成本控制的基础,应给予足够的重视。

4.施工成本核算

施工成本核算包括两个基本环节:一是按照规定开支范围对施工费用进行归集,计算出施工费用的实际发生额;二是根据成本核算对象,采用适当的方法计算出该项目的总成本和单位成本。施工成本管理需要正确及时地核算施工过程中发生的各项费用,计算施工项目的实际成本。

施工成本一般以单位工程为成本核算对象,但也可以按照承包工程项目的规模、工期、结构类型、施工组织和施工现场等情况,结合成本管理要求,灵活划分成本核算对象。施工成本核算的基本内容包括:人工费、材料费、周转材料费、结构件费、机械使用费、其他措施费的核算;分包工程成本的核算;企业管理费和规费核算、项目月度施工成本报告的编制。

5.施工成本分析

施工成本分析是在施工成本核算的基础上,对成本的形成过程和影响成本升降的因素进行分析,以寻求进一步降低成本的途径,包括有利偏差的挖掘和不利偏差的纠正。施工成本分析贯穿于施工成本管理的全过程,尤其是在成本的形成过程中,利用施工项目的成本核算资料(成本信息),与目标成本、预算成本以及类似的施工项目的实际成本等进行比较,了解成本的变动情况,同时也要分析主要技术经济指标对成本的影响,系统地研究成本变动的因素,检查成本计划的合理性,并通过成本分析,深入揭示成本变动的规律,寻找降低施工项目成本的途径,以便有效地进行成本控制。

成本偏差分为局部成本偏差和累计成本偏差。局部成本偏差包括项目的月度(或周、天等)核算成本偏差、专业核算成本偏差以及分部(分项)作业成本偏差等;累计成本偏差是指已完工程在某一时间点上实际总成本与相应的计划总成本的差异。关于成本偏差的控制,分析是关键,纠偏是核心,要针对分析得出的出现偏差的原因,采取相应措施,加以纠正。分析成本偏差的原因,应采取定性和定量相结合的方法。

6.施工成本考核

施工成本考核是指在施工项目完成后,对施工项目成本形成中的各责任者,按施工项目成本目标责任制的有关规定,将成本的实际指标与计划、定额、预算进行对比和考核,评定施工项目成本计划的完成情况和各责任者的业绩,并以此给予相应的奖励和处罚。通过成本考核,做到有奖有惩,赏罚分明,才能有效地调动每一位员工在各自施工岗位上努力完成目标成本的积极性,为降低施工项目成本和增加企业的积累,做出自己的贡献。

施工成本考核是衡量成本降低的实际成果,也是对成本指标完成情况的总结和评价。成本考核制度包括考核的目的、时间、范围、对象、方式、依据、指标、组织领导、评价与奖惩原则等内容。

以施工成本降低额和施工成本降低率作为成本考核的主要指标,要加强组织管理层对项目管理部的指导,并充分依靠技术人员、管理人员和作业人员的经验和智慧,防止项目管理在企业内部异化为靠少数人承担风险的以包代管模式。成本考核也可分别考核组织管理层和项目经理部。

施工成本管理的每一个环节都是相互联系和相互作用的。成本预测是成本决策的前提,成本计划是成本决策所确定目标的具体化。成本计划控制则是对成本计划的实施进行控制和监督,保证决策的成本目标的实现,而成本核算又是对成本计划是否实现的最后检验,它所提供的成本信息又对下一个施工项目成本预测和决策提供基础资料。成本考核是实现成本目标责任制的保证和实现决策目标的重要手段。

8.1.3 施工成本的影响因素和管理措施

1. 施工成本的影响因素

（1）外部因素

外部因素主要指市场经济因素（如物价的涨落）和业主（如增加工作范围、经常做工程变更等）及设计（如设计错误、漏项、未能及时提供图纸等）等项目参与方的因素。

（2）内部因素

①施工方案。先进的施工方案，不仅能提高工程质量，缩短工期，还能降低成本。特别是施工方案中选用的新施工技术、废物利用措施等，能够达到节约材料的目的，从而能降低成本。反之，则可能升高工程成本。

②施工进度控制水平。施工进度的快慢，不仅关乎工程能否按期竣工，还会影响施工成本。进度快，会节约间接费，但也可能增加直接费；进度慢，则会增加间接费，也可能减少直接费。最理想的进度控制情况是使实际工期与最佳工期吻合，这样可使总费用最低。

③施工质量控制水平。项目的质量与成本成正比例关系，质量水平越高，则成本就越高，反之，则降低。无论工作质量的提高，还是材料质量与工序质量的提高都会使成本提高。

④施工安全控制水平。现场不发生安全事故，不仅能提高工人工作的积极性，还能减少处理意外事故的费用。

⑤施工现场管理水平。重视现场管理，能节约原材料、构配件在加工和使用过程中的损耗和浪费；能提高机械设备的利用率；能减少材料在仓库中的积压；能提高工程质量，减少返工损失；能按时竣工，避免误期罚款等，这些都能够起到降低成本的作用。

⑥其他因素，如人工费的开支、机械的租赁价格等。

2. 施工成本管理的措施

（1）组织措施

组织措施是从施工成本管理的组织方面采取的措施。施工成本控制是全员的活动，如实行项目经理责任制，落实施工成本管理的组织机构和人员，明确各级施工成本管理人员的任务和职能分工、权利和责任。施工成本管理不仅是专业成本管理人员的工作，各级项目管理人员都负有成本控制责任。

组织措施的另一方面是编制施工成本控制工作计划，确定合理、详细的工作流程。要做好施工采购规划，通过生产要素的优化配置、合理使用、动态管理，有效控制实际成本；加强施工定额管理和施工任务管理，控制活劳动和物化劳动的消耗；加强施工调度，避免因施工计划不周和盲目调度造成窝工损失、机械利用率降低、物料积压等而使施工成本增加。成本控制工作只有建立在科学管理的基础之上，具备合理的管理体制、完善的规章制度、稳定的作业秩序、完整准确的信息传递，才能取得成效。组织措施是其他各类措施的前提和保障，而且一般不需要增加什么费用，运用得当可以收到良好的效果。

（2）技术措施

施工过程中降低成本的技术措施，主要是进行技术经济分析，确定最佳的施工方案等。结合施工方法，进行材料使用的比选，在满足功能要求的前提下，通过代用、改变配合比、使用添加剂等方法降低材料消耗的费用，确定最合适的施工机械设备使用方案。结合项目的施工组织设计及自然地理条件,降低材料的库存成本和运输成本。先进的施工技术的应用,新材料的运用,新开发机械设备的使用等。在实践中,也要避免仅从技术角度选定方案而忽视对其经济效果的分析论证。

技术措施不仅对解决施工成本管理过程中的技术问题是不可缺少的,而且对纠正施工成本管理目标偏差也有相当重要的作用。因此,运用技术纠偏措施的关键,一是要能提出多个不同的技术方案,二是要对不同的技术方案进行技术经济分析。

(3)经济措施

经济措施是最易为人们所接受和采用的措施。管理人员应编制资金使用计划,确定、分解施工成本管理目标。对施工成本管理目标进行风险分析,并制定防范性对策。对各种支出,应认真做好资金的使用计划,并在施工中严格控制各项开支。及时准确地记录、收集、整理、核算实际发生的成本。对各种变更,及时做好增减账,及时落实业主签证,及时结算工程款。通过偏差分析和未完工工程预测,可发现一些潜在的问题将引起未完工程施工成本增加,对这些问题应以主动控制为出发点,及时采取预防措施。由此可见,经济措施的运用绝不仅仅是财务人员的事情。

(4)合同措施

采用合同措施控制施工成本,应贯穿整个合同周期,包括从合同谈判到合同终结的全过程。首先,选用合适的合同结构,对各种合同结构模式进行分析、比较,在合同谈判时,要争取选用适合于工程规模、性质和特点的合同结构模式。其次,在合同的条款中应仔细考虑一切影响成本和效益的因素,特别是潜在的风险因素。通过对引起成本变动的风险因素的识别和分析,采取必要的风险对策,如通过合理的方式,增加承担风险的个体数量,降低损失发生的比例,并最终使这些策略反映在合同的具体条款中。在合同执行期间,合同管理的措施既要密切注视对方合同执行的情况,以寻求合同索赔的机会;又要密切关注自己履行合同的情况,以防止被对方索赔。

8.2 施工成本计划的编制

施工成本计划是施工成本控制的一个重要环节,是实现降低施工成本任务的指导性文件。如果针对施工项目所编制的成本计划达不到目标成本要求时,就必须组织施工项目管理人员重新研究并寻找降低成本的途径,重新进行编制。同时,编制成本计划的过程也是动员全体施工项目管理人员的过程,是挖掘降低成本潜力的过程,是检验施工技术质量管理、工期管理、物资消耗和劳动力消耗管理等落实情况的过程。

8.2.1 成本计划的编制依据

施工成本计划的编制依据包括:投标报价文件,企业定额、施工预算,施工组织设计或施工方案,人工、材料、机械台班的市场价,企业颁布的材料指导价、企业内部机械台班价格、劳动力内部挂牌价格,周转设备内部租赁价格、摊销损耗标准,已签订的工程合同、分包合同(或估价书),结构件外加工计划和合同,有关财务成本核算制度和财务历史资料,施工成本预测资料,拟采取的降低施工成本的措施,其他相关资料。

8.2.2 成本计划的编制步骤

施工成本计划的编制步骤因项目的规模大小、管理要求不同而不同。大中型项目一般采用分级编制的方式,即先由各部门提出部门成本计划,再由项目经理部汇总编制全项目工程的成本计划;小型项目一般采用集中编制方式,即由项目经理部先编制各部门成本计划,再汇总编制全项目工程的成本计划。无论采用哪种方式,其编制的基本步骤如下:

1. 搜集和整理资料

广泛搜集资料并进行归纳整理是编制成本计划的必要步骤。所需搜集的资料是编制成本计划的依据。这些资料主要包括:

(1)国家、上级部门、公司总部有关编制成本计划的规定。

(2)项目经理部与企业签订的承包合同及企业下达的成本降低额、降低率和其他有关技术经济指标。

(3)有关成本预测、决策的资料。

(4)施工项目的施工图预算、施工预算。

(5)施工组织设计。

(6)施工项目使用的机械设备生产能力及其利用情况。

(7)施工项目的材料消耗、物资供应、劳动工资及劳动效率等计划资料。

(8)计划期内的物资消耗定额、劳动工时定额、费用定额等资料。

(9)以往同类项目成本计划的实际执行情况及有关技术经济指标完成情况的分析资料。

(10)同行业同类项目的成本、定额、技术经济指标资料及增产节约的经验和有效措施。

(11)本企业的历史先进水平和当时的先进经验及采取的措施。

(12)国外同类项目的先进成本水平情况等资料。

此外,还应深入分析当前情况和未来的发展趋势,了解影响成本升降的各种有利和不利因素,研究如何克服不利因素和降低成本的具体措施,为编制成本计划提供丰富具体和可靠的成本资料。

2. 按目标责任书确定总目标成本和成本降低额

在项目管理目标责任书中,会约定项目成本控制的总目标。据此确定项目的总目标成本和成本降低额。目标成本是指项目对未来产品成本所规定的奋斗目标,它比已经达到的实际成本要低,但又是经过努力可以达到的。

3. 将总目标成本分解为分部(分项)工程的目标成本

把总目标分解落实到各相关部门、班组时,大多采用工作分解法。工作分解法又称工程分解结构,在国外被简称为 WBS(Work Breakdown Structure)。它的特点是以施工图设计为基础,以本企业做出的项目施工组织设计及技术方案为依据,把整个工程项目逐级分解为内容单一、便于进行单位工料成本估算的小项或工序,在此基础上将项目的总目标成本逐级分解细化,变成方便落实的部门、队伍的控制目标成本,如图8-3所示。

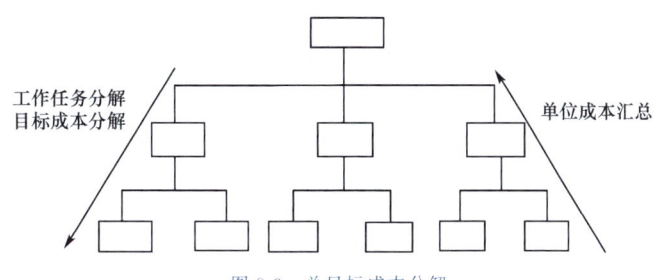

图 8-3　总目标成本分解

4. 按分部（分项）目标成本确定各队伍的成本责任，形成成本计划草案

对大中型项目，经项目经理部批准下达成本计划指标后，各职能部门应充分发动员工进行认真的讨论，在总结上期成本计划完成情况的基础上，结合本期计划指标，找出完成本期计划的有利和不利因素，提出挖掘潜力、克服不利因素的具体措施，以保证计划任务的完成。为了使指标真正落实，各部门应尽可能将指标分解落实下达到各班组及个人，使得目标成本的降低额和降低率得到充分讨论、反馈、再修订，使成本计划既能够切合实际，又能成为团队共同奋斗的目标。

各职能部门应认真讨论项目经理部下达的费用控制指标，拟订具体实施的技术经济措施方案，编制各部门的费用预算。

5. 确定各层次、各队伍降低成本的措施

由各层次、各队伍根据自己的目标成本和降低额，拟订相应的方案，由下至上呈报本部门的成本计划和费用预算，由上至下审批。

6. 综合平衡，编制正式的成本计划

在各职能部门上报部门成本计划和费用预算后，首先，项目经理部应结合各项技术经济措施，检查各计划和费用预算是否合理可行，并进行综合平衡，使各部门计划和费用预算之间相互协调、衔接；其次，要从全局出发，在保证企业下达的成本降低任务或本项目目标成本实现的情况下，以生产计划为中心，分析、研究成本计划与生产计划、劳动工时计划、材料成本与物资供应计划、工资成本与工资基金计划、资金计划等的相互协调平衡。经反复讨论、多次综合平衡，最后确定的成本计划指标，即可作为编制成本计划的依据，项目经理部正式编制的成本计划，上报企业有关部门后即可正式下达至各职能部门执行。一般来说，成本计划至少应包括如下内容：

(1) 降低成本的技术措施计划表。

(2) 降低成本计划表。

(3) 施工项目成本计划表。

8.2.3　成本计划的编制方法

1. 按施工成本组成编制施工成本计划

施工成本可以分为人工费、材料费、施工机具使用费、企业管理费和规费，如图 8-4 所示。

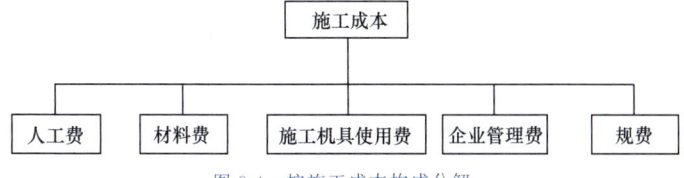

图 8-4　按施工成本构成分解

2.按子项组成编制施工成本计划

各大中型工程项目通常是由若干个单项工程构成的,而每一个单项工程又包括了多个单位工程,每一个单位工程又是由若干个分部(分项)工程构成的。因此,首先要把项目总施工成本分解到单项工程和单位工程之中,再进一步分解为分部工程和分项工程,以利于成本控制,如图 8-5 所示。

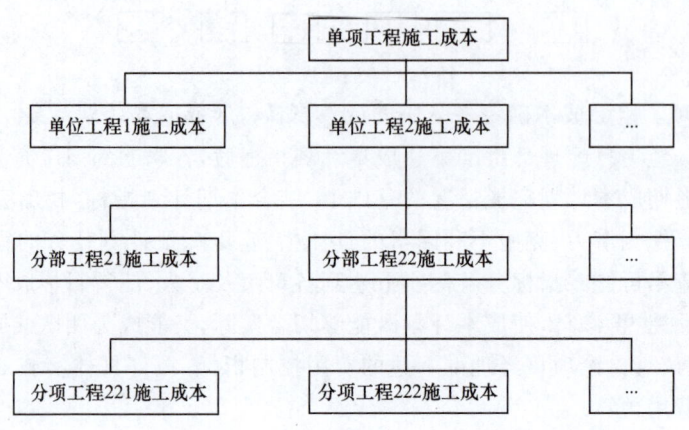

图 8-5 按子项目分解施工成本

3.按施工进度编制施工成本计划

按施工进度编制的施工成本计划,通常可利用控制项目进度的网络图进一步扩充而得到。即在建立网络图时,一方面确定完成各项工作所需时间,另一方面确定完成这一工作的合适的施工成本支出计划。在实践中,将工程项目分解为既能方便表示时间,又能方便表示施工成本支出计划的工作是不容易的,通常如果项目分解程度对时间的控制合适,则对施工成本计划可能分解过细,以至于不可能确定出每一项工作的施工成本支出计划,反之亦然。因此,在编制网络计划时,应在充分考虑进度控制对项目划分要求的同时,还要考虑确定施工成本支出计划对项目划分的要求,做到二者兼顾。

通过对施工成本目标按时间进行分解,在网络计划基础上,可获得项目进度计划横道图,并在此基础上编制成本计划。其表示方法有两种:一是在时标网络图上按月编制的成本计划(图 8-6);二是利用时间-成本累计曲线表示(图 8-7)。

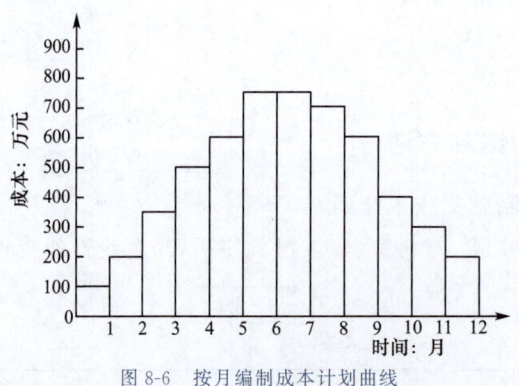

图 8-6 按月编制成本计划曲线

时间-成本累计曲线是在图 8-6 和横道图计划或时标网络计划的基础上逐月累加绘制形成的。

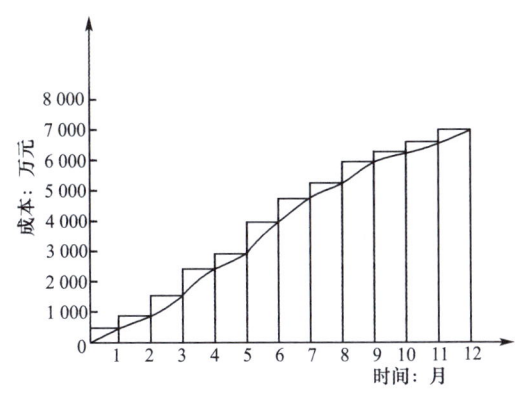

图 8-7 时间-成本累计曲线

值得注意的是,以上三种施工成本计划的编制方法并不是互相独立的。在实践中,往往需要将这几种方式结合起来使用,从而可以取得扬长避短的效果。

8.3 施工成本控制

施工成本控制是指在施工过程中,对影响施工成本的各种因素加强管理,并采取各种有效措施,将施工中实际发生的各种消耗和支出严格控制在成本计划范围内,随时揭示并及时反馈,严格审查各项费用是否符合标准,计算实际成本和计划成本之间的差异并进行分析,进而采取多种措施,减少或消除施工中的损失、浪费现象。

建设工程项目施工成本控制应贯穿于项目从投标阶段开始直至竣工验收的全过程,它是企业全面成本管理的重要环节。施工成本控制可分为事先控制、事中控制(过程控制)和事后控制。在项目的施工过程中,需按动态控制原理对实际施工成本的发生过程进行有效控制。

8.3.1 成本控制的依据和原则

1.施工成本控制的依据

施工成本控制的依据主要有:施工承包合同、施工成本计划;施工组织设计或施工方案;人、材、机市场价格;进度计划;已签订的工程合同、分包合同、工程变更资料、索赔资料等。

2.施工成本控制的原则

(1)效益原则

效益是指施工项目的经济效益和社会效益,二者必须统一。应该科学地理解进度、质量和成本三者之间的辩证关系,追求三者的统一。

(2)全面性原则

全面性原则包括两方面:一是全员参与成本管理和控制,二是全过程的成本控制。首先,要求所有人员都应该积极主动地关心成本、控制成本,并且都有权利和义务对成本进行控制。其次,施工项目启动后从施工准备到竣工验收和保修期结束,都在产生费用,都必须进行计划与控制。

(3)责、权、利结合的原则

这一原则,从项目管理责任制中体现出来。从项目经理到每一个管理者和操作者,都必须对成本控制承担起自己的责任,而且授以相应的权利,考评业绩时同职工的工资、奖金挂钩,奖罚分明。

(4)目标管理的原则

把成本控制作为目标管理的一项重要内容,它是把成本计划目标加以分解,逐一落实到各有关部门、单位和个人,施工中不断检查执行结果,发现并分析偏差,及时采取控制措施,力求以最少的成本支出,获得最多且有效的产出。

(5)动态控制原则

动态控制是指施工成本控制要贯穿整个施工过程,每个控制期(如周、旬、月)都要收集实际数据,比较项目的实际成本和计划成本,看是否存在偏差,如果存在偏差,应及时采取有效措施进行纠正,将实际成本控制在计划的范围之内。

8.3.2 成本控制对象

(1)以成本的形成过程作为成本控制对象

根据成本的形成过程,其控制对象包括事前控制(招投标阶段和施工准备阶段)、事中控制(施工阶段)、事后控制(竣工验收和保修阶段)。

(2)以项目的职能部门、工作班组作为成本控制对象

因为成本控制的具体内容是日常发生的各种费用和损失,所以项目的职能部门、工作班组应对自己承担的责任成本进行自我控制。这是最直接、最有效的项目成本控制途径。

(3)以分部(分项)工程作为成本控制对象

分部(分项)工程具有非常具体的工作量、工程量,可以编制施工预算,以此作为分部(分项)工程成本控制的依据。

(4)以对外的经济合同作为成本控制对象

每个项目都无法避免地要签订对外的经济合同,如分包合同、劳务合同、租赁合同、采购合同等,可以以此作为成本控制对象。

8.3.3 三阶段的成本控制

施工项目的成本控制,按照发生的时间分为事前控制、事中控制、事后控制三个阶段。

1. 事前控制

事前控制主要是指进行成本预测,确定目标成本和相应的控制方案,进而编制成本计划,并落实成本计划的过程。对于承包商来说,从投标报价开始就要估算施工成本,中标后确定项目经理的责任目标成本,签订目标责任书。

2. 事中控制

事中控制是指在成本计划的执行过程中,对项目施工过程中施工成本形成的全过程控制,又称过程控制。其主要内容包括人工费、材料费、机械使用费、施工管理费、临时设施费、施工分包费、工程变更、现场签证及索赔管理等。

3. 事后控制

事后控制主要是指竣工验收阶段的成本控制。一般包括:通过成本核算得到实际成本;及时办理竣工结算;分析成本节约或者超支的原因,确定责任归属;对项目的成本控制工作进行考核评价,总结经验教训。

8.3.4 成本控制的步骤

在确定了施工项目的施工成本计划之后,必须定期将施工成本计划值与实际值进行比较,当实际值偏离计划值时,分析产生偏差的原因,采取适当的纠偏措施,以确保施工成本控制目标的实现。其成本控制的步骤是:

$$比较 \to 分析 \to 预测 \to 纠偏 \to 检查$$

比较:按照某种确定的方式将施工成本计划值与实际值逐项进行比较,以发现是否超支。

分析:在比较的基础上,对比较的结果进行分析,以确定偏差的严重性以及偏差产生的原因。这一步是施工成本控制工作的核心,其主要目的在于找出产生偏差的原因,从而采取有针对性的措施,减少或避免相同偏差的再次发生或减少由此造成的损失。

预测:根据项目实施情况估算整个项目完成时的施工成本。预测的目的在于为决策提供依据。

纠偏:当工程项目的实际施工成本出现了偏差,应当根据工程的具体情况、偏差分析和预测的结果,采取适当的措施,以期达到使施工成本偏差尽可能小的目的。纠偏是施工成本控制中最具实质性的一步。只有通过纠偏,才能最终达到有效控制施工成本的目的。

检查:是指对工程的进展进行跟踪和检查,及时了解工程进展状况以及纠偏措施的执行情况和效果,为今后的工作积累经验。

8.3.5 成本控制方法

施工成本控制的方法很多,本书在此只介绍其中一些方法。

1. 价值工程

价值工程是指以提高产品实用价值为目的,以功能分析为核心,以开发集体智慧为动力,以定量计算为手段,研究用最少的代价以取得最合适的功能的管理方法。

(1)价值工程的计算公式

价值工程为我们提供了一个评判依据,这就是用一个数学公式来表示其基本的特性。即

$$V = \frac{F}{C} \tag{8-2}$$

式中 V——产品的价值;
F——产品的功能;
C——产品的成本。

价值高,表明有益程度高,好处就多;价值低,则表明益处不大,好处不多。例如:有两种物品,功能完全相同,而价格有高低的差异。那么按价值工程的观点,就认为价格低的那种物品的价值就高。

(2)产品价值提高的途径

根据价值工程的含义和计算公式,提高产品的价值有以下措施:

① 产品的功能保持不变,使其成本降低。($V \uparrow = \dfrac{F \rightarrow}{C \downarrow}$)

保持产品功能不变,通过严格控制产品原材料的使用数量和控制其价格、扩大其生产规模,使产品的成本得到降低,从而使得产品的价值更高。这是企业提高经济效益最常见的途径之一。例如:钢模板代替木模板,竹胶板代替某些木制模板。

②产品的成本保持不变,使其功能提高。($V\uparrow = \dfrac{F\uparrow}{C\rightarrow}$)

在保证产品的生产成本投入不变的情况下,通过改变生产工艺、提高产品质量、拓展产品的功能,使得产品功能得到提高,从而使得产品的价值更高。如:对旧产品进行技术改造和技术革新,在保证产品成本基本不变的基础上,增加一些新的功能,从而使得产品的价值更高。

③既提高产品功能,又降低产品成本。($V\uparrow\uparrow = \dfrac{F\uparrow}{C\downarrow}$)

通过不断改变产品的设计、增加产品的功能,与此同时通过规模生产,降低产品的成本,从而大幅度地提高产品的价值。这是一种提高产品价值的最有效的途径。

④使产品成本略有提高,但产品功能大幅度提高。($V\uparrow = \dfrac{F\uparrow\uparrow}{C\uparrow}$)

在通常情况下,提高产品的功能,往往也会引起产品成本的提高。但是,只要功能提高的幅度远远大于成本提高的幅度,依然是可行的。也就是通过增大对产品成本的适当投入和改变产品的设计等手段,使得产品的功能大幅度地增加和提高,从而提高产品的价值。这种方式往往用在新产品的开发方面。也就是以某种新产品完全代替旧产品,以提高企业的竞争能力。

⑤使产品功能略有降低,但产品成本大幅度降低。($V\uparrow = \dfrac{F\downarrow}{C\downarrow\downarrow}$)

通过改变产品的设计、减少产品中某些不常用的部分功能,与此同时通过规模生产,大幅度地降低产品的成本,从而提高产品的价值。

(3)价值工程分析的对象

价值工程的分析对象应以下述内容为重点:

①数量大,应用面广的构配件。
②成本高的工程和构配件。
③结构复杂的工程和构配件。
④体积和质量大的工程和构配件。
⑤对产品功能提高有关键作用的构配件。
⑥使用中运行费和维修费高的工程和构配件。
⑦选择畅销产品,以保持优势和提高竞争力。
⑧施工中容易保证工程质量的工程和构配件。
⑨施工难度大,耗材、耗时多的工程和构配件。
⑩可利用新材料、新设备、新工艺、新结构及在科研上有先进成果的工程和构配件。

2.量本利分析法

量本利分析法就是从产量、成本和利润三者之间的关系中,寻求盈亏平衡点,利用盈亏平衡点判断利润的大小和寻求降低成本、提高利润的途径。这是比较简单而且适用的管理技术,用于施工项目成本管理中,可以分析项目的合同价格、工程量、单位成本及总成本之间的相互关系,为工程决策提供依据。

(1)量本利分析方法的数学模型

设 TR 表示总收入;TC 表示总成本;F 表示固定成本;C_v 表示单位变动成本;P 表示销售单价;Q 表示产销售量,则

$$TR = P \times Q \tag{8-3}$$

$$TC = F + C_v \times Q \tag{8-4}$$

利润＝总收入－总成本＝$TR - TC = P \times Q - (F + C_v \times Q)$ (8-5)

（2）保本销售量和保本销售收入

保本点就是不亏不盈时所应完成的销售量，将此时的销售量称为保本销售量，用 Q_0 表示（图 8-8）。按盈亏平衡的原则，则有

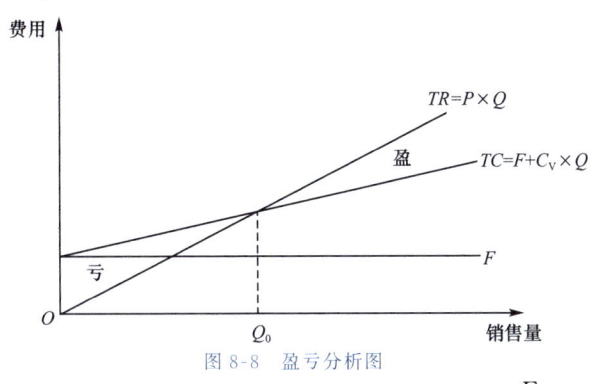

图 8-8　盈亏分析图

$$TR = TC \rightarrow P \times Q_0 = F + C_v \times Q_0 \rightarrow Q_0 = \frac{F}{P - C_v} \tag{8-6}$$

式中　Q_0——保本点销售量。

按图 8-8 分析，项目的规模必须在 Q_0 以上，才能保证盈利。

案例 8-1

某建筑企业年固定成本为 500 万元，所承担工程的单方造价平均为 800 元/m²，单方变动成本平均为 640 元/m²。问一年内应完成多少建筑面积的工程任务，该企业才能保本。

【解】　将题中的有关数据代入式 (8-6) 得

$$Q_0 = \frac{F}{P - C_v} = \frac{5\,000\,000}{800 - 640} = 31\,250 \text{ m}^2$$

该公司每年必须完成 31 250 m² 建筑面积的工程任务才能保本。

案例 8-2

某框架结构工程，合同价格为 1 520 元/m²，固定成本为 83 万元，单位变动成本为 1 150 元/m²，该工程的建筑面积为 2 612 m²，试分析该工程的盈亏状况。

【解】　该工程的保本规模为：$Q_0 = \dfrac{F}{P - C_v} = \dfrac{830\,000}{1\,520 - 1\,150} = 2\,243.2 \text{ m}^2 < 2\,612 \text{ m}^2$

所以，承包该工程可以盈利，且盈利额＝$1\,520 \times 2\,612 - (830\,000 + 1\,150 \times 2\,612) = 136\,440$ 元

3.挣值法

挣值法是通过"三个费用""两个偏差""两个绩效"的对比对成本实施控制的一种方法。

(1)三个费用

①计划完成工作的预算成本

计划完成工作的预算成本用 BCWS 表示,它是指根据进度计划,在某一时刻应当完成的工作,按照预算单价计算得到的资金总额。一般来说,除非有变更,否则 BCWS 在工作实施过程中应保持不变。其计算公式为:

$$BCWS=计划完成工程量 \times 预算单价 \qquad (8-7)$$

②已完工作的实际成本

已完工作的实际成本用 ACWP 表示,即到某一时刻为止,对已完成的工作实际支出的成本。其计算公式为

$$ACWP=实际完成工程量 \times 实际单价 \qquad (8-8)$$

③已完工作的预算成本

已完工作的预算成本用 BCWP 表示,它是指在某一时间已经完成的工作根据预算单价计算得到的资金总额,就是挣值(EV)。

$$BCWP=实际完成工程量 \times 预算单价 \qquad (8-9)$$

(2)两个偏差

①费用偏差(CV)

$$CV=BCWP-ACWP \qquad (8-10)$$

判别标准:当 CV 为正值时,表示费用节支;当 CV 为负值时,表示费用超支。

②进度差异(SV)

$$SV=BCWP-BCWS \qquad (8-11)$$

判别标准:当 SV 为正值时,表示进度提前;当 SV 为负值时,表示进度滞后。

(3)两个绩效

①费用绩效指数(CPI)

$$CPI=BCWP/ACWP \qquad (8-12)$$

判断标准:当 CPI 的值大于 1 时,表明费用节支;当 CPI 的值小于 1 时,表明费用超支。

②进度绩效指数(SPI)

$$SPI=BCWP/BCWS \qquad (8-13)$$

判断标准:当 SPI 大于 1 时,表示进度提前;当 SPI 小于 1 时,表示进度滞后。

> **案例8-3**
>
> 已知某分项工程的拟完工程量为 45 000 m²,计划单价为 22 元/m²;完工后发现该分项工称实际完成了 58 000 m²,实际单价为 20 元/m²;试计算该分项工程的成本偏差和进度偏差。
>
> 【解】 BCWS=45 000×22 = 990 000 元;BCWP=58 000×22 = 1 276 000 元;
> ACWP=58 000×20 = 1 160 000 元,则
>
> 成本偏差 CV=BCWP-ACWP= 1 276 000-1 160 000 = 116 000 元
>
> 进度偏差 SV=BCWP-BCWS= 1 276 000-990 000 = 286 000 元

在实际分析过程中,成本偏差又可进一步区分为局部偏差和累计偏差。局部偏差有两层含义:一是相对于总体建设工程项目而言,是指各单项工程、单位工程和分部(分项)工程的偏差;二是相对于项目实施的时间而言,是指每一控制周期所发生的偏差。累计偏差则是在项目已经实施的时间内累计发生的偏差,也就是已完工程在某一时间点上实际总成本与计划总成本的差异。

8.4 施工成本核算

施工项目成本核算就是定期地确认、记录施工过程中发生的费用支出,对施工项目生产经营过程中的资金占用、生产消耗和生产成果进行记录、计算、分析和比较,以反映工程项目发生的实际成本。促使施工项目用最少的消耗取得最大的经济效果的一种方法。其目的是使企业厉行节约,以收入抵偿支出后取得盈利。

建立项目成本核算制,明确项目成本核算的原则、范围、程序、方法、内容、责任及要求,可以反映、监督项目成本计划的完成情况,促进工程项目改善管理、降低成本、提高经济效益。

8.4.1 施工项目成本核算的对象、任务和要求

1. 施工项目成本核算的对象

施工项目成本一般以每一独立编制施工图预算的单位工程为成本核算对象,也可以按照承包工程项目的规模、工期、结构类型、施工组织和施工现场等情况,结合成本控制的要求,灵活划分成本核算对象。一般说来有以下几种划分方法:

(1)一个单位工程由几个施工单位共同施工时,各施工单位都应以同一单位工程为成本核算对象,各自核算自行完成的部分。

(2)规模大、工期长的单位工程,可以将工程划分为若干部位,以分部位的工程作为成本核算对象。

(3)同一建设项目,由同一施工单位施工,并在同一施工地点,属于同一建设项目的各个单位工程合并作为一个成本核算对象。

(4)改建、扩建的零星工程,可根据实际情况和管理需要,以一个单项工程为成本核算对象,或将同一施工地点的若干个工程量较少的单项工程合并作为一个成本核算对象。

2. 施工项目成本核算的基本任务

(1)执行国家有关成本的开支范围、费用开支标准、工程预算定额和企业施工预算、成本计划的有关规定,控制费用,促使项目合理、节约地使用人力、物力和财力。这是施工项目成本核算的前提和首要任务。

(2)正确及时地核算施工过程中发生的各项费用,计算施工项目的实际成本。是施工项目成本核算的主体和中心任务。

(3)反映和监督施工项目成本计划的完成情况,为项目成本预测,为参与项目施工生产、技术和经营决策提供可靠的成本报告和有关资料,促使项目改善经营管理,降低成本,提高经济效益。这是施工项目成本核算的根本目的。

3. 施工项目的成本核算遵守的基本要求

(1) 划清成本、费用支出和非成本费用支出的界限。这是指划清不同性质的支出,即划清资本性支出、收益性支出与其他支出、营业支出与营业外支出的界限。这个界限也就是成本开支范围的界限。

(2) 正确划分各种成本、费用的界限。这是指对允许列入成本、费用开支范围的费用支出,在核算上应划清的几个界限:施工项目工程成本和期间费用的界限,本期工程成本与下期工程成本的界限,不同成本核算对象之间的成本界限,未完工程成本与已完工程成本的界限。

(3) 坚持"形象进度、产值统计、成本归集"三同步的原则。

8.4.2 施工成本核算的方法

施工成本核算的方法主要有:

1. 会计核算

会计核算以原始会计凭证为基础,借助一定的会计科目,运用货币形式,连续、系统、全面地反映和监督工程项目成本的形成过程及结果。

2. 业务核算

业务核算是通过简单、迅速地提供某项业务活动所需的各种资料,以反映该项业务活动水平的一种方法。例如,某个作业班组的工日、材料、能源的消耗情况等。

3. 统计核算

统计核算需要建立在会计核算和业务核算的基础上,它是根据大量的调查资料,通过统计、分析和整理,反映和监督工程项目成本的方法。统计核算中的数据资料可以用货币计量,也可以用实物量、劳动量等计量。

8.4.3 施工项目成本核算的范围

成本核算的过程实际上也是各项成本项目的归集和分配过程。成本的归集是指通过一定的会计制度以有序的方式进行成本数据的收集和汇总;而成本的分配是指将归集的间接成本分配给成本对象的过程,也称间接成本的分摊或分派。

1. 人工费核算

人工费包括内包人工费和外包人工费。内包是指企业所属的劳务公司与项目经理部签订劳务合同,内包人工费按月估计计入项目单位工程成本。外包是指项目经理部与外面的劳务公司签订的包清工合同,外包人工费以当月验收完成的实物工程量,计算出定额工日数,乘以合同人工单价确定,有时也按计件工资计算。

2. 材料费核算

工程耗用的材料根据限额领料单、退料单、报损报耗单、大堆材料耗用计算单等,由项目料具员按单位工程编制"材料耗用汇总表",据以计入项目成本。

(1) 钢材、水泥、木材价差核算

① 标内代办:指"三材"差价列入工程预算账单内作为造价组成部分。由项目成本员按价差发生额,一次或分次提供给负责项目统计的统计员报出产值,以便收回资金。单位工程竣工结算,按实际消耗来调整实际成本。

② 标外代办:指由建设单位直接委托材料分公司代办三材,其发生的"三材"差价,由材料分

公司与建设单位按代办合同口径结算。项目经理部只核算实际耗用超过设计预算用量的那部分量差及应负担市场部高进高出的差价,并计入相应的单位工程成本。

(2)一般价差核算

①提高项目材料核算的透明度,简化核算,做到明码标价。

②钢材、水泥、木材、玻璃、沥青按实际价格核算,高于预算费用的差价,高进高出,谁用谁负担。

③装饰材料按实际采购价作为计划价核算,计入该项目成本。

④项目对外自行采购或按定额承包供应材料,如砖、瓦、砂、石、小五金等,应按实际采购价或按议价供应价格结算,由此产生的材料成本差异节超,相应增减成本。

3.周转材料费核算

(1)周转材料实行内部租赁制,以租费的形式反映消耗情况,按"谁租用谁负担"的原则,核算其项目成本。

(2)按周转材料租赁办法和租赁合同,由出租方与项目经理部按月结算租赁费。租赁费按租用的数量、时间和内部租赁单价计入项目成本。

(3)周转材料在调入移出时,项目经理部都必须加强计量验收制度,如有短缺、损坏,一律按原价赔偿,计入项目成本(短损数=进场数-退场数)。

(4)租用周转材料的进退场运费,按其实际发生数,由调入项目负担。

(5)对U形卡、脚手扣件等零件除执行租赁制外,考虑到其比较容易散失,故按规定实行定额预提摊耗,摊耗数计入项目成本,相应减小次月租赁基数,减少租费。单位工程竣工,必须进行盘点,盘点后的实物数与前期逐月按控制定额摊耗后的数量差,按实调整清算计入成本。

(6)实行租赁制的周转材料,一般不再分配负担周转材料差价。

4.结构件费核算

(1)项目结构件的使用必须要有领发手续,并根据这些手续,按照单位工程使用对象编制"结构件耗用月报表"。

(2)项目结构件的单价,以项目经理部与外加工单位签订的合同为准,计算耗用金额计入成本。

(3)根据实际施工进度、已完施工产值的统计、各类实际成本报耗三者在月度时点的三同步原则(配比原则的引申与应用),结构件耗用的品种和数量应与施工产值相对应。结构件数量金额账的结存数,应与项目成本员的账面余额相符。

(4)结构件的高进高出价差核算同材料费高进高出价差核算一致。

(5)如发生结构件的一般价差,可计入当月项目成本。

(6)部位分项分包,如铝合金门窗、卷帘门、轻钢龙骨石膏板、平顶、屋面防水等,按照企业通常采用的类似结构件管理和核算方法,项目经济员必须做好月度已完工程部分验收记录,正确计报部位分项分包产值,并书面通知项目成本员及时、正确、足额计入成本。

(7)在结构件外加工和部位分包施工过程中,项目经理部通过自身努力获取经营利益或转嫁压价让利风险所产生的利益,均应受益于施工项目。

5.机械使用费核算

(1)机械设备实行内部租赁制,以租赁费形式反映其消耗情况,按"谁租用谁负担"原则,核算其项目成本。

（2）按机械设备租赁办法和租赁合同，由企业内部机械设备租赁市场与项目经理部按月结算租赁费。租赁费根据机械使用台班、停置台班和内部租赁单价计算，计入项目成本。

（3）机械进出场费，按规定由承租项目负担。

（4）项目经理部租赁的各类中小型机械，其租赁费全额计入项目机械费成本。

（5）根据内部机械设备租赁运行规则要求，结算原始凭证由项目指定专人签证开班和停班数，据以结算费用。现场机、电、修等操作工奖金由项目考核支付，计入项目机械成本并分配到有关单位工程。

（6）向外单位租赁机械，按当月租赁费用全额计入项目机械费成本。

6. 其他直接费核算

项目施工生产过程中实际发生的其他直接费，有时并不"直接"，凡能分清受益对象的，应直接计入受益成本核算对象的工程施工-"其他直接费"，如与若干个成本核算对象有关的，可先归集到项目经理部的"其他直接费"总账科目（自行增设），再按规定的方法分配计入有关成本核算对象的工程施工-"其他直接费"成本项目内。分配方法可参照费用计算基数，以实际成本中的直接成本（不含其他直接费）扣除"三材"差价为分配依据。即人工费、材料费、周转材料费、机械使用费之和扣除高进高出价差。

（1）施工过程中的材料二次搬运费，按项目经理部向劳务分公司汽车队托运包天或包月租费结算，或以汽车公司的汽车运费计算。

（2）临时设施摊销费按项目经理部搭建的临时设施总价（包括活动房）除项目合同工期求出每月应摊销额，临时设施使用一个月摊销一个月，摊完为止。项目竣工搭拆差额（盈亏）按实调整实际成本。

（3）生产工具用具使用费。大型机动工具、用具等可以套用类似内部机械租赁办法以租费形式计入成本，也可按购置费用一次摊销法计入项目成本，并做好在用工具实物借用记录，以便反复利用。工具用具的修理费按实际发生数计入成本。

（4）除上述以外的其他直接费，均应按实际发生的有效结算凭证计入项目成本。

7. 企业管理费和规费的核算

为了明确项目经理部的经济责任，正确合理反映项目管理的经济利益，对企业管理费和规费实行项目与项目之间"谁受益，谁负担；多受益，多负担；少受益，少负担；不受益，不负担"的原则核算。公司的管理费用、财务费用不再构成项目成本，公司与项目在费用上分开核算。凡属于项目发生的可控费用均下沉到项目上去核算。除此之外，还应注意以下几个问题：

（1）要求以项目经理部为单位编制工资单和奖金单列支工作人员薪金。项目经理部工资总额每月必须正确核算，以此计提职工福利费、工会经费、教育经费、劳保统筹费等。

（2）劳务分公司所提供的炊事人员代办食堂承包、服务，警卫人员提供区域岗点承包服务以及其他代办服务费用计入施工间接费。

（3）内部银行的存贷款利息，计入"内部利息"（新增明细子目）。

8. 分包工程成本核算

（1）包清工程，如前所述纳入人工费、外包人工费内核算。

（2）分项分包工程，如前所述纳入结构件费内核算。

（3）双包工程是指将整幢建筑物以包工包料的形式包给外单位施工的工程。可根据承包合同取费情况和发包（双包）合同支付情况，即上下合同差，测定目标盈利率。月度结算时，以双包工程已完工程价款做收入,应付双包单位工程款做支出,适当负担施工间接费预结降低额。为稳妥起见,拟控制在目标盈利率的50%以内,也可在月结成本时做收支持平,竣工结算时,再如实调整实际成本,反映利润。

(4)机械作业分包工程是指利用分包单位专业化的施工优势,将打桩、吊装、大型土方、深基础等施工项目分包给专业单位施工的形式。对机械作业分包产值的统计范围是,只统计分包费用,而不包括物耗价值。机械作业分包实际成本与此对应包括分包结账单内除工期费之外的全部工程费。总体反映其全貌成本。

同双包工程一样,总分包企业合同包括总包单位管理费,分包单位让利收益等在月结成本时,可先预结一部分,或月结时做收支持平处理,到竣工结算时,再做项目效益反映。

(5)上述双包工程和机械作业分包工程因为收入和支出比较容易辨认(计算),所以项目经理部也可以对这两项分包工程,采用竣工点交办法,即月度不结盈亏。

(6)项目经理部应增设"分建成本"成本项目,核算反映双包工程、机械作业分包工程的成本状况。

(7)各类分包形式(特别是双包),对分包单位领用、租用、借用本企业物资、工具、设备、人工等费用,必须根据经管人员开具的且经分包单位指定专人签字认可的专用结算单据,如"分包单位领用物资结算单"及"分包单位租用工具设备结算单"等结算依据入账,抵作已付分包工程款。同时,要注意对分包资金的控制,分包付款、供料控制,主要应依据合同及要料计划实施制约,单据应及时流转结算,账上支付款(包括抵作额)不得突破合同价款。要注意阶段控制,防止资金失控,引起成本亏损。

8.5 施工成本分析

施工成本分析就是根据会计核算、业务核算和统计核算等提供的资料,对施工成本的形成过程和影响成本上升和下降的因素进行分析,以寻求进一步降低成本的途径,包括有利偏差的挖掘和不利偏差的纠正;另一方面,通过成本分析,可从账簿、报表反映的成本现象看清成本的实质,从而增强项目成本的透明度和可控性,为加强成本控制,实现项目成本目标创造条件。

8.5.1 成本分析的内容和分类

1.施工成本分析的内容

施工成本分析的内容就是对施工项目成本变动因素的分析。影响施工项目成本变动的因素有两个方面,一是外部的属于市场经济的因素,二是内部的属于企业经营的因素。影响施工项目成本变动的市场因素主要包括施工企业的规模和技术装备水平,施工企业专业协作的水平以及企业员工的技术水平及操作熟练程度等方面,这些因素不是在短期内所能改变的。重点是影响施工项目成本升降的内部因素,包括:材料、能源利用效果,机械设备的利用效果,施工质量水平的高低,人工费用水平的合理性和其他影响施工项目成本变动的因素(其他直接费用以及为施工准备、组织施工和管理所需的费用)。

2.施工成本分析的分类

(1)随项目施工的进展进行的成本分析。施工成本分析分为分部(分项)工程成本分析、月(季)度成本分析、年度成本分析、竣工成本分析。

(2)按成本项目构成进行的成本分析。施工成本分析分为人工费分析、材料费分析、机械使用费分析、其他直接费分析、间接成本分析。

(3)专题分析及影响因素分析。施工成本分析分为成本盈亏异常分析、工期成本分析、资金成本分析、技术组织措施节约效果分析、其他因素对成本影响分析。

8.5.2 成本分析方法

1.成本分析的基本方法

(1)比较法(又称指标对比分析法)

①将实际指标与目标指标对比。以此检查目标的完成情况,分析完成任务的积极因素和影响目标完成的原因,以便及时采取措施,保证成本目标的实现。

②本期实际指标和上期实际指标对比。通过这种对比,可以看出各项技术经济指标的动态情况,反映施工项目管理水平的提高程度。

③与本行业平均水平、先进水平对比。通过这种对比,可以反映项目的技术管理和经济管理与其他项目的平均水平和先进水平的差距,进而采取措施赶超先进水平。

●案例8-4

某项目本年度"三材节约额"的目标为 100 000 元,实际节约 120 000 元,上年节约 95 000 元,本企业先进水平节约 130 000 元。根据上述资料编制分析表,见表8-1。

表 8-1　　实际指标与目标指标、上期指标、先进水平对比表　　　　　　　　元

指标	本年目标数	上年实际数	企业先进水平	本年实际数	差异数 与目标比	差异数 与上年比	差异数 与先进比
"三材节约额"	100 000	95 000	130 000	120 000	+20 000	+25 000	-10 000

(2)因素分析法(又称连锁置换法或连环替代法)

这种方法可以用来分析各种因素对成本形成的影响程度。在进行分析时,首先要假定众多因素中的一个因素发生了变化,而其他因素不变,然后逐个替换,并分别比较其计算结果,以确定各个因素的变化对成本的影响程度。

因素分析法的计算步骤如下:

①确定分析对象,并计算出实际数与计划数的差异;

②确定该指标是由哪几个因素组成的,并按其相互关系(先工程量,后价值量;先绝对数,后相对数)进行排序;

③以计划数为基础,将各因素的计划数相乘,作为分析替代的基数;

④将各个因素的实际数按照上面的排列顺序进行替换计算,并将替换后的实际数保留下来;

⑤将每次替换计算所得的结果与前一次的计算结果相比较,两者的差异即该因素对成本的影响程度;

⑥各个因素的影响程度之和应与分析对象的总差异相等。

> **案例8-5**

某工程浇筑一层结构商品混凝土,目标成本364 000元,实际成本为383 760元,比目标成本提高19 760元。根据表8-2的资料,用"因素分析法"分析其成本提高原因。

表8-2　　　　　　　　商品混凝土目标成本与实际成本对比表

项目	单位	计划	实际	差额
产量	m³	500	520	+20
单价	元	700	720	+20
损耗率	%	4	2.5	-1.5
成本	元	364 000	383 760	+19 760

【解】
①分析对象是浇筑一层结构商品混凝土的成本,实际成本与目标成本的差额为19 760元。

②该指标是由产量、单价、损耗率三个因素组成的,其排序见表8-3。

③以计划数364 000元(=500×700×(1+4%))为分析替代的基础。

④第一次替代:产量因素,以520替代500,得378 560元,即520×700×(1+4%)=378 560元。

第二次替代:单价因素,以720替代700,并保留上次替代后的值,得389 376元,即520×720×(1+4%)=389 376元。

第三次替代:损耗率因素,以1.025替代1.04,并保留上两次替代后的值,得383 760元,即520×720×(1+2.5%)=383 760元。

⑤计算差额:第一次替代与目标数的差额=378 560-364 000=14 560元

第二次替代与第一次替代的差额=389 376-378 560=10 816元

第三次替代与第二次替代的差额=383 760-389 376=-5 616元

产量增加使成本提高了14 560元,单价提高使成本提高了10 816元,而损耗率下降使成本降低了5 616元。

⑥各因素的影响程度之和=14 560+10 816-5 616=19 760元,与实际成本与计划成本的总差额相等。

为了使用方便,企业也可以通过运用因素分析表来求出各因素的变动对实际成本的影响程度,其具体形式见表8-3。

表8-3　　　　　　　　商品混凝土成本变动因素分析表

顺序	连环替代计算	差异/元	因素分析
计划数	500×700×1.04		
第一次替代	520×700×1.04	14 560	由于产量增加20 m³,成本提高14 560元
第二次替代	520×720×1.04	10 816	由于单价提高20元,成本提高10 816元
第三次替代	520×720×1.025	-5 616	由于损耗率下降1.5%,成本降低5 616元
合计	14 560+10 816-5 616=19 760	19 760	

必须说明,在应用"因素分析法"时,各因素的排列顺序应该固定不变。否则,就会得出不同的计算结果,也会产生不同的结论。

(3)差额计算法

差额计算法是因素分析法的一种简化形式,它利用各个因素的目标与实际的差额来计算其对成本的影响程度。

(4)比率法

比率法是指用两个以上的指标的比例进行分析的方法。它的基本特点是:先把对比分析的数值变成相对数,再观察其相互之间的关系。常用的比率法有:相关比率法、构成比率法和动态比率法。

2.综合成本的分析方法

(1)分部(分项)工程成本分析

分部(分项)工程成本分析是施工项目成本分析的基础。分析对象是已完分部(分项)工程。分析方法:进行预算成本、目标成本和实际成本的"三算"对比,分别计算实际偏差和目标偏差,分析偏差产生的原因,为今后的分部(分项)工程成本寻找节约途径。

(2)月(季)度成本分析

月(季)度成本分析是施工项目定期的、经常性的中间成本分析。月(季)度成本分析的依据是月(季)度的成本报表。分析的方法通常有以下两方面:

①通过实际成本与预算成本的对比,分析当月(季)成本的降低水平;通过累计实际成本与累计预算成本的对比,分析累计成本的降低水平,预测出实际项目成本的前景。

②通过实际成本与目标成本的对比,分析目标成本的落实情况,以及目标管理中存在的问题和不足,进而采取措施,加强成本控制,保证成本目标的落实。

(3)年度成本分析

年度成本分析是为了满足会计准则的要求。因为建筑企业的成本要求每年结算一次,并且不得将本年度的成本转入下一年,所以产生了年度成本分析。

年度成本分析的依据是年度成本报表,其分析内容除了月(季)度成本分析的内容以外,重点是针对下一年度的施工进展状况,制订出切实可行的成本管理方案,保证项目成本目标的实现。

(4)单位工程竣工成本分析

单位工程竣工成本分析主要包括以下三个方面的内容:一是竣工成本分析;二是主要资源节超对比分析;三是主要节约措施及经济效果分析。

8.5.3 降低施工成本的措施

降低施工成本的途径,应该是既开源又节流,或者说既增收又节支。降低施工成本的主要途径有以下几方面:

1.认真审查图纸

在施工过程中,施工单位必须按图施工。但是,图纸一般是由设计单位根据用户的要求和项目所在地的自然地理条件设计的,往往很少考虑为施工单位提供方便,有时甚至还会给施工单位出难题。因此,施工单位应该在满足用户要求和保证质量的前提下,对施工图纸进行认真的会审,并提出积极的修改意见,在取得用户和设计单位的同意后,修改设计图纸,同时办理相关手续。

2. 加强合同预算管理,增加工程预算收入

(1) 正确编制施工图预算

在编制施工图预算时,要充分考虑可能发生的成本费用,包括合同规定的属于包干(闭口)性质的各项费用,并将这些费用全部列入施工图预算中,然后,通过工程结算向建设单位取得补偿。应该坚持一个原则,即凡是政策允许的,要做到该收的点滴不漏,保证项目的预算收入。但不能将项目管理不善所造成的损失,也列入施工图预算,更不能违反政策。

(2) 把合同规定的"开口"项目作为增加预算收入的重要方面

一般来说,按照设计图纸和预算定额编制的施工图预算,必须受预算定额的制约,很少有灵活的余地,而"开口"项目的取费则是项目创收的来源。例如:预算定额缺项的项目,可由乙方参照相近定额进行估算。又比如:根据工程变更资料,及时办理增减手续等。

3. 合理组织施工,正确选择施工方案,提高管理水平

施工项目的施工是形成最终建筑产品全过程的主要环节。每一个施工项目都必须对施工过程进行科学的计划、组织、控制,充分利用人力和物力,以保证全面地、均衡地、优质地、低消耗地完成施工任务。

为了全面完成施工任务,在施工之前,首先要做好施工准备阶段的管理工作,如编制施工组织设计、编制施工图预算、落实施工任务和组织材料采购工作等。从降低工程成本角度来说,不仅要在施工过程中大力节约施工费用,还要在施工准备阶段注意经济效益。具体地说,搞好施工组织设计,正确选择施工方案,是降低工程成本的重要途径之一。施工组织设计是对建设项目的全部过程,做出合理的规划和部署,制订先进、合理的施工方案。

4. 落实技术组织措施

建筑施工企业为了保证或超额完成工程成本降低任务,应当编制降低施工成本的技术组织措施计划。

为了保证技术组织措施计划的落实,并取得预期的效果,各个施工项目都应该在项目经理的领导下,充分发动群众进行讨论,提出更多的方案,最后由项目经理召开有关负责人参加的会议进行讨论,做出决定,成为正式的计划。

5. 提高劳动生产率

劳动生产率是由多种情况决定的,其中包括:工人的平均熟练程度,科学的发展水平和它在施工工艺上应用的程度,生产过程的社会结合,生产资料的规模和效能,以及自然条件等。建筑企业为了不断提高劳动生产率,必须做到以下几方面:

(1) 提高职工的科学技术水平和劳动熟练程度

在一切物质生产过程中,人的劳动是最根本、最积极的要素。努力提高企业领导人员、工程技术人员、管理人员和生产工人的科学水平、业务能力和劳动熟练程度,是降低工程成本、提高经济效益的关键。因此,企业应当加强职工的政治思想工作,开展劳动竞赛,实行合理的工资奖励制度,以调动广大职工的积极性;同时要注意人才的培养,有效地提高职工的科学技术水平和劳动熟练程度,并注意不断改善生产劳动组织,以适应现代化施工的需要。

(2)提高设备利用率

提高设备利用率就是充分利用施工机械设备,发挥现有施工机械设备的效能,加快施工进度,缩短工期,降低成本,提高经济效益。

6.减少材料消耗

在工程成本中,材料费占有很大的比重,一般土建工程的材料费占整个工程成本的60%~70%。随着机械化程度的提高和技术的进步,以及劳动生产率的不断提高,材料费在工程成本所占的比重还会不断地增大。所以,在施工过程中,减少材料消耗,是降低工程成本的主要途径。

为了减少材料消耗,施工项目应该在保证工程质量的前提下,采取各种有效的措施。

(1)改善技术操作方法。如:利用水泥活性,采用经验配合比,可以节约大量的水泥。

(2)推广节约材料和能源的先进经验。如:用冷拔钢筋、冷轧带肋钢筋等代替普通钢筋,钢筋采用集中加工配料方式等。

(3)采用代用材料。如:承台梁模板采用土模代替木模,用组合钢模板代替木模板等。

(4)制定材料消耗定额和加强材料管理力度。企业应该科学合理地制定材料消耗定额,并加强材料的采购、运输、验收、保管、发放、退库等各环节的管理工作,保证材料消耗定额的顺利执行。由于施工现场仓库的条件比较差,比较杂乱,特别要注意保障材料的安全完整,并严格办理领料、退料及现场清底制度,防止材料的丢失、浪费,以减少材料的消耗量。

(5)实行材料节约奖励制度。

7.节约管理费用

管理费用的项目很多,涉及面广,关系复杂,如果不加强管理,就容易造成浪费。因此,节约管理费用,也是降低成本的主要途径之一。施工单位应该本着艰苦奋斗、勤俭办企业的方针,量入而出,精打细算,节约开支,反对铺张浪费,提高工作效率,减少非生产人员,避免人浮于事的现象。

8.保证工程质量,减少返工损失

"百年大计,质量第一"。这是人人皆知的对工程质量的要求。建筑产品因为使用时间长,造价高,又是国民经济中固定资产的重要组成部分,因而,其质量的好坏,对国家的发展和人民生活的改善,有着重大的影响。在施工过程中,如果能够高度重视工程质量,不仅能够减少返工损失,降低工程成本,还能够延长建筑产品的使用寿命,方便用户和保障人民的安全。如果在施工过程中经常发生工程质量事故,则会造成人力、物力、财力的浪费,增大工程成本,甚至还可能给国家和人民的生命财产造成重大损失。

案例分析

1. 某施工项目进行到 17 周时对前 16 周的工作进行了统计检查,有关情况见表 8-4。

表 8-4　　　　　某施工项目施工成本统计检查表

工作代号	计划完成工作预算费用/万元	已完成工作量/%	实际发生费用/万元
A	300	100	310
B	280	100	290
C	260	100	250
D	560	100	560
E	720	50	320
F	450	100	430
G	600	40	270
H	360	0	0
I	350	80	300
J	290	100	260
K	150	0	0
L	180	100	180

【问题】

(1) 简述挣值法中三个参数(费用值)的代号及含义。

(2) 求出前 16 周各项工作的挣值(EV)及 16 周末的挣值(EV)。

(3) 求出 16 周末的 CV 与 SV。

(4) 求出 16 周末的 CPI、SPI 并分析成本和进度情况。

2. 某工程计划进度与实际进度见表 8-5,表中粗实线表示计划进度(进度线上方的数据为每周计划投资),粗虚线表示实际进度(进度线上方的数据为每周实际投资),假定各分项工程每周计划完成和实际完成的工程量相等,且进度匀速进展。

表 8-5　　　　　　　　　某工程计划进度与实际进度表

分项工程	进度计划/周									
	1	2	3	4	5	6	7	8	9	10
A	6 / 6	6 / 6	6 / 5							
B		5 / 4	5 / 4	5 / 5	5 / 5					
C					8 / 8	8 / 7	8 / 7			
D						3 / 4	3 / 4	3 / 3	3 / 3	

问题：
(1) 计算每周投资数据，并将结果填入表 8-6。

表 8-6　　　　　　　某工程每周投资数据表　　　　　　　　　　　万元

项目	投资数据									
	1	2	3	4	5	6	7	8	9	10
每周拟完工程计划投资										
拟完工程计划投资累计										
每周已完工程实际投资										
已完工程实际投资累计										
每周已完工程计划投资										
已完工程计划投资累计										

(2) 分析第 5 周和第 8 周末的投资偏差和进度偏差。

思考与练习

1. 某企业某种产品的销售额为 800 万元时，亏损 100 万元，当销售额达到 1 200 万元时，盈利 100 万元。试计算该产品盈亏平衡时的销售额。

2. 某预制构件生产企业年销售量为 10 万件，固定费用为 120 万元，单价为 120 元，单位变动成本为 100 元，试判断企业的经营安全状态。

3. 原计划安装 30 000 平方米模板，预计劳动效率为 0.8 工时/平方米，工时单价为 20 元/时；而实际工程量为 32 000 平方米，劳动效率为 0.7 工时/平方米，工时单价为 25 元/时，分析各因素对成本的影响及成本总差异。

思维导图

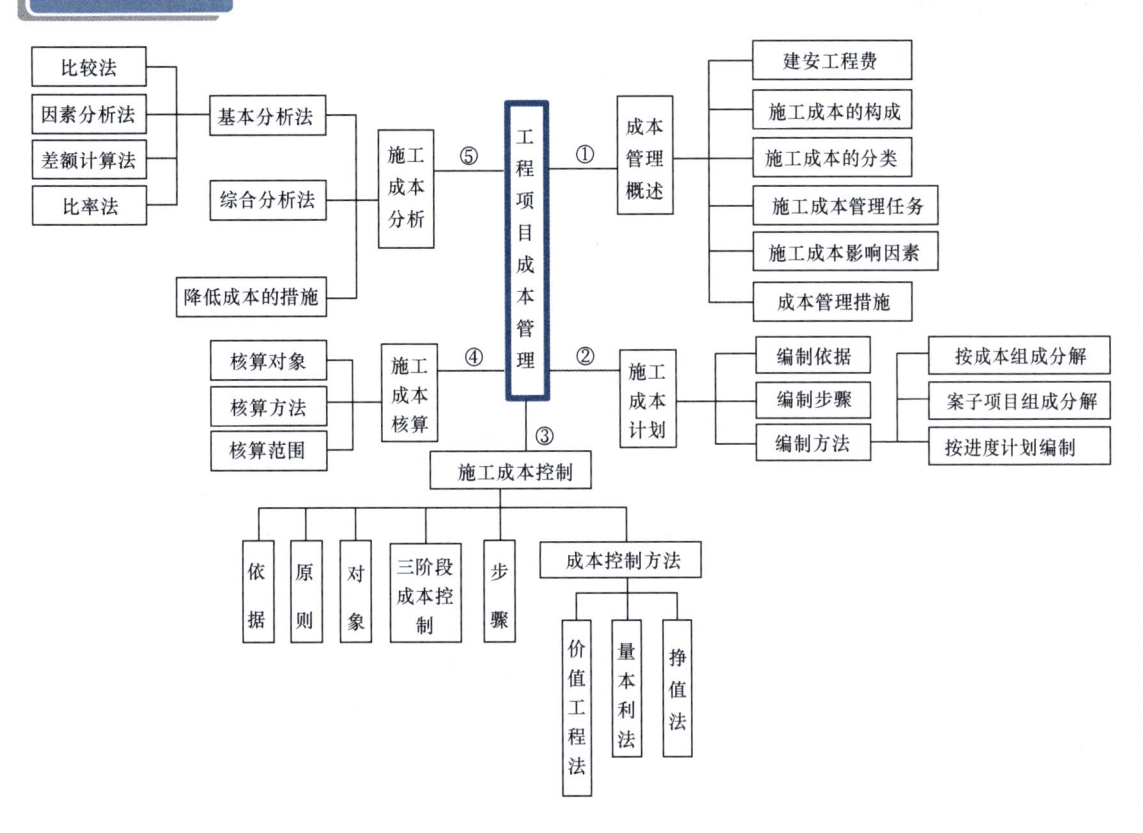

工程项目成本管理
- ① 成本管理概述
  - 建安工程费
  - 施工成本的构成
  - 施工成本的分类
  - 施工成本管理任务
  - 施工成本影响因素
  - 成本管理措施
- ② 施工成本计划
  - 编制依据
  - 编制步骤
  - 编制方法
    - 按成本组成分解
    - 案子项目组成分解
    - 按进度计划编制
- ③ 施工成本控制
  - 依据
  - 原则
  - 对象
  - 三阶段成本控制
  - 步骤
  - 成本控制方法
    - 价值工程法
    - 量本利法
    - 挣值法
- ④ 施工成本核算
  - 核算对象
  - 核算方法
  - 核算范围
- ⑤ 施工成本分析
  - 基本分析法
    - 比较法
    - 因素分析法
    - 差额计算法
    - 比率法
  - 综合分析法
  - 降低成本的措施

在线自测

第8章

第9章

工程项目的安全生产管理、绿色建造与环境管理

学习目标

通过对本章的学习,了解安全生产管理的特点、原则、内容和程序;熟悉危险源的分类、安全管理计划和措施;掌握安全应急预案与安全事故处理;熟悉绿色建造和环境管理要求。

中国近些年职业病新发病例数呈上升趋势。究其原因,一方面是现代社会生产的急速发展,生产周期缩短,竞争越来越激烈,有些企业迫于生产压力和资源紧张或利益驱动,忽视劳动者的劳动条件和生产环境;另一方面是劳动者忽视自身的健康安全,忽视安全规章制度,从而造成严重后果。

我国对于职业健康安全十分重视,安全生产是我国的一项基本国策。我国的安全生产方针是"安全第一、预防为主",同时提出"企业负责、行业管理、国家监察、群众监督"的管理体制。

现在我国越来越重视对环境的保护。工程建设领域的许多规范和标准都增加了绿色施工和环境保护方面的强制性条款,极大地推进了施工中的环境保护工作。

9.1 工程安全生产管理

安全生产是指避免生产过程处于人身伤害、设备损坏及其他不可接受的危险状态,是工程安全生产管理的核心问题。安全既包括人身安全,又包括财产安全。其目的是保护劳动者的安全与健康,保证工程的顺利进行。

安全管理的范畴包括:劳动保护法规、安全技术和工业卫生三个方面。

劳动保护法规是用立法的手段保护施工人员安全的法规、制度。安全技术是指利用安全技术的安全监控手段预防安全事故的发生。工业卫生是指在施工过程中为了防止高温、严寒、粉尘、噪声等对施工人员的危害而采取的安全防护和医疗措施。

9.1.1 安全管理的特点

建筑工程施工十分复杂,属于劳动密集型的危险行业,安全管理的特点是:难点多;责任重;难度大。

1. 安全管理难点多

建筑工程施工是劳动密集型工作,施工人员多,而且素质普遍不高,需要用到的大型机械多,

工作作业面大,每个劳动部位都可能发生安全事故,故管理难点多。

2.安全管理责任重

建筑工程施工受自然环境影响大,高空作业多,大型机械多,用电作业多,易燃物品多,容易引发重大事故,因此安全管理责任重。

3.安全管理难度大

施工现场多采用多工作面同时施工,施工过程各不相同,涉及的人员也不同,而且交叉作业多,安全隐患也多种多样,所以安全管理难度大。

9.1.2 安全管理的原则

在安全施工管理过程中,必须坚持安全管理六项基本原则。

1.管生产同时管安全

安全寓于生产之中。安全管理是生产管理的重要组成部分,安全与生产在实施过程,两者存在着密切的联系,存在着进行共同管理的基础。各级领导人员明确安全管理责任,同时,也向一切与生产有关的机构、人员明确业务范围内的安全管理责任。由此可见,一切与生产有关的机构、人员,都必须参与安全管理并在管理中承担责任。各级人员安全生产责任制度的建立,管理责任的落实,体现了管生产同时管安全。

2.坚持安全管理的目的性

安全管理的目的是有效地控制人的不安全行为和物的不安全状态,消除或避免事故,保护劳动者的安全与健康。所有的安全管理工作都应围绕这个目的进行。

3.必须贯彻预防为主的方针

安全生产的方针是"以人为本、预防为主"。以人为本,强调了在施工生产中应高度重视相关人员的生命与健康,应建立安全生产责任制度,努力改善劳动环境;贯彻预防为主,在生产活动过程中经常检查,及时发现不安全因素,采取措施予以消除。

4.坚持"三全"动态管理

安全生产管理者在安全管理中的作用固然重要,但是,全员性参与管理也十分重要。因此,生产活动中必须坚持全员、全过程、全方位的动态安全管理。

5.安全管理重在控制

进行安全管理的目的是预防、消灭事故,防止或消除事故伤害,保护劳动者的安全与健康。因此,对生产中人的不安全行为和物的不安全状态的控制,才是安全管理的核心。

6.安全管理具有动态性

安全管理是在变化着的生产活动中的管理,是动态的。安全管理也是不断发展的,要不断总结管理、控制的办法与经验,从而使安全管理不断地上升到新的高度。

9.1.3 安全生产管理的内容和程序

1.安全生产管理的内容

(1)安全生产管理组织。项目上应组建专门的安全生产管理部门(或者管理小组),配备足够的安全管理负责人(通常是项目经理)和专职管理人员(安全员),提供充足的安全生产资源和安全文明施工费用,定期对安全生产进行检查、评价。专职安全员应经过考核,取得安全员 C 证,方能持证上岗。

(2)安全生产管理制度。
(3)安全生产管理标准和规范。
(4)安全生产管理的技术与措施。
(5)安全生产的应急响应与事故处理。

2. 安全生产管理的程序
(1)危险源的识别和风险评价。
(2)确定安全管理目标,编制安全管理计划。
(3)安全生产计划的实施与跟踪检查。
(4)持续改进与绩效评价。

9.1.4 危险源的识别

1. 第一类危险源
第一类危险源指可能发生意外释放能量的载体或危险物质。如易燃易爆物品、有毒有害物品等。

2. 第二类危险源
(1)人的不安全行为

人是安全控制主体,人的不安全行为可能导致安全事故的发生,所以人的不安全行为是安全管理的关键。人的不安全行为是人生理和心理的反映,主要表现在身体缺陷、错误行为、违纪违章。

①身体缺陷是指疾病、职业病、精神失常、智商过低(呆滞、接受能力差、判断能力差等)、紧张、烦躁、疲劳、易冲动、易兴奋、运动精神迟钝、对自然条件和环境过敏、不适应复杂和快速动作、应变能力差等。

②错误行为是指嗜酒、吸毒、吸烟、打赌、逗强、戏耍、嬉笑、追逐、错视、错听、错嗅、误触、误动作、误判断、突然受阻、无意相碰、意外滑倒、误入危险区域等。

③违纪违章是指粗心大意、漫不经心、注意力不集中、不懂装懂、无知而又不虚心、凭过时的经验办事、不履行安全措施、安全检查不认真、随意乱放物品物件、任意使用规定外的机械装置、不按规定使用防护用品用具、碰运气、图省事、盲目相信自己的技术、企图恢复不正常的机械设备、玩忽职守、有意违章、只顾自己而不顾他人等。

(2)环境和物的不安全状态

环境和物的不安全状态主要表现在设备、装置、物品的缺陷,作业场所的缺陷,有危险源(物质和环境)。

①设备、装置、物品的缺陷是指技术性能降低、强度不够、结构不良、磨损、老化、失灵、霉烂、物理和化学性能达不到要求等。

②作业场所的缺陷是指作业场所狭窄、立体交叉作业、多工种密集作业、通道不宽敞、机械拥挤、多单位同时施工等。

③有危险源是指化学方面的、机械方面的、电气方面的、环境方面的危险源。

(3)管理上的缺陷

管理上的缺陷包括未采取安全预防措施、未制订应急预案、未进行安全技术交底、未进行安全教育等。

3.危险源的识别

识别危险源的空间范围包括现场的作业区、办公区、生活区、库房等区域；施工活动中的危险源可以按照分部工程到分项工程，再到具体的工艺流程，从中逐一辨识其对应的危险源。识别过程中应充分考虑常规活动和非常规活动、所有进入作业现场的人员的活动、作业场所内所有设施和劳动防护用品本身的安全性。

常见的识别危险源的方法有：专家调查法、安全检查表、现场观察、查阅相关记录、工作任务分析、作业条件危险性分析、事故树等。

9.1.5 安全生产管理的目标和计划

1.安全生产管理目标

安全管理目标通常围绕以下几方面制定：事故隐患整改、重伤率、死亡率、轻伤率。每个项目的具体控制值都不同。

2.安全生产管理计划

安全生产管理计划应满足事故预防的要求，并符合下列规定：

(1)根据对危险源和不利环境因素识别和评估的结果，制订相应的控制方案。
(2)对危险性较大的分部(分项)工程编制专项施工方案。
(3)对分包人的安全生产管理、教育和培训提出要求。
(4)对安全技术交底、分包人的安全施工方案提出控制措施。
(5)制订应急准备和救援预案。

安全生产管理计划应按规定审核，批准后实施。

9.1.6 常见的安全生产管理措施

1.建立健全安全生产管理制度

目前我国的建筑施工已经形成了很多成熟的，并且得到执行的安全管理制度：安全生产责任制度；安全生产许可证制度；政府安全生产监督检查制度；安全措施计划制度；特种作业人员持证上岗制度；专项施工方案专家论证制度；危及施工安全工艺、设备、材料淘汰制度；施工起重机械使用登记制度；安全检查制度；生产安全事故报告和调查处理制度（"三同时"制度）；安全预评价制度；意外伤害保险制度等。

安全生产责任制度是指企业对项目经理部各级领导、各个部门、各类人员所规定的在他们各自职责范围内对安全生产应负责任的制度。常见的安全生产责任制度有：项目经理岗位职责、技术负责人安全生产职责、技术负责人管理职责、监督管理人员安全生产职责、施工队长安全职责、施工员安全职责、生产班组长安全职责、质量安全员管理职责、从业人员安全生产职责。

2.安全教育

安全教育是为了让参加施工生产的人员提高安全意识、法律观念和安全技术水平，自觉遵守国家安全法规、企业安全生产管理制度，掌握安全操作规程，掌握较多安全生产的预防知识和技能，减少和消灭不安全行为。其中包括：

(1)有计划地组织项目管理人员和专兼职安全员参加地方政府、上级安全主管部门举办的安全教育培训，取得上岗资格证和专职安全员证。
(2)项目施工生产人员在安全技术新标准新规程的颁布、季节性和重大安全技术措施的实施、新工艺新技术的推广应用、伤亡事故的发生情况下,必须接受专门的安全教育培训。

(3)凡进入施工现场工作的人员(包括临时工、实习生、代培人员),都必须接受公司、项目、班组"三级"安全教育,培训合格后,方可上岗。

(4)电工、焊工、机动车驾驶员、吊篮、机械操作等特种作业人员,必须取得有效的"特种作业人员操作证"后方可上岗作业。

(5)在安全操作规程的更新,重大和季节性安全技术措施的实施,机械设备、电动工具的更新,新工艺新技术的推广应用,重大事故的发生,不安全因素的出现等情况下,必须及时向有关人员进行安全生产教育。

3.采取安全技术措施

安全技术措施是指在施工项目生产活动中,针对工程特点、施工现场环境、施工方法、劳动组织、作业使用的机械、动力设备、电力设施以及各项安全防护设施等为确保安全施工、保护环境、防止工伤事故和职业病危害,从技术上采取的预防措施。

施工安全技术措施应具有超前性、针对性、可靠性和可操作性。

4.安全技术交底

项目部必须逐级进行安全技术交底,纵向延伸到班组全体作业人员。交底内容应具体、明确、针对性强,而且书面技术交底记录应有交底人和接受交底人的签字。

安全技术交底的主要内容一般包括:

(1)本项目施工作业的特点和危险点。

(2)针对危险点的具体防范措施。

(3)应注意的安全事项。

(4)相应的安全操作规程和标准。

(5)发生事故后的应急措施。

5.安全检查

工程项目安全检查的目的是清除隐患、防止事故、改善劳动条件及提高员工安全生产意识,是安全控制工作的一项重要内容。通过安全检查可以发现工程中的危险因素,以便有计划地采取措施,保证安全生产。施工项目的安全检查应由项目经理组织,定期进行。

(1)安全检查的分类

安全检查可分为日常性检查、专业性检查、季节性检查、节假日前后的检查和不定期检查。

①日常性检查。日常性检查即经常的、普遍的检查。企业一般每年进行1~4次;工程项目部每月至少进行1次;班组每周、每班次都应进行检查。专职安全技术人员的日常检查应该有计划,针对重点部位周期性地进行。

②专业性检查。专业性检查是针对特种作业、特种设备、特殊场所进行的检查。如电焊、气焊、起重设备、运输车辆、锅炉压力容器、易燃易爆场所等。

③季节性检查。季节性检查是指根据季节特点,为保障安全生产的特殊要求所进行的检查。如春季风大,要着重防火、防爆;夏季高温、多雨、多雷电,要着重防暑、降温、防汛、防雷击、防触电;冬季着重防寒、防冻等。

④节假日前后的检查。节假日前后的检查是针对节假日期间容易产生麻痹思想的特点而进行的安全检查,包括节日前进行安全生产综合检查,节日后要进行遵章守纪的检查等。

⑤不定期检查。不定期检查是指在工程或设备开工和停工前、检修中、工程或设备竣工及试

运转时进行的安全检查。

(2)安全检查的注意事项

①安全检查要深入基层,紧紧依靠职工,坚持领导与群众相结合的原则,组织好检查工作。

②建立检查的组织领导机构,配备适当的检查力量,挑选具有较高技术业务水平的专业人员参加。

③做好检查的各项准备工作,包括思想、业务知识、法规政策和物资、奖金准备。

④明确检查的目的和要求。既要严格要求,又要防止一刀切,要从实际出发,分清主、次矛盾,力求实效。

⑤把自查与互查有机结合起来。基层以自检为主,企业内相应部门间互相检查,取长补短,相互学习和借鉴。

⑥坚持查改结合。检查不是目的,只是一种手段,整改才是最终目的。发现问题,要及时采取切实有效的防范措施。

⑦建立检查档案。结合安全检查表的实施,逐步建立健全检查档案,收集基本的数据,掌握基本安全状况,为及时消除隐患提供数据,同时也为以后的职业健康安全检查奠定基础。

《建筑施工安全检查标准》(JGJ 59—2011)规定,建筑工程安全检查表有:

"建筑施工安全检查评分汇总表"(1张)。

分项检查评分表有19张:"安全管理检查评分表""文明施工检查评分表""脚手架检查评分表"(此表分为8张,分别是扣件式钢管脚手架、门式钢管脚手架、碗扣式钢管脚手架、承插型盘扣式钢管脚手架、满堂脚手架、悬挑式脚手架、附着式升降脚手架、高处作业吊篮)、"基坑工程检查评分表""模板支架检查评分表""高处作业检查评分表""施工用电检查评分表""物料提升机检查评分表""施工升降机检查评分表""塔式起重机检查评分表""起重吊装检查评分表""施工机具检查评分表"。

(3)安全检查的主要内容

①查思想。主要检查企业的领导和职工对安全生产工作的认识。

②查制度。安全管理制度一般有安全生产责任制、安全生产许可证制度、安全教育培训制度、特种作业持证上岗制度、专项施工方案级专家论证制度等十余种。

③查管理。主要检查工程的安全生产管理是否有效,安全制度是否真正落实。

④查隐患。主要检查作业现场是否符合安全生产、文明生产的要求。

⑤查整改。主要检查对过去提出问题的整改情况。

⑥查事故处理。对安全事故的处理应达到查明事故原因,明确责任并对责任者做出处理,明确和落实整改措施等要求。同时还应检查对伤亡事故是否及时报告,认真调查,严肃处理。

《建筑施工安全检查标准》(JGJ 59—2011)中要求,施工现场的安全检查评定项目有:安全管理、文明施工、脚手架、基坑工程、模板支架、高处作业、施工用电和施工机械。

安全检查的重点是违章指挥和违章作业。在安全检查过程中应编制安全检查报告,说明已达标项目、未达标项目、存在的问题、原因分析、纠正和预防措施。

(4)项目经理部安全检查的主要规定

①定期对安全控制计划的执行情况进行检查、记录、评价和考核。对作业中存在的不安全行为和隐患,签发安全整改通知,由相关部门确定并落实整改,同时分析原因并制订整改方案。整改完毕应予复查。

②根据施工过程的特点和安全目标的要求确定安全检查的内容。

③安全检查应配备必要的设备或器具,确定检查负责人和检查人员,并明确检查内容和要求。

④检查应采取随机抽样、现场观察和实地检测的方法,并记录检查结果,纠正违章指挥和违章作业。

⑤对检查结果进行分析,找出安全隐患,确定危险程度。

⑥编写安全检查报告并上报。

9.1.7 安全生产应急响应与事故处理

1.安全生产应急准备与响应预案

项目经理部必须制订有针对性的安全生产应急准备与响应预案。应急准备与响应预案应包括下列内容：

(1)应急目标和部门职责。

(2)突发过程的风险因素及评估。

(3)应急响应程序和措施。

(4)应急准备和响应能力测试。

(5)需要准备的相关资源。

项目经理部还应对应急预案进行专项演练,对其有效性和可操作性进行评价,并修改完善应急准备与响应预案。

2.安全事故的分类

安全事故是指生产经营单位在生产经营活动(包括与生产经营有关的活动)中突然发生的,伤害人身安全和健康,或者损坏设备设施,或者造成经济损失的,导致原生产经营活动(包括与生产经营活动有关的活动)暂时中止或永远终止的意外事件。

(1)按照事故发生的原因分类

按照事故发生的原因分类,职业伤害事故可以分为20类,其中与建筑业有关的有12类,即物体打击、车辆伤害、机械伤害、起重伤害、触电、灼烫、火灾、高处坠落、坍塌、火药爆炸、中毒和窒息、其他伤害。

(2)按生产安全事故造成的人员伤亡或直接经济损失分类

①特别重大事故:是指造成30人以上死亡,或者100人以上重伤,或者1亿元以上直接经济损失的事故。

②重大事故:是指造成10人以上30人以下死亡,或者50人以上100人以下重伤,或者5 000万元以上1亿元以下直接经济损失的事故。

③较大事故:是指造成3人以上10人以下死亡,或者10人以上50人以下重伤,或者1 000万元以上5 000万元以下直接经济损失的事故。

④一般事故:是指造成3人以下死亡,或者10人以下重伤,或者1 000万元以下直接经济损失的事故。

所称的"以上"包括本数,所称的"以下"不包括本数。

3.安全事故的处理

(1)安全事故处理原则

各级安全生产监察机构要增强执法意识,做到严格、公正、文明执法。对严重忽视安全生产的企业及其负责人和业主,要加大行政执法和经济处罚力度,对安全事故处理坚持做到"四不放过",即事故原因未查清不放过、责任人员未处理不放过、整改措施未落实不放过、有关人员未受到教育不放过。

(2)安全事故处理程序

①事故报告

a.施工单位事故报告要求

生产安全事故发生后,受伤者或最先发现事故的人员应立即用最快的传递手段,将事故发生的时间、地点、伤亡人数、原因等情况,向施工单位负责人报告;施工单位负责人接到报告后,应当在1小时内向事故发生地县级以上人民政府建设主管部门和有关部门报告。

b.建设主管部门事故报告要求

建设主管部门接到事故报告后,应当依照下列规定上报事故情况,并通知安全生产监督管理部门、公安机关、劳动保障行政主管部门、工会和人民检察院:

- 较大事故、重大事故以及特别重大事故逐级上报至国务院建设主管部门。
- 一般事故逐级上报至省、自治区、直辖市人民政府建设主管部门。
- 建设主管部门依照本条规定上报事故情况,并同时报告本级人民政府。

建设主管部门按照上述规定逐级上报事故情况时,每级上报的时间不得超过2小时。

c.事故报告的内容

- 事故发生的时间、地点和工程项目、有关单位名称。
- 事故的简要经过。
- 事故已经造成或者可能造成的伤亡人数和初步估计的直接经济损失。
- 事故发生的初步原因。
- 事故发生后采取的措施及事故控制情况。
- 事故报告单位或报告人员。
- 其他应报告的情况。

②事故调查

a.事故发生单位概况。

b.事故发生经过和事故救援情况。

c.事故造成的人员伤亡和直接经济损失。

d.事故发生的原因和事故性质。

e.事故责任的认定和对事故责任者的处理建议。

f.事故防范和整改措施。

③事故处理

a.施工单位的事故处理

事故现场处理:当事故发生后,事故发生单位应严格保护事故现场,做好标识,排除险情,采取有效措施抢救伤员和财产,防止事故蔓延扩大。

b.建设主管部门的事故处理

• 建设主管部门应依据有关人民政府对事故的批复和有关法律、法规的规定,对事故相关责任者实施行政处罚。

• 建设主管部门应依照有关法律、法规的规定,对事故负有责任的相关单位给予罚款、停业整顿、降低资质等级或吊销资质证书的处罚。

• 建设主管部门应依照有关法律、法规的规定,对事故发生负有责任的注册执业资格人员给予罚款、停止执业或吊销其注册执业资格证书的处罚。

9.1.8　施工安全管理资料

安全管理资料是安全管理的基础,是检查、考核和落实安全责任制的资料依据。另外能够根据安全管理资料,掌握安全动态,以便在每个阶段制订行之有效的方案。安全管理资料必须规范化、标准化、真实准确。

安全管理资料主要包括以下几方面内容:安全管理、文明施工、基坑工程、高处作业、施工用电、模板支架、施工机械、脚手架等。

1.安全管理

安全管理主要围绕安全生产责任制、施工组织设计及专项方案、安全技术交底、安全检查、安全教育、应急救援、分包单位安全管理、持证上岗、生产安全事故处理、安全标志等方面编制、收集资料。

2.文明施工

文明施工主要围绕现场围挡、封闭管理、施工现场、材料管理、现场办公与住宿、现场防火、现场综合治理、公示标牌、生活设施、社区服务等方面编制、收集资料。

3.基坑工程

基坑工程主要围绕施工方案、基坑支护、降排水、基坑开挖、坑边荷载、安全防护、基坑监测、支撑拆除、作业环境、应急预案等方面编制、收集资料。

4.高处作业

高处作业主要围绕安全帽、安全网、安全带、临边防护、洞口防护、通道口防护、攀登作业、悬空作业、移动式操作平台、悬挑式物料钢平台等方面编制、收集资料。

5.施工用电

施工用电主要围绕外电防护、接地与接零保护系统、配电线路、配电箱与开关箱、配电室与配电装置、现场照明等方面编制、收集资料。

6.模板支架

模板支架主要围绕施工方案、支架基础、支架构造、支架稳定、施工荷载、交底与验收、杆件连接、底座与托撑、构配件材质、支架拆除等方面编制、收集资料。

7.施工机械

施工机械主要围绕施工机械进场验收手续、施工机械定期检测方案、施工机械安装验收合格证、特殊机械准用证、施工机械电气安装方案、施工机械合格证等编制、收集资料。

8.脚手架

脚手架主要围绕施工方案、架体材料、架体基础、架体连接、交底与验收等方面编制、收集资料。

安全管理资料整理的注意事项:

(1)安全资料的整理要真实,编制的施工方案等要有针对性,要与工程实体相符。

(2)安全资料的签证一定要真实,不得由他人代签。

(3)安全资料的收集和整理一定要全面,不可缺失。

思政探析

施工安全警钟长鸣

9.2 绿色建造与环境管理

绿色建造是围绕绿色设计、绿色施工、节能减排、保护环境开展的建造活动。绿色施工是指工程建设中,在保证质量、安全等基本要求的前提下,通过科学管理和技术进步,最大限度地节约资源并减少对环境负面影响的施工活动,实现节能、节地、节水、节材和环境保护("四节一环保")。

施工现场环境保护是指对建筑工程施工现场所产生的各种污染,采取有效措施,避免对环境产生危害的行为。

9.2.1 绿色建造

1.绿色建造管理程序

(1)确定绿色建造目标。
(2)进行绿色建造设计;项目经理部应对施工图进行深化设计和优化,进行绿色建造设计,采用绿色施工技术,制订绿色施工方案,提高绿色施工效果。
(3)编制绿色建造计划。
(4)进行绿色施工管理。
(5)开展绿色建造评价。

2.绿色建造计划

(1)绿色建造计划的编制依据
①项目环境条件和相关法律、法规要求。
②项目管理范围和项目工作分解结构。
③项目管理策划的绿色建造要求。
(2)绿色建造计划应包括的内容
①绿色建造范围和管理职责分工。
②绿色建造目标和控制指标。
③重要环境因素控制计划及响应方案。
④节能减排及污染物控制的主要技术措施。
⑤绿色建造所需的资源和费用。

3.项目经理部的绿色施工活动

(1)选用符合绿色建造要求的绿色技术、建材和机具,实施节能降耗措施。
(2)进行节约土地的施工平面布置。
(3)确定节约水资源的施工方法。
(4)确定降低材料消耗的施工措施。
(5)确定施工现场固体废弃物的回收利用和处置措施。
(6)确保施工生产的粉尘、废水、废气、噪声、光污染的控制效果。

9.2.2 环境管理

工程施工前,项目经理部应对施工现场及周边的环境条件、施工可能对环境带来的影响和制订环境管理计划的其他条件进行调查,然后编制项目环境管理计划。再根据环境管理计划进行环境管理交底,实施环境管理培训,落实环境管理手段和设施。

施工现场的环境管理应符合下列要求:

(1)施工方案和专项措施应保证施工现场及周边环境安全、文明,减少噪声污染、光污染、水污染及大气污染,杜绝重大污染事件的发生。

(2)在施工过程中进行垃圾分类,实现固体废弃物的循环利用,设专人按规定处置有毒有害物质,禁止将有毒有害的废弃物用于现场回填或混入建筑垃圾中外运。

(3)按照分区划块原则,规范施工污染排放和资源消耗管理,进行定期检查或测量,实施预控和纠偏措施,保持现场良好的作业环境和卫生条件。

(4)针对施工污染源或污染因素,进行环境风险分析,制订环境污染应急预案,预防可能出现的非预期损害;在发生环境事故时,进行应急响应以消除或减少污染,隔离污染源并采取相应措施防止二次污染。

> **案例分析**
>
> 2020年×日,某工地内有一架正在施工的塔吊。下午2点左右,突然塔吊发生倾斜,一声巨响后,塔吊砸在旁边的一所小学教学楼上,砸塌一间教室,死亡1名教师、7名学生,伤5名学生。
>
> 【分析】
>
> (1)经调查该事故塔吊设备使用年限长,使用期间未进行修理,设备严重老化。
>
> (2)发现地脚螺丝处,有裂纹,并有修补过的痕迹,是施工单位的电焊工焊接的。塔吊就是在这里断裂而倒的。施工单位的电焊工非塔吊维修人员,属于违章操作。
>
> (3)项目经理为了赶进度,发现塔吊有裂缝,未向塔吊维修部门申请维修,而是让自己单位的电焊工焊接,导致这起恶性事故的发生,项目经理是第一责任人。

> **思考与练习**

某18层办公楼,建筑面积32 000 m²,总高度71 m,钢筋混凝土框架-剪力墙结构,脚手架采用悬挑钢管脚手架,外挂密目安全网,塔式起重机作为垂直运输工具。2020年11月9日在15层结构施工时,吊运钢管时钢丝绳滑扣,起吊离地20 m后,钢管散落,造成下面作业的4名人员死亡,2人重伤。经事故调查发现:(1)作业人员严重违章,起重机司机因事请假,工长临时指定一名机械工操作塔式起重机,钢管没有捆扎就托底兜着吊起,而且钢丝绳没有在吊钩上挂好,只是挂在吊钩的端头上。(2)专职安全员在事故发生时不在现场。(3)作业前,施工单位项目技术负责人未详细进行安全技术交底,仅向专职安全员口头交代了施工方案中的安全管理要求。

【问题】
(1)该事故属于几级安全事故？依据是什么？
(2)针对现场伤亡事故,项目经理应采取哪些应急措施？
(3)指出本次事故的直接原因。
(4)对本起事故,专职安全员有哪些过错？
(5)指出该项目安全技术交底工作存在的问题。
(6)安全事故处理的原则是什么？

思维导图

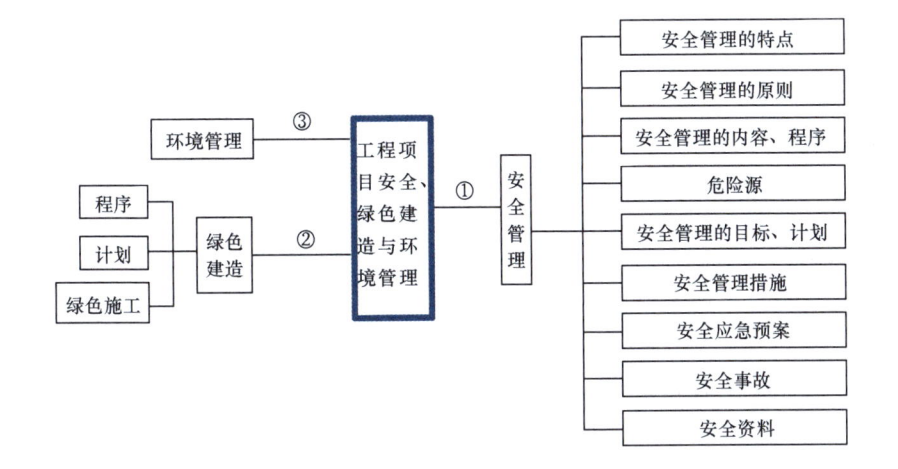

```
                                                ┌── 安全管理的特点
                                                ├── 安全管理的原则
              ┌── 环境管理 ──③── 工程项 ──①── 安全 ├── 安全管理的内容、程序
              │                    目安全、      管理 ├── 危险源
      ┌── 程序 │                    绿色建         ├── 安全管理的目标、计划
      ├── 计划 ├── 绿色建造 ──②──  造与环         ├── 安全管理措施
      └── 绿色施工                  境管理         ├── 安全应急预案
                                                ├── 安全事故
                                                └── 安全资料
```

第 10 章 工程项目资源管理

学习目标

通过学习本章,掌握工程项目资源管理的概念、意义、管理内容,以及人力、材料、机械设备、技术、资金等生产要素的管理内容和方法。

10.1 工程项目资源管理概述

工程项目资源种类繁多、需要量大,施工过程对工程项目资源的消耗极不均衡,而且工程项目资源供应易受外界因素的影响,对工程成本影响大,所以必须加强工程项目资源的管理,保证工程目标的实现。

10.1.1 工程项目资源管理的概念

工程项目资源管理对于施工单位而言就是施工项目生产要素的管理,施工项目的生产要素是指进行项目施工必不可少的人、财、物等要素,即施工企业投入项目中的劳动力、材料、机械设备、技术和资金等要素。它们构成了施工生产的基本劳动与物化劳动的基础。项目生产要素管理的全过程应包括生产要素的计划、供应、使用、检查分析和改进。

工程项目资源管理是工程项目管理的基础,只有对工程项目资源认真分析研究,才能做到配置合理,并在生产过程中加强管理,力求以最少的投入获取最高的效益。

10.1.2 工程项目资源管理的意义

工程项目资源管理的目的在于优化生产要素,使之配置合理,从而达到节约的目的。

(1)进行生产要素的优化组合,根据生产要素的类型、特点进行优化组合,使其在使用过程中协调地发挥作用,形成有效的生产力,按时、保质、保量完成工程项目。

(2)进行生产要素的优化配置,即适时、适量、比例适宜、位置适宜地配置资源,以最少的投入,来满足工程项目施工的需要。

(3)在施工项目运行中,合理地使用资源,以达到节约资源的目的。

(4)在项目实施过程中进行动态管理。工程项目的生产过程是动态的,对工程项目的管理也是动态的,所以对生产要素进行的管理也是动态的。动态管理的基本内容是按照项目的内在规律,有效地计划、配置、控制各种资源,使之在项目中合理流动,在动态中寻求平衡。对生产要素的需求是动态的,在每个施工阶段是不同的。

10.1.3 工程项目资源管理的基本内容和程序

1.工程项目资源管理的基本内容

工程项目资源管理作为工程项目实施的基本要素,它通常包括:

(1)工程项目人力资源管理

人力资源包括劳动力总量,如各专业技术人员、操作工人以及管理人员。

(2)工程项目材料管理

建筑材料分为原材料和周转材料,它构成工程建筑的实体。例如,原材料:常见的砂石、水泥、砖、钢筋、木材。周转材料:模板、支撑、施工用工器具以及施工设备的备件、配件等。

(3)工程项目机械设备管理

常用的施工设备,如塔吊、混凝土拌和设备、运输设备。

(4)工程项目技术管理

技术管理主要指施工的技术方案的选用,新方法、新技术、新工艺的运用。

(5)工程项目资金管理

资金管理主要指资金的计划、筹措、使用,工程款结算等。

2.工程项目资源管理的程序

项目资源管理的全过程包括编制项目资源计划、配置、控制和分析四个环节。

(1)编制项目资源计划

编制项目资源计划的目的是确定各种资源的供应时间、供应数量、供应质量要求、供应方式,做出合理安排,以满足工程项目施工的需要。

(2)配置

配置是指按照编制的项目资源计划,从资源的供应到投入项目实施,保证项目需要。优化是资源管理目标的计划预控,通过项目管理实施规划或者施工组织设计得到实现,包括资源的合理选择、供应、使用。

(3)控制

控制是根据每种资源的特性,设计合理的措施,进行动态配置和组合,协调投入,合理使用,不断纠正偏差,以尽可能少的资源满足项目要求,达到节约资源的目的。

(4)分析

分析是在各种资源投入、使用与产出核算的基础上,进行使用效果分析。一方面对管理效果进行总结,找出经验和问题;另一方面又为管理提供储备和反馈信息,指导下一阶段的管理工作,持续改进。

10.2 工程项目各类资源的管理

工程项目各类资源的管理包括:工程项目人力资源管理、工程项目材料管理、工程项目机械设备管理、工程项目技术管理、工程项目资金管理。

10.2.1 工程项目人力资源管理

工程项目人力资源管理是指项目经理部对参加施工项目生产活动的劳动者进行的管理工作。其核心是根据工程项目的特点和目标要求，合理地组织、高效率地使用和管理劳动力，提高劳动生产率，提高劳动者素质，激发劳动者的积极性与创造性，保证工程项目圆满完成。

1. 工程项目人力资源

工程项目人力资源是指能够从事工程项目活动的体力和脑力劳动者。工程项目人力资源是一种活性资源，通过激励、奖励等手段调动其工作积极性，就能够充分发挥其潜力，提高劳动生产率。

2. 工程项目人力资源的组成

人力资源由管理干部、专业技术人员和各种工人组成。专业技术人员和管理干部一般由公司确定，是项目部的主体，工人一般是施工企业正式职工或者由劳务公司提供。

3. 确定人力资源的原则

(1) 人力资源确定标准必须先进、合理。要求管理干部有一定的管理专业知识和经验，专业技术人员有专业知识和施工经验，施工人员有一定的技术水平。

(2) 有利于促进生产和提高劳动生产率。运用激励机制，建立奖惩制度，促进生产，提高劳动生产率。

(3) 人员的配置要科学、合理，特别是直接生产工人和非生产人员之间的比例。

(4) 人员确定应符合生产特点和发展趋势，既可以适时修订，又要保持相对稳定。

4. 施工企业进行人力资源管理的职责

人力资源管理职责是指人力资源管理者需要承担的责任和任务。包括六个方面：

(1) 把合适的人配置到适当的工作岗位上：管理者要知人善任，根据每个人的特点、能力安排工作，发挥其特长，做到人尽其才。

(2) 引导员工进入组织（熟悉环境）：首先引导其熟悉环境，讲解公司政策和工作程序，然后逐步引导其融入组织。

(3) 培训新人适应新的工作岗位：对新人进行工作岗位培训，使其适应新工作。提高每位新员工的工作绩效；帮助新人使其工作绩效稳步增长，增长其自信心。争取实现创造性的合作，建立和谐的工作关系。

(4) 发挥员工的工作技能：不断挖掘员工的潜力，使其进行创造性工作。

(5) 创造并维持部门员工的士气，使其有旺盛的斗志，努力工作。

(6) 保护员工的健康以及改善工作的环境。

5. 工程项目人力资源管理的内容

(1) 编制人力资源管理计划

人力资源管理计划是为了实现项目目标而对所需的人力资源进行预测，并为满足这些需要而进行系统安排的过程。人力资源管理计划的编制结果是对管理人员建立责任分配矩阵，进行角色和责任分配；建立劳务作业队伍需求计划直方图（或表格）并进行作业队伍配置。

(2) 建立管理人员与劳务作业队伍

项目管理队伍的组建由企业牵头进行，人员大多来自企业内部。在组建过程中通常要符合以下要求：以组织原理为指导，科学定员设岗为标准；公司领导审批，逐级聘任上岗；依据项目承包合同管理。

劳务作业队伍的组建通常由项目部与本企业的劳务公司,或者与外部劳务公司之间签订劳务供应合同来实现。

(3)科学使用人力资源

科学合理地配置、使用人力资源,做到人尽其用,提高劳动生产率。

(4)保证施工人员的职业健康安全

改善劳动条件,保证施工人员的安全与健康。

(5)加强劳动纪律管理

加强劳动纪律管理,建立奖惩制度,开展劳动竞赛,提高生产积极性。

6.工程项目人力资源管理的措施

(1)人力资源计划管理

人力资源计划的三个步骤是:制订各种人力资源计划和管理制度;对现有人力资源进行评价;预测未来所需的人力资源。进行人力资源计划管理的工具和方法是:

①进行人力资源综合平衡,包括需求总量的平衡和工种结构的平衡。

②对管理人员进行职务分析。

(2)施工过程中的劳务作业人员管理

①任务管理。项目经理部向参加施工人员下达施工任务单或承包任务书,进行技术交底,安全交底,并对其作业质量和效率进行检查考核,保证质量和进度。

②纪律管理。加强劳动纪律管理,严格执行各项规章制度和操作规程,工程施工复杂,施工人员多,需要多工种协调配合,因此没有一定的劳动纪律和规章制度施工无法正常进行。

③施工人员组织形式管理。把完成分项工程而相互协作的有关工人组织在一起的施工劳动集体,称为施工班组。施工班组分为专业施工班组和混合施工班组两种。

专业施工班组:是按施工的分项工艺划分的,由同一工种的工人组成。其特点是:工人承担的施工任务专一,有利于钻研技术,提高熟练程度,但不能适应交叉施工要求。

混合施工班组:由共同完成一个建筑安装分部工程或单位工程所需要的互相联系的工种工人组成。其特点是:便于统一指挥,协调施工。

目前建筑施工企业一般以专业施工班组为主,混合施工班组为辅。

④优化配置。在考虑相关因素的基础上,合理配置施工人员,使技术工人与普通工人之间配置合理,施工人员与材料、设备之间达到最佳配置,从而节约资源,提高劳动生产率。

⑤施工人员的动态管理。工程施工在不同的阶段,所需要的人员的工种、数量、技术能力等要求是不同的,是变化的,因此需要大量的人员协调工作。因此根据施工生产任务和施工条件的变化,对施工人员进行跟踪、平衡、协调,进行施工人员补充或减员,及时解决劳动力配合中的矛盾。在项目施工的劳务平衡协调过程中,及时和企业劳务部门或劳务公司保持信息沟通,保证人员使用和管理协调。

⑥安全卫生。施工现场危险源多,卫生条件差,所以在施工中要建立一套切实可行的安全卫生管理制度,并严格执行,树立施工人员的安全意识,落实安全防护,定期检查,并认真总结经验。

7.施工人员的劳动纪律和劳动保护

(1)劳动纪律

劳动纪律是组织集体劳动的必要条件,是加强项目管理和提高劳动生产率的保证。劳动纪律主要包括组织方面的纪律、生产技术操作规程方面的纪律和工作时间的纪律。

为了加强劳动纪律,先要做好思想教育工作,再建立健全各种规章制度和奖惩制度,做到有奖有罚,奖惩分明。

(2)劳动保护

劳动保护是为了保护施工人员的职业健康安全的一项重要措施。其主要内容包括:安全技术、工业卫生和劳动保护制度以及保护用品的发放和使用。

8.施工人员的培训、考核和激励

(1)施工人员的培训

高素质施工人员队伍是实现工程目标的基础,施工人员的素质、技术直接影响到质量、成本、工期、安全目标。通过培训,施工人员可获得一定的文化知识,掌握熟练的技术,并通过考核取得相应的合格证,持证上岗。培训的内容与方式如下:

文化知识培训:学习内容是为学习施工技术打下理论基础,通过文化知识的学习,施工人员一方面可提高知识层次,另一方面可提高其理论修养。

施工技术培训:是对施工人员进行的技能方面的培训,提高技能水平,强化实践动手能力,这就需要针对不同岗位的施工人员有针对性地进行教育,使其能胜任工作。

培训方式:培训方式多种多样,其中主要的培训方式有开办培训班、开展技术交流以老带新活动,时间可安排在业余时间,也可以全脱产学习、半脱产学习。

企业为完成经营目标,提高企业发展后劲必须提高企业职工的素质,也就是企业要为提高职工政治、文化、科学、技术和管理水平而进行教育和培训。企业对所有人员本着"学以致用"的原则,有计划、有重点地进行专门培训。

(2)施工人员的考核

项目部根据施工人员的相应职责进行考核。对于管理人员,主要根据其德、才、能进行定性和定量考核;对于生产班组,主要根据产值、质量及材料消耗进行考核,并针对考核结果进行奖惩。

(3)施工人员的激励

建立高效的、多方位的激励机制,使员工最大限度地发挥其积极性、主动性和创造性。而要实现这个目标,必须采用多方位的激励手段,实现激励体系的多维化发展,通过提高员工的生活质量,实现人力资源管理的目标。激励的主要方式有物质激励和精神激励两种,主要以物质激励为主,精神激励为辅。

10.2.2　工程项目材料管理

1.工程项目材料管理

工程项目材料管理是指项目经理部对施工和生产过程中所需要的各种材料进行有计划的组织采购、供应、保管、使用等一系列的管理工作的总称。

在工程施工中,材料费占工程成本的60%～70%,用于材料的流动资金占企业流动资金的50%～60%,所以在施工中进行材料合理管理就显得尤为重要,否则就会造成停工待料,影响工程的顺利进行。只有保证材料的质量,才能保证工程的质量,材料的质量是工程质量的基础,材料只有按期供应才能保证工程按期完工。所以材料管理是工程质量、成本、工期目标实现的保证。

施工材料管理的任务主要有两方面:

(1)保证供应,就是要适时、适地、按质、按量、成套齐备地供应材料。

(2)降低费用,就是要在保证供应的前提下,努力节约材料的费用。

2.建筑材料的分类

(1)根据材料对工程质量和成本的影响程度分类

A类:主要材料,占工程成本较大的材料,对工程的质量有直接影响。如钢材、水泥、砂石、砌块等。

B类:一般材料,占工程成本较少的材料,对工程的质量有间接影响。如墙地砖、石材、涂料、电器开关、模板、电线电缆、配电箱、架管、扣件、安全防护用品、危险化学品等。

C类:辅助材料,占工程成本较小的材料,对工程的质量有间接影响。如五金、黏合剂等。

(2)按照材料在生产中的作用分类

主要材料:形成工程实体的各种材料,如钢材、水泥、砖、瓦、砂、石、油漆、电线、木材、五金等。

周转材料:具有工具性的材料,如模板、钢管、扣件。

其他材料:不形成工程实体,但是工程必需的材料。

3.材料计划

材料计划是根据施工组织设计中的材料需用量计划编制的。根据工程进度情况、市场供应情况、价格发展趋势确定材料的储备时间。然后根据储备时间计算出材料储备量,进而确定材料供应时间、数量、规格以及质量要求。

(1)材料计划的分类

材料计划分为工程备料计划、订货加工计划、施工进度用料计划。所有用料计划根据工程进度情况陆续提出。工程备料计划在开工前30天提出,阶段用料计划应在制订施工进度计划安排前一周提出,订货加工计划根据该项材料生产周期与工程用料时间提前30天提出,以便备料。

(2)材料需用量的确定

①根据设计文件、施工方案和技术措施计算或直接套用施工预算中建设工程各分部(分项)的工程量。

②根据各分部(分项)的施工方法套取相应的材料消耗定额,求得各分部(分项)工程各种材料的需用量。

③汇总各分部(分项)工程的材料需求量,求得整个建设工程各种材料的总需用量。

(3)材料计划的落实

物资供应部门严格按照项目部所下达的材料计划进行分类,分期按时组织供应。严禁超计划或无计划供应材料,并对计划内供货时间、产品规格、数量、质量负责。

4.材料的采购、检验、存储、发放和使用

(1)材料的采购

①材料采购的原则

项目经理部将材料计划上报企业物资部门,大宗材料供货,宜选择信誉高、质量好、有实力的供货厂家,建立长期稳定的供货关系,由于是大宗材料,价格也会有所优惠。其他材料,在市场采购时应做到货比三家,"三比一算",即同样材料比质量,同样质量比价格,同样价格比运距,最后核算成本,以达到降低成本的目的。签订供货合同,在合同中应写清材料的品名、单位、数量、规格、质量要求、交货时间、交货地点等内容。

②材料订货的方式

定期订货:按事先确定好的订货时间组织订货,每次订货数量等于下次到货并投入使用前所需材料用量减去现有库存量。计算公式如下:

$$每期订货数量＝（订货或供货间隔天数＋保险储备天数）×平均日消耗量－$$
$$实际库存量－已订在途量 \tag{10-1}$$

定量订货：在材料的库存量由最高储备降到最低储备之前的某一储备量水平时，进行订货的方式。订货的数量一定，但是不定期。

订货储备量的确定有两种方法：

a. 材料消耗和采购期固定不变时

$$订货点储备量＝材料采购期×材料平均消耗量＋保险储备量 \tag{10-2}$$

采购期是指材料备运期间，包括订货到施工前加工准备的时间。

b. 材料消耗和采购期有变化时

$$订货点储备量＝平均备运时间×材料平均消耗量＋保险储备＋$$
$$考虑变动因素增加的储备 \tag{10-3}$$

(2) 材料的检验

凡工程使用的大宗材料和设备，在进场质量验收的整个过程中，都必须由技术部专业负责人、质检员、库管员和监理人员联合验收，并在送料单上签字后才能生效和投入使用。要求验收人员要严格把关核实，不合格品不准进入现场。

① 单证、外观、数量、规格验收

a. 进场材料应首先检查各种单证，如产品合格证、质量证明文件、厂家生产许可证和资质证书。

b. 进行外观验收，观察材料外观有无缺陷，如缺损、裂纹、异常色斑点、污点等。

c. 进行规格、数量验收，必须由材料员、库管员同时参加，清点验收数量、规格，做好来料登记并在来料单签字，收料人员要认真仔细核对进场数量、规格。

d. 不合格的原材料或没有技术证明书文件的原材料，不准进场。

② 材料的复检

《建筑工程施工质量验收统一标准》（GB 50300—2013）中规定，对涉及结构安全、节能、环境保护和主要使用功能的试块、试件及材料，应在进场后按规定进行见证取样检测（复检）。如混凝土和砌筑砂浆的试块、钢材、钢丝和钢绞线、水泥、砂子、石子和砖、防水材料等，复检合格后才能够投入使用。

(3) 材料的储备及库存管理

① 材料储备

建筑材料在施工过程中是逐渐消耗的，为保证施工的连续，施工现场必须有一定的材料储备。材料储备应考虑经常储备、保险储备和季节性储备。经常储备：在正常的情况下，为保证施工生产正常进行所需要的合理储备量。保险储备：企业为预防材料未能按正常的进料时间到达或进料不合格等情况下，为保证施工生产顺利进行所需要的合理储备量。季节性储备：当某种材料受自然条件的影响，使材料供应具有季节性限制而必须及早准备。

② 材料入库管理

材料在仓库中应按规定码放。库房要对入库物资进行一般外观质量验证和标识。库管员要及时在料签上标明物资的名称、规格、数量、用途、产地（或购货地点）、日期，识别标记和标签应规范化，字迹清晰，牢固耐久。

码放规定：钢材按炉号、代号、规格、批号分期分类码放；袋装水泥按品种、标号分类码放，做到防潮、通风，标明数量和进场日期；散装水泥要按品种标号分仓储存，便于采取有效的措施保证混凝土制品质量；外加剂要按品种、批号分类码放,防潮、通风。

入库物资数量要准确,质量要完好,验收记录、技术证件要齐全,对技术复杂的物资应会同技术人员共同验收。材料点验入库后,由保管员认真填写《材料动态明细台账》,做到字迹清楚、项目齐全、数字准确。保证反映的经济信息及时、完整、真实、可靠。各种技术证件、运单、发货明细表、过磅单等附在《点验单》后装订整齐。定期清仓,掌握材料使用动态和库存动态。

③材料出库管理

切实执行限额发料。材料员、库管员根据材料计划,按照技术、施工部门给施工队开具的限额发料单进行发料,并做好发料登记、凭证和记账工作。对超出预算或材料计划的材料要会同有关部门、有关人员查明原因。对确有正当理由要补办手续的,必须经项目经理批准后方可发料。

非消耗类材料且为无偿提供或有偿提供存在价差的,在使用完毕后,必须退还物资部门,材料部门予以接受,并办理相关退库手续。材料部门在接受退库材料过程中,应将材料按新旧程度、能否使用等情况予以注明,有条件的应注明其价值。

(4)材料的使用

①材料领发:凭限额领料单领发材料,由班组负责保管并控制使用,避免出现超额使用。

②材料使用监督:材料员监督材料的使用,如材料是否按要求使用,材料数量使用是否合理,是否节约使用材料等。

(5)现场材料管理

①进场材料必须按照施工现场平面布置的顺序堆放平整,大宗材料进场,堆放时尽量方便施工,避免二次搬运造成浪费。

②严格执行材料进场验收制度,材料进场必须有材料员、库管员共同点数、检尺、量方,发现问题及时处理。

③在材料堆放上,要坚持砖成丁、沙、石料成方,水泥、钢材、门窗制品、木材、周转材料等要分别垫底,码垛存放整齐,并做好标识,防止变质、变形造成损坏,影响工程使用。材料部门定期和不定期组织现场材料管理大检查。

④限额发料。材料员、库管员根据材料计划,按照技术、施工部门给施工队开具的限额发料单进行发料,并做好发料登记、凭证和记账工作。

⑤对超出预算或材料计划外的材料要会同有关部门、有关人员查明原因。对确有正当理由的要补办手续,必须经项目经理批准后方可发料。

(6)周转材料管理

①周转材料进场必须按施工方案要求和材料需用量计划,根据施工进度分批进场。

②周转材料进场原则上一次性交由施工队点收使用。材料员定期检查使用情况,并做出分析。随时调整余缺,以免浪费。

③材料部门不断对周转材料进行监控,并督促施工人员合理利用,不准随意损坏或改变用途,切实抓好周转材料完好率。

④由于周转材料进场能够多次使用,故安装、拆卸都要十分谨慎,严禁野蛮拆卸,保护好周转材料,增加其周转次数。使用完及时清理、保护,以便下次使用。

10.2.3 工程项目机械设备管理

施工机械设备管理就是按照建筑生产的特点和机械运转的规律,对机械设备的选择评价、有效使用、维护修理、改造更新和报废处理这一系列管理工作的总称。施工机械设备又称施工机具。

1. 施工机具的分类和装备原则

施工机具主要分为：

（1）土方工程机械：挖掘机、铲运机、推土机、压实机等。

（2）运输机械：塔吊、井架、龙门架、汽车等。

（3）建筑生产机械：搅拌机、钢筋加工机械等。

施工机具要配置合理，达到既能满足施工的需要，又能使每台机械设备发挥其最高效率。原则是：生产上适用、技术上先进、经济上合理。

2. 施工机具的选择、使用、保养和维修

（1）施工机具的选择

施工机具的来源主要有：购置、租赁、利用企业原有设备。

①购置：特点是初始投资大，但是质量可靠，维修费用小，使用效率稳定，故障率低。

②租赁：向租赁公司或有关单位租赁施工机具，特点是不必马上花费大量的资金，时间上比较灵活，租赁时间可长可短。当企业缺乏资金时可以采用这种方法。

③利用企业原有的机具：实际就是租赁的方式。项目部向公司租赁施工机具，并向公司支付一定的租金。

根据以上三种方式分别计算施工机具的等值年成本，等值年成本最低的方式为最佳选择方式。

原则是：技术安全可靠，费用最低。等值年成本的计算方法如下：

a. 购置、利用企业原有设备

$$等值年成本 = (施工机具原值 - 残值) \times 资金回收系数 + 残值利息 + 施工机具年使用费 + 其他费用 \tag{10-4}$$

$$资金回收系数 = i(1+i)^n / [(1+i)^n - 1] \tag{10-5}$$

式中　i——利率；

　　　n——资金回收年限（折旧年限）。

b. 租赁

$$等值年成本 = 租赁费 + 年使用费 + 其他费用 \tag{10-6}$$

（2）施工机具的使用

正确合理地使用施工机具可以减轻磨损，保持机具良好的工作性能和应有的精度，延长其使用寿命，可以说是变相节省费用。正确合理使用施工机具应遵循以下几个原则：

①定人定机定岗位：目的是把人机关系相对固定，要求操作人员必须遵守安全操作规程，提高机械施工质量，降低消耗，将机械的使用效益与个人经济利益联系起来，使操作人员爱护机械设备，管好原机零部件、附属设备和随机工具，执行保养规程；要求认真执行交接班制度，填好运转记录。

②实行岗位责任制，对操作人员进行培训、考试，确认合格后发操作证，持证上岗，举办训练班、岗位练兵，有计划、有步骤地培养、提高机械设备管理人员的技术业务能力和操作保修技能。

③正确处理好管、用、养、修四者的关系，遵守机械运转的自然规律，科学使用机具，防止机件早期磨损、延长机具使用寿命和修理周期。

④加强对机械操作人员的安全教育,严格执行安全操作规程,建立安全生产与事故处理制度,要经常检查规程执行情况,发现问题及时解决,消除不安全因素。

⑤建立健全施工机具的技术档案,包括原始技术文件,交接、运转和维修记录,事故分析和技术改造资料等。

(3)施工机具的保养及维修

①日常保养:操作人员每日(班)工作前、工作中和工作后进行的保养,主要内容:保持机械清洁,检查运转状态,紧固易松脱的螺栓,调整各部位不正常的行程和间隙,按规定进行润滑,采取措施防止机械腐蚀。

②定期保养:当机械设备运转到规定的保养定额工时时,停机进行的保养,又称强制保养,一般分为四级,一级保养由操作者负责,二、三、四级保养由专业保养工(修理工)负责。

③维修:修理包括零星小修、中修和大修。

a.小修是临时安排的修理,消除操作人员无力排除的机械设备突然发生故障、个别零件损坏或一般事故性损坏,及时进行维修、更换、修复。

b.中修是对不能继续使用的部分进行大修,使整机状况达到平衡,对其他不进行大修的部分只执行检查保养,以延长机械设备的大修间隔。

c.大修是对机械设备进行全面的解体检查修理,保证各零部件质量和配合要求,使其达到良好的技术状态,恢复可靠性和精度等工作性能,以延长机械的使用寿命。

大修和中修列入修理计划,并由企业负责按机械预检修计划对施工机械进行检修。

10.2.4 工程项目技术管理

施工项目技术管理是项目经理部在项目施工的过程中,对各项技术活动过程和技术工作的各种要素进行科学管理的总称。

1.工程项目技术管理的内容

工程项目技术管理工作的内容主要包括:技术管理基础工作、施工技术准备工作、施工过程技术工作、技术开发工作。

2.建立技术管理工作体系

项目经理部必须在总工程师和技术管理部门的参与指导下,建立以项目技术负责人为首的技术业务统一领导和分级管理的技术管理工作体系,一般应根据项目规模设项目技术负责人:大型项目可以设项目总工程师,其下设技术部门、工长、技术员、班组长;中小型项目设技术负责人、工长、技术员和班组长。然后按技术职责和业务范围确立各级技术人员的责任制,明确技术管理岗位与职责、建立各项技术管理制度。

3.建立健全施工项目技术管理制度

项目经理部的技术管理应执行国家技术政策和企业的技术管理制度,施工项目的主要技术管理制度有:技术责任制度、图纸会审制度、施工组织设计管理制度、技术交底制度、材料设备检验制度、工程质量检查验收制度、技术组织措施计划制度、工程施工技术资料管理制度以及工程测量计量管理办法、环境保护管理办法、工程质量奖罚办法、技术革新和合理化建议管理办法等。

4.技术责任制

项目经理部的各级技术人员都应根据项目技术管理责任制度完成业务工作,履行职责。其中项目技术负责人的主要职责有:

(1)主持项目的技术管理。
(2)主持制订项目技术管理工作计划。
(3)组织有关人员熟悉与审查图纸,主持编制项目管理实施规划的施工方案并组织落实。
(4)负责技术交底。
(5)组织做好测量及其核定。
(6)指导质量检验和试验。
(7)审定技术措施计划并组织实施。
(8)参加工程验收,处理质量事故。
(9)组织各项技术资料的签证、收集、整理和归档。
(10)指导技术学习,交流技术经验。
(11)组织专家进行技术攻关。

5.项目经理部的技术工作要求

(1)项目经理部在接到工程图纸后,按要求进行内部审查,并汇总图纸上出现的问题。
(2)项目技术负责人参加图纸会审,向设计方提出图纸上的问题,由设计方解释或进行工程变更。
(3)在施工过程中,如发现设计图纸中存在问题,或因施工条件变化必须补充设计,或需要材料代用,可向设计单位提出工程变更书面资料。工程变更应由项目技术负责人和设计单位、建设单位签字确认。
(4)编制施工组织设计和安全专项施工方案,并在开工前报总监理工程师审批。
(5)技术交底必须贯彻施工验收规范、技术规程、工艺标准、质量验收标准等要求。书面资料应由签发人和审核人签字,使用后归入技术资料档案。
(6)项目经理部应将分包人的技术管理纳入技术管理体系,并对其施工方案的制订、技术交底、施工试验、材料试验、分项工程检验和隐检、竣工验收等过程进行系统的控制。
(7)对后续工序质量有决定作用的测量与放线、模板、翻样、预制构件吊装、设备基础、各种基层、预留孔、预埋件、施工缝等应进行施工预检,并做好记录。
(8)各类隐蔽工程应进行隐检,做好隐检记录,办理隐检手续,参与各方责任人应确认、签字。
(9)项目经理部应按项目管理实施规划和企业的技术措施纲要实施技术措施计划。
(10)进场的原材料应"先检后用",未经检验或检验不合格的,严禁用于工程。
(11)项目经理部应设技术资料管理人员,做好技术资料的搜集、整理和归档工作,并建立技术资料台账。

10.2.5 工程项目资金管理

1.工程项目资金管理

工程项目资金管理是指施工项目经理部根据工程项目施工过程中资金运动的规律,进行的资金收支预测、编制资金计划、筹集投入资金(施工项目经理部收入)、资金使用(支出)、资金核算与分析等一系列资金管理工作。

(1)建设项目的资金来源
①财政资金,包括财政无偿拨款和拨改贷资金。
②银行信贷资金,包括基本建设贷款、技术改造贷款、流动资金贷款和其他贷款等。

③发行国家投资债券、建设债券、专项建设债券以及地方债券等。
④在资金暂时不足的情况下,还可以采用租赁的方式解决。
⑤企业自有资金和对外筹措资金(发行股票及企业债券,向产品用户集资)。
⑥利用外资,包括利用外国直接投资,进行合资、合作建设以及利用外国贷款。

(2)施工过程所需要的资金来源

施工过程所需要的资金来源,一般是在承发包合同条件中规定的,建设单位提供工程备料款和分期结算工程款。为了保证生产过程的正常进行,施工单位也可垫支部分自有资金,但在占用时间和数量方面必须严加控制,以免影响整个企业生产经营活动的正常进行。因此,施工项目资金来源渠道是:

①预收工程备料款。
②已完施工价款结算。
③银行贷款。
④企业自有资金。
⑤其他项目资金的调剂占用。

(3)筹措资金的原则

①充分利用企业自有资金。其优点是调度灵活,不需要支付利息,比贷款保证性强。
②必须在经过收支对比后,按差额筹措资金,避免造成浪费。
③以利息的高低作为选择资金来源的主要标准,尽量利用低息贷款。用企业自有资金时也应考虑其时间价值。

2. 工程项目资金管理的要点

(1)工程项目资金管理应保证收入、节约支出、防范风险和提高经济效益

①保证收入是指项目经理部应及时向发包人收取预付工程备料款,做好分期核算、预算增减账、竣工结算等工作。
②节约支出是指用资金支出过程控制方法对人工费、材料费、施工机械使用费、临时设施费、其他直接费和施工管理费等各项支出进行严格监控,坚持节约原则,保证支出的合理性。
③防范风险主要是指项目经理部对项目资金的收入和支出做出合理的预测,对各种影响因素进行正确评估,最大限度地避免资金的收入和支出风险。

(2)企业财务部门统一管理资金

为保证工程项目资金使用的独立性,承包人应在财务部门设立项目专用账号,所有资金的收支均按财会制度由财务部门统一对外运作。资金进入财务部门后,按承包人的资金使用制度分流到项目,项目经理部负责责任范围内项目资金的直接使用管理。

(3)工程项目资金计划的编制、审批

项目经理部应根据施工合同、承包造价、工程进度计划、工程项目成本计划、物资供应计划等编制年、季、月度资金收支计划,上报企业主管部门审批后实施。

(4)工程项目资金的计收

项目经理部应按企业授权配合企业财务部门及时进行资金计收。资金计收应符合下列要求:

①新开工项目按工程施工合同收取预付款或开办费。
②根据月度统计报表编制"工程进度款估算单",在规定日期内报监理工程师审批、结算。如

发包人不能按期支付工程进度款且超过合同支付的最后限期,项目经理部应向发包人出具付款违约通知书或者索赔意向通知书,并按银行的同期贷款利率计息。

③根据工程变更记录和证明发包人违约的材料,及时计算索赔金额,列入工程进度款结算单。

④发包人委托代购的工程设备或材料,必须签订代购合同,收取设备订货预付款或代购款。

⑤工程材料价差应按规定计算,发包人应及时确认,并与进度款一起收取。

⑥工期奖、质量奖、措施奖、不可预见费及索赔款应根据施工合同规定与工程进度款同时收取。

⑦工程尾款应根据发包人认可的工程结算金额及时收回。

(5)工程项目资金的控制使用

项目经理部应按企业下达的用款计划控制资金使用,以收定支,节约开支;应按会计制度规定设立财务台账,记录资金支出情况,加强财务核算,及时盘点盈亏。

(6)工程项目的资金总结分析

项目经理部应坚持做好项目的资金分析,进行计划收支与实际收支对比,找出差异,分析原因,改进资金管理。项目竣工后,结合成本核算与分析进行资金收支情况和经济效益总结分析,上报企业财务主管部门备案。企业应根据项目的资金管理效果对项目经理部进行奖惩。

案例分析

×学院宿舍楼

工程概况

1.建设地点:本工程位于×市××路××号。南面靠山,东面为山坡,南面为教学区,场地内均无线管和古迹。

2.工程规模:总建筑面积 8 166 m^2,工程总占地面积 1 860 m^2,建筑层数为 6 层。

3.本工程主要建筑技术指标:建筑类别为二类,耐火等级为二级,设计使用年限为50年,屋面防水等级为三级,按七度抗震烈度设防。结构安全等级为二级,结构构件的裂缝控制等级为三级,主体结构为砖混结构。

建筑结构设计(略)

劳动力安排计划

一、主要施工管理人员计划:项目经理下配备足够的各种专业管理人员,如质量管理员、计划管理员、材料管理员、安全管理员,协助项目经理管理整个工程的施工。

二、施工队组计划

(1)主要施工技术人员及劳动力需用量,按如下配备:主体结构主要考虑模板工、混凝土工、钢筋工、电焊工、泥瓦工、起重工、水电工;装修阶段主要考虑抹灰、泥子工、油漆工、防水工及水电工。

(2)主要施工技术人员及劳动力需用量,见表10-1。

表 10-1　　　　　　　主要施工技术人员及劳动力需用量　　　　　　　　人

序号	工种名称	最高人数	基础阶段	主体阶段	装修阶段
1	混凝土工	10	5	10	
2	泥瓦工	50	20	20	50
3	钢筋工	10	5	10	
4	防水工	5			5
5	水电工	5	2	2	5
6	架子工	10		5	2
7	模板工	15	4	15	
8	油漆工	4			15

①以下工种由持有效证书的专业技术工人组成：架子工、水电工、电焊工、起重工等。

②专业技术工种组成的各施工队组，施工队组设队长，全面负责队组的生产工作，各生产班组由班组长率领，工人直接完成施工任务，施工队长、班组均不脱产，为直接生产工人。

劳动力计划

主要材料构件用量计划

第一节　主要材料的组织及进场计划

为加快施工进度，保证按期完工，我公司决定按每栋配置二层主体所需的周转材料，根据施工进度计划和施工预算，编制了主要材料的进场计划，见表10-2。

表 10-2　　　　　　　　　主要材料进场计划表

序号	材料名称	规格	单位	数量	计划进场时间
1	水泥	425号	t	360	6月初陆续进场
2	钢筋		t	51	6月初陆续进场
3	碎石	4号	m^3	417	6月初陆续进场
4	砂	中、细	m^3	722	6月初陆续进场
5	毛石		m^3	280	6月底
6	普通烧结砖	标准	千块	395	6月底陆续进场
7	钢模		m^2	120	6月初陆续进场
8	钢管		m	567	6月初陆续进场
9	石灰		t	42	6月底陆续进场
10	防水卷材		m^2	1 600	10月中
11	脚手板		m^2	307	7月初
12	脚手杆	统级	根	1 028	7月中

第二节 材料的采购与验收

1.材料采购

订货源、找厂家、看质量、组织好货源、安排好运输车辆。按品质合格、数量充足、价格低廉、运输方便、不误使用的原则择优选定。

2.材料供应过程中的质量验收

(1)要对加工订货的质量严格把关。正确选择进货渠道,对生产厂家及供货单位进行资格审查;建立严格的审核制度,认真审核各类计划,确认无误后进行交底;严格履行经济合同手续与程序;加强供货渠道及各种计划、合同的管理。

(2)市场采购材料质量把关。材料采购人员要做好市场调查和预测工作;采购时必须向供销单位索取产品合格证及有关检测试验资料,无合格证的材料和产品一律不得采购;采购供销单位的批量产品时,除即时结清者外,一律签订合同。

3.材料验收的质量验收

(1)双控把关:对于水泥、钢材、防水材料及各类外加剂实行检验双控,即要有出厂合格证和试验室的合格试验单方可接收入库。

(2)联合验收把关:对于直接送到现场的材料及构配件,收料人员可会同现场的技术质量人员联合验收;进库物资由库管员和材料管理员一起组织验收。

(3)收料员验收把关:收料员对地材、建材及有包装的材料产品,应认真进行外观检验;查看规格、品种、型号是否与来料相符,宏观质量是否符合标准,包装、商标是否齐全完好。

(4)所有进场材料都必须向监理工程师报验。

第三节 施工现场的材料管理

1.施工前的准备工作

平面规划布置要合理规范。在划分材料堆放位置时,应考虑到施工进入高峰时的堆放容量。料场、料库、道路的选择不能影响施工流水作业,以靠近使用点为原则,减少二次倒运的搬迁。对临时料库、料棚等制定应符合防雨、防潮、防爆、防晒、防损坏等管理方法与要求。

2.施工过程中的组织与管理

建立健全现场料具管理责任制。现场料具要有严格按平面布置图堆放,划区分片,包干负责,要有责任区、责任人,并有明显标牌。加强现场平面布置的管理。根据不同的施工阶段、材料资源变化、设计变更等情况,及时调整堆料现场位置,保持道路通畅,减少二次搬运。严格按平面布置图堆放料具,成堆成线;经常清理杂物和垃圾,保持场地、道路、工具及容器清洁。各施工队组负责及时清理自己所施工的工作面,做到"三清五好",并及时回收剩余材料。现场材料员和施工工长要随时对施工队检查材料的使用情况。

3.材料清退及转场

(1)根据工程主要部位(结构、装修)进度情况,组织好料具清退与转场。一般在结构或装修施工阶段接近80%左右时,要检查现场存料,估计未完工程用料量,调整原用料计划,削减多余,补充不足,以防止剩料过多,为完工清场创造条件。

(2)施工垃圾及包装容器的处理。对于现场的施工垃圾设立分拣站,回收、利用及清运做到及时集中分拣,包装容器要及时回收组织清退。

主要机具使用计划

根据本工程的施工机具需要量情况及现场施工进度要求分批组织进场,并做好保养和试运等项工作,一些常用的机构及设备配件要有一定数量的储备以便及时替换,保证各种机械正常运转。

1.场外材料运输机械和运输方式

一般外购材料均由合格供应商直接送到施工现场,其运输机构由供应商提供。

2.场内材料运输机械和运输方式

垂直运输采用1台井架,场地内运输采用斗车。

3.混凝土及砂浆均采用机械搅拌

现场设2个混凝土搅拌站,混凝土搅拌站内设2台JZC350搅拌机,另设2个砂浆搅拌站,共配备4台UJZ200砂浆搅拌机。

4.钢筋机械

钢筋车间各设钢筋弯曲和钢筋切断生产线1条,钢筋调直机、钢筋弯曲机和钢筋切断机各配1台。

本工程的钢筋焊接主要有电弧焊,现场设1台电焊机。

5.木工机械

本工程的钢筋混凝土楼板主要采用木模板,其工作量大,现场小圆锯配3台,可满足施工要求。另设2台刨床、2台钻床。

6.其他机械和机具

其他机械主要有插式振捣器、平板振捣器、潜水泵、打夯机等,为各分项工程需用的施工机械;机具主要有测量器材等。

7.机械设备详细计划表

进入本工程的主要施工机械见表10-3。

表10-3　　　　　　　　机械设备详细计划表

序号	机具名称	规格	单位	数量	计划进场时间	备注
1	挖土机	W-100	台	1	6月初	配汽车
2	井字架	H=24m	座	1	7月初	
3	卷扬机	F=2t	台	1	7月初	
4	混凝土搅拌机	JZC350	台	2	6月初	
5	砂浆搅拌机	UJZ200	台	4	6月底	
6	钢筋切断机	GJ5-40	台	1	6月初	
7	钢筋调直机	GJ4/4	台	1	6月初	
8	钢筋弯曲机	WJ40-1	台	1	6月初	
9	插式振捣器	ZX-50	套	8	6月初	

(续表)

序号	机具名称	规格	单位	数量	计划进场时间	备注
10	平板振捣器	ZW-50	台	2	6月初	
11	小圆锯	$\varphi300$	台	3	6月初	
12	电焊机	BX-330	台	1	6月初	
13	打夯机	HW-20	台	2	7月中	
14	自卸汽车	5t	辆	1	6月初	
15	潜水泵	QY25	台	5	6月初	
16	手推车	自制	辆	20	6月初	

【分析】

(1)施工人员分析,从人员的动态分布严重不均衡,如泥瓦工,人数最多是50人,最少20人,其他工种也存在类似现象。

(2)施工人员的技术等级没有要求,无法判断施工人员技术水平。

(3)没有确定普工的数量。

(4)工种人员配置基本合理。

(5)材料计划只是主要材料和部分周转材料的需用量计划,材料计划没有很完整。

(6)进场时间不准确,只是大概时间,都是陆续进场,从此看出本工程材料管理较弱。

(7)材料没有规格,特别是钢筋,只有总体数量。没有规格,无法进行材料准备。

(8)材料领料没有规定方法,目前多采用的是限额领料。

(9)机械配置尚可,基本能够满足要求。

思维导图

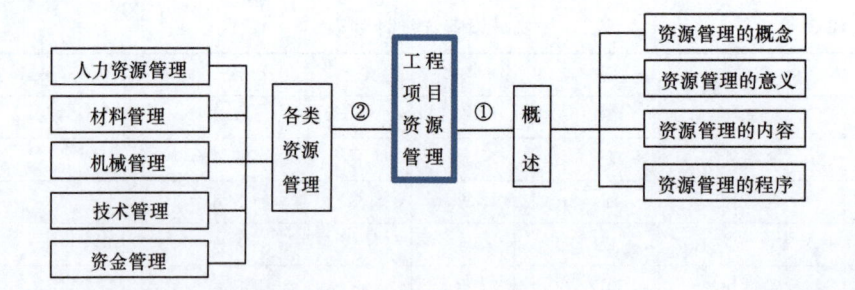

```
                                            ┌─ 资源管理的概念
                ┌─ 人力资源管理 ┐           ├─ 资源管理的意义
                ├─ 材料管理     │  工程项目  │
     各类资源管理├─ 机械管理     ②─ 资源管理 ①─ 概述 ─┤
                ├─ 技术管理     │           ├─ 资源管理的内容
                └─ 资金管理     ┘           └─ 资源管理的程序
```

在线自测

第 11 章 工程项目合同管理

学习目标

通过对本章的学习,要求了解建设工程合同管理的任务,合同种类;施工合同文件的形式、内容及优先秩序;掌握施工合同的订立与履约管理;熟悉工程索赔。

合同作为工程项目运作的基础和工具,在工程项目的实施过程中具有重要作用。合同管理对承包商、业主及其他相关方都十分重要。在现代项目管理中,合同管理已经成为与进度管理、质量管理、成本(投资)管理、安全管理和信息管理并列的一大管理职能。

11.1 建设工程合同管理概述

11.1.1 建设工程合同管理的任务

从承包商的角度而言,合同管理的任务从投标开始延续至保修期结束。包括:

(1)合同的策划。主要指选定项目,进行风险评价,以及合作方式的选择(指独立承包还是联合承包,总包还是分包)。

(2)合同的订立。承包商要通过投标与发包人订立施工合同;与分包商签订分包合同;与材料、设备供应商签订采购合同;与劳务公司签订劳务供应合同等。

(3)合同的实施控制。在施工中做好合同的跟踪、诊断,发生变更时做好变更管理与索赔工作。

(4)合同的终止与评价。

11.1.2 工程项目的主要合同关系

一个工程项目从开始到结束的过程,是一个由许多不同的单位共同协作劳动的过程。在这个过程中,合同关系就是联系不同单位之间的纽带。站在不同的角度,会产生不同的合同关系。

1. 业主的合同关系

业主的合同关系见表 11-1。

表 11-1　业主的合同关系

合同关系	合同关系	另一合同参与方
业主	咨询(监理)合同	咨询(监理)单位
业主	施工合同	施工承包商
业主	总承包合同	工程总承包商
业主	勘察(设计)合同	勘察(设计)单位
业主	供应合同	原材料、设备供应商
业主	借款合同	金融机构
业主	保险合同	保险公司

2.承包商的合同关系

承包商的合同关系见表11-2。

表 11-2　承包商的合同关系

合同关系	合同关系	另一合同参与方
承包商	施工合同	业主
承包商	分包合同	分包商
承包商	供应合同	原材料、设备供应商
承包商	运输合同	运输单位、供应商
承包商	租赁合同	租赁公司
承包商	借款合同	金融机构
承包商	加工合同	构配件的加工承揽单位
承包商	劳务合同	劳务供应商
承包商	保险合同	保险公司

11.1.3　工程项目合同的分类

1.按照承发包的合同内容分

(1)勘察合同。勘察合同指为了完成工程项目的勘察任务,由业主或项目总包商与勘察单位订立的合同。

(2)设计合同。设计合同指为了完成工程项目的设计任务,由业主或项目总包商与设计单位订立的合同。

(3)施工合同。施工合同指业主与施工单位之间订立的完成施工任务的合同。

(4)采购、租赁合同。业主或施工承包商与材料、设备供应商之间订立的材料采购、设备采购或租赁合同。

(5)劳务合同。施工承包商与劳务公司之间订立的劳务供应合同。

(6)其他合同。如加工合同、保险合同、借款合同等。

2.按照承包范围分

(1)总承包合同。总承包合同指业主与工程总包商之间订立的合同。总承包合同的合同内容可以包括前期策划、招投标、设计、施工、采购任务,或者仅包括全部的施工任务,这要看是项目总承包还是施工总承包。

(2)承包合同。当业主采用平行发包模式时,各个承包商与之签订的合同就是承包合同,比如土建承包合同、安装承包合同、装饰装修合同。

(3)分包合同。总包商与分包商之间订立的合同。

3.按照计价方式分

(1)总价合同

总价合同又可以分为固定总价合同和可调总价合同。

①固定总价合同。固定总价合同是以详尽的设计图纸、承包范围、技术规范等为依据计算并固定工程总价格的合同。由于合同价格原则上是不能调整的,如图纸及工程要求不变则总价不变;如图纸及工程要求有变,则总价也变。所以承包商承担了较大的风险责任(工程量方面的风险和工程价格方面的风险),常常为许多不可预见因数付出代价,所以往往投标人的报价也比较高。

②可调总价合同。在可调总价合同方式下,承包商的报价以业主提供的详细图纸和计算的工程量为基础,同时要考虑费用的上升因数。其特点主要是,只有发生通货膨胀引起工料成本增加达到一定限度尺寸,或工程量发生增减变化,总价才能调整;否则,总价保持不变。发包人(业主)承担通货膨胀和工程量变化的风险,承包商承担其他风险。

这类合同要在条款中明确规定通货膨胀的调值条款。

(2)单价合同

单价合同也被称之为"量变价不变的合同",工程承包人只承担工程单价、费用方面的风险,工程量方面的风险由发包人承担。工程风险分担合理,公正地维护了承发包双方的经济利益。

单价合同又分为计量单价合同和固定单价合同。

单价合同的适用范围比较宽,而且由于工程风险分配比较合理,业主也容易得到相对合理的报价,还能鼓励承包商通过提高工作效率等手段从成本节约中提高利润。但是在合同履行中需要注意的问题是双方对实际工程量计量的确认。

(3)成本加酬金合同

成本加酬金合同是由业主向承包商支付工程建设的实际成本,并按事先约定的某一种方式支付酬金的合同类型。这种合同适应工期紧迫的工程,如抢险救灾、风险很大的项目。承包商承接任务时,无法估算工程成本,故通常按实际发生成本 CA(包括直接费和间接费),加上双方商定的总部管理费和利润作为酬金 F 来结算。因此,业主几乎承担了项目的全部风险,承包单位无风险,故而报酬也较低。

采用这类合同的缺点是业主不易控制工程造价,承包商往往也不注意节约成本。

> **案例11-1**
>
> **合同种类的选择案例**
>
> 某城市 H 中学拟建造一栋教学楼(4 层,框架结构),在施工图完成后通过招标确定承包商 C 为中标单位,并与其签订了教学楼的施工合同。合同中规定:工期为 5 个月,工期延误罚款额为 1 000 元/天,采用固定总价合同,合同价款 120 万元,质量保修金为 10 万元。
>
> 【问题】 该工程采用固定总价合同是否恰当?为什么?
>
> 【分析】 恰当。因为该工程属于常规框架结构工程,而且工期短,物价风险小;而且施工图纸全部完成才进行招标,发生工程量变更的可能性小,所以可以采用固定总价合同。

11.1.4 施工合同

施工合同,即建筑安装工程的承包合同,是发包人和承包人之间为了完成商定的建筑安装工程的施工任务,明确双方权利义务关系的合同。

1. 施工合同的形式

合同的形式多种多样,比如,书面、口头、默示、视听等,但是建筑工程施工合同由于内容复杂、履行周期长、金额大等特点,所以必须是书面形式,不能采用口头或其他形式。书面形式包括纸质的、数据电文等。

从管理的角度讲,书面的施工合同文件的最终形式通常有两种:一种称为综合标书,即将招标文件、投标文件、澄清补遗、合同协议备忘录以及其他补充资料汇总到一起,去掉重复的部分即综合标书。这样形成的合同文件的好处是内容不容易遗漏,编制的工作量相对较小,但是篇幅大,资料多,使用很不方便。因为常常是后面的部分修正了前面的部分,整个标书对同一个问题的叙述几个地方可能不完全一致,要耗费较多的时间弄清以何者为准。另一种是重新编制过的合同文件,即根据招标文件的框架,将投标文件、补遗和合同协议备忘录等内容一起重新整理编辑,形成一个完整的合同文件。这样使用起来方便,但是整理的工作量大。

2. 施工合同文件的组成及优先次序

组成工程项目施工合同的文件包括(以示范文本为例):

(1) 合同协议书。
(2) 中标通知书。
(3) 投标书及其附件。
(4) 合同专用条款。
(5) 合同通用条款。
(6) 标准、规范及有关技术文件。
(7) 图纸。
(8) 工程量清单。
(9) 工程报价单或预算书。

双方有关工程的洽商、变更等书面协议或文件视为本合同的组成部分。

另外,上述合同文件应能够互相解释、互相说明。若合同专用条款中未做特别约定,则当合同文件中对某一事项的约定出现前后不一致时,应当按照上面的先后顺序进行解释。当合同文件出现含糊不清或者当事人有不同理解时,按照合同争议的解决方式处理。

11.2 施工合同策划

对于承包商来说,完善的合同策划可以保证合同圆满的履行,克服关系的不协调,减少矛盾和争议,顺利地实现工程项目总目标。

11.2.1 选定项目

站在施工单位的角度,选定项目,就是确定投标的对象,或者说,面对招标项目,应该做出是否投标的决定。一般来说,承包商会从以下几个方面来选择投标项目:

(1)业主的情况。资信状况、业主对承包方式、合同种类、招标方式、合同的主要条款等的规定和要求。

(2)该项目竞争者的数量以及竞争对手状况。以确定自己投标的竞争力和中标的可能性。

(3)项目本身的情况。包括工程的技术难度,施工所需的工艺、技术和设备,对施工工期的要求及工程的影响程度。

(4)承包商自身状况。包括公司的优势和劣势、技术水平、施工力量、资金状况、同类工程的经验、现有工程数量等。

11.2.2 合同风险评价

通常若工程存在下述问题,则工程风险大:

(1)工程规模大,工期长,而业主要求采用固定总价合同形式。

(2)业主仅给出初步设计文件让承包商做标,图纸不详细、不完备,工程量不确定、范围不清楚,或合同中的工程变更赔偿条款对承包商很不利,但业主要求采用固定总价合同。

(3)业主将编制投标书的期限压缩得很短,承包商没有时间详细分析招标文件,而且招标文件为外文,采用承包商不熟悉的合同条件。

(4)工程环境不确定性因素多,且业主要求采用固定总价合同。

11.2.3 承包方式的选择

任何一个承包商都不可能独立完成全部工程,不仅是能力所限,还由于这样做也不经济。在总承包商投标前,他就必须考虑与其他承包商的合作方式,以便充分发挥各自在技术、管理和财力上的优势,并共担风险。

1.分包

分包的原因主要有以下几点:

(1)技术上需要。总承包商不可能,也不必具备总承包合同工程范围内的所有专业工程的施工能力。通过分包的形式可以弥补总承包商技术、人力、设备、资金等方面的不足。

(2)经济上的目的。对有些分项工程,如果总承包商自己承担会亏本,而将它分包出去,让报价低同时又有能力的分包商承担。

(3)转嫁或减少风险。通过分包,可以将总包合同的风险部分地转嫁给分包商。这样,大家共同承担总承包合同风险,提高工程经济效益。

(4)业主的要求。业主指令总承包商将一些分项工程分包出去。

案例11-2

合法分包案例

某发包人与某总承包人签订了一份建设工程施工总承包合同。同时,发包人又与某门窗施工单位签订了该工程的门窗施工合同;总承包人经发包人同意后,与有资质的幕墙施工单位签订了幕墙分包合同。结构施工完成后，由于发包人装修材料迟迟不能明确，导致总承包人现场停工30天。

【问题】

(1)发包人与门窗单位签订施工合同是否正确？为什么？

(2)承包人与幕墙单位签订施工合同是否正确？为什么？

【分析】

(1)不正确。因为发包人可以与总承包人订立建设工程合同，也可以分别与勘察人、设计人、施工人订立勘察、设计、施工承包合同。但是发包人不得将本应当由一个承包人完成的建设工程肢解成若干部分发包给其他承包人。

(2)正确。总承包商可以将自己承包的专业性强，或非主体、非重点工作交由第三人完成。幕墙工程需要由具备专业资质的单位来实施，属于专业性强的工程，所以施工总承包商可以在征得发包人同意后进行分包。

2.联营承包

联营承包是指两家或两家以上的承包商联合投标，共同承接工程。其优点是：

(1)承包商可通过联营进行联合，以承接工程量大、技术复杂、风险大、难以独家承揽的工程，使经营范围扩大。

(2)在投标中发挥联营各方技术和经济的优势，取长补短，进行技术和经济的总合作。这样可以减小工程风险，增强承包商的应变能力，能取得较好的工程经济效果。

(3)在国际工程中，国外的承包商如果与当地的承包商联营投标，可以获得价格上的优惠。

11.3 施工合同的订立

11.3.1 施工合同订立的基本原则

1.平等、协商一致的原则

平等、协商一致是指合同当事人的法律地位平等，一方不得将自己的意志强加给另一方。同时，第三方也不能利用权力干预他人订立合同。

2.合同自由原则

合同自由又称意思自治，指当事人依法享有自愿订立合同的权利，任何单位与个人不得非法干预。合同自由包括：

(1)订不订立合同自愿。

(2)与谁订立合同自愿。

(3)合同内容由当事人自己约定，但是不得违法。

(4)当事人可以补充、变更协议，但不得违法。

(5)发生争议时，自愿选择解决方式。

3. 公平原则

(1) 风险分配合理。

(2) 违约责任分担公平。

(3) 在合同执行过程中,对合同双方公平地解释合同,使用同一法律尺度来衡量双方的行为。

(4) 对一方提供的格式条款合同,对某一条款双方均有合理说法的,以相对人(接受合同的人)的意思为准,提供格式条款一方免除自己的主要责任、排除对方主要权利的条款无效。

4. 诚实信用原则

合同的签订和顺利实施是基于承包商和业主紧密协作、互相配合、互相信任的基础之上的。只有双方在做到不欺诈、不隐瞒,并做到通知、协助对方履约、替对方保密等,才能顺利履行合同,实现预期的合同目的。

5. 守法原则

合同的订立必须遵守相关法律、法规。合同的内容不得违法,不得损害社会公共利益。建筑工程合同的订立除了遵守《民法典》以外,还应该遵守《招标投标法》《建筑法》及其他行业、部门规章。

11.3.2 施工合同订立的程序

根据《民法典》和《招标投标法》的相关规定,建设工程施工合同的订立要经过以下几个程序:

1. 要约邀请

要约邀请是希望他人向自己订立合同的意思表示。在工程领域,要约邀请指招标人发出的招标公告或者投标邀请书。对报名的投标人进行资格审查后,对通过审查的投标人发放招标文件。招标文件也属于要约邀请。

2. 要约

要约是希望和他人订立合同的意思表示,又称为发盘、出盘、发价、出价、报价等。在招投标中,投标就是投标人向招标人发出要约。

3. 承诺

承诺指同意要约的意思表示。承诺由承诺人向要约人做出。在招投标中,中标通知书就是招标人向中标人做出的承诺。

《民法典》规定,承诺到达要约人以后就生效,而承诺生效即表明合同成立。但是,由于建设工程合同的特殊性,招标人和中标人还需要按照中标通知书、招标文件和投标文件的相关内容进行合同谈判,订立合同。双方签字盖章后,还要送到有关部门备案,这样合同才能生效。

案例11-3

某施工合同的订立、成立与生效纠纷案例

某城市拟新建一大型火车站,各有关部门组织成立建设项目法人,在项目建议书、可行性研究报告、设计任务书等经市计划主管部门审核后,报国家计委、国务院审批,并向国务院计划主管部门申请国家重大建设工程立项。审批过程中,项目法人以公开招标方式与三家中标的一级建筑单位签订《建设工程总承包合同》,约定由该三家建筑单位共同为车站主体工程承包商,承包形式为一次包干,估算工程总造价18亿元。但合同签订后,国务院计划主管部门公布该工程为国家重大建设工程项目,批准的国家重大建设工程项目计划中主体工程部分仅为 15 亿元。因此,该计划下达后,委托方(项目法人)要求建筑单位修改合同,降低包干造价,建筑单位不同意,委托方诉至法院,要求解除合同。法院认为,双方所签合同标的系重大建设工程项目,合同签订前未经国务院有关部门审批,未取得必要批准文件,并违背国家批准的投资计划,故认定合同无效,委托人(项目法人)负主要责任,赔偿建筑单位损失若干。

【评析】
　　本案车站建设项目属 2 亿元以上大型建设项目,并被列入国家重大建设工程,应经国务院有关部门审批并按国家批准的投资计划订立合同,不得任意扩大投资规模。根据《民法典》规定,国家重大建设工程合同,应当按照国家规定的程序和国家批准的投资计划、可行性研究报告等文件订立。本案合同双方在审批过程中签订建筑合同,签订时并未取得有审批权限主管部门的批准文件,缺乏合同成立的前提条件,合同金额也超出国家批准的投资的有关规定,扩大了固定资产投资规模,违反了国家计划,故法院认定合同无效,过错方承担赔偿责任,其认定是正确的。

11.3.3　合同订立过程中的注意事项

(1)合同订立是组织的真实意思表示。
(2)建设工程合同的订立应采用书面形式,并符合相关资质管理与许可管理的规定。
(3)合同应由当事方的法定代表人或其授权的委托代理人签字或盖章;合同主体是法人或其他组织时,应加盖单位印章。
(4)法律、法规规定应当办理批准、登记手续的,应依照规定办理后,合同方可生效。
(5)合同订立后应在规定期限内办理备案手续。

11.4　建设工程施工合同的实施控制

　　合同签订以后,接下来就是履行合同。施工合同的履行贯穿整个施工周期,是一个相对漫长的过程。本阶段合同管理的目标就是按图施工,按时并保质保量完成工程,顺利通过竣工验收,并及时收回工程款。由于建设工程的复杂性和履约的长期性,为了达到上述目标,合同管理必须做到对施工合同进行适时的监督、跟踪和调整。

11.4.1　合同交底

　　在合同实施以前,合同谈判和签约人员应对有关人员进行书面的合同交底。书面的合同交底通常以"合同交底记录"的形式出现。

1.合同交底的程序
(1)公司合同管理人员向项目负责人或项目管理人员交底(一级交底)。

(2)项目负责人或项目管理人员向项目部职能部门负责人进行交底(二级交底)。
(3)项目部职能部门负责人向其所属的职能人员进行交底(三级交底)。

2.合同交底的内容

(1)合同的主要内容。
(2)合同实施的主要风险。
(3)合同签订过程中的特殊问题。
(4)合同实施计划。
(5)合同实施的责任分配。
(6)其他必要的内容。

案例11-4

以下是某公司承包合同的一级交底记录格式。

工程承包合同一级交底记录表(格式)

合同交底记录编号：

合同编号		签订日期	年 月 日
合同名称	工程施工承包合同	交底日期	年 月 日
发包人主体名称		工程名称	
承包人主体名称		交底地点	
交底主要内容			
一、工程背景：(包括承接该工程的出发点，后续工程等情况) 二、发包人、监理背景：(包括公共关系、资信情况等) 三、报价成本交底：(包括报价定标情况、成本让利情况、经济风险、不平衡报价在履约过程中的应用、报价说明中可借鉴的重要内容，如拟设法变更的分部(分项)工程子目等) 四、工程难点的交底：(包括施工难点、新技术、新材料、重要节点工程等) 五、主要合同内容的交底：(包括合同评审情况、合同主要条款、隐藏的风险点、索赔机会、时限要求等) 六、项目部必须实现的目标：(包括项目部层面必须消化的风险，如设法变更分部(分项)工程子目等)			
交底人：			年 月 日

相关部门名称	(参加)接受交底人员签字	相关部门名称	(参加)接受交底人员签字
项目部项目经理		公司工程技术部	
项目部合约经理		公司合同管理部	
公司市场营销部		公司总经济师	
公司报价部门		…	

11.4.2 合同的跟踪与诊断

1.合同的跟踪

在工程的实施过程中，由于不断受到外界干扰，导致合同的实施与预定目标发生偏离。如果不采取措施，这种偏差就会由小到大，逐渐积累，最后无法实现预定目标。合同跟踪可以不断找出偏离，不断采取调整措施，使合同的实施与目标保持一致。

（1）合同跟踪的依据

①合同和合同分析的结果，如各种计划、方案、合同变更文件等，这些是比较、分析的基础。

②各种实际的工程文件，如各种原始记录、施工日志、工程报表、验收结果等。

③工程管理人员每天对现场情况的了解，如现场巡视、与各种人员的谈话、项目例会、质量验收和收方量等。

（2）合同跟踪的对象

①具体的合同事件。承包合同的实施由许多具体的工序活动和双方的其他经济活动构成。这些活动是已经在合同范围内或是新纳入合同范围的，它们本所确定的状态常常被称为合同事件。合同跟踪需要对照合同事件，分析该事件的实际完成情况。比如投入的人、材、机的耗量，花费的时间和成本等。

②分包商或工作班组的工作。在实际工程中常常因为某一工作班组或分包商的工作质量不高或是进度拖延而影响整个工程施工，所以合同管理人员要对他们的工作进行跟踪检查、协调，并提出建议或警告。

③业主和监理工程师的工作。业主和监理工程师是承包商的重要工作伙伴，对他们的工作进行跟踪是很有必要的。

④供应商的工作。供应商对原材料的供应速度和质量会影响工程的进展和质量，所以，对其进行跟踪和监督也是必须的。

⑤工程的总体进展。工程的总体进展如人、材、机的消耗，现场是否整洁、井然有序，是否发生严重的工程事故、是否存在进度偏差和成本偏差等。

2.合同的诊断

在合同跟踪的基础上进行合同诊断。合同诊断是对合同执行情况的评价、判断和趋向分析、预测。它包括如下内容：

（1）合同执行差异的原因分析。通过对跟踪对象的实际和计划状态的对比分析，不仅可以得到差异，还可以探索引起差异的原因。原因分析可以采用鱼刺图、因果关系分析、价差分析等方法进行。

（2）合同差异责任分析。即这些原因由谁引起？由谁承担责任？这常常是提出索赔的理由。责任分析要结合原因分析和合同条款分析进行，按合同规定落实双方责任。

（3）合同预测。合同预测包括预测在建工程未来还需要的时间、成本，预测承包商将承担的法律后果或是获得的工期和费用补偿等。

11.4.3 建设工程施工合同的变更管理

1.合同变更的范围

合同变更是合同执行调整措施的综合体现。合同变更的范围很广，一般在合同签订后所有工程范围、进度、工程质量要求、合同条款内容的变化都可以被看作合同变更。

（1）合同内容的变更。涉及合同条款的变更、合同条件以及合同协议书所定义的双方责权利关系，或是其他重大问题的变更，这是狭义的合同变更。

（2）工程变更。工程变更指在工程施工中，监理工程师或业主代表在合同约定范围内对工程范围、质量、数量、工程性质、施工方案等做出的变更。

（3）合同主体的变更。即合同当事人发生变化，合同被转让。

> **案例11-5**
>
> **工程变更案例**
>
> 某高速公路处在南方某省,属温暖地区。合同工程量清单隧道C25防水混凝土单价为每立方273元,没有指明抗渗标号。该高速公路技术规范规定温暖地区隧道防水混凝土抗渗标号不高于S4,后来项目经理部将隧道抗渗标号变更为S8,抗渗等级提高了,也就是技术规范变了。根据合同解释的优先顺序,技术规范优先于已标价的工程量清单,项目经理部要求调整C25防水混凝土单价,业主最终同意调整了单价。

2. 合同变更的处理要求

(1)应尽可能快地做出变更。在工程施工中,变更决策时间过长或是变更的程序太慢往往会造成很大的损失。若不能迅速做出变更指令,现场继续施工,则会造成很大的返工损失。

(2)迅速、全面、系统地落实变更指令。做出变更指令后,承包商应尽快落实,全面修改相关文件,如图纸、规范、施工方案、进度计划等,并进一步落实到分包商和工作班组头上。

(3)保存原始的设计图纸、设计变更资料、业主的书面指令、发票、实物、现场照片等。

(4)对合同变更带来的影响做进一步分析。合同变更是索赔的机会,应在合同规定的时效内完成索赔的相关手续。平时注意收集、整理执行变更指令的各种记录,以此作为索赔的证据。通过工期分析、费用支出分析来计算索赔额。

(5)合同变更的评审。合同变更的评审包括:合理性、合法性分析,预测可能出现的问题,提出预防措施。

3. 合同变更的程序

(1)对于重大的合同变更,双方应该召开会议进行协商,最后签订书面变更协议。

(2)对于一般的工程变更,常常是业主或监理工程师做出书面变更指令,或者由承包商提出变更请求,由业主及监理批准变更,然后由双方就变更事项进行工期和价格方面的谈判,协商一致后执行变更指令。

当然,实际中有些变更是口头发布又需要承包商立即执行的,对于这样的变更,承包商只能先执行,但是要及时补充变更的书面确认函,并以此证明发生了工程变更。

11.4.4 工程索赔

1. 索赔与反索赔的概念

索赔是指当一方当事人正确或错误地认为自己对某项事宜享有权益,但对此事宜双方当事人尚未达成协议时,该当事人对此项事宜的请求、要求、申请或者通知。

从这个意义上来讲,只要存在合同关系的当事人之间都有可能向对方提出索赔,这就决定了索赔是双向的。例如,承包商与业主之间,承包商与材料供货商之间,总包商与分包商等都可以互相提出索赔。在国际工程承包中,常将承包商向业主的提出的此类请求、要求、申请或者通知称为"索赔",将业主向承包商提出的类似请求、要求、申请或者通知称为"反索赔"。但是,从法律角度来看,通常称索赔人或者原告人的请求为索赔,而将答辩人或者被告所做的抗辩称为反索赔。

本书中的索赔与反索赔的用法同后者,即将承包商或者业主作为索赔人提出的请求称为索赔,而将业主或者承包商作为答辩人所做的抗辩称为反索赔。所以,反索赔是指阻止、对抗对方提出的索赔要求。

2. 索赔发生的原因

与其他行业相比，建筑业是一个事故多发的行业。由于工程规模大，工期长，结构复杂，在施工过程中遇到的水文气象、地质条件等的变化以及设计变更和人为因素的干扰，容易导致超出合同工期、造价等方面的变化。所以，索赔经常发生，而且索赔额大。

(1) 索赔发生的外部因素

①建筑市场与建材市场的变化。

②物价上涨。

③政府新规。

④自然条件的突变等，例如遇到不利的自然气候条件，尤其是特殊不利的自然气候条件。

⑤其他原因。

(2) 索赔发生的内部因素

①合同缺陷（合同文件中的错误、矛盾、遗漏）。

②工程变更：建筑物的功能、形式、质量标准、实施方式、工程量、工程质量的变化。

③风险分担不均匀，现在的标准合同文本中，对风险的分担虽然已经越来越趋于公平，但是承包商承担的风险还是比业主要多得多。

④施工条件的变化，例如，地下岩溶洞、地下水、地下文物。

⑤业主违约，例如，业主未按合同规定向承包商提供施工条件；未按规定支付工程款；工程师未按规定提供图纸、指令等。

⑥工程各方之间协调不周。

⑦对合同有误解、歧义等。

3. 索赔的条件

要想索赔成功，需具备以下三个条件：

①客观性，即确实存在违反合同的干扰事件，且它对承包商的工期和成本造成影响。

②合法性，干扰事件非承包商责任引起，按合同条款，对方应予以补偿。

③合理性，即索赔值的计算方法与计算基础合理，且承包商应证明干扰事件与承包商的损失和提出的索赔要求之间存在因果关系。

4. 施工索赔的分类

(1) 按索赔的要求分类

①工期索赔，即要求业主延长工期。

②费用索赔，即要求业主补偿经济上的损失。

(2) 按索赔的处理方式分类

①单项索赔，指采取一事一索赔的方式，每一项可索赔的事件发生后提出的单项解决的要求。

②总索赔，指对整个工程的全部索赔事件进行统一地一次性解决。

5. 索赔的依据和证据

(1) 索赔的依据

索赔依据就是提出索赔的理由，即论证索赔权的法律依据。常见的索赔依据有：

①双方签订的合同文件。这里的合同文件不单纯只是通用条款和专用条款，还包括投标书、合同协议书以及技术规程等一系列其他文件。

②与合同相关的法律、法规。遇到合同文件中未做任何规定的干扰事件,比如节假日、加班工资、税收、进出口材料等的规定,承包商可以从与建设工程施工相关的法律、法规,如《建筑法》、《劳动法》、《民法典》等法律、法规中寻找依据来确立自己的索赔权。

③工程惯例。所谓的工程惯例,就是工程承包界公认的一些原则和习惯做法。它虽然不是法律,对工程合同双方也没有强制约束力,但是在一定程度上仍有助于公正合理的解决合同双方的纠纷,弥补了合同缺陷和遗漏。

④过去类似案例的索赔处理结果。承包商平时应多注意收集一些权威期刊上出版的典型工程纠纷处理案例,必要时可以派上用场,引经据典论证承包商的索赔权。

(2)索赔的证据

索赔证据是为了证明干扰事件的真实性,以及承包商的索赔要求的合理性等的材料。证据不足或没有证据的索赔是不可能得到对方认可的。

索赔证据一般包括:

①招标文件、合同文本及其附件。

②双方来往信件。

③各种会谈纪要。

④各种现场文件,如施工日志、各种签证等。

⑤材料、设备的采购、运输、进场、使用的记录、凭证、报表。

⑥各种会计核算资料。

⑦官方的物价指数等。

6.索赔的程序

根据我国施工合同示范文本的规定,索赔的处理程序如下:

①索赔事件发生后28天内,向工程师发出索赔意向通知。

②发出索赔意向通知后28天内,向工程师提出延长工期和(或)补偿经济损失的索赔报告及有关资料。

③工程师在收到承包人送交的索赔报告和有关资料后,于28天内给予答复,或要求承包人进一步补充索赔理由和证据。

④工程师在收到承包人送交的索赔报告和有关资料后28天内未给予答复或未对承包人做进一步要求,视为该项索赔已经认可。

⑤当该索赔事件持续进行时,承包人应当阶段性向工程师发出索赔意向,在索赔事件终了后28天内,向工程师送交索赔的有关资料和最终索赔报告。索赔答复程序与③、④规定相同。

7.索赔报告的内容

索赔报告一般包括以下内容:

(1)索赔事件总论

索赔事件总论部分的阐述要求简明扼要,说明问题。它一般包括序言、索赔事项概述、具体索赔要求。

(2)索赔根据

索赔根据主要是说明自己具有索赔权利,这是索赔成立的关键。该部分的内容主要来自该工程的合同文件,并参照有关法律规定。

(3)索赔费用及工期计算

索赔计算的目的是以具体的计算方法和计算过程,说明自己应得的经济补偿的款项或延长的工期。

(4)索赔证据

索赔证据包括该索赔事件所涉及的一切证据材料,以及对这些证据的说明。索赔证据是索赔报告的重要组成部分,没有翔实可靠的证据,索赔是不可能成功的。

11.5 施工合同的终止与评价

11.5.1 施工合同的终止

1.《民法典》中合同终止的情形

(1)债务已经按照约定履行。
(2)合同解除。
(3)债务相互抵销。
(4)债务人依法将标的物提存。
(5)债权人免除债务。
(6)债权债务同归于一人。
(7)法律规定或者当事人约定终止的其他情形。

2.施工合同终止的原因

(1)承包方主体资格不当,造成合同无法履行

由于我国对施工方的主体资格进行了严格限制,不具备相应资质的单位就不能承包工程。但是现实中经常遇到如下情况,有资格的无关系,无资格的却有关系,这就造成了施工合同中的承包方主体不当的问题较多发生。

> **案例11-6**
>
> 曹某,今年三十多岁,未成立任何建筑公司,但却凭着自己的关系联系了一个价值500万元的建筑工程施工任务。但施工合同毕竟有自身条件和要求,他就借用一家有资质的施工单位名义签订了施工合同,施工单位只收取5%的管理费,其余问题全部由曹某负责。后来曹某联系施工队伍出现问题,致使施工无法正常进行,从而使施工合同的履行陷入僵局,带来了十分棘手的现实问题和法律问题。

(2)工程状况复杂,施工方无能力继续施工

这种状况大多发生于地基隐蔽工程,由于前期准备工作不充分,出现了双方无法预料的情况发生。

案例11-7

某建筑公司在承接了旬阳某大厦的施工任务后,在挖地基时,发现建筑段地下水位有流沙层,且建筑物距河床太近,与河水相贯通,会出现大量漏水,而原定的人工挖沙存在重大安全隐患,只好由建设单位自行选择具备桩基施工资质的专业单位另行施工。

(3)发包方原因致使合同终止

发包方使合同终止的原因大多都是不能按进度支付工程款。

11.5.2 施工合同的评价

合同终止以后,施工单位应及时进行合同评价,总结合同签订和执行过程中的经验和教训,提出总结报告。一般来说,合同的总结报告应包括如下内容:

(1)合同签订情况评价。
(2)合同执行情况评价。
(3)合同管理工作评价。
(4)对本项目有重大影响的合同条款的评价。
(5)其他经验和教训。

思维导图

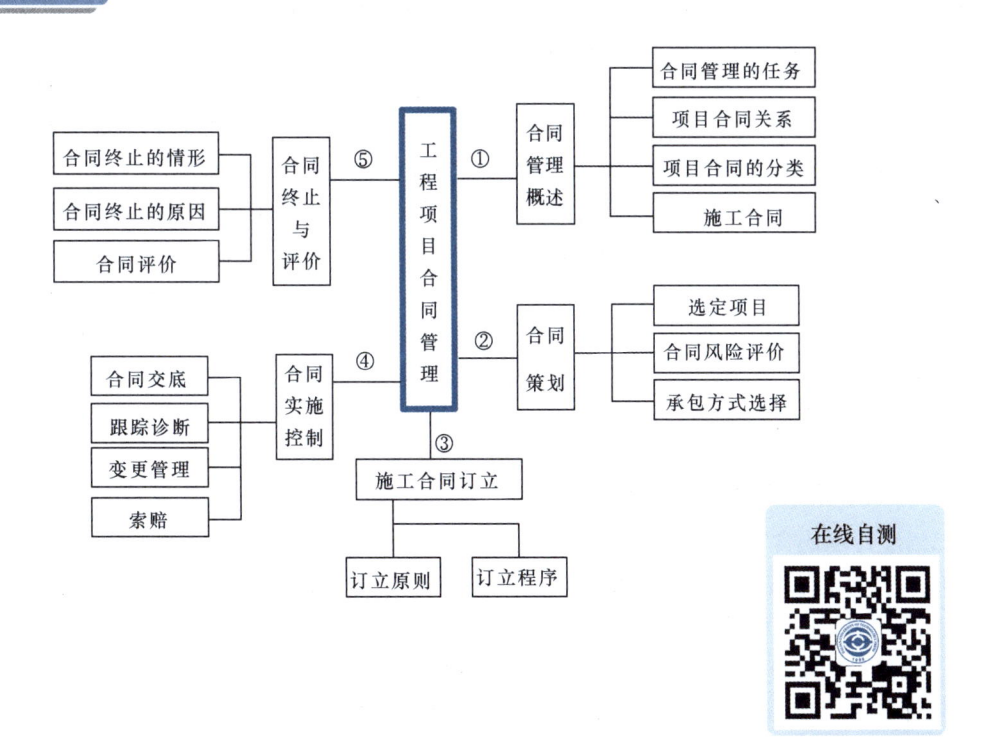

第 12 章 工程项目信息与知识管理

学习目标

通过学习本章,要求了解信息管理的含义、目的和任务,工程项目信息的分类和信息编码;熟悉项目信息系统的建立和应用;了解工程项目的知识管理和项目管理软件。

12.1 信息管理概述

信息管理是工程项目管理的重要组成部分。随着工程项目的启动、规划和实施,与工程项目相关的合同、图纸、计划、图表、进度、质量、安全等各种纸介质和非纸介质信息会层出不穷,它主要包括:项目的组织类信息、管理类信息、经济类信息、技术类信息和法规类信息。通过对信息进行整理、分类、分析,为决策提供依据,指导工程项目施工管理。

这些信息不仅在工程项目部内部各部门间传递,其中许多信息还必须提供给政府建设主管部门、建设单位、设计单位、监理单位和相关的施工合作单位和供货单位等,许多有价值的信息需要有序地保存,可供其他工程项目施工借鉴。上述过程包含了信息传输的过程,由谁(哪个工作岗位或工作部门等)、在何时、向谁(哪个项目主管和参与单位的工作岗位或工作部门等)、以什么方式、提供什么信息等属于信息传输的组织和控制,这就是信息管理的内涵。

信息处理始终贯穿着项目管理的全过程。如何高效、有序、规范地对项目全过程的信息资源进行管理,是现代项目管理的重要环节。随着信息网络化的普及,又为项目信息管理系统的规划、设计和实施提供了全新的信息管理理念、技术支撑平台和全面解决方案。由此进入了工程项目信息管理的网络信息时代。

12.1.1 信息管理的含义、目的、任务

1. 信息管理的含义

信息管理就是指对项目的信息传输进行合理的组织和控制,是对信息的收集、加工、整理、存储、传递与应用等一系列工作的总称。

工程项目的信息管理是通过对各个系统、各项工作和各种数据的管理,使项目的信息能方便和有效地获取、存储、存档、处理和交流,来对工程项目管理进行协调、控制。

2. 信息管理的目的

信息管理的目的就是通过有组织的信息流通,使决策者能及时、准确地获得相应的信息。为

了达到信息管理的目的,就要把握信息管理的各个环节,并做到:

(1)了解和掌握信息来源,对信息进行分类。

(2)掌握和正确运用信息管理的手段(如计算机)。

(3)掌握信息流程的不同环节,建立信息管理系统。

(4)工程项目信息管理的目的是通过信息传输的有效组织管理和控制为工程项目建设提供增值服务。

3.信息管理的任务

项目信息管理的主要步骤就是:数据—信息—决策—结果,其含义是,数据经过处理、解释后才能成为信息;而只当占有了必要的信息才能做出决策;决策执行后必然产生结果。在项目的实施过程中会形成大量的数据资料,信息管理任务就是:收集—储存—加工整理—释放信息。项目各当事人和项目管理组织各组织单元经过该步骤形成各自的信息进行交流。

在信息的交流过程中形成了跟项目有关的各种信息流。弄清项目各当事人及项目管理组织单元之间的信息传递关系,制定项目信息流程图对项目信息管理是至关重要的。确定项目组织分解结构,制定项目信息流路线图,可以进一步确定各部门信息流的传递规律,并有秩序地传递,保证信息沟通渠道的正确、流畅,不致造成信息漏传或误传现象。

12.1.2 工程项目信息的分类与信息编码

1.工程项目信息的分类

(1)业主方和项目参与各方可根据各自的项目管理的需求确定其信息管理的分类

为了信息交流的方便和实现项目各参与方部分信息共享,业主方应尽可能做一些信息统一分类的规定,如项目的分解结构应统一等。

(2)可以从不同的角度对建设工程项目的信息进行分类

①按项目管理工作的对象,即按项目的分解结构,如子项目1、子项目2等进行信息分类。

②按项目实施的工作过程,如设计准备、设计、招投标和施工过程等进行信息分类。

③按项目管理工作的任务,如投资(或成本)控制、进度控制、质量控制等进行信息分类。

④按信息的内容属性,如组织类信息、管理类信息、经济类信息、技术类信息和法规类信息。

(3)为满足项目管理工作的要求,往往需要对建设工程项目信息进行综合分类,即按多维进行分类

①第一维:按项目的分解结构。

②第二维:按项目实施的工作过程。

③第三维:按项目管理工作的任务。

2.信息编码

编码由一系列符号(如文字)和数字组成,编码是信息处理的一项重要的基础工作。

如某项目的信息有多级编码,其一级信息编码如下:

A0000 主体工程设计。

B0000 施工招投标。

C0000 物资采购及供应。

D0000 主体工程施工。

E0000 室外总体工程施工。

F0000 项目动用前准备工作。
其二级信息编码如下：
A0000 主体工程设计。
A1000 主体工程设计。
A2000 室外总体工程设计。
B0000 施工招投标。
B1000 主体工程招投标。
B2000 室外总体工程招投标。
C0000 物资采购及供应。
C1000 电梯(含自动扶梯)采购及供应。
C2000 空调系统采购及供应。
C3000 电气系统采购及供应。
C4000 给排水系统采购及供应。
C5000 消防系统采购及供应。
C6000 弱电系统采购。
C7000 幕墙材料采购及供应。
C8000 其他采购及供应。
D0000 主体工程施工。
D1000 土建工程施工。
D2000 钢结构安装工程。
D3000 机电设备安装工程。
D4000 弱电系统施工。
D5000 外立面工程施工。
D6000 精装修工程施工等。

一个建设工程项目有不同类型和不同用途的信息，为了有组织地存储信息、方便信息的检索和信息的加工整理，必须对项目的信息进行编码，如：

(1)项目的结构编码。
(2)项目管理组织结构编码。
(3)项目的政府主管部门和各参与单位编码(组织编码)。
(4)项目实施的工作项编码(项目实施的工作过程的编码)。
(5)项目的投资项编码(业主方)/成本项编码(施工方)。
(6)项目的进度项(进度计划的工作项)编码。
(7)项目进展报告和各类报表编码。
(8)合同编码。
(9)函件编码。
(10)工程档案编码等。

以上这些编码是因不同的用途而编制的，如投资项编码(业主方)/成本项编码(施工方)服务于投资控制工作/成本控制工作；进度项编码服务于进度控制工作。但是有些编码并不是针对某一项管理工作而编制的，如投资控制/成本控制、进度控制、质量控制、合同管理、编制项目进展报告等都要使用项目的结构编码,因此就需要进行编码的组合。

12.1.3 工程项目的信息流与信息处理

工程项目信息管理的过程主要包括工程项目信息的收集、整理、分析和存储、检索和传递。在这些信息管理过程中,工程项目信息管理的具体内容如下。

1.工程项目信息的收集

工程项目信息的收集就是收集工程项目建设前期和实施过程中的所有原始数据。原始数据收集的是否全面、真实,将直接影响信息管理工作的质量,进而会影响整个工程的管理工作,所以必须建立一套完善的信息采集系统。

(1)工程项目建设前期的信息收集

①设计任务书及有关资料的收集。

②设计文件及有关资料的收集。

③招投标合同文件及其有关资料的收集。

(2)工程项目施工过程中的信息收集

①工程项目进度信息的收集。

②工程项目质量信息的收集。

③工程项目成本信息的收集。

④工程项目安全信息的收集。

⑤工程项目材料管理信息的收集。

⑥工程项目设备管理信息的收集。

⑦工程项目人员管理信息的收集。

⑧工程项目技术管理信息的收集。

2.工程项目信息的整理、分析和存储

工程项目的各种原始资料收集到后,对收集来的资料进行整理、分析,根据分析结果对实施过程中出现的各种问题进行处理。

在项目建设过程中,依据当时收集到的信息所做的决策或决定有如下几方面。

对收集到的工程项目进度信息、工程项目质量信息、工程项目成本信息、工程项目安全信息、工程项目材料管理信息、工程项目设备管理信息、工程项目人员管理信息进行整理、分析,进而得到工程的实际施工状况,如发现问题,则有针对性地提出调整方案。如根据收集到的工程进度信息,分析得出施工进度滞后,提出加快进度的方案。

无论是原始信息,还是对原始信息进行整理、分析所得到的结果,以及针对发现问题而提出的调整措施,都要进行及时存储,以便以后查询和借鉴。

3.工程项目信息的检索和传递

对于存储的信息资料,为了方便查找,在存储前都要拟定一套科学的查找方法,做好编目分类工作。形成健全的检索系统,既能保存好各种信息资料,又方便查找。

信息的传递是指借助载体(如纸张、软盘、磁带等)在工程项目信息管理工作的各部门、各单位之间的传递。通过传递,形成各种信息流。畅通的信息流,将利用报表、图表、文字、记录、电讯、各种收发文、会议、审批及计算机等传递手段,将工程项目信息输送到工程项目管理人员手中,为工程项目管理提供依据。

信息检索和传递的效率和质量随着计算机和网络的普及而提高。存储于计算机数据库中的数据，可为各个部门所共享。因此，利用计算机做好信息的加工储存工作，能够更好地进行信息检索和传递，提高了信息管理工作的效率。

12.2 工程项目信息系统

12.2.1 工程项目信息系统的功能

工程项目信息系统应包括项目所有的管理数据，为用户提供项目各方面信息，实现信息共享、协同工作、过程控制、实时管理。项目信息系统应包括如下功能：
(1)信息收集、传送、加工、反馈、分发、查询的信息处理功能。
(2)进度、成本、质量、安全、合同、技术管理及相关业务处理功能。
(3)与工具软件、管理系统共享和交换数据的数据集成功能。
(4)利用已有信息和数学方法进行预测，提供辅助决策的功能。
(5)支持项目文件与档案管理的功能。

12.2.2 工程项目信息系统的建立

1.信息系统建立的基础

项目信息系统宜基于互联网并结合下列先进技术进行建设：
(1)建筑信息模型。
(2)云计算。
(3)大数据。
(4)物联网。

2.信息系统的建立过程

(1)建立信息代码系统

将各类信息按信息管理的要求分门别类，并赋予能反映其主要特征的代码，一般有顺序码、数字码、字符码和混合码等，用以表征信息的实体或属性；代码应符合唯一化、规范化、系统化、标准化的要求，以便利用计算机进行管理；代码体系应科学、合理、结构清晰、层次分明，具有足够的容量、弹性和可兼容性，能满足工程项目施工管理需要。

(2)明确工程项目管理中的信息流程

根据工程项目管理工作的要求和对项目组织结构、业务功能及流程的分析，建立各单位之间、管理人员之间、上下级之间、内外之间的信息连接，并要保持信息流动的渠道畅通有序，使工程项目管理人员及时得到必要的信息，保证工程项目管理工作顺利进行。

(3)建立工程项目管理中的信息收集制度

对工程项目的各种原始信息来源、要收集的信息内容、标准、时间要求、传递途径、反馈的范围、责任人员的工作职责、工作程序等有关问题做出具体规定，形成制度，认真执行，以保证原始资料的全面性、及时性、准确性和可靠性。

(4)建立工程项目管理中的信息处理

信息处理主要包括信息的收集、加工、传输、存储、检索和输出等工作。

12.2.3　工程项目信息系统的使用效果

项目经理部通过对信息系统的使用,应达到以下效果:

(1)实现项目文档管理一体化。

(2)获得项目进度、成本、质量、安全、合同、技术、资金、环保、人力资源、保险等方面的动态信息。

(3)支持项目管理满足事前预测、事中控制、事后分析的需求。

(4)提供项目关键过程的具体数据并自动产生相关报表和图表。

12.3　工程项目知识管理

工程项目知识管理应与项目信息管理有机结合,并纳入项目管理过程。工程项目知识管理的内容宜包括:

(1)识别和获取所需的项目管理知识;企业或项目经理部应获取的知识至少有:知识产权;根据经历获得的感受和体会;从成功或失败项目中得到的经验和教训;过程、产品、服务的改进结果;标准、规范的要求;发展趋势和方向。

(2)确定知识传递的渠道。

(3)采取确保知识能准确和有效应用的措施。

(4)知识创新。

12.4　项目管理应用软件

12.4.1　斯维尔项目管理软件

斯维尔科技股份有限公司在认真分析研究国内项目管理的历史与现状,充分总结其经验与不足的基础上,吸取国内外同类软件优点,为国内项目管理工作者精心定制了智能项目管理软件。其将网络计划技术、网络优化技术应用于工程项目的进度管理中,以国内普遍采用的双代号时标网络图作为项目进度管理及控制的主要工具(与欧美国家以单代号网络图作为进度控制主要工具不同)。在此基础上,通过挂接各行业各地区的不同种类定额,实现对资源与成本的精确计算、分析与控制,使用户不仅能从宏观上控制工期与成本,还能从微观上协调人力、设备与材料的具体使用,并以此作为调整与优化进度计划,实现利润最大化的依据。

从项目管理知识体系(PMBOK)的角度,软件功能全面涵盖了项目的范围管理、时间管理、资源管理、成本管理等四大方面的内容。项目管理工作者利用该软件能够对其最为关心的项目进度、资源、成本三方面内容进行全面的管理与控制,同时利用实际进度前锋线等技术对项目进度进行追踪管理,从而实现项目的动态控制。另外,软件精心设计了内容丰富实用、功能强大的报表系统,从而使项目管理工作者可以多视角、全方位地了解项目各类信息。

(1)项目范围管理

在项目范围管理中,软件利用的主要技术是工作任务分解技术(WBS),通过分解工作任务,用户能够建立完整的项目层次结构,从而方便用户分层分级地对项目计划进行管理和控制。同时在范围管理中,为提高用户任务分解的工作效率,软件提供了数据模板功能,模板主要分为项目模板与任务模板两类,项目模板一般为典型的工程项目,当新建的项目与典型工程十分类似时,可以直接以项目模板方式新建工程项目。任务模板一般由工作流程比较固定的多个任务构成,并且其经常需要重复使用,定义好任务模板后便可在需要的时候,方便地插入任务模板。

(2)项目时间管理

在项目时间管理中,软件利用的核心技术是网络计划技术,通过网络时间参数的计算,能够在数量繁多的任务中,找到影响项目工期的关键任务。并快速地生成工程横道图、单代号网络图、双代号网络图、双代号时标网络图等多种进度计划图表。

(3)项目资源管理

在项目资源管理中,软件重点突出了项目管理的行业特点,可以挂接不同行业、不同地区的工程定额。通过对工作任务套用相关定额,软件能够快速地进行分析计算,将定额信息转化为具体的人工、机械、材料等的资源需要量,从而实现对工程资源的精确分析与计算,并在此基础上生成各类资源的需求计划曲线。

(4)项目成本管理

在项目成本管理中,软件采用的是自下而上的成本累算方式,利用工作任务的分解码(WBS码),软件能够自下而上的逐级对成本进行累算,最终得到项目的总成本。同时,为方便用户的成本分类管理,软件将项目成本分为人工费、材料费、机械费、设备费、专项费用以及其他费用等六类,用户可方便地查阅各级任务和整个项目的这六类成本。

(5)项目进度追踪管理

在项目进度追踪管理中,软件采用的主要工具是实际进度前锋线,利用用户输入的实际进度信息,软件能够快速地在双代号时标网络图中生成项目当前的实际进度前锋线。通过实际进度前锋线与基线位置的比较,能够了解任务的进度状态情况,是进度超前还是进度滞后,以及具体的超前与滞后的天数。同时对于进度滞后的任务,通过滞后时间与该任务的网络时间参数的比较,可以估计任务滞后对项目的整体影响,是影响项目的总工期,还是仅影响该任务的后续任务,或者目前的滞后对项目没有任何影响。软件将以进度状态报告的报表形式反映项目中各任务的具体进度执行情况,从而实现对项目进度的追踪管理与控制。

(6)项目报表功能

为方便进行项目管理工作,软件提供了丰富实用的报表功能,报表共计16张,这些报表从不同的角度反映工程项目的各类信息,主要可分为六类:工程投标类报表、项目总览类报表、任务进度类报表、资源需求类报表、任务资源分配报表、资金成本类报表。其中工程投标类报表主要包括:施工劳动力计划表(Ⅰ、Ⅱ)、施工材料计划表、施工机械计划表;项目总览类报表主要包括:项目摘要、关键任务报表、摘要任务报表、里程碑报表;任务进度类报表主要包括:任务信息详表、滚动进度计划表、任务进度状况报告;资源需求类报表主要包括:资源需求汇总表、资源需求滚动计划表;资金成本类报表主要包括:任务成本详表、资金流量表。

12.4.2　PKPM 施工整体解决方案 CMIS 介绍

PKPM 是由中国建筑科学研究院与中国建筑业协会工程项目管理委员会共同开发的一体化工程项目管理软件。它以工程数据库为核心，以施工管理为目标，针对施工企业的特点而开发的。其中包括：

(1)标书制作及管理软件，可提供标书全套文档编辑、管理、打印功能，根据投标所需内容，可从模板素材库、施工资料库、常用图库中，选取相关内容，任意组合，自动生成规范的标书及标书附件或施工组织设计。还可导入其他模块生成的各种资源图表和施工网络计划图以及施工平面图。

(2)施工平面图设计及绘制软件，提供了临时施工的水、电、办公、生活、仓储等计算功能，生成图文并茂的计算书供施工组织设计使用，还包括从已有建筑生成建筑轮廓，建筑物布置，绘制内部运输道路和围墙，绘制临时设施(水电)工程管线、仓库与材料堆场、加工厂与作业棚、起重机与轨道，标注各种图例符号等。该软件还可提供自主版权的通用图形平台，并可利用平台完成各种复杂的施工平面图。

(3)项目管理软件是工程项目管理的核心模块，它具有较高的集成性，行业上可以和设计系统集成，施工企业内部可以同施工预算、进度、成本等模块数据共享。该软件是以《建设工程项目管理规范》(GB/T 50326—2017)为依据进行开发的，软件自动读取预算数据，生成工序，确定资源，完成项目的进度、成本计划的编制，生成各类资源需求量计划、成本降低计划、施工作业计划以及质量安全责任目标，通过网络计划技术、多种优化流水作业方案、进度报表、前锋线等手段实

> **案例分析**
>
> ×学院宿舍楼
>
> 工程概况
> 1.建设地点：本工程位于×市××路××号。南面靠山，东面为山坡，南面为教学区，场地内均无线管和古迹。
> 2.工程规模：总建筑面积 8 166 m²，工程总占地面积 1 860 m²，建筑层数为 6 层。
> 3.本工程主要建筑技术指标：建筑类别为二类，耐火等级为二级，设计使用年限为 50 年，屋面防水等级为三级，按七度抗震烈度设防。结构安全等级为二级，结构构件的裂缝控制等级为三级，主体结构为砖混结构。
> 建筑结构设计(略)
> 本工程信息管理采用 PKPM 施工整体解决方案 CMIS，计算机 2 台，项目经理 1 人，打印机 1 台，资料员 1 人，制作宣传栏 2 m×1 m。信息管理制度齐全。每天下午 5:50～6:00 管理人员开会，解决工程中的问题。
> 【分析】
> (1)PKPM 施工整体解决方案 CMIS，未得到有效应用。
> (2)计算机少，仅能供资料员使用，电子资源无法共享。
> (3)交流的方式：宣传栏通知，电话联系。
> (4)需要的资料，到资料员那里打印。
> (5)信息管理制度齐全。
> (6)每天下午开 10 分钟的会，对信息的传递、交流，以及及时做出决策提供了有利条件。

思维导图

```
                                   ┌─ 信息管理的概念
                                   ├─ 信息管理的任务
                    ① ┌─信息管理概述┤
                      │            ├─ 信息流
项目     ④  项目信息   │            └─ 信息分类与编码
管理 ─── 与知识管理 ───┤
软件        │         │            ┌─ 功能
            │      ② │            │
知识 ───③───┘        └─信息系统 ───┼─ 建立
管理                               └─ 使用效果
```

在线自测

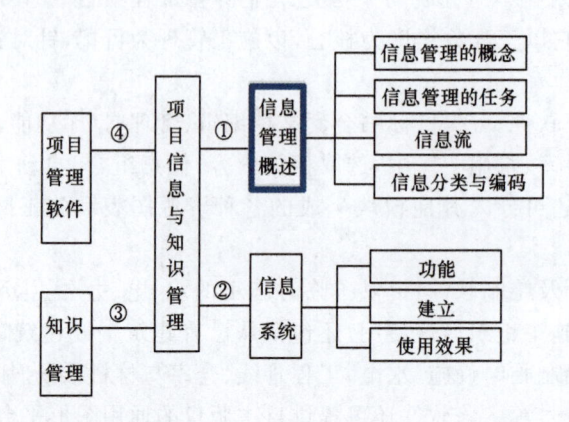

第 12 章

第四篇

项目终结阶段

第 13 章 工程收尾管理

竣工质量验收微课展示

竣工质量验收

混凝土结构表现质量验收	混凝土强度验收	钢筋保护层厚度验收	现浇楼板厚度检验
室外墙面屋面观感质量验收	室内墙面顶棚地面及其他部分观感质量验收	基础工程资料验收	主体结构工程资料验收
装饰装修工程资料验收	屋面工程资料验收	门窗安装质量验收	防水工程质量验收

第 13 章

工程收尾管理

学习目标

通过学习本章,要求熟悉工程收尾工作,竣工验收的条件、标准和程序,项目竣工结算的程序,工程保修与回访;了解项目后评价的作用、内容、程序和评价指标。

工程收尾管理是指对项目的收尾、试运行、竣工验收、竣工结算、竣工决算、考核评价、回访保修等进行的计划、组织、协调和控制等活动。工程收尾管理是建设工程项目管理系统中一个规律性、阶段性、综合性很强的管理,而且是各项专业管理内容、方法、要求的总和。

承包商项目收尾管理的内容主要有:竣工收尾、竣工验收、结算、回访保修和考核评价。

13.1 项目竣工收尾

项目经理作为项目管理的总负责人,应当负责项目竣工验收前的各项收尾,加强竣工收尾的组织领导工作。尤其要从全局利益出发,小处着手,组织项目经理部的相关部门或人员,认真反复核对施工图纸和剩余项目内容,把漏项列入竣工收尾计划,明确质量和进度要求,下达到专业施工单位和劳务分包单位,督促按期完成并按要求组织好自检验收,对项目竣工条件做好记录,签署自查意见。

在组织竣工收尾时,应针对收尾项目零碎、产值不高、工作量不大、极易产生轻视竣工收尾、导致"尾巴"拉得很长的不良习惯,把各方面的工作做细、做实,保证竣工收尾顺利完成。

项目的竣工收尾应从项目实体收尾和竣工资料的整理两方面展开工作。

13.1.1 项目竣工实体收尾

项目竣工实体收尾是项目现场性的组织与管理工作。通过收尾工作班子的组织、策划、检查及验收的控制,确保竣工收尾各项工作内容的全面完成。

1. 建立竣工收尾班子

竣工收尾全面完成,有赖于一个精干高效的收尾工作班子。搭好项目收尾班子构架,是项目收尾管理的组织保证。

项目竣工收尾班子,一般由项目经理领导,成员包括技术负责人、施工员(或负责人)、质检员(或负责人)、分包队伍负责人等多方面的有关人员组成。在这个班子中要明确管理分工责任和分包责任。项目竣工收尾班子的主要责任包括：编制项目竣工计划；组织竣工收尾工作；负责项目质量验收；进行项目收尾控制；整理项目竣工资料；做好竣工验收准备工作。

2. 编制竣工收尾计划

竣工收尾计划由项目经理组织，责成施工管理、技术人员根据施工项目的专业和技术特点编制，要有针对性。项目竣工收尾计划的内容包括：竣工项目名称、竣工项目收尾具体内容；竣工项目质量要求；竣工项目进度计划安排和竣工项目文件档案资料整理要求。施工项目竣工收尾计划可以按照下表的格式编制（表13-1）。

表13-1 施工项目竣工收尾计划

序号	收尾工作名称	简要内容	起止时间	作业队伍	班组长	竣工资料	整理人	验证人

项目经理： 技术负责人： 编制人：

3. 按计划进行竣工收尾工作

在进行竣工收尾时，对于凡是列入竣工收尾计划的内容、质量验收、试车调试、问题整改、资料整理、现场清理等工作，要在执行中逐项检查，做好记录。做到完成一项，验证一项；确认一项，消除一项，尽量不给竣工收尾留"胡子"。若有甩项竣工的工程，应按照规定的程序，经建设、施工、监理、设计等有关方面确认，建立竣工甩项纪录，说明工程竣工情况。

4. 坚持竣工自查程序

项目部完成竣工计划后，承包商应自下而上进行竣工自查。项目竣工自查按以下程序进行。

（1）属于承包商一家独立承包的项目，应由企业技术负责人组织项目经理、项目技术负责人、施工管理人员等对工程质量进行检验评定，并做好质量检验记录。

（2）依法实行总分包的项目，先由分包商自己检查，评定合格后再报总包商。因为总包商要对分包工程的质量对业主承担连带责任，所以总包商在竣工验收前要对分包工程的质量进行复查，合格后才能向监理报验。

承包商的竣工自查要满足如下要求：

（1）全部收尾工作施工完毕，符合竣工验收条件的要求。

（2）工程施工质量自检合格。

（3）水、电、气、设备安装、智能化等经过试验、调试达到使用功能的要求。

（4）建筑物室内外做到文明施工，四周2m以内的场地达到工完、料净、场地清洁。

13.1.2 项目竣工资料的整理

项目竣工资料的整理是项目竣工验收的基础，是项目管理的室内工作。通过竣工资料的整理，真实反映项目实施全过程的实际状况。项目竣工资料的整理与项目竣工实体收尾两方面都是项目竣工收尾中必不可少的工作。

1. 施工单位在竣工阶段的资料编制工作

施工资料可分为施工管理资料、施工技术资料、施工进度及造价资料、施工物资资料、施工记录、施工试验记录及检测报告、施工质量验收记录、竣工验收资料八类。《建筑工程施工质量验收

统一标准》(GB 50300—2013)规定,施工单位的竣工验收资料包括:

(1)单位工程竣工预验收报验表

施工单位填写的单位工程竣工预验收报验表应一式四份,并应由建设单位、监理单位、施工单位、城建档案馆各保存一份。单位工程竣工预验收报验表见表13-2。

表13-2　　　　　　　　　　　单位工程竣工预验收报验表

工程名称		编号	

致_____(监理单位)

我方已按合同要求完成了_____工程,经自检合格,请给予检查验收。

附件:

施工总承包单位(章)_____

项目经理_____

日　　期_____

审查意见:

经预验收,该工程

1.符合/不符合我国现行法律、法规要求;
2.符合/不符合我国现行工程建设标准;
3.符合/不符合设计文件要求;
4.符合/不符合施工合同要求;

综上所述,该工程预验收合格/不合格,可以/不可以组织正式竣工验收。

监理单位_____

总监理工程师_____

日　　期_____

(2)单位工程质量竣工验收记录

施工单位填写的单位工程质量竣工验收记录应一式五份,并应由建设单位、监理单位、施工单位、设计单位、城建档案馆各保存一份。单位工程质量竣工验收记录见表13-3。

表13-3　　　　　　　　　　　单位工程质量竣工验收记录

工程名称		结构类型		层数/建筑面积	
施工单位		技术负责人		开工日期	
项目负责人		项目技术负责人		完工日期	

序号	项目	验收记录	验收结论
1	分部工程验收	共　　分部,经查符合设计及标准规定　　分部	
2	质量控制资料核查	共　　项,经核查符合规定　　项	
3	安全和使用功能核查及抽查结果	共核查　　项,符合规定　　项,共抽查　　项,符合规定　　项,经返工处理符合规定　　项	
4	观感质量验收	共抽查　　项,达到"好"和"一般"的　　项,经返修处理符合要求的　　项	
	综合验收结论		

(续表)

参加验收单位	建设单位	监理单位	施工单位	设计单位	勘察单位
	（公章） 项目负责人： 年 月 日	（公章） 总监理工程师： 年 月 日	（公章） 项目负责人： 年 月 日	（公章） 项目负责人： 年 月 日	（公章） 项目负责人： 年 月 日

（3）单位工程质量控制资料核查记录

施工单位填写的单位工程质量控制资料核查记录应一式四份，并应由建设单位、监理单位、施工单位、城建档案馆各保存一份。单位工程质量控制资料核查记录见表13-4。

表13-4　　　　　　　　　　单位工程质量控制资料核查记录

工程名称			施工单位			
序号	项目	资料名称	份数	施工单位		监理单位	
				核查意见	核查人	核查意见	核查人
1	建筑与结构	图纸会审记录、设计变更通知单、工程洽商记录					
2		工程定位测量、放线记录					
3		原材料出厂合格证书及进场检验、试验报告					
4		施工试验报告及见证检测报告					
5		隐蔽工程验收记录					
6		施工记录					
7		地基、基础、主体结构检验及抽样检测资料					
8		分部（分项）工程质量验收记录					
9		工程质量事故调查处理资料					
10		新技术论证、备案及施工记录					
11							
1	给水排水与供暖	图纸会审记录、设计变更通知单、工程洽商记录					
2		原材料出厂合格证书及进场检验、试验报告					
3		管道、设备强度试验、严密性试验记录					
4		隐蔽工程验收记录					
5		系统清洗、灌水、通水、通球试验记录					
6		施工记录					
7		分部（分项）工程质量验收记录					
8		新技术论证、备案及施工记录					
9							
1	通风与空调	图纸会审记录、设计变更通知单、工程洽商记录					
2		原材料出厂合格证书及进场检验、试验报告					
3		制冷、空调、水管道强度试验、严密性试验记录					
4		隐蔽工程验收记录					
5		制冷设备运行调试记录					
6		通风、空调系统调试记录					
7		施工记录					
8		分部（分项）工程质量验收记录					
9		新技术论证、备案及施工记录					
10							

(续表)

工程名称			施工单位				
序号	项目	资料名称	份数	施工单位		监理单位	
				核查意见	核查人	核查意见	核查人
1	建筑电气	图纸会审记录、设计变更通知单、工程洽商记录					
2		原材料出厂合格证书及进场检验、试验报告					
3		设备调试记录					
4		接地、绝缘电阻测试记录					
5		隐蔽工程验收记录					
6		施工记录					
7		分部(分项)工程质量验收记录					
8		新技术论证、备案及施工记录					
9							
1	建筑智能化	图纸会审记录、设计变更通知单、工程洽商记录					
2		原材料出厂合格证书及进场检验、试验报告					
3		隐蔽工程验收记录					
4		施工记录					
5		系统功能测定及设备调试记录					
6		系统技术、操作和维护手册					
7		系统管理、操作人员培训记录					
8		系统检测报告					
9		分部(分项)工程质量验收记录					
10		新技术论证、备案及施工记录					
11							
1	建筑节能	图纸会审记录、设计变更通知单、工程洽商记录					
2		原材料出厂合格证书及进场检验、试验报告					
3		隐蔽工程验收记录					
4		施工记录					
5		外墙、外窗节能检验报告					
6		设备系统节能检测报告					
7		分部(分项)工程质量验收记录					
8		新技术论证、备案及施工记录					
9							
1	电梯	图纸会审记录、设计变更通知单、工程洽商记录					
2		设备出厂合格证书及开箱检验记录					
3		隐蔽工程验收记录					
4		施工记录					
5		接地、绝缘电阻试验记录					
6		负荷试验、安全装置检查记录					
7		分部(分项)工程质量验收记录					
8		新技术论证、备案及施工记录					
9							

结论：

施工单位项目负责人：　　　　　　　　　　　　　　总监理工程师：

　　　　　　　年　月　日　　　　　　　　　　　　　　　　　　年　月　日

(4)单位工程安全和功能检验资料核查及主要功能抽查记录

施工单位填写的单位工程安全和功能检验资料核查及主要功能抽查记录应一式四份,并应由建设单位、监理单位、施工单位、城建档案馆各保存一份。单位工程安全和功能检验资料核查及主要功能抽查记录见表13-5。

表13-5 单位工程安全和功能检验资料核查及主要功能抽查记录

工程名称			施工单位				
序号	项目	安全和功能检查项目	份数	核查意见	抽查结果	核查(抽查)人	
1	建筑与结构	地基承载力检验报告					
2		桩基承载力检验报告					
3		混凝土强度试验报告					
4		砂浆强度试验报告					
5		主体结构尺寸、位置抽查记录					
6		建筑物垂直度、标高、全高测量记录					
7		屋面淋水或蓄水试验记录					
8		地下室渗漏水检测记录					
9		有防水要求的地面蓄水试验记录					
10		抽气(风)道检查记录					
11		外窗气密性、水密性、耐风压检测报告					
12		幕墙气密性、水密性、耐风压检测报告					
13		建筑物沉降观测测量记录					
14		节能、保温测试记录					
15		室内环境检测报告					
16		土壤氡气浓度检测报告					
17							
1	给排水与供暖	给水管道通水试验记录					
2		暖气管道、散热器压力试验记录					
3		卫生器具满水试验记录					
4		消防管道、燃气管道压力试验记录					
5		排水干管通球试验记录					
6							
1	通风与空调	通风、空调系统试运行记录					
2		风量、温度测试记录					
3		空气能量回收装置测试记录					
4		洁净室洁净度测试记录					
5		制冷机组试运行调试记录					
6							
1	电气	照明全负荷试验记录					
2		大型灯具牢固性试验记录					
3		避雷接地电阻测试记录					
4		线路、插座、开关接地检验记录					
5							

(续表)

工程名称		施工单位				
序号	项目	安全和功能检查项目	份数	核查意见	抽查结果	核查(抽查)人
1	智能建筑	系统试运行记录				
2		系统电源及接地检测报告				
3						
1	建筑节能	外墙节能构造检查记录或热工性能检验报告				
2		设备系统节能性能检查记录				
3						
1	电梯	运行记录				
2		安全装置检测报告				
3						

结论：

施工单位项目负责人：　　　　　　　　　总监理工程师：
　　　　　　年　月　日　　　　　　　　　　　　　　　　年　月　日

(5)单位工程观感质量检查记录

施工单位填写的单位工程观感质量检查记录应一式四份,并应由建设单位、监理单位、施工单位、城建档案馆各保存一份。单位工程观感质量检查记录见表13-6。

表13-6　　　　　　　　　　　　单位工程观感质量检查记录

工程名称		施工单位		
序号		项目	抽查质量状况	质量评价
1	筑与结构	主体结构外观	共检查　点,好　点,一般　点,差　点	
2		室外墙面	共检查　点,好　点,一般　点,差　点	
3		变形缝、雨水管	共检查　点,好　点,一般　点,差　点	
4		屋面	共检查　点,好　点,一般　点,差　点	
5		室内墙面	共检查　点,好　点,一般　点,差　点	
6		室内顶棚	共检查　点,好　点,一般　点,差　点	
7		室内地面	共检查　点,好　点,一般　点,差　点	
8		楼梯、踏步、护栏	共检查　点,好　点,一般　点,差　点	
9		门窗	共检查　点,好　点,一般　点,差　点	
10		雨罩、台阶、坡道、散水	共检查　点,好　点,一般　点,差　点	
1	给排水与供暖	管道接口、坡度、支架	共检查　点,好　点,一般　点,差　点	
2		卫生器具、支架、阀门	共检查　点,好　点,一般　点,差　点	
3		检查口、扫除口、地漏	共检查　点,好　点,一般　点,差　点	
4		散热器、支架	共检查　点,好　点,一般　点,差　点	
1	通风与空调	风管、支架	共检查　点,好　点,一般　点,差　点	
2		风口、风阀	共检查　点,好　点,一般　点,差　点	
3		风机、空调设备	共检查　点,好　点,一般　点,差　点	
4		阀门、支架	共检查　点,好　点,一般　点,差　点	
5		水泵、冷却塔	共检查　点,好　点,一般　点,差　点	
6		绝热	共检查　点,好　点,一般　点,差　点	

(续表)

工程名称			施工单位		
序号	项目		抽查质量状况		质量评价
1	建筑电气	配电箱、盘、板、接线盒	共检查 点,好 点,一般 点,差 点		
2		设备器具、开关、插座	共检查 点,好 点,一般 点,差 点		
3		防雷、接地、防火	共检查 点,好 点,一般 点,差 点		
1	智能建筑	机房设备安装及布局	共检查 点,好 点,一般 点,差 点		
2		现场设备安装	共检查 点,好 点,一般 点,差 点		
1	电梯	运行、平层、开关门	共检查 点,好 点,一般 点,差 点		
2		层门、信号系统	共检查 点,好 点,一般 点,差 点		
3		机房	共检查 点,好 点,一般 点,差 点		
观感质量综合评价					

结论:
施工单位项目负责人: 总监理工程师:
　　　　　　　　年　月　日　　　　　　　　　　　　　年　月　日

(6)竣工图

竣工图是指建筑工程完成后,反映建筑工程竣工实貌的工程图纸。竣工图是真实记录各种地上、地下建筑物、构筑物等情况的技术文件,是对工程竣工验收、维护、改造、扩建的依据。竣工图的编制由施工单位负责。

竣工图的编制及审核应符合下列规定:

①新建、改建、扩建的建筑工程均应编制竣工图;竣工图应真实反映竣工工程的实际情况。

②竣工图的专业类别应与施工图对应。

③竣工图应依据施工图、图纸会审记录、设计变更通知单、工程洽商记录(包括技术核定单)等绘制。

④当施工图没有变更时,可直接在施工图上加盖竣工图章形成竣工图。

⑤竣工图的绘制应符合国家现行有关标准的规定。

⑥竣工图应有竣工图章及相关责任人签字。

⑦竣工图的折叠方法应符合规范规定的要求。

2.竣工资料的整理、组卷

(1)竣工资料的整理依据

竣工资料的整理依据:一是国家有关法律、法规、规范对工程档案和竣工资料的规定;二是现行的建设工程施工及验收规范和质量标准对资料内容的要求;三是国家和地方档案管理部门和竣工验收备案部门对竣工资料移交的规定。

(2)竣工资料的整理程序

承包商根据国家和有关部门发布的工程档案资料管理和标准的规定,应制定行之有效的工程竣工资料的形成、收集、整理、交接、立卷和归档的管理制度。实行统一领导、分级管理、按时交接、归口立卷的原则,保证竣工资料完整、准确、系统和规范。

①项目竣工资料的管理要在企业技术负责人的领导下,由归口管理部门负责日常业务工作。相关职能部门,如工程技术部、质量安全、检验试验、材料、合同等部门的密切配合,一起督促、检查、指导各项目经理部工程竣工资料的收集和整理。

②项目竣工资料的收集和整理，要在项目经理的领导下，由项目技术负责人牵头，安排专业的资料员负责收集整理工作。施工现场的其他管理人员要按时交接资料、统一归口整理，保证竣工资料组卷的有效性。

③项目实行总承包的，分包单位要负责收集、整理各分包范围内的工程竣工资料，交给总包单位进行汇总、整理。工程竣工验收时由总包商向建设单位移交完整、准确的工程竣工资料。

④项目由发包人分别向几个承包人发包的，由各承包人负责收集、整理各自承包范围内的工程竣工资料，工程竣工报验时，交发包人汇总、整理，或者由发包人委托其中的某一个承包人进行汇总、整理，竣工验收时移交给发包人。

工作流程如图13-1所示。

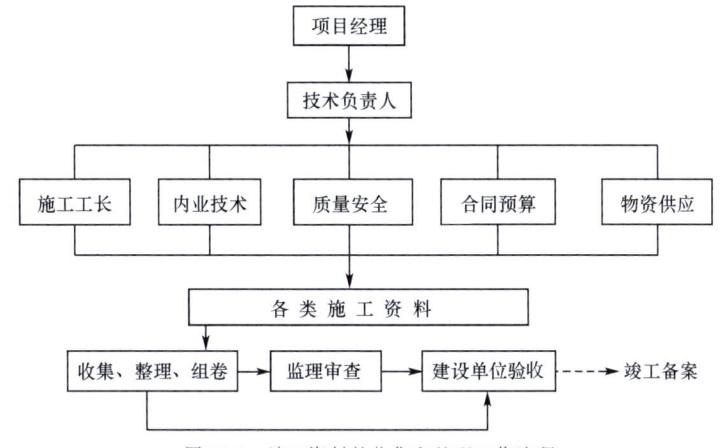

图13-1 竣工资料的收集和整理工作流程

（3）施工资料的组卷

施工资料应按单位工程组卷，并应符合下列规定：

①专业承包工程形成的施工资料应由专业承包单位负责，并应单独组卷。

②电梯应按不同型号每台电梯单独组卷。

③室外工程应按附属建筑及室外环境、室外设施工程单独组卷。

④当施工资料中部分内容不能按一个单位工程分类组卷时，可按建设项目组卷。

⑤施工资料目录应与其对应的施工资料一起组卷。

⑥竣工图应按专业分类组卷。

3.工程资料归档

对于列入城建档案馆（室）接收范围的工程，建设单位在工程竣工验收后备案前，必须向城建档案馆（室）移交一套符合规定的工程档案。

（1）勘察、设计、施工、监理等单位应将本单位形成的工程文件立卷后向建设单位移交。

（2）工程实行总承包管理的，各分包单位应将本单位形成的工程文件整理、立卷后及时移交总包单位。

（3）勘察、设计、施工、监理等单位向建设单位移交档案时，应编制移交清单，双方签字、盖章后方可交接。

13.2 项目竣工验收

项目竣工验收是指承包单位完成设计文件、图纸和施工合同中约定的工程内容,由发包人组织项目参与各方进行的竣工验收。项目的交工主体是承包人,验收主体是发包人,其他项目参与人员则是竣工验收的相关组织。

13.2.1 项目竣工验收的依据

竣工工程质量验收的依据有:工程施工承包合同;施工图纸;工程施工质量验收统一标准;专业工程施工质量验收规范;建设法律、法规、管理标准和技术标准等。

13.2.2 项目竣工验收的条件和标准

1.施工项目竣工验收的条件

《房屋建筑和市政基础设施工程竣工验收规定》[建质(2013)171号]第五条规定,工程竣工验收应当具备下列条件:

(1)完成工程设计和合同约定的各项内容。

(2)施工单位在工程完工后对工程质量进行了检查,确认工程质量符合有关法律、法规和工程建设强制性标准,符合设计文件及合同要求,并提出工程竣工报告。工程竣工报告应经项目经理和施工单位有关负责人审核签字。

(3)对于委托监理的工程项目,监理单位对工程进行了质量评估,具有完整的监理资料,并提出工程质量评估报告。工程质量评估报告应经总监理工程师和监理单位有关负责人审核签字。

(4)勘察、设计单位对勘察、设计文件及施工过程中由设计单位签署的设计变更通知书进行了检查,并提出质量检查报告。质量检查报告应经该项目勘察、设计负责人和勘察、设计单位有关负责人审核签字。

(5)有完整的技术档案和施工管理资料。

(6)有工程使用的主要建筑材料、建筑构配件和设备的进场试验报告,以及工程质量检测和功能性试验资料。

(7)建设单位已按合同约定支付工程款。

(8)有施工单位签署的工程质量保修书。

(9)对于住宅工程,进行分户验收并验收合格,建设单位按户出具"住宅工程质量分户验收表"。

(10)建设主管部门及工程质量监督机构责令整改的问题全部整改完毕。

(11)法律、法规规定的其他条件。

2.施工项目竣工验收的标准

《建筑工程施工质量验收统一标准》(GB 50300—2013)规定,建筑工程单位工程质量验收合格应符合以下规定:

(1)所含分部工程的质量均应验收合格。

（2）质量控制资料应完整。
（3）所含分部工程中有关安全、节能、环境保护和主要使用功能的检验资料应完整。
（4）主要使用功能的抽查结果应符合相关专业验收规范的规定。
（5）观感质量应符合要求。

13.2.3 项目竣工验收的程序

承发包人之间所进行的建设工程项目竣工验收,通常分为竣工验收准备、初步验收和正式验收三个环节进行。整个验收过程涉及建设单位、设计单位、监理单位及施工总分包各方的工作,必须按照工程项目质量控制系统的职能分工,以监理工程师为核心进行竣工验收的组织协调。

1.竣工验收准备

施工单位按照合同规定的施工范围和质量标准完成施工任务后,经质量自检并合格后,向现场监理机构（或建设单位）提交工程竣工申请报告,要求组织工程竣工验收。施工单位的竣工验收准备,包括工程实体的验收准备和相关工程档案资料的验收准备,使之达到竣工验收的要求,其中设备及管道安装工程等,应经过试压、试车和系统联动试运行检查记录。

2.初步验收

监理机构收到施工单位的工程竣工申请报告后,应就验收的准备情况和验收条件进行检查。对工程实体质量及档案资料存在的缺陷,及时提出整改意见,并与施工单位协商整改清单,确定整改要求和完成时间。建设工程初步验收工作由总监组织进行。

3.正式验收

当初步验收检查结果符合竣工验收要求时,监理工程师应将施工单位的竣工申请报告报送建设单位,着手组织勘察、设计、施工、监理等单位和其他方面的专家组成竣工验收小组并制订验收方案。

建设单位应在工程竣工验收前7个工作日将验收时间、地点、验收组名单通知该工程的工程质量监督机构。建设单位组织竣工验收会议。正式竣工验收过程的主要工作有：

（1）建设、勘察、设计、施工、监理单位分别汇报工程合同履约情况和在工程建设各个环节执行法律、法规和工程建设强制性标准的情况。

（2）审阅建设、勘察、设计、施工、监理单位的工程档案资料。

（3）实地查验工程质量。

（4）对工程勘察、设计、施工、设备安装质量和各管理环节等方面做出全面评价,形成经验收组人员签署的工程竣工验收意见。

参与工程竣工验收的建设、勘察、设计、施工、监理等各方不能形成一致意见时,应当协商提出解决的方法,待意见一致后,重新组织工程竣工验收。

工程竣工验收合格后,建设单位应当及时提出工程竣工验收报告。工程竣工验收报告主要包括：工程概况,建设单位执行基本建设程序情况,对工程勘察、设计、施工、监理等方面的评价,工程竣工验收时间、程序、内容和组织形式,工程竣工验收意见等内容。

13.3 项目竣工结算

工程竣工结算是指施工企业按照合同规定的内容全部完成所承包的工程,经验收质量合格,并符合合同要求之后,向发包单位进行的最终工程款结算。竣工结算书是一种动态的计算,是按照工程实际发生的量与额来计算的。经审查的工程竣工结算是核定建设工程造价的依据,也是建设项目竣工验收后编制竣工决算和核定新增固定资产价值的依据。

工程竣工结算分为单位工程竣工结算、单项工程竣工结算和建设项目竣工总结算三种。

13.3.1 项目竣工结算的依据和原则

1. 项目竣工结算的依据

《建设工程项目管理规范》(GB/T 50326—2017)第 18.3.3 条规定,编制项目竣工结算可以依据下列资料:合同文件;竣工图纸和工程变更文件;有关技术资料和材料代用核准资料;工程计价文件和工程量清单;双方确认的有关签证和工程索赔资料。

2. 项目竣工结算的原则

编制项目竣工结算的目的:一是为发包人编制建设项目竣工决算提供基础资料;二是为承包人确定工程的最终收入,考核工程成本和进行核算提供依据。

编制项目竣工结算的方法是在原工程投标报价或合同价格的基础上,根据所收集、整理的各种结算资料,如设计变更、技术核定、现场签证、工程量核定单等,进行直接费的增减调整计算,按取费标准的规定计算各项费用,最后汇总为工程结算造价。

办理工程竣工结算,应掌握以下原则:

(1)以单位工程或施工合同约定为基础,对工程量清单报价的主要内容,包括项目名称、工程量、单价及计算结果,进行认真的检查和核对,若是根据中标合同价订立合同的,应对原报价单的主要内容进行检查和核对。

(2)在检查和核对中若发现有不符合有关规定,单位工程结算书和单项工程综合结算书有不相符的地方,有多算、漏算或计算错误等情况,则应及时进行纠正调整。

(3)施工项目由多个单位工程构成的,应按建设项目划分标准的规定,将各单位工程竣工结算书汇总,编制单项工程竣工综合结算书。

(4)若施工项目由多个单项工程构成,实行分段结算并办理了分段验收计价手续的,则应将各单项工程综合结算书汇总编制成建设项目总结算书,并撰写编制说明。

13.3.2 竣工结算的程序

《建设工程项目管理规范》(GB/T 50326—2017)规定,工程竣工验收报告完成后,承包人应立即在规定的时间内向发包人递交工程竣工结算报告及完整的结算资料。工程竣工验收合格,并签署了"工程竣工验收报告",承发包双方应按国家有关规定进行工程价款的最终结算。住房和城乡建设部和国家工商行政管理局制定的《建设工程施工合同(示范文本)》通用条款中对竣工结算做了详细规定：

(1)工程竣工验收报告经发包人认可后的28天内,承包人向发包人递交竣工结算报告及完整的结算资料,双方按照协议书约定的合同价款及专用条款约定的合同价款调整内容,进行工程竣工结算。

(2)发包人收到承包人递交的竣工结算报告及结算资料后28天内进行核实,给予确认或者提出修改意见。发包人确认竣工结算报告后通知经办银行向承包人支付工程竣工结算价款。承包人收到竣工结算价款后14天内将竣工工程交付发包人。

(3)发包人收到竣工结算报告及结算资料后28天内无正当理由不支付工程竣工结算价款,从29天起发包人按同期银行贷款利率向承包人支付拖欠工程价款的利息,并承担违约责任。

(4)发包人收到竣工结算报告及结算资料后28天内不支付工程竣工结算价款,承包人可以催告发包人支付结算价款。发包人在收到竣工结算报告及结算资料后56天内仍不支付的,承包人可以与发包人协议将该工程折价,也可以由承包人申请人民法院将该工程依法拍卖,承包人就该工程折价或者拍卖的价款优先受偿。

(5)工程竣工验收报告经发包人认可后28天内,承包人未能向发包人递交竣工结算报告及完整的结算资料,造成工程竣工结算不能正常进行或工程竣工结算价款不能及时支付,发包人要求交付工程的,承包人应当交付;发包人不要求交付工程的,承包人承担保管责任。

(6)发包人与承包人对工程竣工结算价款发生争议时,按关于争议的约定处理。

在办理工程竣工结算的实际工作中,工程价款的结算方式主要有以下几种：

(1)按月结算。即实行旬末或月中预支,月终结算,竣工后清算的办法。跨年度竣工的工程,在年终进行工程盘点,办理年度结算。在我国现行的建设工程价款结算中,相当一部分是这种按月结算。

(2)竣工后一次结算。当建筑安装工程的建设期在12个月以内,或者工程承包价值在100万元以下的,可实行工程价款每月月中预支,竣工后一次结算。

(3)分段结算。即当年开工,当年不能竣工的跨年施工项目,应按合同约定,根据工程形象进度实行分段结算。

(4)其他结算方式。除上述三种以外,合同约定其他结算方式,可以按合同约定执行。

工程实行总承包的,总包人将工程部分或专业分包给其他分包人,其工程价款的结算由总包人统一向发包人按规定办理。

13.4 项目保修和回访

工程质量保修和回访属于项目竣工后的管理工作。这时项目经理部已经解体,一般由承包企业建立施工项目交工后的回访与保修制度,并责成企业的工程管理部门具体负责。

为提高工程质量,听取用户意见,改进服务方式,承包人应建立与发包人及用户的服务联系网络,及时取得信息,依据《建筑法》《建设工程质量管理条例》(2019年修正版)(以下简称《建设工程质量管理条例》)及有关部门的相关规定,履行施工合同的约定和《工程质量保修书》中的承诺,并按计划、实施、验证、报告的程序,做好回访与保修工作。

13.4.1 项目保修

工程质量保修是指施工单位对房屋建筑工程竣工验收后,在保修期限内出现的质量不符合工程建设强制性标准以及合同的约定等质量缺陷,予以修复。

施工单位应当在保修期内,履行与建设单位约定的,符合国家有关规定的,工程质量保修书中关于保修期限、保修范围和保修责任等义务。

1. 保修期限

《建设工程质量管理条例》规定,建设工程承包单位在向建设单位提交工程竣工验收报告时,应当向建设单位出具质量保修书。质量保修书中应当明确建设工程的保修范围、保修期限和保修责任等。若承发包双方未做特别约定,在正常使用条件下,建设工程的最低保修期限为:

(1)基础设施工程、房屋建筑的地基基础工程和主体结构工程,为设计文件规定的该工程的合理使用年限;

(2)屋面防水工程、有防水要求的卫生间、房间和外墙面的防渗漏,为5年;

(3)供热与供冷系统,为2个采暖期、供冷期;

(4)电气管线、给排水管道、设备安装和装修工程,为2年。

其他项目的保修期限由发包方与承包方约定。

根据国务院公布的条例规定,发包人和承包人在签订工程质量保修书时,应约定在正常使用条件下的最低保修期限。保修期限应符合下列原则:

(1)条例已有规定的,应按规定的最低保修期限执行。

(2)条例中没有明确规定的,应在工程质量保修书中具体约定保修期限。

(3)保修期应自竣工验收合格之日起计算。

2. 保修范围

对房屋建筑工程主要有:地基基础工程、主体结构工程、屋面防水工程、有防水要求的卫生间、房间和外墙面的防渗漏、供热与供冷系统、电气管线、给排水管道、设备安装和装修工程以及双方约定的其他项目,由于施工单位的施工责任造成的建筑物使用功能不良或无法使用的问题都应实行保修。

凡是因使用不当造成的质量缺陷,或是第三方造成的质量缺陷,或不可抗力造成的质量缺陷等,均不属保修范围,由建设单位自行组织修理;也可由施工单位修理,但建设单位应付相应的费用。

3. 质量保修程序

(1)发送工程质量保修书(房屋保修卡)

工程质量保修书由施工合同发包人和承包人双方在竣工验收前共同签署,其有效期限至保修期满。

一般是在工程竣工验收的同时(或之后的3～7天内),施工单位向建设单位发送《房屋建筑工程质量保修书》。保修书的主要内容有:工程简况、房屋使用管理要求;保修范围和保修内容、保修期限、保修责任和记录等。还附有保修（施工）单位的名称、地址、电话、联系人等。

若工程竣工验收后，施工企业不能及时向建设单位出具质量保修书的，由建设行政主管部门责令改正，并处1万～3万元的罚款。

(2)实施保修

①在保修期内，发生了非使用原因的质量问题，使用人应填写《工程质量修理通知书》，通告承包人并注明质量问题及部位、联系维修方式等。

②施工单位接到建设单位（用户）对保修责任范围内的项目进行修理的要求或通知后，应按《工程质量保修书》中的承诺，7日内派人检查，并会同建设单位共同鉴定，提出修理方案，将保修业务列入施工生产计划，并按约定的内容和时间承担保修责任。

③发生涉及结构安全或者严重影响使用功能的质量缺陷，建设单位应当立即向当地建设行政主管部门报告，采取安全防范措施；由原设计单位或具有相应资质等级的设计单位提出保修方案，施工单位负责实施，工程质量监督机构负责监督；对于紧急抢修事故，施工单位接到保修通知后，应当立即到达现场抢修。

④若施工单位未按质量保修书的约定期限和责任派人保修，发包人可以另行委托他人保修，由原施工单位承担相应责任。对不履行保修义务或者拖延履行保修义务的施工单位，由建设行政主管部门责令改正，并处10万～20万元的罚款。

⑤保修费用由造成质量缺陷的责任方承担。如果质量缺陷是由于施工单位未按照工程建设强制性标准和合同要求施工造成的，则施工单位不仅要负责保修，还要承担保修费用。但是，如果质量缺陷是由于设计单位、勘察单位或建设单位、监理单位的原因造成的，施工单位仅负责保修，其有权对由此发生的保修费用向建设单位索赔。建设单位向施工单位承担赔偿责任后，有权向造成质量缺陷的责任方追偿。

(3)验收

施工单位在修理完毕之后，要在保修书上做好保修记录，并由建设单位（用户）验收签认。涉及结构安全的保修应当报当地建设行政主管部门备案。

4.保修费用

保修费用由造成质量缺陷的责任方承担，具体内容如下：

(1)由于承包人未按国家标准、规范和设计要求施工造成的质量缺陷，应由承包人修理并承担经济责任。

(2)因设计人造成的质量问题，可由承包人修理，由设计人承担经济责任，其费用数额按合同约定，不足部分由发包人补偿。

(3)属于发包人供应的材料、构配件或设备不合格而明示或暗示承包人使用所造成的质量缺陷，由发包人自行承担经济责任。

(4)因发包人肢解发包或指定分包人，致使施工中接口处理不好，造成工程质量缺陷，或因竣工后自行改建造成工程质量问题的，应由发包人或使用人自行承担经济责任。

(5)凡因地震、洪水、台风等不可抗力原因造成损坏或非施工原因造成的紧急抢修事故，施工单位不承担经济责任。

(6)不属于承包人责任，但使用人有意委托修理维护时，承包人应为使用人提供修理维护等服务，并在协议中约定。

(7)工程超过合理使用年限后，使用人需要继续使用的，承包人根据有关法规和鉴定资料，采取加固、维修措施时,应按设计使用年限,约定质量保修期限。

(8)发包人与承包人协商,根据工程合同合理使用年限采用保修保险方式,投入并已解决保险费来源的,承包人应按约定的保修承诺,履行保修职责和义务。

(9)在保修期限内,因房屋建筑工程质量缺陷造成房屋所有人、使用人或者第三方人身、财产损害的,房屋所有人、使用人或者第三方可以向建设单位提出赔偿要求。建设单位向造成房屋建筑工程质量缺陷的责任方追偿。

(10)因保修不及时造成新的人身、财产损害,由造成拖延的责任方承担赔偿责任。

5.其他

房地产开发企业售出的商品房保修,还应当执行《城市房地产开发经营管理条例》(2018修正版)和其他有关规定。军事建设工程的管理,按照中央军事委员会的有关规定执行。

13.4.2 项目回访

1.工程回访的要求与内容

工程回访应纳入承包人的工作计划、服务控制程序和质量管理体系文件中。工程回访工作计划由施工单位编制,其内容有:

(1)主管回访保修业务的部门。

(2)工程回访的执行单位。

(3)回访的对象(发包人或使用人)及其工程名称。

(4)回访时间安排和主要内容。

(5)回访工程的保修期限。

工程回访一般由施工单位的领导组织生产、技术、质量、水电等有关部门人员参加,通过实地察看、召开座谈会等形式,听取建设单位、用户的意见、建议,了解建筑物使用情况和设备的运转情况等。每次回访结束后,执行单位都要认真做好回访记录。全部回访结束,要编写《回访服务报告》。施工单位应与建设单位和用户经常联系和沟通,对回访中发现的问题认真对待,及时处理和解决。

主管部门应依据回访记录对回访服务的实施效果进行验证。

2.工程回访的主要类型

(1)例行性回访

一般以电话询问、开座谈会等形式进行,每半年或一年一次,了解日常使用情况和用户意见;保修期满之前的回访,要对该项目进行保修总结,向用户交代维护和使用事项。

(2)季节性回访

雨季回访屋面及排水工程、制冷工程、通风工程;冬季回访锅炉房及采暖工程,及时解决发生的质量缺陷。

(3)技术性回访

主要了解在施工过程中采用了新材料、新设备、新工艺、新技术的工程,回访其使用效果和技术性能、状态,以便及时解决存在问题,同时还要总结经验,提出改进、完善和推广的依据和措施。

(4)专题性回访

对于某些特殊工程、重点工程、有影响的工程应组织专访,可将服务工作往前延伸。

13.5 项目后评价

项目后评价是指对已经完成的项目或规划的目的、执行过程、效益、作用和影响所进行的系统的、客观的分析。通过对投资活动实践的检查总结,确定投资预期的目标是否达到,项目或规划是否合理、有效,项目的主要效益指标是否实现,通过分析评价找出成败的原因,总结经验教训,并通过及时有效的信息反馈,为未来项目的决策和提高、完善投资决策管理水平提出建议,同时也为被评项目实施运营中出现的问题提出改进建议,从而达到提高投资效益的目的。

13.5.1 工程项目后评价的作用

(1)确定项目预期目标是否达到,主要效益指标是否实现;查找项目成败的原因,总结经验教训,及时有效反馈信息,提高未来新项目的管理水平。

(2)为项目投入运营中出现的问题提出改进意见和建议,达到提高投资效益的目的。

(3)后评价具有透明性和公开性,能客观、公正地评价项目活动成绩和失误的主客观原因,比较公正地、客观地确定项目决策者、管理者和建设者的工作业绩和存在的问题,从而进一步提高他们的责任心和工作水平。

13.5.2 工程项目后评价的基本内容和程序

1. 项目后评价的基本内容

项目后评价的基本内容包括:项目目标评价、项目实施过程评价、项目效益评价、项目影响评价和项目持续性评价。

2. 项目后评价的程序

(1)制定考核评价办法

项目考核评价办法一般包括如下内容:考核评价的目的、机构、指标、方法和总结。

(2)建立考核评价组织

考核评价的组织可以委托第三方进行,也可以由企业内部各方面的专家组成。

(3)确定考核评价方案

项目考核评价的方案内容主要包括:项目概况、评价组织的构成、评价时间的安排、评价的具体方法和评价结论报告。

(4)实施考核评价工作

考核评价组织要考察工程现场,查阅工程实施过程中的各种文件资料,收集原始数据,利用有关指标进行分析,提出评价意见。

(5)提出考核评价报告

考核评价报告的主要内容包括报告正文和附件(评价表、评价鉴定书及其他附件)。

考核评价结束后,应按下列内容编制项目管理总结:工程概况;组织机构、管理体系、管理控制程序;各项经济技术指标完成情况及考核评价;主要经验及问题处理;其他需要提供的资料。

13.5.3 工程项目后评价的指标

项目后评价的指标很多,需要针对不同情况选用。常见的定量评价指标可包括:工期、质量、成本、职业健康与安全、环境保护等方面;定性评价指标包括:经营管理、策划、管理制度及方法、新工艺和新技术推广、社会效益等方面。

案例分析

某办公楼工程地下为3层混凝土结构,采用六角头螺栓C级,片筏基础,地面以上为11层六角头螺栓尺寸,北部裙房为钢结构,总建筑面积为80万平方米,建筑高度为48.7 m,其中地下室每层面积均为1.5万平方米左右,三层总建筑面积为4.5万平方米。在此建筑物施工规划时,有人提出施工规划中未包括环境保护内容及方法,但是并没有得到重视;而在竣工验收时,其主要功能项目的抽查结果均符合相关专业质量验收规范之规定,但在竣工1年后,建筑的给排水管道出现问题。

【问题】
(1)该题目中,其对施工规划中施工方案的认识正确吗?并简述在施工规划中施工方案所含的内容。
(2)结合该例题,除其所提到的验收内容,请问还有哪些单位工程质量验收的内容?
(3)对此建筑物而言,此刻是否处于保修期限内?为什么?

思维导图

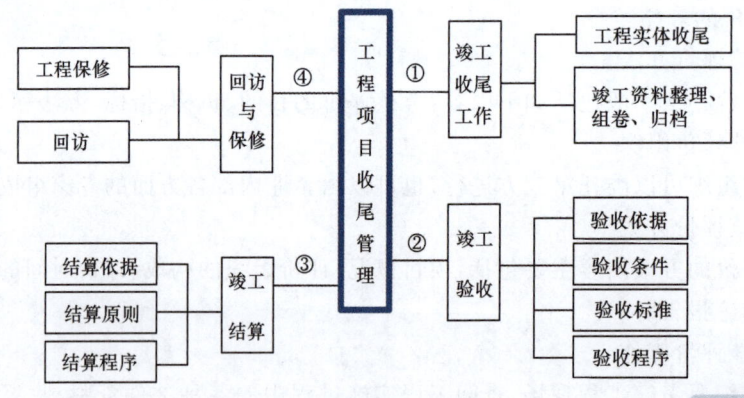

工程项目收尾管理
- ① 竣工收尾工作
  - 工程实体收尾
  - 竣工资料整理、组卷、归档
- ② 竣工验收
  - 验收依据
  - 验收条件
  - 验收标准
  - 验收程序
- ③ 竣工结算
  - 结算依据
  - 结算原则
  - 结算程序
- ④ 回访与保修
  - 工程保修
  - 回访

在线自测

参 考 文 献

[1] 臧秀平.建设工程项目管理[M].2版.北京:中国建筑工业出版社,2018.
[2] 住房和城乡建设部.建设工程项目管理规范(GB/T 50326—2017).北京:中国建筑工业出版社,2017.
[3] 仲景冰,王红兵.工程项目管理[M].2版.北京:北京大学出版社,2012.
[4] 住房和城乡建设部.建筑施工组织设计规范(GB/T 50502—2009).北京:中国建筑工业出版社,2009.
[5] 住房和城乡建设部.建筑工程资料管理规程(JGJT 185—2009).北京:中国建筑工业出版社,2009.
[6] 成虎.工程项目管理[M].4版.北京:中国建筑工业出版社,2015.
[7] 中国建筑业协会筑龙网编著.施工组织设计范例50篇[M].2版.北京:中国建筑工业出版社,2008.